**Die Bonus-Seite**

Ihr Vorteil als Käufer dieses Buches

Auf der Bonus-Webseite zu diesem Buch finden Sie zusätzliche Informationen und Services. Dazu gehört auch ein kostenloser **Testzugang** zur Online-Fassung Ihres Buches. Und der besondere Vorteil: Wenn Sie Ihr **Online-Buch** auch weiterhin nutzen wollen, erhalten Sie den vollen Zugang zum **Vorzugspreis**.

So nutzen Sie Ihren Vorteil

Halten Sie den unten abgedruckten Zugangscode bereit und gehen Sie auf **www.galileocomputing.de**. Dort finden Sie den Kasten **Die Bonus-Seite für Buchkäufer**. Klicken Sie auf **Zur Bonus-Seite/Buch registrieren**, und geben Sie Ihren **Zugangscode** ein. Schon stehen Ihnen die Bonus-Angebote zur Verfügung.

Ihr persönlicher
Zugangscode

7pxf-t58j-ryn3-bvew

Harald Zisler

Computer-Netzwerke

Grundlagen, Funktionsweise, Anwendung

Galileo Press

Liebe Leserin, lieber Leser,

wenn Sie sich beruflich oder im Studium mit IT beschäftigen, werden Sie nicht an Computer-Netzwerken vorbeikommen. Sicherlich können Sie dazu auch dicke Handbücher lesen, die sich mit allen Details von TCP/IP, UDP und Co. beschäftigen. Wahrscheinlich wollen Sie sich aber zunächst einfach nur einlesen, die wichtigsten Grundlagen begreifen, an der ein oder anderen Stelle nachschlagen, Einsatzszenarien studieren und Beratung bei der Konfiguration von Netzwerkkomponenten finden. Wenn ja, ist dieses Buch für Sie.

Harald Zisler ist es gelungen, auf 400 Seiten die wichtigsten Themen im Bereich Computer-Netzwerke kompakt, klar und vollständig darzustellen. Viele Illustrationen sowie zahlreiche Praxisübungen helfen Ihnen beim Verständnis der oft komplexen Materie. Sein Buch eignet sich ideal als Einstiegsbuch, als schnelles Nachschlagewerk fürs Studium und als Begleiter für den Berufsalltag. Zuverlässig erhalten Sie Auskunft zu allen Fragen der Netzwerkgrundlagen, der Arbeit mit moderner Netzwerktechnik wie IPv6, der Konfiguration von Netzwerk-Hardware und zu den wichtigsten Einsatzszenarien in der Praxis.

Dieses Buch wurde mit großer Sorgfalt lektoriert und produziert. Sollten Sie dennoch Fehler finden oder inhaltliche Anregungen haben, scheuen Sie sich nicht, mit uns Kontakt aufzunehmen. Ihre Fragen und Änderungswünsche sind uns jederzeit willkommen. Wir freuen uns auf den Dialog mit Ihnen.

Viel Vergnügen beim Lesen!

Ihr Sebastian Kestel
Lektorat Galileo Computing

sebastian.kestel@galileo-press.de
www.galileocomputing.de
Galileo Press · Rheinwerkallee 4 · 53227 Bonn

Auf einen Blick

Wir hoffen sehr, dass Ihnen dieses Buch gefallen hat. Bitte teilen Sie uns doch Ihre Meinung mit. Eine E-Mail mit Ihrem Lob oder Tadel senden Sie direkt an den Lektor des Buches: *sebastian.kestel@galileo-press.de*. Im Falle einer Reklamation steht Ihnen gerne unser Leserservice zur Verfügung: *service@galileo-press.de*. Informationen über Rezensions- und Schulungsexemplare erhalten Sie von: *britta.behrens@galileo-press.de*.

Informationen zum Verlag und weitere Kontaktmöglichkeiten finden Sie auf unserer Verlagswebsite *www.galileo-press.de*. Dort können Sie sich auch umfassend und aus erster Hand über unser aktuelles Verlagsprogramm informieren und alle unsere Bücher versandkostenfrei bestellen.

An diesem Buch haben viele mitgewirkt, insbesondere:

Lektorat Sebastian Kestel, Anne Scheibe
Fachgutachten Prof. Dr. Arnulf Deinzer
Korrektorat Annette Lennartz, Bonn
Einbandgestaltung Barbara Thoben, Köln
Coverfoto Oben: iStockphoto© Henrik Jonson, Links: iStockphoto© Felix Alim,
    Mitte: Getty Images/Thomas Northcut, Rechts: iStockphoto© Daniel Gilbey
Typografie und Layout Vera Brauner
Herstellung Melanie Zinsler
Satz Typographie & Computer
Druck und Bindung Beltz Druckpartner, Hemsbach

Dieses Buch wurde gesetzt aus der TheAntiquaB (9,35/13,7 pt) in FrameMaker.
Gedruckt wurde es auf chlorfrei gebleichtem Offsetpapier (90 g/m²).

Der Name Galileo Press geht auf den italienischen Mathematiker und Philosophen Galileo Galilei (1564–1642) zurück. Er gilt als Gründungsfigur der neuzeitlichen Wissenschaft und wurde berühmt als Verfechter des modernen, heliozentrischen Weltbilds. Legendär ist sein Ausspruch *Eppur si muove* (Und sie bewegt sich doch). Das Emblem von Galileo Press ist der Jupiter, umkreist von den vier Galilei-schen Monden. Galilei entdeckte die nach ihm benannten Monde 1610.

Bibliografische Information der Deutschen Nationalbibliothek:
Die Deutsche Nationalbibliothek verzeichnet diese Publikation in der Deutschen Nationalbibliografie; detaillierte bibliografische Daten sind im Internet über http://dnb.d-nb.de abrufbar.

ISBN 978-3-8362-2007-1
© Galileo Press, Bonn 2013
2., korrigierte und erweiterte Auflage 2013

Inhalt

1 Grundlagen moderner Netzwerke 19

2 Netzwerktechnik 29

4   MAC- und IP-Adressen in der Praxis 119

5 Steuer- und Fehlercodes mit ICMP und ICMPv6 übertragen 197

6 Datentransport mit TCP und UDP 203

8   Standards für den Datenaustausch

9   Netzwerkanwendungen

10   Netzwerkpraxis

Anhang

Geleitwort des Fachgutachters

Das Buch ist erkennbar von einem Vollblutpraktiker geschrieben, von einem Praktiker für Praktiker. Ich kenne keinen RZ-Leiter, der nicht noch etwas aus diesem Werk lernen könnte. So z. B., warum etwas, was man schon so oft angewendet hat, funktioniert.

Also nur ein Buch für die Profis im Rechenzentrum und die, die es werden wollen? Ich kann es auch jedem Studenten der Informatik empfehlen. Es eignet sich gut für ein Hineinschnuppern in die Praxis und ist auch ansprechend flott geschrieben. Besonders Studenten werden sich über die Prüfungsfragen bzw. Praxisübungen am Ende fast jedes Kapitels freuen.

Die Thematik von Rechnernetzen ist viel zu vielschichtig, um sie neben den wichtigsten praktischen Aspekten auch noch vollständig theoretisch abzuhandeln – auch wenn das Buch von Herrn Zisler schon beeindruckende knapp 400 Seiten erreicht. Der Autor verweist hier auf von ihm explizit aufgeführte Standardliteratur; deren Auswahl ist nachvollziehbar und wird – wenn es auf die Theorie ankommt – auch von mir zur vertiefenden Lektüre empfohlen.

Was die relevanten Standards betrifft, bleiben keine Wünsche offen. Der Autor gibt zu jeder Fragestellung alle relevanten RFCs an, auch wenn das schon mal knapp 30 (z. B. zu SMTP) sein können. Da sollte man auch mal reinschauen. Zur Auflockerung seien dem Leser auch RFCs mit Datum 01.04. empfohlen.

Autoren von Fachbüchern neigen gelegentlich dazu, ihr Publikum mit Fachterminologie und TLAs (Three Letter Acronyms) vollständig zu verwirren. Natürlich muss ein Praxisbuch zu Computer-Netzwerken die nötigen Fachwörter und Abkürzungen verwenden; der Leser wird aber niemals alleingelassen. Ein kleines, aber feines Glossar erklärt das Vokabular, ein sorgfältig erstellter Index verweist zuverlässig auf das erste Auftreten des entsprechenden Begriffes oder der entsprechenden Abkürzung, wo sie fast immer auch erklärt ist.

Man kann das Buch mit Vergnügen von vorne bis hinten durchlesen, dabei – auch als erfahrener Praktiker – viel Bekanntes aber auch Neues entdecken und wertvolle Tricks und Hintergrundinformationen erhalten. Das komplette Durchlesen wird aber nicht der Normalfall sein, so kann man z. B. beim Auftreten eines Problems (oder bei der Vorbereitung auf einen Praktikumsversuch) mal nachlesen, was der Autor so dazu schreibt; auch das ist problemlos möglich.

Ich gratuliere dem Autor zu seinem gelungenen Werk, das aktueller und mehr in die Tiefe gehend ist als vergleichbare Lehrbücher. Ich wünsche dem Buch eine weite Verbreitung und kann und werde es uneingeschränkt empfehlen.

Kempten,
Prof. Dr. Arnulf Deinzer
Hochschule Kempten, Fakultät Informatik

Vorwort

Computer-Netzwerke bilden die Infrastruktur sowohl für den betriebsinternen als auch für den weltweiten modernen Nachrichten- und Datenaustausch. Aufbau, Erweiterung und Wartung von Datennetzen beschäftigen viele Berufsgruppen, beim Gebäudeplaner angefangen über die Fachhandwerker des Elektrohandwerkes bis hin zum Informatiker.

Damit der Datenaustausch funktioniert, arbeiten Technik und Netzwerkprotokolle gut aufeinander abgestimmt und vor allem unauffällig. Die Grundlagen hierfür finden Sie in diesem Buch. Ich habe die Informationen nicht ganz streng nach einem der theoretischen Schichtenmodelle (Abschnitt 1.3, »OSI-Schichtenmodell und TCP/IP-Referenzmodell«) gegliedert, sondern nach arbeitspraktischen Gesichtspunkten. Probleme bei der Planung und dem Betrieb eines Netzwerkes halten sich selten an theoretische Konstrukte, vieles lösen Sie leichter mit einem ganzheitlichen Ansatz.

Sie können das Buch sowohl zusammenfassend von vorne bis zum Schluss als auch gezielt nach Themen durcharbeiten. Oft finden Sie auch viele Verweise auf die »Requests for Comments« (RFC, mehr in Abschnitt 1.5, »Regel- und Nachschlagewerk für TCP/IP-Netze (RFCs)«). Damit ergründen Sie vor allem das Wie und Warum von Netzwerkstandards.

Egal, ob Sie sich in einer Berufsausbildung oder einem Studium befinden, mit dem Buch steigen Sie recht schnell in die Grundlagen der Netzwerkmaterie ein. Gleichermaßen lernen Sie die praktische Anwendung kennen. Falls Sie ein (Berufs-)Praktikum in diesem Bereich anstreben, beantwortet Ihnen das Buch viele der auftauchenden Fragen zu allen Netzwerkthemen, die Ihnen begegnen werden. Ich wende mich auch an all jene, welche Computer und Netzwerke gleichermaßen administrieren. Ihnen hilft das Buch als Nachschlagewerk.

Aus vielen Jahren Berufspraxis in der IT-Welt und vielen veranstalteten Kursen heraus entstand dieses Werk. Ich bedanke mich bei Friedemann Bruckner (Fotos) und bei Alexander Färber für seine Unterstützung durch die Bereitstellung von Hardware und Arbeitszeit.

Freudenberg,
Harald Zisler

Kapitel 1
Grundlagen moderner Netzwerke

Netzwerke sind Infrastruktureinrichtungen für den Daten- und Nachrichtentransport. Wie die Transporteinrichtungen zur Schiene, zu Straße, Wasser und Luft müssen sie auf maximales Transportaufkommen und hohe Betriebssicherheit hin ausgelegt werden.

Heute kommunizieren Sie weltweit über verschiedene Netzwerke hinweg. Im Idealfall funktioniert die Vernetzung so unauffällig, dass Sie weder eingreifen noch irgendwelche besonderen Dinge tun müssen. Sie versenden E-Mails, lesen Nachrichten, schauen Fernsehen, verlagern rechenintensive Vorgänge in eine »Cloud« oder arbeiten zuhause an Ihrem Heimarbeitsplatz, stets vernetzt mit dem Rest der Welt.

Den Unterbau hierfür bildet die Netzwerktechnik, welche zuhause, in den Vermittlungsstellen der Telekommunikationsdienstleister oder in den Betrieben installiert ist. Hier wird gesendet, empfangen, weitergeleitet oder auch abgeblockt.

Ihr Netzwerk nehmen Sie meist nur wahr, wenn es nicht funktioniert. Spätestens dann sollten Sie diese Grundlagen hier und vielleicht ein wenig mehr kennen. Neben diesem Buch empfehle ich Ihnen noch, Grundlagen- und weiterführende Literatur durchzuarbeiten:

- Tanenbaum, Andrew S./Wetherall, David J.: *Computernetzwerke*. 5., aktual. Aufl. München: Pearson Education 2012. ISBN 978-3-8689-4137-4.
- Lienemann, Gerhard/Larisch, Dirk: *TCP/IP – Grundlagen und Praxis*. 1. Aufl. Heidelberg: dpunkt 2011. ISBN 978-3-936931-69-3.
- Gerhard Lienemann: *TCP/IP – Praxis*. 3., aktual. Aufl. Hannover: Heise 2003. ISBN 978-3-936931-05-1.
- Hagen, Silvia: *IPv6. Grundlagen – Funktionalität – Integration*. 2. Aufl. Norderstedt: Sunny Edition 2009. ISBN 978-3-9522942-2-2.
- Blanchet, Marc: *Migrating to Ipv6*. 1. Aufl. Chichester: Wiley 2006. ISBN 978-0-471-49892-6.

▶ Kersken, Sascha: *IT-Handbuch für Fachinformatiker*. 5., aktual. u. erw. Aufl. Bonn: Galileo Press 2011. ISBN 978-3-8362-1744-6.

▶ Anderson, Al/Benedetti, Ryan: *Netzwerke von Kopf bis Fuß*. 1. Aufl. Köln: O'Reilly 2009. ISBN 978-3-89721-944-1.

1.1   Definition und Eigenschaften von Netzwerken

Die moderne Netzwerktechnik arbeitet *paketorientiert*. Es gibt keine einzigartigen, exklusiven 1:1-Verbindungen wie beim Telefon. Ihr Rechner sendet und empfängt die Informationen häppchenweise über eine offene Struktur. In dieser finden die Datenpakete automatisch ihren Weg zum Ziel. Ausfälle einzelner Netzwerkkomponenten führen nicht zum Abbruch der Kommunikation, solange es sich nicht gerade um den eigenen Zugang zum Internet oder Netzwerk handelt.

Netzwerk

Ein Netzwerk stellt eine Infrastruktur dar, welche Datenendgeräten

▶ die (wahlfreie) Kommunikation untereinander,

▶ den Datenaustausch und

▶ die Nutzung gemeinsamer Ressourcen und Dienste

transparent ermöglicht.

Bei modernen Netzwerken müssen Sie sich nicht um die Einzelheiten der Verbindung kümmern. Das erledigt das »Netz« nach vorgegebenen Regeln, den *Netzwerkprotokollen*, selbst (siehe auch Tabelle 1.1). Die heutzutage gebräuchliche Protokollfamilie trägt den Namen *TCP/IP*.

Netzwerkprotokoll

Die Aufgabe eines Netzwerkprotokolls ist das Festlegen der Modalitäten für den Aufbau und das Trennen von Verbindungen, den Austausch von Daten und das Verhalten im Fehlerfall.

Netzwerkprotokolle stellen die Schicht zwischen der Hardware (Netzwerkkarte, Modem, funktechnische Einrichtung ...) und der jeweiligen Anwendung/dem Anwender dar, welche mit ihnen kommuniziert.

Die Netzwerkprotokolle benutzen verschiedene Methoden, um ihre Aufgaben mehr oder weniger zuverlässig erfüllen zu können (Tabelle 1.1).

Aufgabe	Umsetzung/Methode
Adressierung	Adressangaben, Übermittlung Empfänger und Absender
Verbindungssteuerung	Befehle für den Aufbau und Abbau von Verbindungen
Flusssteuerung	Transportquittungen, Regelung des Datenflusses durch Start-/Stopp-Anweisungen
Fehlererkennung	Prüfsummen, Quittungen, Verfallszeit (Time-out) überwachen, Nummerierung der Informationsblöcke
Fehlerkorrektur	Anforderung Paketwiederholungen, Korrekturverfahren

Tabelle 1.1 Aufgaben von Netzwerkprotokollen

Durch die frei zugänglichen Standards, welche mit den Netzwerkprotokollen gegeben sind, funktioniert die Kommunikation heute zwischen den unterschiedlichsten Geräten (Abbildung 1.1). Es ist vollkommen egal, ob es sich um einen Großrechner oder ein VoIP-Telefon handelt oder welches Betriebssystem ein Laptop benutzt, alle Teilnehmer werden vom Netz gleichermaßen bedient. Es liegt ein *heterogenes* Netz vor, in dem die Partner mehr oder weniger gleichberechtigt miteinander verbunden sind.

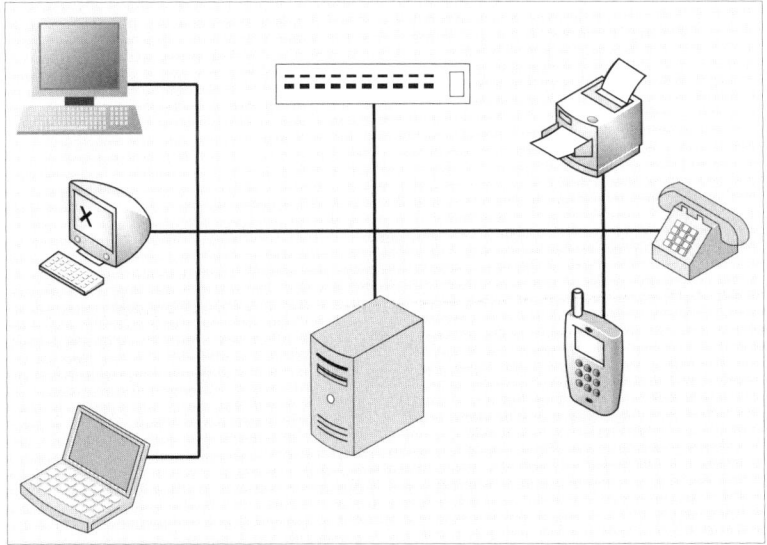

Abbildung 1.1 Heterogenes Netzwerk

Netzwerkprotokolle arbeiten entweder *verbindungsorientiert* oder *verbindungslos*. Beides bietet Vor- und Nachteile. Sie finden bis heute keine klare Befürwortung oder gar Lehrmeinung zugunsten der (alleinigen) Verwendung eines der beiden Verfahren. In der Praxis wurde die akademische Diskussion dagegen schon entschieden. Verfügt eine Anwendung selbst über transaktionssichernde Maßnahmen (z. B. Datenbank), wird normalerweise den verbindungslosen Protokollen der Vorzug gegeben. Anwendungen ohne eigene übertragungssichernde Methoden verwenden meist die verbindungsorientierten Protokolle, z. B. *telnet* für Fernsitzungen oder *ftp* für Datenübertragungen.

Verbindungsorientiertes Netzwerkprotokoll

▸ Aufbau einer Verbindung zwischen den Kommunikationspartnern vor der Datenübertragung

▸ Die Kommunikationspartner geben sich untereinander gegenseitig zu erkennen, bevor die Nutzdaten übertragen werden.

▸ Abbau einer Verbindung nach der Datenübertragung

▸ Vorteil: höhere Sicherheit der Verbindung

▸ Nachteil: höhere Rechner- und Netzwerkbelastung

Verbindungsloses Netzwerkprotokoll

▸ Daten werden in in sich geschlossenen Datagrammen »auf gut Glück« versandt.

▸ Vorteil: höherer Datendurchsatz, weniger Netzlast

▸ Nachteil: Flusskontrolle und Fehlerkorrektur nehmen übergeordnete Schichten (Anwendungen) vor, was zu höherer Rechnerbelastung führt.

1.2   Die Netzwerkprotokollfamilie TCP/IP

TCP/IP (Transmission Control Protocol/Internet Protocol) ist die Netzwerkprotokollfamilie unserer Tage. Dabei ist sie älter als manche andere, welche schon wieder Geschichte ist. Erste Grundlagen stammen bereits aus den 1960er Jahren. In den 1970er Jahren rief die US-Regierung das ARPA-Projekt (Advanced Research Projects Agency) ins Leben, welches die Netzwerktechnologie vor allem hinsichtlich militärischer Nutzbarkeit weiterentwickelte. Bereits 1974 aber wurde eine neue Protokollbasis geschaffen. R. Kahn, V. Cerf und Y. Dalal legten in RFC 675 die noch heute gültigen Grundzüge der

TCP/IP-Protokollfamilie fest. Diese sollten Sie kennen, wenn Sie sich eingehender mit Netzwerken befassen.

Grundzüge der TCP/IP-Protokollfamilie

▸ architekturunabhängige Netzwerktechnologie

▸ Verbindungen von und zu allen Netzwerkteilnehmern

▸ Quittungen bei Verbindungen

▸ Anwendungsprotokolle nach allgemeinen Standards

▸ Vermittlungsebene mit verbindungslosem Protokoll

▸ Paketvermittlungsrechner als Netzknoten

▸ Sicherungsfunktionen in Transportprotokollen

▸ dynamisches Routing

▸ standardisierte Netzwerk-Anwendungsprogramme

Der Siegeszug der TCP/IP-Protokollfamilie begann mit der Implementierung im UNIX-Derivat 4.2BSD, welches ein Projekt der Universität von Kalifornien in Berkeley ist. Nach US-Recht gehören Entwicklungen und Forschungsergebnisse von öffentlichen Forschungs- und Bildungseinrichtungen dem amerikanischen Volk und sind damit für jedermann verfügbar. So konnten Hersteller anderer Betriebssysteme günstig darauf zurückgreifen, und die IT-Welt blieb damit von verschiedenen Auslegungen der Protokolle verschont.

1.3   OSI-Schichtenmodell und TCP/IP-Referenzmodell

Sie finden das Zusammenspiel von Hardware, Netzwerkprotokollen und Anwendungen in Schichtenmodellen anschaulich erklärt. Sie helfen Ihnen, auch scheinbar komplizierte Vorgänge leichter zu verstehen. Unabhängig von tatsächlich existierenden Hard- und Softwareprodukten finden Sie die einzelnen Instanzen und deren Verknüpfungen untereinander übersichtlich dargestellt. Die Modelle helfen Ihnen, Ihre Netzwerke zu planen, aufzubauen und zu unterhalten.

Es ist aber nicht so, dass in einem Schichtenmodell (und in der Realität) die Schichten der gleichen Ebene miteinander kommunizieren! Der Weg der Information läuft von oben nach unten zum Übertragungsmedium und von dort aus wieder von unten nach oben (Abbildung 1.2).

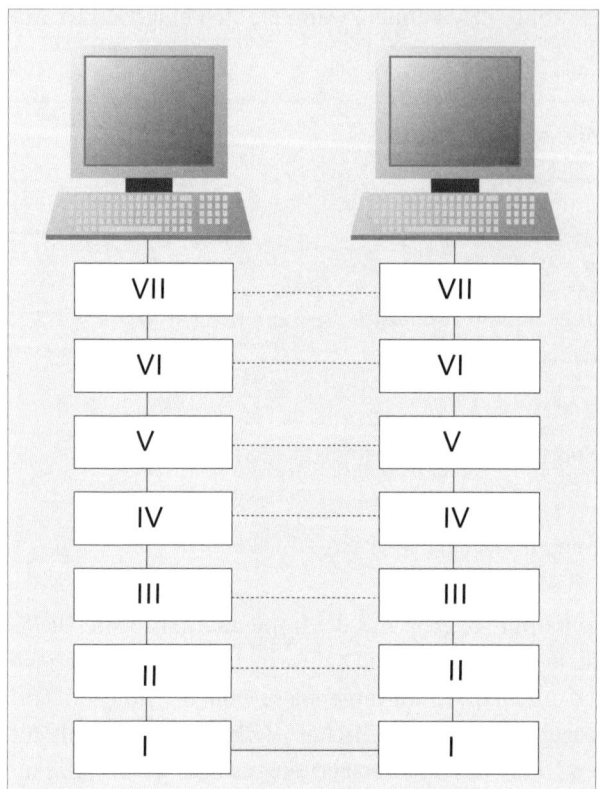

Abbildung 1.2 Virtuelle (gestrichelte, waagrechte Linien) und reale Kommunikation im OSI-Schichtenmodell

Grundsätzlich gilt für alle Netzwerk-Schichtenmodelle

▶ Eine Ebene in einem Schichtenmodell stellt ihre Dienste der darüberliegenden Ebene zur Verfügung.

▶ Eine Ebene eines Schichtenmodells nimmt die Dienste der unter ihr liegenden Ebene in Anspruch.

▶ Schnittstellen bilden den Übergang zwischen den einzelnen Schichten.

▶ Innerhalb einer Schicht kommen Protokolle zum Einsatz. Diese ermöglichen die Kommunikation innerhalb dieser Ebene.

▶ Eine Veränderung in einer niedrigeren Schicht bewirkt keine Änderung in den darüberliegenden Ebenen (z. B. zieht der Wechsel einer Netzwerkkarte keine Neuinstallation eines Webservers nach sich).

- ▸ Eine Veränderung in einer höheren Ebene bewirkt keine Änderung in den darunter-liegendenen Ebenen (z. B. benötigt ein Software-Update für einen Webserver keine neue Netzwerkkarte).

- ▸ Die Schichtenmodelle stellen die verschiedenen Funktionsebenen einheitlich dar.

- ▸ Bei der täglichen Arbeit hilft Ihnen ein Schichtenmodell bei der Beschreibung von Problemen beim Betrieb von Netzwerken.

- ▸ Bei der Beschaffung von Netzwerkkomponenten greifen die Anbieter in ihren Pro-duktbeschreibungen ebenfalls auf Begriffe aus Schichtenmodellen (meist OSI) zurück. Schon aus diesem Grund sollten Sie damit vertraut sein.

- ▸ Sie können mit einem Schichtenmodell komplizierte Vorgänge verständlicher dar-stellen.

Das *OSI-Schichtenmodell* (ISO 7498-1, DIN ISO 7498, Tabelle 1.2) wurde von der *International Standardisation Organisation* (*OSI*) bereits 1984 als Modell für die Kommunikation zwischen Rechnern entworfen. Es besteht aus sieben in sich abgeschlossenen Schichten.

Layer/ Ebene	Bezeichnung	Betrifft
VII	Anwendungsschicht/ Application Layer	Interaktion mit Anwendungen, die Netzwerk-zugriff benötigen, Server-Client-Anwendungen
VI	Darstellungsschicht/ Presentation Layer	standardisierte Kodierungs-, Konvertierungs- und Kompressionsverfahren, z. B. MPEG, TIFF, GIF, ASCII
V	Kommunikations-schicht/Session Layer	Anforderung von Sitzungen und Datenströmen, Zweiwegekommunikation von Anwendungen ver-schiedener Endgeräte, z. B. SMB-Protokoll für Druck und Verbindung zu Windows-Freigaben
IV	Transportschicht/ Transport Layer	Flusskontrolle, verbindungslose und verbindungs-orientierte Dienste, Kommunikationskontrolle, Verbindungsauf- und -abbau, Kommunikation zwischen Netzwerk und Anwendung, TCP und UDP-Protokoll
III	Vermittlungsschicht/ Network Layer	Routing, logische Adressierung, IP-Protokoll, Quality of Service

Tabelle 1.2 OSI-Schichtenmodell

Layer/ Ebene	Bezeichnung	Betrifft
II	Sicherungsschicht/ Data Link Layer	Flusssteuerung, Datenübertragung, Zugriffssteuerung, Fehlererkennung, MAC-Adressen
I	physikalische Schicht/ Physical Layer	Kupfer- und Glasfaserkabel, Signalformen, Wellenlängen bei optischer Übertragung, Funkfrequenzen für WLAN, Richtfunk, UMTS usw. und kabelgebundene Übertragung im LAN, MAN oder WAN

Tabelle 1.2 OSI-Schichtenmodell (Forts.)

Für die TCP/IP-Protokollfamilie existiert ein eigenes Referenzmodell. Dessen Aufbau ist weitaus weniger detailliert als der des OSI-Schichtenmodells und orientiert sich vielmehr an der Zusammenarbeit innerhalb der TCP/IP-Protokollfamilie (Tabelle 1.3).

TCP/IP-Schicht	Enthält	Entspricht OSI-Schicht
Anwendungsschicht/ Application Layer	FTP, HTTP, POP, SMTP, SSH, TELNET, NFS-MOUNT, DNS ...	V bis VII
Transportschicht/ Transport Layer	TCP, UDP, SCTP	IV
Internetschicht/ Internet Layer	Internetprotokoll (IPv4, IPv6)	III
Netzzugangsschicht/ Link Layer, Host to Network	Techniken für Punkt-zu-Punkt-Datenübertragungen (z. B. PPP)	I und II

Tabelle 1.3 TCP/IP-Referenzmodell im Vergleich mit dem OSI-Schichtenmodell

Das sind die wesentlichen Unterschiede zum OSI-Schichtenmodell:

► Das TCP/IP-Referenzmodell gilt nur für die TCP/IP-Protokollfamilie. Das OSI-Schichtenmodell ist dagegen neutral, Sie können es auf alle Netzwerke anwenden.

► Das TCP/IP-Referenzmodell benutzt weniger Ebenen.

► Das OSI-Modell benutzt eine Ebene nur für Hardware.

► Das TCP/IP-Referenzmodell verschmilzt die OSI-Ebenen I und II sowie V, VI und VII. Es ist damit weniger detailliert.

1.4   Räumliche Abgrenzung von Netzwerken

Zum Netzwerker-Latein gehören auch Begriffe, mit denen Sie die räumlichen Begebenheiten eines Netzwerkes beschreiben können. Schließlich gibt es Komponenten, welche Sie im Haus, am Grundstück oder gar weltweit verwalten und warten müssen. Die Bezeichnungen benötigen Sie auch oftmals beim Erstellen von Netzplänen.

Räumliche Netzwerkbereiche

▸ **LAN** (Local Area Network): innerhalb eines Gebäudes

▸ **MAN** (Metropolitan Area Network): Verbindungen zwischen Gebäuden in der Nähe (Grundstück, Stadtgebiet, Campus)

▸ **WAN** (Wide Area Network): Fernstrecken, weltweit

▸ **Intranet**: privates, nicht öffentliches Datennetzwerk (LAN bis WAN von der Ausdehnung her möglich)

▸ **Internet**: weltweites, öffentliches Datennetzwerk

1.5   Regel- und Nachschlagewerk für TCP/IP-Netze (RFCs)

»Wissen, wo es geschrieben steht« ist auch im Netzwerkbereich wichtig. Die Regeln der TCP/IP-Protokollfamilie sind in den *Requests for Comments* (*RFC*) in englischer Sprache festgelegt. Sie finden sie im Internet unter *http://www.rfc-editor.org*. Sie benötigen diese, wenn Sie Programme mit Netzwerkbezug schreiben wollen, oder ganz einfach dann, wenn Sie eine Leistungsbeschreibung erstellen. Aber auch bei Funktionsübersichten von Netzwerkgeräten werden oft nur die RFC-Nummern angegeben – Details können Sie dann in diesen selbst nachlesen.

Bei umfangreichen Fundstellen in den RFCs habe ich deren Nummern einfach der Reihe nach angegeben. Für manche Themen existieren oftmals mehrere, gleichwertige Dokumente, durch die Sie sich durcharbeiten sollten. Damit Sie aber zu manchen Themen die »Einstiegs-RFC« leichter finden, habe ich diese **fett** hervorgehoben.

Die RFCs unterliegen gewissen Sprachregelungen. Sie schaffen Klarheit und Eindeutigkeit. Sie geben auch Auskunft über den Status (Tabelle 1.4) und die Verwendbarkeit der jeweiligen Regel (Tabelle 1.5), die Sie mehr oder weniger in jedem RFC-Dokument mit dem jeweiligen Schlüsselbegriff hinterlegt finden.

Status	Bedeutung
Proposed Standard	Spezifikation des (künftigen) Standards
Experimental	Testphase außerhalb von Produktivumgebungen
Draft Standard	Vorstufe zum Standard, nach mindestens zwei voneinander unabhängigen Implementierungen und vollständiger Protokollprüfung
Standard	anzuwendendes, verbindliches Protokoll
Informational	lesenswerte Information
Historic	veraltet, keine Verwendung

Tabelle 1.4 Statusangaben der RFCs

Verwendbarkeit	Anwendung der Regel ist
required	zwingend
recommended/suggested	empfohlen
elective	freigestellt
limited use	eingeschränkt
not recommended	nicht empfehlenswert

Tabelle 1.5 Angaben zur Verwendbarkeit von RFCs

Wenn Sie hier im Buch Angaben von RFC-Nummern finden, so können Sie diese auf der IETF-Seite (*http://www.ietf.org*) aufrufen und lesen. In manchen Kapiteln begegnet Ihnen eine wahre Flut dieser Nummern. Hier geben Sie auf der IETF-Seite einen Begriff anstelle der vielen RFC-Nummern ein. Sie erhalten eine Auflistung mit Links zu den Dokumenten als Ergebnis. Im Buch aufgeführte und nicht in der Auflistung enthaltene RFCs können Sie im Anschluss dann einzeln aufrufen, falls notwendig.

1.6 Prüfungsfragen

1. Wann sind RFC-Dokumente verbindlich anzuwenden?
2. Sie verbinden auf einem Werksgelände mehrere Gebäude. Wie bezeichnen Sie ein derartiges Netzwerk?

Die Auflösungen finden Sie in Anhang B, »Auflösungen Prüfungsfragen«.

Kapitel 2
Netzwerktechnik

Kabel und Funkstrecken bilden den Unterbau des Datenverkehrs.
Sie müssen unabhängig von den Netzwerkprotokollen funktionieren.

In der Umgebung von Datennetzwerken finden Sie Kabel, Stecker und Antennen. In einem Gebäude können Sie auf verschiedene Entwicklungsstufen der Netzwerktechnik treffen. Oftmals ist ein Netzwerk über Jahre gewachsen. Auch das Anwendungsumfeld bestimmt die eingesetzte Technik. Bereiche wie der Maschinenbau setzen vor allem auf eingeführte und bewährte Komponenten. Ihnen begegnen hier deshalb Verkabelungen, welche in der Bürokommunikation schon länger kaum noch eingesetzt werden. Aus diesem Grund habe ich hier auch ältere und sehr alte Standards dargestellt.

Die Darstellung physikalischer Details der einzelnen Standards überlasse ich meist der nachrichtentechnischen Literatur:

- Werner, Martin: *Nachrichtentechnik. Eine Einführung für alle Studiengänge.* 7., erw. u. aktual. Aufl. Wiesbaden: Vieweg+Teubner 2010. ISBN 978-3-8348-0905-6.

- Meyer, Martin: *Kommunikationstechnik. Konzepte der modernen Nachrichten-übertragung.* 3., überarb. u. aktual. Aufl. Wiesbaden: Vieweg+Teubner 2008. ISBN 978-3-8348-0465-5.

- Sauter, Martin: *Grundkurs Mobile Kommunikationssysteme. UMTS, HSDPA und LTE, GSM, GPRS und Wireless LAN.* 4., überarb. u. erw. Aufl. Wiesbaden: Vieweg+Teubner 2011. ISBN 978-3-8348-1407-4.

Ich stelle Ihnen die Technik vor allem aus dem Blickwinkel von Planern, Beschaffern und Betreuern vor, also nach Anforderungen und Leistungsmerkmalen. Im OSI-Schichtenmodell finden Sie die elektrische und optoelektronische Netzwerkausrüstung im Layer 1 (physikalische Schicht). Das TCP/IP-Referenzmodell weist hierfür die Netzzugangsschicht (Link Layer) zu.

2.1   Elektrische Netzwerkverbindungen und -standards

Standards im Netzwerkbereich helfen Ihnen, überhaupt ein funktionierendes Netzwerk aufzubauen. Genormte Kabel, Stecker, Funkfrequenzen und -modulationsverfahren ermöglichen es Ihnen, Geräteeinheiten verschiedener Hersteller miteinander zu verbinden.

Standards im Netzwerkbereich tragen natürlich Bezeichnungen, zum einen welche für die Verkabelung, zum anderen für das Regelwerk.

Verkabelungsbezeichnungen bei Netzwerken

Die Bezeichnung des Verkabelungstyps wird aus der Angabe der maximalen Übertragungsrate, der Übertragungstechnik, der maximalen Segmentlänge (Zahl) oder des Kabels gebildet:

[ÜBERTRAGUNGSRATE][ÜBERTRAGUNGSTECHNIK][KABEL]

100Base-TX bedeuten eine maximale Übertragung von 100 Mbit/s im Basisband und die Verwendung von verdrillten Adernpaaren (Twisted Pair) in Kupfertechnik. Der Begriff Basisbandübertragung sagt aus, dass der vom Nutzsignal genutzte Frequenzbereich gleich dem übertragenen ist.

Während Sie auf die obige Verkabelungsbezeichnung in allen Katalogen und Produktbeschreibungen stoßen, begegnen Ihnen die IEEE-Nummern eher selten. Aber auch diese sollten Ihnen geläufig sein.

IEEE-Standards

Das *Institute of Electrical and Electronics Engineers (IEEE)* legt unter anderem auch Standards für die Netzwerktechnik fest, welche auch als ISO-, EN- und DIN-Normen übernommen werden.

Kabel oder Funk? Bei den elektrischen Netzwerkverbindungen können Sie zwischen diesen beiden Möglichkeiten wählen oder kombinieren.

Vor- und Nachteile elektrischer, kabelgeführter Netzwerke

Vorteile:

- ▸ kostengünstige Verkabelung
- ▸ Endgeräte (Netzwerkkarten, Switch ...) verbreitet und preiswert
- ▸ Verlege- und Verkabelungsarbeiten ohne großen Aufwand durchführbar

Nachteile:

▸ elektrisches Potenzial führend

▸ benötigt eigene Trassenführung

▸ Störungen durch äußere elektromagnetische Felder möglich

Vor- und Nachteile funkgestützter Netzwerke (WLAN)

Vorteile:

▸ (fast) keine Installationsarbeiten

▸ volle Flexibilität innerhalb von Räumen

▸ weniger »Kabelsalat« um den PC herum

Nachteile:

▸ Frequenzressourcen müssen mit anderen geteilt werden

▸ nicht abhörsicher

▸ nicht sicher vor Störungen und störenden Beeinflussungen

▸ für die Datensicherheit hoher Aufwand notwendig (stets neueste Kryptografietechnik)

▸ in der Rechtsprechung gilt bei missbräuchlicher Nutzung durch Dritte oftmals Betreiberhaftung

▸ langsamere Datenübertragung als bei kabelgebundener Technik

▸ höherer Anschaffungspreis

▸ Zuverlässige Funkverbindungen können nicht immer garantiert werden (Stahlbetondecken und -wände, Altbauten mit dicken Vollziegel- oder Granitmauern).

Jetzt lernen Sie zunächst die Netzwerkstandards kennen. Damit erhalten Sie Auskunft über die Leistungsfähigkeit und teilweise über die technischen Mindestanforderungen bei der Verkabelung. Sie können nämlich größtenteils Endgeräte mit verschiedenen Standards miteinander in einem Netz betreiben, wenn die Verkabelung dem neuesten Standard entspricht. Im Klartext bedeutet das, dass Sie beispielsweise einen alten Printserver, der Daten mit 10 Mbit/s erhalten kann, in einem Gigabit-LAN weiter betreiben können (wenn Ihnen die Geschwindigkeit so ausreicht).

2.1.1   Netzwerke mit Koaxialkabeln

Falls Sie von zeitgemäßer Hardware umgeben sind, überspringen Sie einfach dieses Unterkapitel. Wenn Sie bei »Ausgrabungen« in einem weitläufigen Netzwerk auf recht kurios wirkende Netzwerkgegenstände stoßen, dann lesen Sie hier weiter. Bei alten, »gewachsenen« Bestandsnetzen oder auch im Maschinenbau treffen Sie immer noch die »Altlasten« vom Beginn der Netzwerktechnik an, weshalb ich deren Funktion hier erkläre. In der Praxis werden Sie diese Gerätschaften stets durch neue Technik ersetzen.

10Base-5, IEEE 802.3, Clause 8, Thicknet, Yellow Cable

Das klassische Ethernet verwendet Koaxialkabel als Medium. Sie müssen die beiden Kabelenden mit einem Schluckwiderstand (50 Ω) abschließen, da sich sonst stehende Wellen ausbilden können. Diese führen zu Spannungsmaxima und -minima im Leitungsweg und stören damit die Kommunikation (Achtung Physik – das Kabel hat 50 Ω Wellenwiderstand, Stehwellen bauen sich in Abhängigkeit von Frequenz und Leiterlänge [Resonanzlängen] auf).

Beim *Thick Wire* wurde der Anschluss über das sogenannte *Medium Access Unit* (*MAU*) hergestellt. Die MAU-Einheit verfügt über einen teilisolierten Stachel (*Vampire Tab*), welcher das Schirmgeflecht des Koaxialkabels durchdringt. Das leitende Stachelende dringt in den Innenleiter ein und stellt damit die elektrische Verbindung her. An dieser Vorrichtung finden Sie auch den *Transceiver*, der wie in der Funktechnik auch für das Senden und Empfangen zuständig ist. Über ein bis zu 15 m langes Kabel war damit das *Attachment Unit Interface* (*AUI*) verbunden, das über eine SUB-D-15-Steckverbindung am Ethernet-Controller des Netzwerkteilnehmers angeschlossen war.

10Base-2, IEEE 802.3, Clause 10, Thin Wire Ethernet, Cheapernet

Beim *Thin Wire Ethernet* kann das Kabel mittels T-Stück direkt mit dem Teilnehmergerät verbunden werden (AUI und MAU sind schon in der Netzwerkkarte integriert). Die Verlegung und die Anschlüsse müssen nach genauen Regeln erfolgen, andernfalls ist ein Totalausfall des Netzes sehr wahrscheinlich.

Bei den Koaxialkabel-Netzen existiert kein zentrales Gerät, welches einen Knoten bildet. Vielmehr liegt eine Bus-Struktur (Abbildung 2.1) vor. Darum musste das Kabel durch jeden Raum gezogen werden, von dem nur vermutet wurde, dass hier einmal irgendetwas angeschlossen werden könnte.

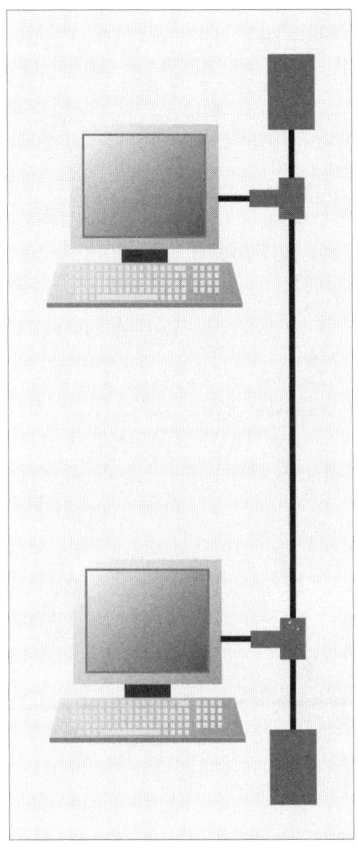

Abbildung 2.1 Bus-Struktur von Netzwerken mit Koaxialkabeln

Die Netzwerkteilnehmer teilen sich die »Ressource« Koaxialkabel, Sie können sich dies wie einen Funkverkehrskreis vorstellen. Über das Verfahren *Carrier Sense Multiple Access/Collision Detection* (*CSMA/CD*) wird erreicht, dass stets nur ein Teilnehmer sendet. Im Kollisionsfall wird das *Jam-Signal* gegeben, worauf jeglicher Sendeverkehr verstummt, bevor nach einiger Zeit ein Teilnehmer wieder aktiv wird. Dieses Verfahren verhindert damit aber hohe Übertragungsraten.

Die Verwendung von Koaxialkabeln bringt einen hohen Grad an Funkentstörung mit sich, der meist nur von der Glasfaser übertroffen wird. Ein Teilnehmer kann entweder senden oder empfangen (halbduplex), die (theoretische) Übertragungsrate beträgt in allen Fällen 10 Mbit/s. Die wichtigsten Daten finden Sie in (Tabelle 2.1).

Eigenschaften	Thicknet	Thinnet
Weitere Namen	Yellow Cable	Cheapernet
Bezeichnung	10Base-5	10Base-2
Norm	IEEE 802.3, Clause 8	IEEE 802.3, Clause 10
Kabel	RG-8	RG-58 (Abbildung 2.2)
Anschluss	MAU-AUI	BNC
Maximale Länge	500 m	185 m
Nutzungshinweise	maximal 100 angeschlossene Transceiver	maximal 30 Teilnehmer

Tabelle 2.1 Daten von Netzwerken mit Koaxialkabeln

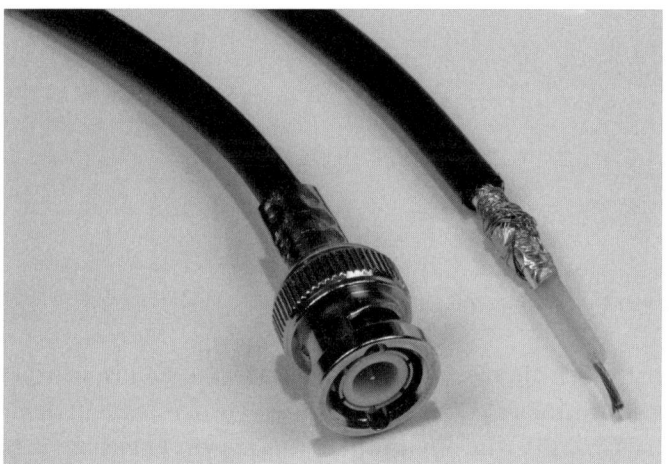

Abbildung 2.2 BNC-Stecker und Koaxialkabel Cheapernet (10Base-2)

2.1.2   Netze mit Twisted-Pair-Kabeln

Die Verkabelung mit Koaxialkabeln stieß natürlich bald an ihre Grenzen. Die mangelnde Erweiterbarkeit und vor allem die unpraktische Leitungsführung zu den Arbeitsplätzen hemmten den Ausbau der Netzwerktechnik enorm. Durch die Entwicklung zentraler Komponenten, welche einen Netzknoten bilden können (Hub, Switch) konnte man nun eine sternförmige Netzwerkstruktur (Abbildung 2.3) anlegen. Die Verkabelung dafür wird mit Kabeln ausgeführt, welche verdrillte Adernpaare besitzen. Diese Verein-fachung ermöglicht nicht nur eine übersichtlichere Installation, sondern auch fast immer einen höheren Datendurchsatz, da das Endgerät allein mit dem Knotengerät kommuniziert.

Alle Netze mit *Twisted-Pair-Kabeln* (*TP*) verwenden den »*Western-Stecker*« (*RJ45*) und haben eine maximale Länge von 100 m. Alle Teilnehmer können, wenn ein Switch als Netzknoten eingesetzt wird, gleichzeitig senden und empfangen (*vollduplex*). Kommen Hubs zum Einsatz, wird nur *halbduplex* übertragen. Bei Hubs herrschen hinsichtlich der Kollisionen die gleichen Verhältnisse wie bei den Koaxialkabel-Netzen. Weitere Informationen über die Geräte selbst finden Sie in Abschnitt 4.5.2, »Hubs – Sammel-schiene für TP-Netze«.

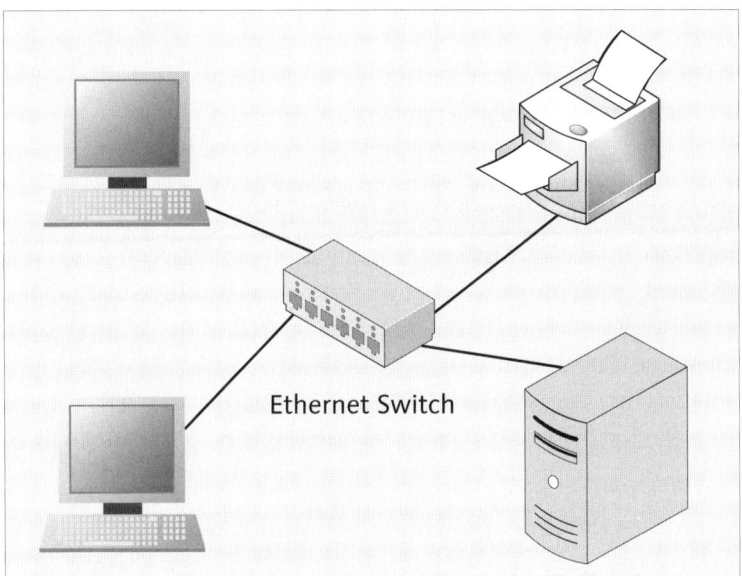

Abbildung 2.3 Sternförmige Netzwerkstruktur

Für Netze mit Twisted-Pair-Kabeln wurden aufeinander aufbauende Standards mit immer höheren Übertragungsraten geschaffen. Die Kabel bekamen dabei zusätzliche Schirmungen. Endgeräte arbeiten mit höheren Frequenzen und effektiveren Übertra-gungsverfahren. In Tabelle 2.2 finden Sie neben den Kenndaten der Standards auch die notwendigen Kabelkategorien. Damit können Sie auch bei Bestandsnetzen beurteilen, ob ein nächsthöherer Standard angewendet werden kann oder ob Sie neue Kabel nach-rüsten müssen.

Bezeichnung	10Base-T	100Base-TX	1000Base-T	10GBase-T
Weitere Namen	Ethernet	Fast Ethernet	Gigabit Ethernet	10 Gigabit Ethernet
Norm	IEEE 802.3j	IEEE 802.3, Clause 25	IEEE 802.3, Clause 40	IEEE 802.3an
Kabel	Cat. 3–7	Cat. 5–7	Cat. 5–7	Cat. 7
Hinweise	Hubs oder Switches als Netzknoten	Switches als Netzknoten	Switches als Netzknoten, Benutzung aller vier Doppeladern zur Unterdrückung von Signalechos	Switches als Netzknoten, Benutzung aller vier Doppeladern zur Unterdrückung von Signalechos

Tabelle 2.2 Übersicht von Netzen mit TP-Kabeln

2.1.3   Aufbau, Bezeichnung und Kategorien von Twisted-Pair-Kabeln

Betrachten Sie Netzwerkkabel hinsichtlich Materialqualität, Verarbeitung und Art des Aufbaues. Diese Größen entscheiden, ob die Kommunikation zuverlässig funktionieren wird. Wenn Sie zwei Netzwerkgeräte miteinander verbinden, so fließen die Informationen mittels hochfrequenter Wechselströme durch die kleinen Kupferadern. Wenn Sie schlecht geschirmte Kabel einsetzen, so stört dies bei der Datenübertragung damit den Radio-, Funk- und Fernsehempfang in der näheren Umgebung. Das ist zum einen nicht zulässig und sorgt zum anderen natürlich für Konflikte mit den Nachbarn.

Achtung Physik: Die nutzbare Lauflänge der Netzwerkkabel wird zum einen durch die Dämpfung beschränkt, zum anderen auch durch die Abflachung der Signalflanken. Der Abflachungseffekt nimmt mit der zurückzulegenden Strecke der Signale zu. Sind die Signalflanken zu breit, können die Netzwerkkarten keine Informationen mehr aus dem Signal auslesen. Sie können das selbst nachvollziehen. Leihen Sie sich ein Oszilloskop aus (Messgerät, mit dem man elektrische Schwingungen am Bildschirm darstellt). Lassen Sie sich das Signal am sendenden Gerät anzeigen. Sie werden mehr oder weniger Rechtecksignale sehen. Nach dem Anschluss beim Empfänger dagegen sehen Sie die Signale trapezförmig.

Gleich noch ein Hinweis aus der Praxis: Sparen Sie nicht an der falschen Stelle. Hochmoderne Gebäudeverkabelung und Patchkabel mit Klingeldraht-Feeling schließen sich aus!

Standards konsequent einhalten

Alle weiteren passiven Netzwerkkomponenten

▶ Patchfelder

▶ Wanddosen

▶ Patchkabel

müssen dem gleichen oder einem höherwertigen Standard als dem der Gebäudeverkabelung entsprechen. Andernfalls können Normwerte (Reichweite, Signalgüte) nicht eingehalten oder Funkstörungen in der Umgebung hervorgerufen werden!

Zu Netzwerkkabeln finden Sie sowohl Angaben zum Aufbau und zur Schirmung als auch eine Einteilung in eine Kategorie. Sie werden feststellen, dass bei höherwertigen Kategorien auch der Schirmungsaufwand (und natürlich der Preis) steigen.

Wenn Sie ein Netzwerkkabel erwerben möchten, geben Sie die Kategorie an. Der Handel arbeitet mit dieser Bezeichnung. Am Kabelmantel finden Sie normalerweise aber auch die Angaben zum Aufbau und zur Schirmung neben der Kategorie aufgedruckt. Weitere Produktmerkmale können die Vermeidung umweltschädlicher Werkstoffe (z. B. PVC) und eine erhöhte Zug- oder Trittfestigkeit sein.

Angaben zur Schirmung bei Netzwerk- und Fernmeldekabeln

Form:

AA/BCC gemäß *ISO/IEC-11801 (2002)E*

Schirmung (Gesamt- und Adernpaarschirmung):

U   ungeschirmt

F   Folienschirm

S   Geflechtschirm

SF   Geflecht- und Folienschirm (nur bei Gesamtschirmung)

Adernanordnung:

TP   Twisted Pair (verdrillte Adern)

QP   Quad Pair

Die Einteilung in Kabelkategorien finden Sie in Tabelle 2.3. Sie entstand durch die fortschreitende Weiterentwicklung und Verbesserung von Kabeleigenschaften. Höhere Verbindungsgeschwindigkeiten erfordern Kabeltypen, die die Übertragung immer höherer Frequenzen bei immer guten Dämpfungswerten ermöglichen. Für die höchste Kabelkategorie (derzeit Cat. 7) müssen Sie natürlich mit einem höheren Meterpreis als beim »Allerweltskabel« Cat. 5 rechnen. Bei Neuverkabelungen sollten Sie aber nicht unbedingt Kabel und Dosen nach dem älteren Standard einbauen. Sie verlieren schnell die Möglichkeit, Nutzen aus künftigen, schnelleren Standards zu ziehen.

Cat.	Qualität/Verwendung
1	Telefonkabel für analoge Sprach- und Faxübertragungen, Adern sind parallel gezogen. Keine Abschirmung, kein Schutz vor Übersprechen oder Beeinflussung von außen. Nicht für Netzwerkzwecke geeignet. Maximale Betriebsfrequenz 100 kHz
2	wie Cat. 1, aber bis maximal 1 MHz geeignet, »ISDN-Kabel«
3	Geeignet für 10Base-T, Telefon, ISDN. Maximale Betriebsfrequenz 16 MHz, verdrillte Adernpaare, keine Schirmung. Die Verdrillung bietet ein wenig Schutz gegen Übersprechen/störende Beeinflussungen von außen. Das ungeschirmte Kabel kann jedoch Funkanwendungen beim Betrieb stören (Unshielded Twisted Pair, UTP).
4	Nur in den USA verwendet/erhältlich, hier in Europa ohne Belang. Maximale Übertragungsrate 20 Mbit/s, keine Schirmung (UTP)
5	Normen: Class D aus ISO/IEC 11801:2002, EN 50173-1:2002, EIA/TIA-568A-5, Altanlagen vor 2002 eventuell nicht tauglich für 1000Base-T! Maximale Betriebsfrequenz 100 MHz. Mit Gesamtschirmung üblich (S/UTP, F/UTP oder SF/UTP). Einsatz von 10Base-T bis 1000Base-T möglich. Für 10GBase-T eingeschränkt einsetzbar (maximal 22 m!)
6	Bessere Qualität von Leitung und Schirmung, maximale Betriebsfrequenzen: Cat. 6: 250 MHz, Cat. 6E: 500 MHz
7	Diese Kabel verfügen über eine äußere Schirmung sowie eine Einzelschirmung der Adernpaare (S/FTP, F/FTP oder SF/FTP). Sie sind grundsätzlich für alle Anwendungen von 10Base-T bis 10GBase-T geeignet. Die maximale Betriebsfrequenz beträgt 600 MHz. Normen: ISO/IEC-11801 (2002)E, IEEE 802.3an

Tabelle 2.3 Kabelkategorien

Für die Ergänzung bestehender Netze können Sie meist das SF/UTP-Kabel (Gesamt-schirm aus Geflecht und Folie, ungeschirmte, verdrillte Adernpaare) für eine Verkabe-lung gemäß Cat. 5 verwenden (Abbildung 2.4).

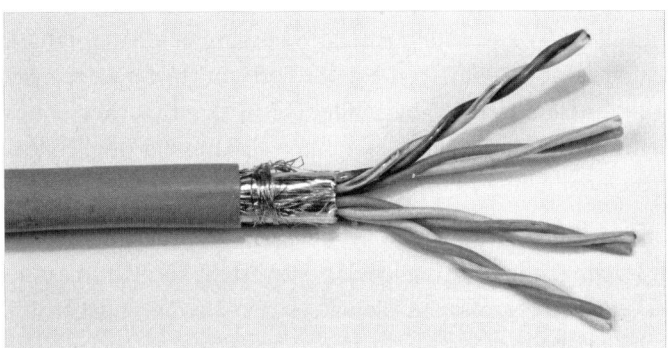

Abbildung 2.4 Netzwerkkabel SF/UTP für Cat. 5-Verkabelung

Wenn Sie umfangreiche Ergänzungen oder Neuerschließungen mit Netzwerkleitungen planen, verwenden Sie aber besser das noch aufwendiger geschirmte Kabel SF/FTP (Abbildung 2.5) gemäß Cat. 7. Hier treten praktisch kaum Übersprecheffekte/gegensei-tige Beeinflussungen der Adernpaare auf, da diese nochmals eine eigene Abschirmung tragen. Natürlich ist dieses Kabel etwas steifer und schwerer.

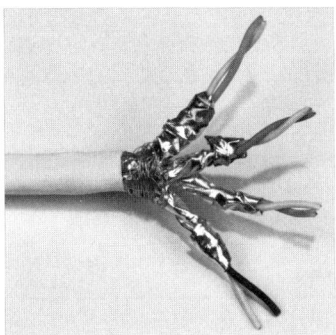

Abbildung 2.5 Netzwerkkabel SF/FTP nach Cat. 7

2.1.4   Stecker- und Kabelbelegungen

Nachdem Sie den Aufbau und die Verwendbarkeit von Datenleitungen kennen, erfah-ren Sie jetzt einiges darüber, wie diese mit Steckern, Patchfeldern und Anschlussdosen verbunden werden.

Datenleitungen verfügen über acht Adern, die jeweils paarweise verdrillt sind und einen Wellenwiderstand von 100 Ω aufweisen. Somit stehen maximal vier Adernpaare zur Verfügung. Nicht alle Netzwerkstandards nutzen dies aus, eine Zeit lang integrierte man mit einem ungenutzten Adernpaar den Telefonanschluss von Arbeitsplätzen und schuf damit die *Universelle Gebäudeverkabelung (UGV)*. Was sich vor einigen Jahren noch als die geniale Sparlösung erwies, stellt jetzt die große Fortschrittsbremse dar. Sie können kein Gigabit-Ethernet nutzen, weil Sie dafür alle Adernpaare brauchen, eines aber eben für das Telefonnetz benutzt wird. Meist bleibt Ihnen also nur die Möglichkeit, irgendwie eine eigene Telefonverkabelung zu organisieren.

Im Folgenden zeige ich Ihnen, wie die Kabel und Stecker belegt werden. Sie müssen das nicht unbedingt auswendig lernen (außer Ihre tägliche Arbeit besteht künftig im Auflegen von Netzwerk-Anschlussdosen). Hauptsache, Sie wissen, wo Sie die Angaben für den Ernstfall schnell nachschlagen können.

Bei der Adernbelegung Ihrer Verkabelung müssen Sie sich an international gültige Normen halten: EIA/TIA-568A (Tabelle 2.4) und/oder EIA/TIA-568B (Tabelle 2.5). Die Belegung ist vom jeweiligen Netzwerkstandard hinsichtlich der benötigten Adernpaare abhängig.

Pin	10Base-T, 100Base-T	1000Base-T	Farbkennzeichnung/Adernfarbe
1	TX+	DA+	weiß/grün
2	TX-	DA-	grün
3	RX+	DB+	weiß/orange
4	frei	DC+	blau
5	frei	DC-	weiß/blau
6	RX-	DB-	orange
7	frei	DD+	weiß/braun
8	frei	DD-	braun

Tabelle 2.4 Belegung nach EIA/TIA T568 A (MDI)

Pin	10Base-T, 100Base-T	1000Base-T	Farbkennzeichnung/Adernfarbe
1	TX+	DA+	weiß/orange
2	TX-	DA-	orange
3	RX+	DB+	weiß/grün
4	frei	DC+	blau
5	frei	DC-	weiß/blau
6	RX-	DB-	grün
7	frei	DD+	weiß/braun
8	frei	DD-	braun

Tabelle 2.5 Belegung nach EIA/TIA T568 B (MDI)

Grundregeln der Netzwerkverkabelung

▸ Innerhalb der Gebäudeverkabelung wird nur eine Belegungsnorm verwendet. Hauptsächlich kommt EIA/TIA-568B zum Einsatz.

▸ Verwenden Sie Patchkabel, welche alle acht Adern 1:1 verwenden.

▸ Sonderfall Crosskabel: Ein Ende ist nach EIA/TIA-568A, das andere nach EIA/TIA-568B belegt.

▸ Schließen Sie stets die Schirmungen an die vorgesehenen Klemmen/Anschlusspunkte an Dosen, Steckern und Patchfeldern an.

Mit einem *Cross-over-Kabel* (Tabelle 2.6) können Sie z. B. zwei PCs ohne eine weitere Komponente (etwa Switch) miteinander verbinden. Sie haben die volle Geschwindigkeit zur Verfügung. Wenn Sie nicht mehr Geräte zum Verbinden haben, ist damit Ihr Netzwerk schon komplett. Haben Ihre Rechner mehrere Netzwerkanschlüsse, können Sie eine zusätzliche Verbindung abseits des »Arbeitsnetzes« für Zwecke der Datenhaltung und -sicherung schaffen (Backbone).

Ob es Ihnen gelingt, zwei Netzwerkteilnehmer miteinander zu verbinden, hängt nicht zuletzt von der mediumabhängigen Schnittstelle (*medium dependent interface, MDI*) ab. Diese stellt den Zugang zum Übertragungsmedium bei Twisted-Pair-Kabelnetzen her.

Verbindungen mit MDI, MDI-X und Auto-MDI(X)

▸ **MDI**: Zwei MDIs können Sie nicht mit einem 1:1-Patchkabel verbinden, Sie benötigen hierfür ein Cross-over-Kabel.

▸ **MDI-X**: Hier sind die Adernpaare entsprechend gekreuzt. Sie können mit einem Patchkabel ein MDI mit einem MDI-X verbinden. Sie benötigen in dem Fall kein Cross-over-Kabel!

▸ **Auto-MDI(X)**: Bestimmte aktive Netzwerkkomponenten (Switches, Router) sind in der Lage, selbsttätig die Kabelbelegung zu ermitteln, und passen sich automatisch an.

An allen Kabeln kommt der achtpolige »Western-Stecker«, Typ RJ45, zum Einsatz. Die Kontakte sind durchnummeriert (Abbildung 2.6).

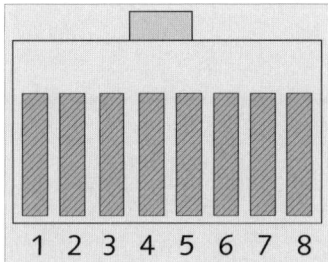

Abbildung 2.6 Belegung RJ45-Stecker, Ansicht von vorne mit oben liegender Rastnase

Die Dose oder ein MDI (Abbildung 2.7) sind damit verkehrt herum belegt.

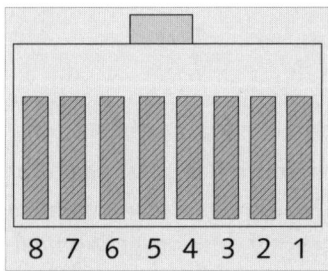

Abbildung 2.7 RJ45-Buchse (Dose, MDI) in Vorderansicht mit oben liegender Aussparung für die Rastnase des Steckers

Sie können ein Cross-over-Kabel oder einen Adapter, welcher die Adernpaare tauscht, kaufen. Wenn Sie das passende Werkzeug haben, ist so ein Kabel aber auch schnell hergestellt. Wenn Sie mit einem Kabeltester arbeiten, brauchen Sie die Tabelle 2.6 ebenfalls.

Pin Stecker 1		Pin Stecker 2
1	→	3
2	→	6
3	→	1
4	→	7
5	→	8
6	→	2
7	→	4
8	→	5

Tabelle 2.6 Belegung Cross-over-Kabel

2.1.5   Anschlusskomponenten für Twisted-Pair-Kabel

Sie verbinden Geräte (fast) niemals fest mit dem Netzwerkkabel. Ihre PCs, Drucker, Printserver, WLAN-Accesspoints, Router und Switches verfügen über eine RJ45-Buchse. *Netzwerk-Anschlussdosen* und *Patchfelder* werden hingegen zur Leitungsseite fest verkabelt. Am Patchfeld (Abbildung 2.8) liegen die Leitungen zu den einzelnen Anschlussdosen auf. Mit den Patchkabeln verbinden Sie Ihre Geräte mit der Netzwerk-Anschlussdose oder, meist im Fall zentraler Komponenten (Switch, Router ...), mit dem Patchfeld.

Abbildung 2.8 Netzwerkschrank mit Patchfeld und Switch

Netzwerk-Anschlussdosen und Patchfelder werden Sie überwiegend in *Schneid-Klemm-technik*, auch *LSA* (ohne *L*öten, *S*chrauben, *A*bisolieren) genannt, mit ihrem gebäudeseitigen Kabel verbinden.

Sehen Sie sich die nachstehenden Details genau an, bevor Sie Ihre erste Netzwerkleitung verlegen. Betrachten Sie zunächst die Bestandteile einer Netzwerk-Anschlussdose im Einzelnen (Abbildung 2.9). Sie besteht (von links nach rechts) aus dem Abschirmdeckel für die Rückseite, dem Dosenkörper (hier zwei Anschlüsse in LSA-Technik), und dem abschirmenden Frontdeckel. Die Kunststoffabdeckung mit Beschriftungsfeldern müssen Sie extra besorgen. Sie haben hier ein großes Angebot an Farb- und Designvarianten.

Abbildung 2.9 Bestandteile Netzwerk-Anschlussdose

Betrachten Sie den Dosenkörper genauer (Abbildung 2.10). Sie können hier die einzelnen Adern in den LSA-Klemmen nun deutlich erkennen. Auf den einzelnen Klemmen wird von manchen Herstellern sogar der Farbcode zu EIA/TIA-568A oder -B aufgedruckt, so dass auch Handwerker ohne Netzwerkkenntnisse Installationsarbeiten vornehmen könnten.

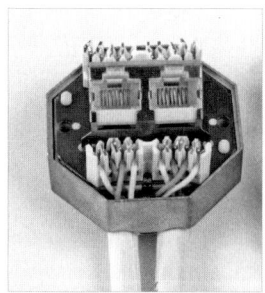

Abbildung 2.10 Dosenkörper einer Netzwerk-Anschlussdose im Detail

2

RJ45-Stecker hingegen bringen Sie mittels Crimptechnik am Kabel an. Dazu finden Sie in Abschnitt 2.1.7, »Montage von RJ45-Steckern«, eine Schritt-für-Schritt-Anleitung.

2.1.6   Herstellung von Kabelverbindungen mit der Schneid-Klemmtechnik (LSA)

Die Schneid-Klemmtechnik, auch als LSA (ohne **L**öten, **S**chrauben, **A**bisolieren) bezeichnet, bringt Vorteile wie hohe Kontaktdichte und -sicherheit. Zudem sparen Sie viele Arbeitsschritte ein. Die LSA-Technik ist schon seit den 1970er Jahren Standard im Fernmeldebereich.

Natürlich benötigen Sie auch das passende Werkzeug. Zum sauberen und sicheren Entfernen des Kabelmantels verwenden Sie einen *Abmantler* (Abbildung 2.11). Damit schneiden Sie sich nicht in die Finger und durchtrennen auch nicht gleich das Schirmgeflecht, welches unter dem Kabelmantel liegt. Außerdem ziehen Sie mit diesem Werkzeug den Mantelabschnitt ab.

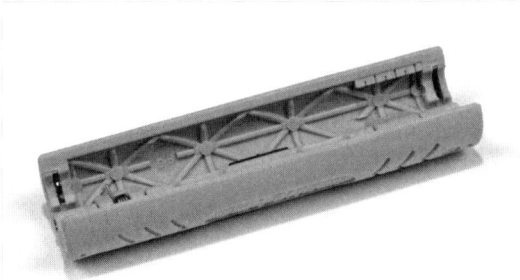

Abbildung 2.11 Abmantler

Der Abmantler besitzt an beiden Enden Schneiden mit verschiedenen Öffnungsweiten. Für Netzwerkkabel verwenden Sie die mit der weiteren Öffnung.

Für das Herstellen der Schneid-Klemm-Verbindung benötigen Sie das *LSA-Anlegewerkzeug* (Abbildung 2.12). Dies hat vorne eine Spitze und eine Andruckvorrichtung. Bei einigen Varianten finden Sie im Griff ausklappbare Zusatzwerkzeuge. Eines davon ist der sichelartige »Enterhaken«. Damit können Sie Adern aus der Schneid-Klemmleiste herauslösen.

In Abbildung 2.12 sehen Sie auch eine LSA-Leiste abgebildet, wie sie zum festen Verdrahten von Fernmeldekabeln oder zum Verlängern von Netzwerkkabeln eingesetzt wird. Sie wird Ihnen aber meist nur im Telefonbereich begegnen. Für die fotografische Darstellung eines Schneid-Klemm-Vorganges war sie aber die bessere Wahl.

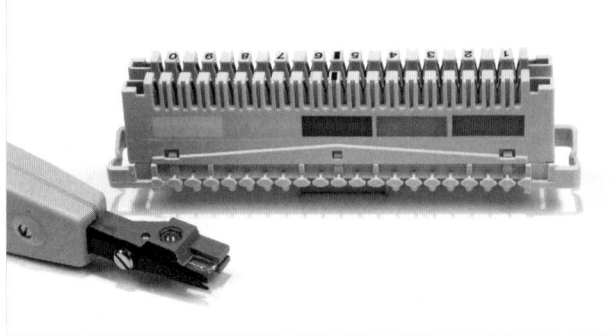

Abbildung 2.12 LSA-Anlegewerkzeug und LSA-Klemmleiste

LSA, Schneid-Klemm-Verbindungen

▸ kein Abisolieren von Einzeladern

▸ Berührungsschutz durch tief liegende Kontaktklemmen

▸ teilweise Farbcodierung bei Netzwerk-Anschlussdosen

▸ Anlegewerkzeug kürzt Überstände der Adern auf notwendiges Maß

So stellen Sie eine Schneid-Klemm-Verbindung her:

1. Drücken Sie die Schneiden des Abmantlers an den Außenmantel des Netzwerkkabels, ohne dabei zu viel Kraft aufzuwenden. Drehen Sie den angedrückten Abmantler
   um 180°, und versuchen Sie, das abgetrennte Stück des Kabelmantels abzuziehen.
   Wie viel Sie vom Außenmantel abnehmen müssen, hängt von der Beschaffenheit der
   Dose oder des Patchfeldes ab.

2. Entflechten Sie das äußere Schirmgeflecht (klappt am besten mit einer kleinen
   Drahtbürste), und ziehen Sie es in eine Richtung, gegebenenfalls mit einem vorhan-
   denen Folienschirm. Dies wird später mit der dafür vorgesehenen Aufnahme an der
   Dose oder dem Patchfeld verbunden.

3. Falls die Adernpaare ebenfalls über eine Schirmung verfügen, ziehen Sie diese in
   Richtung des schon abstehenden, äußeren Schirmgeflechtes. Auch dieses muss dann
   zusammen mit der Aufnahme verbunden werden.

4. Legen Sie die erste der freigelegten Adern in die richtige Schneid-Klemme (Farbcode
   oder Nummer beachten, siehe auch Tabelle 2.4 und Tabelle 2.5). Die einzelne Ader
   liegt dabei lose mit etwas Überstand auf (Abbildung 2.13).

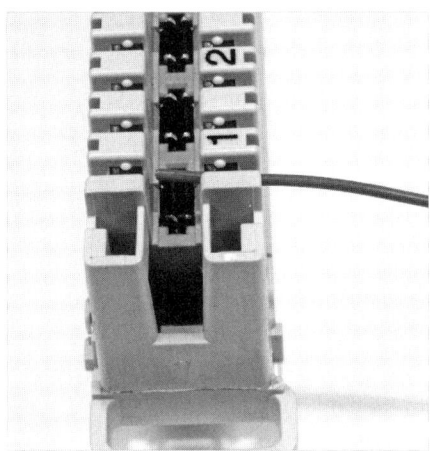

Abbildung 2.13 Lose aufliegende Einzelader

5. Bringen Sie Ihr Anlegewerkzeug in Position. Der klotzartige Teil zeigt zur abgehenden Ader, der schmale Teil (Schneide) zum Überstand (Abbildung 2.14). Drücken Sie nun mit einer schnellen, kraftvollen Bewegung das Werkzeug gegen die Leiste. Sie arbeiten dabei gegen eine Feder. Nach einem deutlich spürbaren Ruck mit einem schnappenden Geräusch nehmen Sie das Werkzeug weg. Durch die Kraft von oben haben Sie die Ader in die scharfkantigen Kontakte gedrückt. Dabei wurde die Isolierung durchdrungen und der elektrische Kontakt hergestellt (Abbildung 2.15). Anschließend verfahren Sie mit den restlichen Adern genauso.

6. Wenn Sie die Verbindung auflösen wollen, müssen Sie die Ader mit einer Häkelnadel oder, falls vorhanden, dem »Enterhaken« aus dem Anlegewerkzeug entgegen der Druckrichtung abziehen.

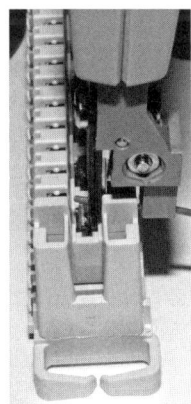

Abbildung 2.14 Die richtige Position des Anlegewerkzeuges

Abbildung 2.15 Fertig hergestellte Schneid-Klemm-Verbindung

2.1.7   Montage von RJ45-Steckern

Sie können leicht einmal in die Situation kommen, RJ45-Stecker an Netzwerkkabel montieren zu müssen. Vielleicht sind im Rechenzentrum die Standard-Patchkabel einfach zu kurz. Oder Sie müssen für den Messestand schnell und kostengünstig eine provisorische Verkabelung aufbauen, die ohne Netzwerkdosen auskommt (oder auch nur für die Studentenbude ...). Kurz und gut, die notwendigen Handgriffe sollten Sie kennen und beherrschen.

Der RJ45-Stecker besteht aus drei Teilen, dem Steckerkörper, der Kammplatte und der Tülle (Abbildung 2.16, von link nach rechts):

▶ Steckerkörper: Er besteht aus einer metallischen Außenhülle, welche mit dem oder den Schirmgeflecht(en) des Kabels verbunden wird. Dadurch bleibt die durchgehende Schirmung zwischen Endgerät und Verteilung erhalten, und Sie vermeiden funktechnische Störungen und Qualitätsminderungen bei den übertragenen Signalen. Ferner verfügt der Steckerkörper über acht Kontakte.

▶ Kammplatte: Dieses kleine Kunststoffteil hält die Adern des angeschlossenen Kabels in Position.

▶ Tülle: Sie bildet die Verlängerung des Kabelmantels. Diese Tüllen erhalten Sie in verschiedenen Farben, so dass Sie damit auch Kennzeichnungen vornehmen können.

Abbildung 2.16 Bestandteile des RJ45-Steckers

Jetzt kennen Sie die Bestandteile des Steckers. Besorgen Sie sich einen Abmantler (Abbildung 2.11) und eine Crimpzange, Kabel- und Steckermaterial, dann können Sie durchstarten! Gehen Sie nach der folgenden Schritt-für-Schritt-Anleitung vor. Versuchen Sie es einmal, es ist nicht schwer.

1. Falls notwendig, schneiden Sie das Kabel auf die gewünschte Länge zu.

2. Schieben Sie jetzt bereits die Tülle richtig herum auf das Kabelende. Dieser Handgriff wird immer wieder vergessen, und Sie würden sich ärgern, wenn Sie den aufgebrachten Stecker wieder abschneiden müssten.

3. Entfernen Sie mit dem Abmantler 2 cm des Kabelmantels (Abbildung 2.17).

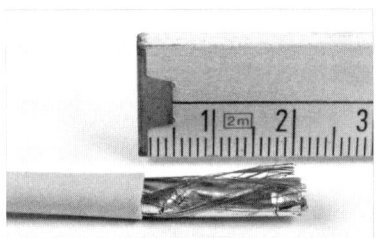

Abbildung 2.17 Kabelende, 2 cm des Außenmantels sind entfernt

4. Legen Sie die verdrillten Adernpaare (Abbildung 2.18) von der Schirmung (Folie, Geflecht) des Kabelmantels (bei Cat. 7-Kabeln auch die der Adernpaare selbst) frei.

Abbildung 2.18 Freigelegte Adernpaare

5. Verdrillen Sie das Schirmungsmaterial nach hinten zur Tülle hin.

6. Ordnen Sie die Adern gemäß den Tabellen 2.4, 2.5 und 2.6 sowie der Abbildung 2.6 an, und stecken Sie deren Enden durch die Kammplatte (Abbildung 2.19).

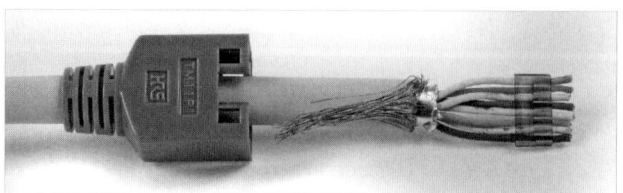

Abbildung 2.19 Zusammengedrillte Abschirmung, Adern durch Kammplatte gesteckt

7. Schieben Sie das so vorbereitete Kabelende in den Steckerkörper. Führen Sie das vorsichtig aus, die Adern dürfen nicht gestaucht werden (Abbildung 2.20)!

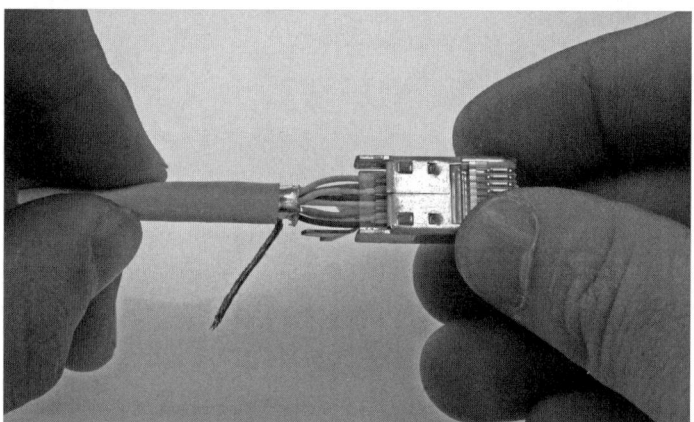

Abbildung 2.20 Einführung des vorbereiteten Kabels in den Steckerkörper

8. Richten Sie die verdrillte Schirmung so aus, dass sie zur Steckeroberseite zeigt. Die Steckeroberseite erkennen Sie daran, dass sich hier die Rastnase befindet. Bringen Sie die Schirmung in die hierfür vorgesehene Aufnahme (Abbildung 2.21). Damit ist der Stecker bereit zum Crimpen (Abbildung 2.22).

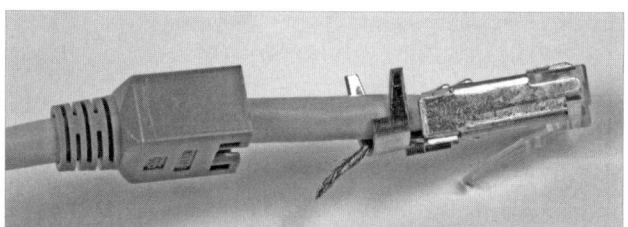

Abbildung 2.21 Crimpfertiger Stecker, Schirmgeflecht liegt in der Schirmungsaufnahme

Abbildung 2.22 Crimpfertiger Stecker, Ansicht von unten

9. Nehmen Sie die Crimpzange zur Hand. Führen Sie den Stecker so in das Werkzeug ein, dass die Aufnahme für die Schirmung, welche gleichzeitig auch die mechanische Zugentlastung bilden wird, zur passenden Werkzeugöffnung zeigt (Abbildung 2.23).

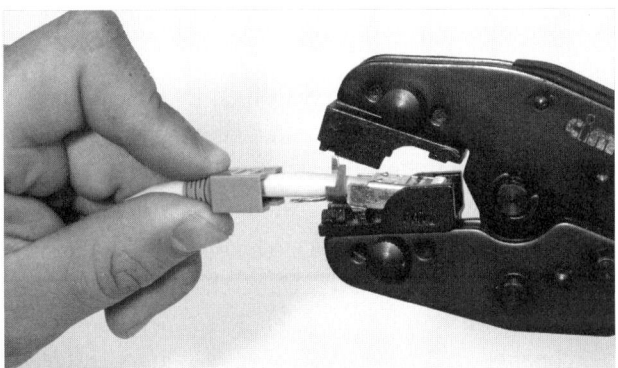

Abbildung 2.23 Einführung des RJ45-Steckers in das Crimpwerkzeug

10. Drücken Sie jetzt mit voller Kraft die Crimpzange zusammen, der Stecker wird mit Schirmung und den Adern mechanisch und elektrisch verbunden.

11. Führen Sie eine Sichtkontrolle am fertigen Stecker (Abbildung 2.24) durch. Umschließt die Zugentlastung die Schirmung vollständig? Liegt sie fest an?

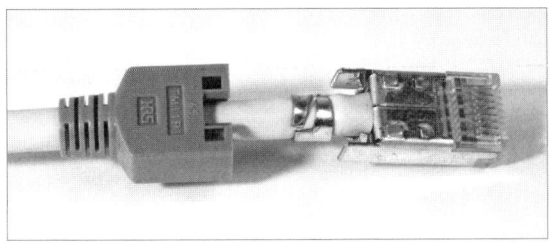

Abbildung 2.24 Fertig gecrimpter Stecker

12. Schieben Sie die Tülle auf den Steckerkörper.

Damit haben Sie den Stecker mit dem Kabel verbunden. Wie Sie Ihr Arbeitsergebnis gleich überprüfen können, lesen Sie im folgenden Abschnitt.

2.1.8   Prüfen von Kabeln und Kabelverbindungen

Wenn zwei Netzwerkteilnehmer absolut nicht zueinander finden können, sollten Sie durchaus einmal die beteiligen Patchkabel und die Gebäudeverkabelung (separat) testen. Nicht immer sind ausgefallene aktive Komponenten oder Konfigurationsfehler die Fehlerquelle!

Sie haben mehrere Möglichkeiten, die Kabelstrecke zwischen zwei Netzwerkteilnehmern zu prüfen. Im schlimmsten Fall haben Sie kein Mess- oder Prüfmittel zur Hand. Hier im Beispiel gehe ich von einem Verbindungsfehler zwischen einem PC und einem Switch aus. Arbeiten Sie sich Stück für Stück methodisch vor:

1. Bringen Sie den PC direkt zum Switch und schließen Sie ihn mit dem gleichen Patchkabel an, das die Verbindung zum Patchpanel herstellt. Bekommt der PC hier trotzdem keine Verbindung, dann tauschen Sie das Patchkabel. Klappt es jetzt wieder nicht, liegt der Fehler entweder beim PC oder beim Switch.

2. Der PC bekommt beim direkten Anschluss an den Switch eine Netzwerkverbindung. Klappte es erst nach dem Kabeltausch, dürfte das Problem schon meist behoben sein. Wenn es nicht dieses Kabel war, dann verbinden Sie den gerade benutzten Port vom Switch wieder mit dem Patchpanel. Prüfen Sie, ob Sie hier auch den richtigen Steckplatz für die Netzwerk-Anschlussdose benutzen. Wenn bis hierher alles sicher ist, müssen Sie das Gebäudekabel prüfen. Nehmen Sie aber vorsichtshalber ein funktionierendes Patchkabel für den Anschluss zwischen Wanddose und PC mit.

3. Schließen Sie den PC an die vorgesehene Wanddose mit einem funktionierenden Patchkabel an. Bekommt der PC jetzt Verbindung, war das vorher verwendete Kabel defekt. Wenn es aber wieder nicht klappt, bleibt Ihnen nur, Patchpanel und Wanddose zu öffnen und die Schneid-Klemm-Verbindungen nochmals nachzubearbeiten (»Nachtackern«).

Tipp

Entfernen Sie defekte Netzwerkkabel sofort, damit diese nicht versehentlich erneut eine Störungsquelle bilden können!

(Tipp aus der Praxis: Stecker abschneiden, dann bleibt das Kabel auch in der Schrottkiste!)

Funktioniert die Verbindung immer noch nicht, benötigen Sie entweder weitere Messmittel oder externe Hilfe, die über diese Möglichkeiten verfügt.

Mit einem einfachen Netzwerktester (Abbildung 2.25), den Sie im Elektronikhandel und -versand sehr günstig erwerben können, grenzen Sie solche Fehler leichter ein. Ich zeige hier ein vielfach verbreitetes Modell, das unter vielerlei Modellbezeichnungen im Handel ist.

Abbildung 2.25 Einfacher Netzwerktester

Der Tester verfügt über zwei Netzwerkanschlüsse und einen Satelliten für den Fall, dass eine Einzelstrecke zu messen ist. Das Gerät prüft jede Ader und die Schirmung einzeln. Sie können per Hand von Ader zu Ader schalten oder überlassen das dem Gerät, das dann den Wechsel eigenständig vornimmt.

Das Fehlerbeispiel bleibt das gleiche wie gerade: Die Strecke zwischen einem PC und einem Switch funktioniert nicht. Mit dem kleinen Netzwerktester gehen Sie wie folgt vor:

▶ Prüfen Sie die beteiligten Patchkabel. Dazu stecken Sie jedes Kabel mit beiden Steckern am Netzwerktester (Abbildung 2.26) ein. Schalten Sie das Gerät ein, und drücken Sie die Taste AUTO. Das Gerät schaltet nun Ader für Ader durch. Die obere LED-Zeile gibt an, welche Ader geprüft wird. An der unteren sehen Sie, ob diese auch durchgängig ist. Solange die leuchtenden LEDs die gleiche Adernnummer markieren, ist das Kabel (außer es ist ein Cross-over-Kabel) in Ordnung. Ist es kein Cross-over-Kabel und leuchten unterschiedliche Adernnummern auf, liegt eine Vertauschung vor. Bleibt in der zweiten LED-Zeile die LED dunkel, wenn die darüberliegende leuchtet, ist diese entweder nicht vorhanden oder unterbrochen.

Probleme mit Billig-Patchkabeln

Bei billigen Patchkabeln sind nicht alle Adern vorhanden. Dies führt zu Problemen, wenn Sie zwei Partner mit 1000Base-T verschalten wollen. Es liegt dann kein Fehler im Sinne der Messung vor.

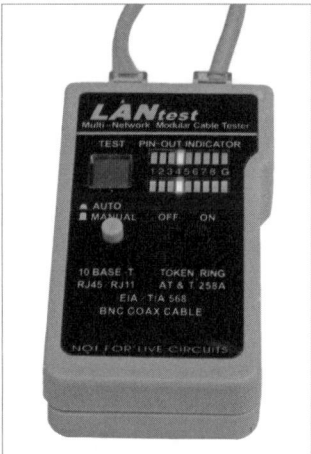

Abbildung 2.26 Prüfung der Patchkabel

▶ Prüfen Sie das Gebäudekabel. Schließen Sie den Tester am Patchpanel und den Satelliten (Abbildung 2.27) an der Netzwerk-Anschlussdose an. Starten Sie den Tester im Automatik-Modus, und gehen Sie zum Satelliten. Hier müsste im Idealfall in aufsteigender Reihenfolge eine LED nach der anderen einzeln aufleuchten.

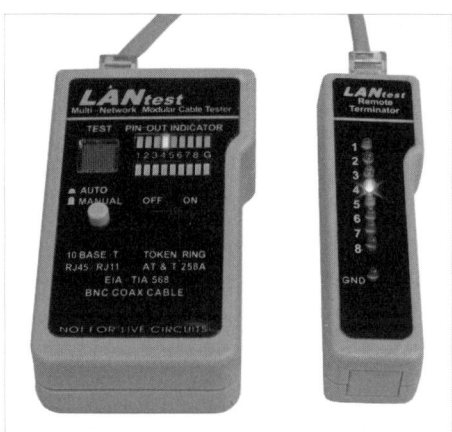

Abbildung 2.27 Streckenprüfung mit Satellit

Ältere Gebäudeverkabelungen

Hier wurden meist nicht alle Adern 1:1 durchgeschaltet. Ziehen Sie die Tabellen 2.4 und 2.5 zu Rate. Möglicherweise wurden die Adern nur für 10Base-T oder 100Base-T aufgelegt. Stimmen hierfür die Durchgangsmessungen, liegt kein Fehler im eigentlichen Sinn vor.

Sie können diese Messung auch zu zweit durchführen. Idealerweise sind Sie mit Ihrem Helfer mittels Telefon oder mit PMR-Funkgeräten in Kontakt. In diesem Fall können Sie dann anstelle des Automatik-Modus von Hand Ader für Ader durchschalten, und der Helfer kann das Fehlerbild leichter erfassen.

Abbildung 2.28 Verkabelungstester LanTEK®II (Hersteller: IDEAL INDUSTRIES INC., USA)

Einfache Fehler (falsche, gar nicht aufgelegte oder unterbrochene Adern) können Sie also mit dem kleinen Netzwerktester ausfindig machen und beheben. Sie können aber durchaus auf heimtückischere Fehlerbilder stoßen. Um zu lange Gebäudekabel oder Signalprobleme (Dämpfung, Echos, Übersprechen) erkennen zu können, benötigen Sie andere, leider auch teurere Messgeräte, die Sie auch tageweise mieten können.

Derartige Messgeräte (Abbildung 2.28) ermitteln unter anderem Messwerte für die Kabellänge, die Dämpfung, den Widerstand, die Kapazität, die Impedanz und eventuelle

Signallaufzeitverzögerungen. Mit den Messadaptern für Koaxial-, Twisted-Pair- und Glas-faserkabel können Sie praktisch alle Arten von Netzen messen. Die ermittelten Messda-ten übertragen Sie per USB-Schnittstelle auf Ihren Rechner zur weiteren Auswertung, z. B. für die Netzdokumentation nach Neu- oder Erweiterungsarbeiten am Netzwerk.

2.1.9   Kennzeichnen, Suchen und Finden von Kabelverbindungen

Beschriften Sie bei Verkabelungsarbeiten beide Enden immer eindeutig.

Beschriftung von Kabeln für und während Verkabelungsarbeiten

- ▶ Fast immer die beste Lösung: Dosennummer (z. B. Zimmer 15 im Erdgeschoss, 1. Dose, im Uhrzeigersinn gezählt: 015/1)

- ▶ Gut zum Finden von Patchkabel-Verbindungen: laufende Nummer am Kabel, an bei-den Enden. Bei Gebäudeverkabelung müssen Sie eine Liste führen, welche Nummer zu welcher Dose/welchem Switchport gehört.

- ▶ Die Beschriftung muss dauerhaft sein (Permanent-Filzschreiber oder Aufkleber, welcher über gute Klebeeigenschaften verfügt).

- ▶ Bei kleinen Netzen, welche ohne Patchfelder/Wanddosen auskommen müssen, verwenden Sie Nummern oder Ringe (Kabelbinder) zur Kennzeichnung.

Was ist aber, wenn Sie auf ein Netzwerk treffen, bei dem nichts beschriftet wurde? Was ist, wenn Dosen keine Bezeichnungen tragen und Sie nicht einmal wissen, ob bei Doppeldo-sen auch »richtig herum« aufgelegt wurde? Was ist, wenn Sie bei einem provisorischen Netzwerk vor einem dicken Kabelbündel ohne jede Markierung stehen? Wie finden Sie genau die gesuchte Leitung, wenn Ihr Vorgänger alles sauber und akribisch per Barcode-Aufkleber (Praxisfall!) beschriftet hat und sie keinen Leser dafür zur Hand haben? Der kleine Kabeltester aus dem letzten Abschnitt hilft beim Suchen nur sehr begrenzt weiter. Sie müssen nämlich jeden Port am Patchpanel einzeln prüfen und im gesamten Gebäude mit dem Satelliten jede Dose »besuchen«. Natürlich, bei einem kleinen Netzwerk mit zehn oder zwanzig Anschlüssen mögen Sie noch damit zurechtkommen, aber wenn das ganze größere Dimensionen aufweist, ist die Arbeit mit dem Gerät kein Vergnügen.

Abhilfe schafft ein *Leitungssuchgerätesatz*. Dieser besteht aus dem Geber (links) und dem Empfängertastkopf (rechts, Abbildung 2.29). Der Geber besitzt zum Anschluss an die zu suchende Leitung sowohl einen RJ45-Stecker als auch ein Paar Federklemmen (rot für die Signalader, schwarz für die Erdung).

Der Geber des Leitungssuchgerätesatzes besitzt einen Hochfrequenzgenerator (»Sen-der«), welcher an ein offenes Adernende oder eine Netzwerk-/Telefondose angeschlossen wird. Am anderen Ende, meist dem Verteiler, suchen Sie mit dem Tastkopf die Leitung heraus. Der Tastkopf gibt ein akustisches und optisches Signal ab, wenn das Signal entdeckt wird. Zunächst finden Sie das Kabel dadurch heraus, weil der Tastkopf das Signal schon bei Annäherung schwach vernimmt.

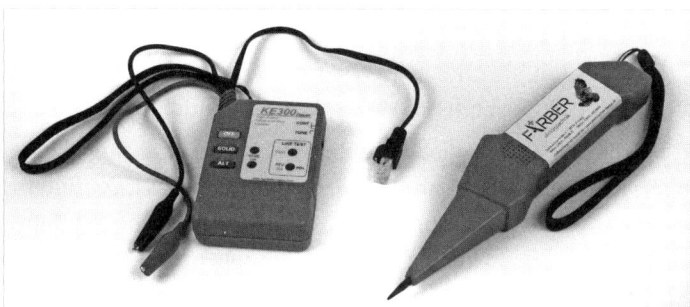

Abbildung 2.29 Leitungssuchgerätesatz

Drücken Sie mit der Messspitze (Abbildung 2.30) auf die zutreffende, signalführende Ader, hören Sie dieses Signal laut und kräftig, und die Leuchtanzeige zeigt das Signal an. Bei alten, ungeschirmten Netzen (Cat. 3 oder nur ISDN-taugliche Verkabelung) müssen Sie sehr misstrauisch sein. Prüfen Sie sehr sorgfältig, denn hier kann das Signal des Geberteiles durch Übersprecheffekte scheinbar auf mehreren Adern vorhanden sein. Auch hier gilt, dass nur das am lautesten herstellbare Prüfsignal am Tastkopf die zutreffende Ader markiert.

Abbildung 2.30 Arbeiten mit dem Tastkopf an einem Adernbündel

Im Grunde finden Sie damit die betreffende Leitung recht schnell. Beschriften oder markieren Sie dann aber auch die Leitung, damit Sie diese später nicht wieder suchen müssen.

Die Handhabung des Tastkopfes am Patchfeld kann etwas schwierig sein. Für den Test mit der direkten Berührung können Sie verschiedene Hilfsmittel gebrauchen:

- Nehmen Sie ein Patchkabel und das Innenleben einer Netzwerkdose. Stecken Sie das Kabel am »lautesten« Port am Patchfeld und der Netzwerkdose an. Mit der Messspitze des Tastkopfes können Sie am LSA-Anschlussblock direkt auf die Adern zugreifen.

- Verwenden Sie ein Patchkabel, und schneiden Sie einen Stecker ab. Kämmen Sie die Adern aus, isolieren Sie die Enden knapp ab, und schieben Sie eine Kammplatte (siehe RJ45-Stecker, Abbildung 2.19 und Abschnitt 2.1.7, »Montage von RJ45-Steckern«) über die Adernenden, so dass kein Kurzschluss möglich ist. Diese freien Enden berühren Sie mit der Spitze des Tastkopfes.

2.1.10   Power over Ethernet (PoE)

Mit diesem Verfahren wird für Kleinverbraucher eine Versorgungsspannung von 48 Volt und maximaler Strom von 350 Milliampere bereitgestellt. Diese Versorgungstechnik hat an sich keinen Einfluss auf die Datenübertragung, jedoch sollten Sie nur die neueste Speisetechnik einsetzen, damit keine Netzwerkkomponenten beschädigt werden, die PoE nicht unterstützen. Bei 10Base-T und 100Base-T werden freie Adern des Netzwerkkabels, bei 1000Base-T die signalführenden (mit-)benutzt. Meist wird diese Technik zum Betrieb von VoIP-Telefonen, kleinen Switches oder WLAN-Accesspoints benutzt.

2.2   Lichtwellenleiter, Kabel und Verbinder

Bevor Sie Ihre erste Glasfaserstrecke aufbauen, machen Sie zunächst einen kleinen Abstecher in die Physik und die Geschichte dieser Technik. Mit etwas Grundwissen vermeiden Sie Fehler bei der Planung und dem Aufbau Ihres Lichtwellenleiter-Netzes.

Lichtwellen werden reflektiert, wenn sie schräg auf den Übergang von einem Medium auf das andere treffen. Sicher kennen Sie den Effekt aus dem Alltag: Wenn Sie schräg auf eine Wasseroberfläche blicken, sehen Sie kaum etwas davon, was sich unter dieser befindet. Erst wenn Sie nahezu senkrecht nach unten auf das Wasser sehen, erkennen Sie die Dinge unter Wasser.

Lichtwellenleiter ermöglichen derzeit die schnellste und breitbandigste Kommunikation überhaupt. Gebräuchlich sind zurzeit Verfahren mit zwei Adern, eine für die Sendung und eine für den Empfang. Es wird stets mit einer Wellenlänge (= Farbe) gearbeitet.

Die Entwicklungslabors haben Entwicklungen wie das Senden und Empfangen mit einer einzigen Faser geschaffen. Damit würden die Leitungskapazitäten bei konsequenter Umsetzung verdoppelt. In Laborversuchen werden Geschwindigkeiten von 1Tbit/s angepeilt. Auch wurden schon Verfahren entwickelt, welche mehrere, verschiedenfarbige Laser auf einer Faser arbeiten lassen. Allerdings können die »normalen« Netzwerkteilnehmer wie PCs diese Geschwindigkeiten selbst noch nicht nutzen. Sie sind einfach zu langsam dafür.

Neben der absoluten Unempfindlichkeit gegenüber elektrischen Einflüssen stehen auch die relativ hohe Abhörsicherheit und der geringere Platzbedarf am Leitungsweg auf der Habenseite. Nachteilig ist dagegen, dass es ein optisches Verfahren ist, bei dem Sie eben nicht schnell ein paar Adern auf eine LSA-Leiste tackern können. Zum Verbinden zweier Fasern brauchen Sie spezielle Spleißgeräte, welche die Fasern miteinander verschweißen. Sie kleben Stecker an die Faser, müssen das Faserende polieren und mit dem Spezialmikroskop begutachten. Für die Messungen an den Leitungen benötigen Sie spezielle Geräte. Allerdings gibt es für die Gebäudeverkabelung schon vorkonfektionierte Kabel, die Sie einfach in den Trassenweg einziehen. Zentrale Netzwerkgeräte wie Switches sind schon seit Langem auch mit Lichtwellenleiteranschlüssen im Handel. Netzwerkkarten für PCs sind ca. vier- bis fünfmal so teuer (100 Mbit/s) gegenüber der »elektrischen« Ausführung. Baugruppen für 1 Gbit/s kosten einige hundert Euro. Ihr Einsatz wird deshalb nur wichtigen Server-Rechnern vorbehalten sein.

Vor- und Nachteile von Netzwerken mit Glasfaserkabeln

Vorteile:

- höchste Signalbandbreiten möglich
- keine elektromagnetischen Beeinflussungen von außen
- ohne elektrisches Potenzial
- darf zusammen mit Stromleitungen in einem Kanal/Rohr geführt werden
- keine Übersprecheffekte
- relativ hohe Abhörsicherheit
- darf in explosionsgefährdeten Bereichen verwendet werden
- wirtschaftlich, da höherer Investitionsschutz wegen längerer Nutzungsdauer

Nachteile:

▶ hoher Anschaffungspreis für aktive Netzwerkkomponenten

▶ Neue Werkzeuge und Messmittel müssen beschafft werden.

▶ Kein automatisches Erkennen und Einstellen der Übertragungsgeschwindigkeit, beide Partner müssen konstruktiv dieselben Eigenschaften aufweisen.

▶ Im Normalfall benötigen Sie immer zwei Fasern für eine Verbindung (Senden und Empfangen).

2.2.1   Übersicht über die Netzwerkstandards mit Glasfaserkabel

Für Ihre Planungen und Beschaffungen müssen Sie die Netzwerkstandards für Glasfasernetze kennen.

Auch im Bereich der Glasfasernetzwerke hat die »Evolution« verschiedene Standards (Tabelle 2.7) hervorgebracht. Sie können im Gegensatz zur Kupfertechnik aber keinen Mischbetrieb dahingehend verwirklichen, dass verschieden schnelle Komponenten auf einer Faser miteinander kommunizieren. Hierfür benötigen Sie Medienkonverter, welche die Netzkosten erhöhen. In der Tabelle finden Sie auch Angaben zur IEEE-Norm und der Lichtquelle.

Bezeichnung	Maximale Länge	Beschaffenheit
10Base-FL	2 km	Faser: Multimode, OM1 bis OM4 Wellenlänge: 850 nm Lichtquelle: LED Norm: IEEE 802.3 Clause 18
100Base-FX	400 m/2 km	Faser: Multimode, OM1 bis OM4 Wellenlänge: 1310 nm Lichtquelle: LED Norm: IEEE 802.3 Clause 26 Reichweite von 2 km, wenn Switches oder Bridges miteinander verbunden sind

Tabelle 2.7 Netzwerkstandards optischer Netze

Bezeichnung	Maximale Länge	Beschaffenheit
100Base-SX	300 m	Faser: Multimode, OM1 bis OM4 Wellenlänge: 850 nm Lichtquelle: LED Norm: IEEE 802.3 Clause 38
1000Base-LX	550m/2 km	Faser: Multimode, OM1 bis OM4 Wellenlänge: 1310 nm, Lichtquelle: Laser Norm: IEEE 802.3 Clause 38 Reichweite: 550 m alternativ: Faser: Monomode, OS1 Wellenlänge: 1310 nm Lichtquelle: Laser Reichweite: 2 km
1000Base-SX	500 m	Faser: Multimode, OM1: 300 m, OM2 bis OM4: 500 m Wellenlänge: 850 nm Lichtquelle: VCSEL-Laser Norm: IEEE 802.3 Clause 38
10GBase-LR	10 km	Faser: Monomode, OS1 Wellenlänge: 1310 nm Lichtquelle: Laser Norm: IEEE 802.3ae
10GBase-SR	300 m	Faser: Multimode, OM3 bis OM4 Wellenlänge: 850 nm Lichtquelle: VCSEL-Laser Norm: IEEE 802.3 ae
10GBase-ER	40 km	Faser: Monomode, OS1 Wellenlänge: 1550 nm Lichtquelle: DFB-Laser Norm: IEEE 802.3ae 2002

Tabelle 2.7 Netzwerkstandards optischer Netze (Forts.)

Bezeichnung	Maximale Länge	Beschaffenheit
10GBase-LX4	300 m/10 km	Faser: Multimode, OM1 bis OM4 Wellenlängen (Multiplexbetrieb): 1275 nm, 1300 nm, 1325 nm und 1350 nm Dient der Übertragung auf (älteren) Multimodefasernetzen. Lichtquelle: vier Laser Norm: IEEE 802.3 Clause 48 alternativ Faser: Monomode, OS1 Reichweite: bis 10 km

Tabelle 2.7 Netzwerkstandards optischer Netze (Forts.)

Beachten Sie unbedingt, mit welcher Lichtquelle Ihr Netz arbeitet. Besonders Laser schädigen das Augenlicht, wenn Sie in ein offenes Faserende blicken. Planen Sie deshalb unbedingt Schutzmaßnahmen gegen unbeabsichtigtes Austreten des Laserlichtes ein (Zugangssperren zu Netzwerkkomponenten, Warnhinweise für Service-Personal usw.)!

2.2.2 Aufbau und Funktion von Glasfaserkabeln

Sie werden auf verschiedenartige Glasfaserkabel stoßen. Einige Bestandteile sind stets die gleichen. Wenn Sie Lichtwellenleiter-Kabel (LWL) über verschiedene Arten von Strecken verlegen (im/außerhalb von Gebäuden, Stammkabel, Einzelverbindungen), benötigen Sie diese Informationen.

Der *Außenmantel* bietet Schutz vor Einflüssen aller Art (je nach Ausstattung auch gegen Nässe, Nagetiere und starke mechanische Belastungen). Er nimmt jedoch keine Zugkräfte auf, dafür finden Sie darunter als nächste Schicht das Zugentlastungsgarn aus Kevlar. Wiederum darunter treffen Sie auf die Adern (Hohl-, Kompakt- oder Bündeladern), welche die Fasern beherbergen. Die Fasern selbst sind durch verschiedene Gellagerungen oder *Coatings* (Ummantelungen) geschützt. Das Primärcoating umschließt die Faser selbst. Auf das Sekundärcoating stoßen Sie nicht bei allen Kabeltypen. Anstelle dessen finden Sie weiche Füllmassen, in denen die vom Primärcoating geschützte Glasfaser liegt. Daraus ergeben sich verschiedene Aderquerschnitte:

Querschnitte verschiedener Adern von Glasfaserkabeln

▸ **Vollader**: Sekundärcoating aus hartem Material, Primärcoating aus weichem Material, Faser

▸ **Kompaktader**: Sekundärcoating aus hartem Material, gelartige Füllmasse, Primärcoating aus weichem Material, Faser

▸ **Hohlader**: Kunststoffröhrchen, Füllmasse, Primärcoating, Faser

▸ **Bündelader:** Kunststoffröhrchen, Füllmasse, mehrere Fasern im eigenen Primärcoating

Die Glasfaser selbst besteht aus dem *Glasmantel*, der vom Primärcoating umgeben ist, und dem *Glaskern*. Die Lichtwellen werden am Übergang vom Kern zum Mantel reflektiert.

Lichtwellenleiter bekommen Sie in zwei Ausführungen: Monomode (auch Singlemode genannt) und Multimode. Sie können die beiden Typen nur mittels aktiver Komponenten miteinander verbinden. Um Fehlinvestitionen zu vermeiden, sollten Sie sich die Kabeleigenschaften und Einsatzgebiete, die mit den beiden Begriffen verbunden sind, genau einprägen.

Eigenschaften der Monomode-Glasfaser (Abbildung 2.31)

▸ Physik: Das Licht wird senkrecht zur Schnittfläche des Faserkernes eingestrahlt. Der Lichtstrahl breitet sich in einer einzigen Wellenführung aus (Mono-/Singlemode). Die Monomode-Fasern sind allesamt *Stufenindexfasern*, die Brechzahl beim Übergang vom Glaskern zum Glasmantel ändert sich abrupt.

▸ Übertragungseigenschaften: geringe Dämpfung und Signallaufzeiten, hohe Signaltreue (Signalform wird kaum verändert)

▸ Einsatz: Punkt-zu-Punkt-Verbindungen über weite Strecken (WAN)

▸ Gebräuchliche Wellenlängen: 1550 nm und 1310 nm

▸ Maße: Kerndurchmesser 9 μm (Altnetze/Übersee: 10 μm), Glasmantel 125 μm

▸ Stellt hohe Anforderungen an Spleiß- und Steckverbindungen.

▸ höherer Preis

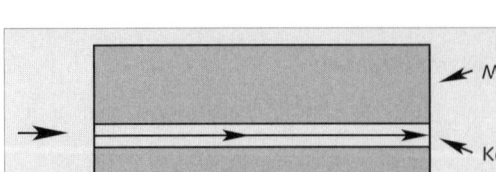

Abbildung 2.31 Verlauf der Lichtwellen in einer Monomode-Faser

Eigenschaften von Multimode-Glasfasern

▸ Physik: Das Licht wird schräg auf die Schnittfläche des Faserkernes gegeben. Dadurch wird dieses am Übergang vom Glaskern zum Glasmantel in flachem Winkel reflektiert.

▸ Übertragungseigenschaften von Multimode-Fasern mit Stufenindex (Abbildung 2.32): Mittlere Dämpfung, geringe Bandbreite, Signale werden durch die verschiedenen Laufzeiten der einzelnen Moden mit zunehmender Entfernung »unscharf« (Modendispersion). Multimode-Fasern mit Stufenindex werden nicht mehr verbaut.

▸ Übertragungseigenschaften von Multimode-Fasern mit Gradientenindex (Abbildung 2.33): Bandbreite über 1 GHz, relativ niedrige Dämpfung. Die einzelnen Moden erreichen zu relativ gleicher Zeit das Faserende, was die Ausprägung von »unscharfen« Signalen (Modendispersion) über weite Lauflängen gering hält. Diese Fasern werden bei Erweiterungen und Neubauten verwendet.

▸ Einsatz: in lokalen Netzen bis 2 km (LAN, MAN)

▸ Gebräuchliche Wellenlängen: 1310 nm und 850 nm

▸ Maße: Kerndurchmesser 50 μm (Altnetze: 62,5 μm), Glasmantel 125 μm

▸ Stellt weniger hohe Anforderungen an Spleiß- und Steckverbindungen.

▸ günstigerer Preis, höhere Verbreitung

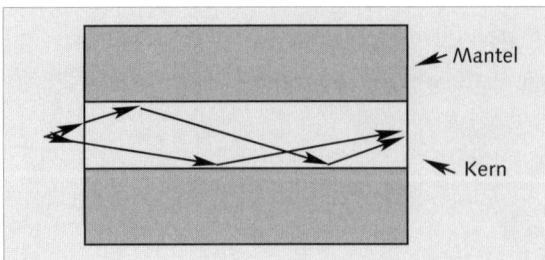

Abbildung 2.32 Lichtwellenverlauf in einer Multimode-Faser mit Stufenindex

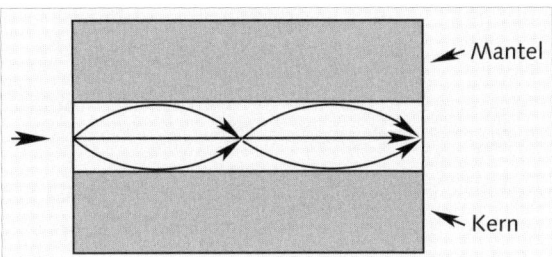

Abbildung 2.33 Lichtwellenverlauf in einer Multimode-Faser mit Gradientenindex

Glasfaserkabel bekommen Sie in verschiedenen Kategorien im Handel. Sie unterscheiden sich hinsichtlich Nutzbandbreite und Reichweite (Tabellen 2.8, 2.9).

Faserkategorie IEC/ISO 11801	Entspricht IEC 60793-2-10-	Standards aus EN 50173-1
OM1	A1b	60793-2-10
OM2	A1a	60793-2-10
OM3	A1a.2	60793-2-10
OM4	A1a.2 Ed.2.0	60793-2-10
OS1	(IEC 60793-2-50)-B.1.1	60793-2-50

Tabelle 2.8 Normenverweis Faserkategorien, OM1 bis OM4 betreffen Multimode-Fasern, OS1 Monomode-Fasern

Die Normenvorgaben zur Dämpfung sind Mindestwerte! Viele Hersteller bieten Ihnen Produkte an, welche diese deutlich unterschreiten. Sie tragen allerdings hauseigene Bezeichnungen. In Tabelle 2.9 ist auch die noch sehr neue Norm OS2 enthalten.

Faserkategorie	OM1	OM2	OM3	OM4	OS1	OS2
Kerndurchmesser	62,5 μm	50/62,5 μm	50 μm	50 μm	9 μm	9 μm
Dämpfung db/km bei 850 nm	3,5	3,5	3,5	3,5	–	–
Dämpfung db/km bei 1310 nm	1,5	1,5	1,5	1,5	1	0,4

Tabelle 2.9 Normenvorgaben zur Dämpfung

2.2.3   Dauerhafte Glasfaserverbindungen

Dauerhafte Glasfaserverbindungen begegnen Ihnen an jeder Verlängerung bei WAN-Strecken. Aber auch kurze Stücke mit fest verbundenem Stecker werden dauerhaft mit der Gebäudeverkabelung zusammengefügt.

Für eine dauerhafte Verbindung müssen Sie Glasfasern miteinander verschweißen. Mit jeder Übergangsstelle erhöht sich die Dämpfung und verringert sich die Reichweite geringfügig.

Wenn Sie Glasfasern miteinander verschweißen möchten, benötigen Sie ein (teures) Spleißgerät. Sie sehen damit die beiden Faserenden stark vergrößert auf einem kleinen Monitor. Unter diesem »Mikroskop« führen Sie die Enden aneinander und lösen den Lichtbogen aus, der den Schmelzvorgang bewirkt. Dies geschieht alles mit feinmechanisch höchster Präzision. Die Verbindungsstelle wird zusätzlich mit einer aufgecrimpten Metallklammer gesichert.

An den Verbindungsstellen sind die Faserenden blank, dort ist also der Glasmantel sichtbar. Erst nach einigen Zentimetern wird er vom Primärcoating bedeckt. Der Außenmantel und das Zuggarn aus Kevlargarn enden bereits in der Zugentlastung. Die so offenliegenden Kabel werden in der Spleißbox (Abbildung 2.34) vor mechanischen und klimatischen Umwelteinflüssen geschützt.

Abbildung 2.34 Spleißbox

2.2.4   Lichtwellenleiter-Steckverbindungen

Es gibt leider viele verschiedene LWL-Steckverbinder. Beim Einkauf von aktiven Netzwerkkomponenten sollten Sie deshalb auf eine einheitliche Ausstattung achten.

Steckverbindungen für Glasfaserkabel funktionieren im Prinzip so, dass die polierten Steckerenden mit dem Faserkern aneinandergepresst werden und der Lichtstrahl die Schnittflächen überwindet. Besonders bei Monomode-Fasern mit nur 9 μm Kerndurchmesser werden hier sehr hohe Anforderungen an die Präzision von Stecker und Kupplungshalterung gestellt. Natürlich haben auch die LWL-Steckverbindungen eine Dämpfung.

Ein LWL-Stecker besteht aus einer *Ferrule* (gegebenenfalls Doppelferrule), welche die Faser aufnimmt, und dem Steckergehäuse. Das Steckergehäuse nimmt die Ferrule und die Zugentlastung für das Kabel auf. Es dient auch der Führung und Verriegelung in der Kupplungshalterung.

Für die klassischen Steckverbinder (SC, ST) müssen Sie mehr Platz als für Kupferanschlüsse von RJ45-Buchsen und -Steckern einplanen. Jedes Kabel führt zwei Fasern, für jede brauchen Sie einen Steckplatz. Damit finden Sie auf einem Patchpanel weniger Platz vor. Mit den miniaturisierten Steckernormen LC und MTRJ wurde dieses Problem aber schon weitgehend gelöst.

Fast alle Stecker nehmen nur eine Faser auf, daher können Sie für den paarweisen Einsatz Duplexklammern verwenden, die damit quasi einen Stecker bilden.

Zum Befestigen von Steckern an den Kabelenden benötigen Sie in jedem Fall Spezialwerkzeug. Hauptsächlich werden Sie folgende zwei Verfahren antreffen:

Verbindung von LWL-Steckern mit dem Kabel

▶ **Klebetechnik**: Die Faser (Glasmantel und -kern) führen Sie in den mit Kleber gefüllten Stecker ein. Den Kleber lassen Sie aushärten, die Faser schneiden Sie am Ferrulenende ab. Die Schnittfläche polieren Sie und kontrollieren sie im Mikroskop auf Riefen und sauberen Schliff hin. Atmen Sie den Polierstaub nicht ein, er darf auch nicht auf Nahrungsmittel gelangen. Halten Sie den Arbeitsplatz sauber!

▶ **Anspleißen**: Es werden vorgeklebte Stecker angeboten, welche Sie mit dem LWL-Spleißgerät mit der Faser verbinden.

Die so bearbeiteten Kabel müssen Sie mit einem Messgerät neu überprüfen (lassen). Damit erkennen Sie, ob es wie bei den Spleißstellen überhaupt geklappt hat und wie hoch die Einfügedämpfung ist.

Wenn Sie über großzügige Kabeltrassen und -kanäle verfügen, können Sie ganz einfach vorkonfektionierte Kabel über den Fachhandel einkaufen und selbst einziehen. Vergessen Sie aber auch hier nicht, aussagekräftige Beschriftungen an den Kabelenden anzubringen!

Im Laufe der Zeit hat die Industrie eine Anzahl verschiedener Steckertypen entwickelt. Häufig treffen Sie die Typen SC, ST, LC und MTRJ an. Sie unterscheiden sich hinsichtlich ihrer Einfügedämpfung, ihrer Faseranzahl und ihres Platzbedarfes (Tabelle 2.10).

Typ	Abbildung	Norm IEC 61754-	Einfügedämpfung		Einsatz
			Multimode-Faser	Singlemode-Faser	
ST	2.35	2	0,2 dB	0,15 dB	eine Faser, LAN/WAN
SC	2.35	4	0,2 dB	0,20 dB	eine Faser, LAN/WAN
MTRJ	2.36	18	0,2 dB	0,40 dB	zwei Fasern, LAN/WAN
LC	2.37	20	0,2 dB	0,12 dB	eine Faser, LAN/WAN

Tabelle 2.10 Einfügedämpfung und Einsatzgebiete gebräuchlicher LWL-Stecker

Besonderheiten ausgewählter LWL-Stecker

▶ **ST-Stecker**: Er besitzt eine Metallhülle und wird mittels Bajonettsicherung am Gegenstück gesichert. Keramikferrule 2,5 mm Durchmesser (Abbildung 2.35 links)

▶ **SC-Stecker**: Kann mit der Duplexklammer zu einem Paarstecker zusammengefügt werden. Keramikferrule 2,5 mm Durchmesser (Abbildung 2.35 rechts)

▶ **MTRJ-Stecker**: Platzbedarf wie RJ-45-Stecker. Wird meist in aktiven Komponenten (Switches) verwendet, da hohe Anschlussdichte realisierbar. Nicht für dicke Kabel verwendbar. Kunststoff-Doppelferrule (Abbildung 2.36)

▶ **LC-Stecker**: Ca. halber Platzbedarf von SC-Steckern, Keramikferrule 1,25 mm Durchmesser, Einsatz an aktiven Komponenten (Abbildung 2.37)

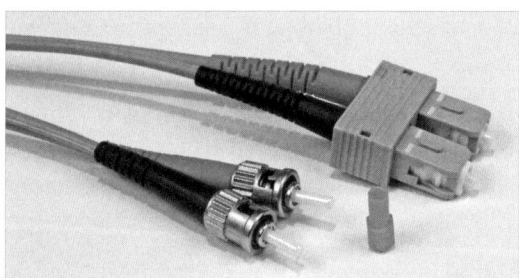

Abbildung 2.35 ST-Stecker (links), SC-Stecker in Duplexklammer (rechts), Ferrulenschutzkappe (Mitte)

Abbildung 2.36 MTRJ-Stecker

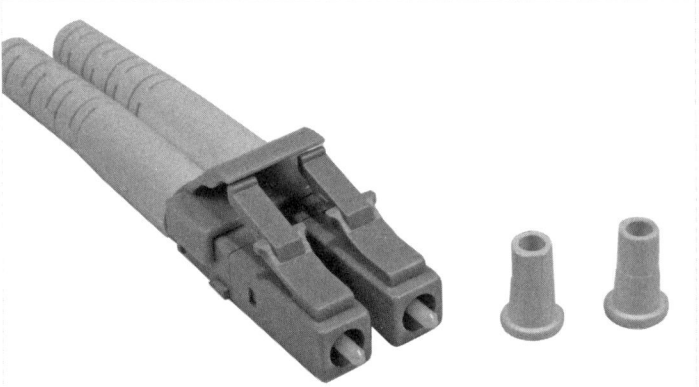

Abbildung 2.37 LC-Stecker paarweise in Duplexklammer mit Ferrulenschutzkappen

2.2.5   Umgang mit der LWL-Technik

Beim Umgang mit Glasfasertechnik müssen Sie einige Regeln einhalten, um sich oder die Technik nicht zu gefährden.

Normalerweise kommen in Netzwerken erst ab 1 Gbit/s Übertragungsgeschwindigkeit Laser zum Einsatz, aber das kann in besonderen Fällen auch schon auf Netze mit 100 Mbit/s zutreffen.

Laserstrahlen schädigen Gewebe, auch wenn sie nur über eine scheinbar sehr geringe Leistung verfügen. Doch die punktförmig einwirkende Energie kann ausreichen, um im Auge die Netzhaut, gegebenenfalls auch die Hornhaut dauerhaft zu schädigen. Nicht alle Laserstrahlen liegen im Bereich des sichtbaren Lichtes. Die Bereiche von 1500 nm bis 1300 nm sind für das menschliche Auge nicht erfassbar. Nur die Wellenlänge von 850 nm wird als rot wahrgenommen. Beachten Sie das Warnzeichen (Abbildung 2.38)!

Abbildung 2.38 Warnung vor Laserstrahl

Schutzmaßnahmen bei LWL-Netzwerkanlagen

▸ Blicken Sie niemals in offene LWL-Buchsen oder Stecker!

▸ Verschließen Sie LWL-Buchsen an Medienkonvertern, Patchfeldern und Switches stets mit den passenden Schutzkappen, wenn kein Kabel angeschlossen wird!

▸ Installieren Sie LWL-Netzwerkkomponenten möglichst außerhalb allgemein zugänglicher Räume!

▸ Sichern Sie LWL-Mess- und Prüfgeräte in Arbeitspausen!

Offene LWL-Kabelenden sind gefährlich! Berühren Sie besonders die kleinen Abschnitte nicht, welche bei Verkabelungsarbeiten anfallen. Glasmantel und -kern durchdringen bei senkrechtem Druck mühelos Ihre Haut. Eiternde Wunden sind die Folge. Die Glasteile können nicht operativ entfernt werden, der Körper kann sie nur über eine Abstoßungsreaktion, welche mit Entzündungen und Eiterungen verlaufen kann, selbst entsorgen. Das Einatmen von Glasfaserabschnitten und Schleifstaub (Steckerbearbeitung) schädigt Ihre Lunge, genauso die Verdauungsorgane bei der Aufnahme über Nahrung und Trinken!

Schutzmaßnahmen vor Verletzungen durch Glasfaserteile

▸ Berühren Sie niemals die Enden einer Glasfaser! (Abbildung 2.39)

▸ Reinigen Sie nach Arbeiten am Glasfasernetz das Umfeld der »Baustelle« sorgsam von Faserresten und Schleifstaub. Wirbeln Sie hierbei keine Teilchen auf! Verwenden Sie feuchte Reinigungstücher und -Lappen, und entsorgen Sie diese anschließend in verschließbaren Plastiksäcken.

> ▶ Essen und trinken Sie nicht im Umfeld von Arbeiten an Glasfaserleitungen! Lagern
> Sie an solchen Stellen auch keine Nahrungsmittel.

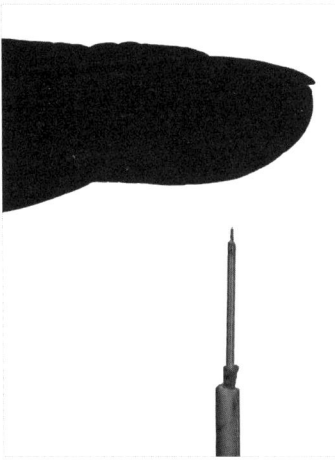

Abbildung 2.39 Verletzungsgefahr an offenen LWL-Kabelenden

Halten Sie Sauberkeit im Umfeld von LWL-Anschlusskomponenten. Mit Staub, Schmierfilm oder Kratzern überzogene Stecker und Buchsen mindern die Übertragungsqualität und führen zu Störungen bei der Datenübertragung.

Abbildung 2.40 Hier droht Gefahr für LWL-Komponenten!

Schutz der Glasfasertechnik vor schädlichen Einflüssen

▶ Verschließen Sie unbenutzte Steckerenden und Buchsen von LWL-Komponenten stets mit den zugehörigen Schutzkappen.

▶ Berühren Sie Steckerenden niemals mit dem Finger! (Abbildung 2.40)

▶ Vermeiden Sie Staub und Kondensatbildung (Wasser- und Fettdampf) im Umfeld von LWL-Komponenten.

▶ Verschmutzte Austrittsflächen an LWL-Steckern reinigen Sie mit reinem Isopropylalkohol. Andere Reiniger haben Zusatzstoffe (Seifen, Duftstoffe), welche einen Schmierfilm bilden und zurückbleiben.

▶ Decken Sie bei Bauarbeiten LWL-Komponenten staubdicht ab.

▶ Quetschen und knicken Sie keine LWL-Kabel.

▶ Unterschreiten Sie die Biegeradien nicht! Wird der Biegeradius unterschritten, findet die Reflexion der Lichtwellen am Übergang vom Glaskern zum Glasmantel nicht mehr statt. Der Licht- oder Laserstrahl trifft in das Primärcoating. Die Verbindung wird mit Dämpfung beaufschlagt oder unterbrochen.

▶ Wenden Sie bei LWL-Steckverbindungen keine Gewalt an! Die Ferrule kann beschädigt werden, und es platzen Teile im vorderen Bereich ab. Genausogut aber können LWL-Buchsen ausleiern, der Licht- oder Laserstrahl wird nicht mehr genau zentriert.

2.2.6   Aufbau eines einfachen Leitungs- und Kabeltesters

Wenn Sie einmal vor einem Bündel unbeschrifteter Glasfaserkabel sitzen, die von allen möglichen Räumen ankommen, hilft Ihnen ein kleines Gerät (Abbildung 2.41) vielleicht weiter. Leitungssuchgeräte, wie aus der Kupfertechnik bekannt, scheiden bei Glasfasern leider aus.

Das Innenleben des Testers besteht aus einer Blinkschaltung für LEDs (Bausatz vom Elektronikversender). Die LED wird gegen einen anderen, sehr hellen Typ gleicher Stromaufnahme (hier 20 mA) getauscht. Bohren Sie den Korpus der LED vorsichtig ein Stück auf, so dass anschließend eine 2.5mm-Ferrule eines ST-Steckers gut sitzt. Sie können auch einen LED-LWL-Geber für 850 nm Wellenlänge benutzen, wenn erhältlich. Bauen Sie die Schaltung zusammen mit einer Batteriehalterung und einem Schalter in ein Kleingehäuse ein – fertig!

Sie können das Gerät um einen passenden Satelliten ergänzen, welcher mittels Fototransistor eine Signaleinrichtung schaltet (LED, Summer …).

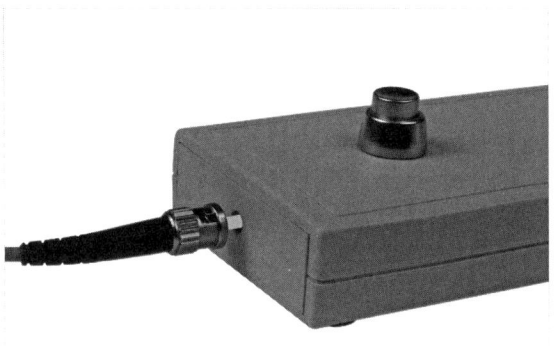

Abbildung 2.41 Eigenbau-LWL-Tester mit Adapterkabel ST

2.2.7   Prüfen von LWL-Kabeln und -Verbindungen

Mit dem Eigenbau-LWL-Tester können Sie einfach Patchkabel »auf Durchgang« prüfen. Stecken Sie hierzu ein Ende des Kabels an den Tester, und ermitteln Sie am anderen Ende den Stecker mit dem Lichtaustritt. Markieren Sie die zutreffende Faser an beiden Kabelenden am Kabelmantel. Für MTRJ- und LC-Stecker müssen Sie sich einen Adapter fertigen (lassen) oder besorgen.

Wenn Sie in der Gebäudeverkabelung LWL-Leitungen auf Durchgang prüfen oder ganz einfach eine Leitung suchen möchten, sollten Sie sich an folgenden Arbeitsschritten orientieren:

Prüfen und Suchen in der LWL-Gebäudeverkabelung

▶ **Vorbereitungen am Patchfeld**: Grenzen Sie den Bereich der zu prüfenden Anschlüsse ein (Stockwerk, Zimmer).

▶ **Vorbereitungen bei der LWL-Anschlussdose im »Zielraum«**: Stellen Sie sicher, dass sich keine Komponenten (Medienkonverter, Switch mit LWL-Uplink, PC mit LWL-Netzwerkkarte) in Betrieb befinden und an das LWL-Netz angeschlossen sind. Es besteht sonst gegebenenfalls eine Verletzungsgefahr der Augen!

▶ **Netzwerkdose**: Verbinden Sie mit dem LWL-Einzelfaserkabel die beiden Buchsen der Strecke (Netzwerkdosen sind in der Regel immer duplex).

> ▸ **Patchfeld**: Stellen Sie eine Verbindung des Testers mittels Einfaserkabel mit dem vermutlich zutreffenden Steckplatz her. In der unbenutzten Buchse des Duplex-anschlusses sollten Sie das (blinkende) Lichtsignal sehen können, wenn die Strecke in Ordnung ist (Hin- und Rückleitung). Andernfalls lassen Sie den Tester eingeschaltet, und sehen Sie bei der Netzwerkdose nach, ob dort das Lichtsignal ankommt. Gegebenenfalls ist eine Faser falsch aufgelegt/unterbrochen.

Wenn Sie Messungen (Dämpfung, Länge, Qualität) vornehmen wollen, benötigen Sie ein Messgerät, wie in Abbildung 2.28 gezeigt.

2.3 Datenübertragung per Funktechnik

Mittels der Funktechnik können Sie auf verschiedenen Arten Daten übertragen. Viele Funkdienste (im Sinne der VO Funk) übertragen Text, Bild, Ton und Daten aller Art digital per Funk. Von den Mobilfunknetzen (GSM, UMTS oder auch WIMAX) werden Datenüber-tragungsdienste gegen Gebühr angeboten. Außerhalb der Funkdienste im klassischen Sinn kennen Sie sicherlich das verbreitete WLAN.

2.3.1 WLAN (Wireless LAN, Wi-Fi)

Mit dem WLAN zog das Internet in die Haushalte. »Kabellos Surfen« öffnete die PCs der Privatkunden für den Anschluss an die weite Welt. WLAN beschäftigt elektrosensitive Menschen genauso wie die Gerichte, die hierzulande mit einer recht uneinheitlichen Rechtsprechung über »Schwarzsurfen« und missbräuchliche Nutzung von WLAN-Zugängen nicht gerade für Rechtssicherheit sorgen. Ganz allgemein gesagt, ist die Datenübertragung in der Regel langsamer als bei kabelgebundenen Netzen. WLAN-Netze sind auch oftmals das Ziel von Angriffen. Sie erkennen, dass hier verschiedene Interessen aufeinanderprallen. Lesen Sie aber zunächst die technischen Details.

Technische Details des WLANs

▸ **Frequenzbereich und Sendeleistung**:
2400–2450 MHz mit 100 mW effektiv abgestrahlter Leistung
5150–5250 MHz mit 200 mW effektiv abgestrahlter Leistung, nur innerhalb geschlos-sener Räume, die Anwendung darf andere Nutzer des Frequenzbereiches nicht stören.

▸ **Antennen**:
Als Antennen kommen sowohl Rundstrahl- als auch kleine Richtantennen zum Einsatz. Dabei darf die vorgegebene effektive Strahlungsleistung (EIRP) nicht überschritten werden, der Antennengewinn wird hierbei hinzugerechnet.

▸ **Einschränkungen**:
Die genannten Frequenzbereiche werden auch von anderen Nutzern belegt (Shared Medium). Insofern sind Störungen bzw. Leistungsminderungen bei der Datenübertragung möglich. Außerdem kann es bei einer hohen Dichte von WLAN-Nutzern ebenfalls zu Ressourcenengpässen kommen.

▸ **Übertragungsrate/Reichweite**:
Die Übertragungsrate beträgt standardmäßig maximal 54 Mbit/s (schnellere Verfahren bis 600 Mbit/s). Die Reichweite wird bis maximal 250 m angegeben.

▸ **Normen**:
IEEE 802.11 (a–y) (Tabelle 2.11)

▸ **Endgeräte**:
eingebaut in Notebooks, USB-Sticks, PCMCIA- und Cardbus-Steckkarten für Notebooks, Erweiterungskarten für PCs

▸ **Netzwerkkomponenten**:
WLAN-Zugangspunkte und WLAN-Router

Auch das WLAN hat sich über die Jahre weiterentwickelt, und das Institute of Electrical and Electronics Engineers (IEEE) hat dafür entsprechende Standards definiert (Tabelle 2.11).

Norm IEEE 802.11	Merkmale
-	maximal 2 Mbit/s, 2,4 Ghz-Band, veraltet
a	54 Mbit/s (effektiv ca. 50 % davon), 5 GHz
b	11 Mbit/s (effektiv ca. 50 % davon), 2,4 GHz, bei Altgeräten noch im Einsatz
g	54 Mbit/s (effektiv ca. 40 % davon), 2,4 GHz, sehr verbreitet
n	600 Mbit/s, 2,4 GHz und 5 GHz, beherrschen immer mehr Neugeräte (2010)
p	27 Mbit/s, 5,8 GHz für die Vernetzung von Fahrzeugen untereinander

Tabelle 2.11 Auswahl von gängigen WLAN-Normen

2.3.2   Datenübertragung über öffentliche Funknetze

Die Datenübertragung über die Mobilfunknetze bietet Ihnen den Internet- und Netz-werkzugriff ohne ortsfeste Anbindung. Sonderfälle ortsfester Datenfunknutzer stellen Mess- und Überwachungsgeräte außerhalb vorhandener Infrastrukturnetze dar, z. B. Pegelmesser an Gewässern, Wetterstationen, aber auch Notrufeinrichtungen von Auf-zügen, Backup-Verbindungen von Brandmeldeanlagen. Dabei stehen Ihnen verschie-dene Leistungsmerkmale in Abhängigkeit der örtlichen Versorgung zur Verfügung:

Leistungsmerkmale der Datenübertragung über Mobilfunknetze

- ▸ **CSD**: 9,6 kbit/s bis 14,4 kbit/s, leitungsvermittelt

- ▸ **HSCD**: bis 57,6 kbit/s (je Richtung 28,8 kbit/s), Kanalbündelung

- ▸ **GPRS**: 53,6 kbit/s, paketorientiert

- ▸ **EDGE**: je Zeitschlitz 59,2 kbit/s, praktisch 220 kbit/s Download, 110 kbit/s Upload (erweitert GPRS zu E-GPRS und HSCD zu ESCD)

- ▸ **UMTS**: 144 kbit/s bis 384 kbit/s

- ▸ **HSDPA**: 1,8 Mbit/s (veraltet), 3,6 Mbit/s und 7,2 Mbit/s

- ▸ **LTE**: Nachfolger von UMTS und -Erweiterungen, 100 Mbit/s Download, 50 Mbit/s Upload in den ersten verfügbaren Netzen (2010)

- ▸ **LTE-Advanced**: Nachfolger von LTE, erwartet: 1 Gbit/s Download

---

Als Endgeräte finden Sie meist diverse USB-Sticks im Handel. Einsteckkarten für PCs oder Router bieten nur Spezialausrüster an. Sie finden aber auch WLAN-Router mit einem USB-Steckplatz für einen HSDPA-Stick.

Falls Sie einen Internetzugang in einer DSL-freien Zone (auch ohne LWL-Anschlussmög-lichkeit) benötigen, ist in einigen Gebieten vielleicht WIMAX (nach IEEE 802.16) eine Alternative. Der in Deutschland genutzte Frequenzbereich liegt bei 3,5 GHz, die maxi-male (theoretische) Datenrate beträgt 3,5 Mbit/s. Von den Anbietern werden Ihnen Downloadraten von 1 oder 2 Mbit/s angeboten. Verbesserungen sind in Entwicklung, Standard: IEEE 802.16j-2009.

2.3.3   Power-Line-Communication (PLC)

Warum verwenden Sie nicht einfach die schon vorhandenen Stromleitungen für den Datentransport? Sie müssen keine zusätzlichen Kabel durch Büros oder auch heimische Wohnstuben ziehen. Einfach einstecken – und die PCs sind verbunden. Die Werbung flüstert es Ihnen so ein. Zumindest eines stimmt: Sie brauchen keine zusätzlichen Datenkabel. Was nicht in den bunten Prospekten steht, lesen Sie in den nächsten Zeilen.

PLC dient dem Datentransport über Stromversorgungsleitungen. Das Verfahren war schon in der »vordigitalen« Ära zum Ansteuern von »Nachtstromverbrauchern« (Nachtspeicheröfen, Waschmaschinen ...) in Benutzung und arbeitete ursprünglich bis zu einer Frequenz von 148,5 kHz (damit konnten Schwachlasttarife überhaupt verwirklicht werden). Mit der Erweiterung der Nutzung auf die Anbindung von Haushalten an das Internet bzw. zur Datenkommunikation innerhalb eines Betriebes/Haushaltes wurden die Nutzfrequenzen angehoben. Es werden mittlerweile bis zu 200 Mbit/s als Übertragungsrate erzielt.

Mit PLC-Geräten können Sie Störungen des Rundfunkempfanges und anderer Funkdienste in Ihrer Umgebung verursachen, da die benutzten Stromleitungen in der Regel nicht abgeschirmt sind und daher wie Sendeantennen wirken. Funkstellen in der Nachbarschaft, welche auf den gleichen Frequenzen arbeiten, können wiederum die Datenübertragung stören oder gar unmöglich machen. Geräte mit schlechter Funkentstörung verringern die Übertragungsrate genauso wie mehrere PLC-Anwender an einer Phase (bis zum Zähler- oder Hausanschluss, teilweise auch grundstücksübergreifend). In letzterem Fall kommt übrigens hier wie beim 10Base2 der CSMA-Zugriff zum Einsatz.

PLC-Modems verschiedener Hersteller arbeiten nicht immer zusammen. Selbst bei unterschiedlichen Modellreihen aus dem gleichen Haus konnte dies schon beobachtet werden.

Es besteht die Gefahr, dass Überspannungen aus natürlichen und technischen Quellen den PLC-Adapter beschädigen und gegebenenfalls auf das angeschlossene Gerät (PC, Modem) durchschlagen.

Im gewerblichen/beruflichen Bereich ist die Anwendung von PLC für Datennetze ohne Bedeutung, bei der Energieversorgung wird sie im Zusammenhang mit den »Smart Grids« an Bedeutung gewinnen, hier im Normalfall aber bei geringen Datenraten und niedrigen Frequenzen.

In Sonderfällen (Maschinenbau) können Sie die PLC-Technik zusammen mit geschirmten Stromkabeln aber gut einsetzen. Setzen Sie entsprechende Sperrmittel ein, damit die Signale nicht in das ungeschirmte Stromnetz eintreten können. Treffen Sie Maßnahmen, dass Überspannungen nicht zu Folgeschäden bei den Datenverarbeitungseinrichtungen führen. Prüfen Sie durch Messungen, ob die strom- und signalführende Leitung frei ist von störenden Impulsen (Elektromotoren, Steuerungen, Lampendimmern ...). Ist das nicht der Fall, so müssen Sie ein »sauberes« Stromnetz aufbauen, das frei von den genannten Störungen ist.

2.4   Technische Anbindung von Rechnern und Netzen

Am Ende eines Netzwerkkabels finden Sie immer eine Vorrichtung, welche die Daten zum Nutzsignal aufbereitet. Auch in Hubs und Switches finden Sie die als Transceiver (Kunstwort aus Transmitter und Receiver) bezeichneten Vorrichtungen. Die Schnittstelle zwischen dem Transceiver und dem weiteren Gerät trägt in Abhängigkeit der Übertragungsgeschwindigkeit eine eigene Bezeichnung:

- ▶ Attachment Unit Interface (AUI) bei 10 Mbit/s
- ▶ Media Independend Interface (MII) bei 100 Mbit/s
- ▶ Gigabit Media Independend Interface (GMII) bei 1 Gbit/s
- ▶ 10Gigabit Media Independend Inferface (10G-MII)

Sie finden die technischen Vorrichtungen unter anderem auf Netzwerkkarten, im Innenleben von USB-Sticks oder auf den Hauptplatinen von Rechnern.

2.5   Weitere Netzwerkkomponenten

Sie machen irgendwann auch einmal Bekanntschaft mit weiteren Netzwerkkomponenten, welche entweder durch den Fortschritt bereits überholt oder einfach seltener eingesetzt sind. Wichtig ist, dass Sie einfach wissen, dass es diese Dinge gibt und wofür man sie einsetzt:

- ▶ **Repeater** gehören zum Layer 1 des OSI-Schichtenmodells. Ihre Aufgabe besteht in der Umgehung von Längenbegrenzungen einzelner Netzwerksegmente mit gleichem Medium. Das Signal wird hier nicht nur pegelmäßig verstärkt, sondern auch wieder mit der notwendigen Flankensteilheit versehen, also »aufgefrischt«. Hat ein Repeater mehrere Anschlüsse, spricht man auch von einem Hub (diese sind in dieser Reinform aber nicht mehr gebräuchlich, sondern in der Praxis durch die Switches abgelöst).
- ▶ **Medienkonverter** verbinden verschiedenartige Übertragungsmedien miteinander. An zentraler Stelle kommen sie meist unmittelbar neben Switches mit »Kupfertechnik« vor, wenn wegen größerer Streckenlängen auf Glasfaser umgesetzt werden muss. Am anderen Ende der Strecke, z. B. in einem Büro, wird wiederum auf »Kupfer« umgesetzt. Dazu werden entweder einzelne Medienkonverter verwendet (ein Switchport = ein Anschluss = »volle« Geschwindigkeit), oder es wird ein Mini-Switch mit LWL-Port mit gebräuchlicherweise fünf oder acht Anschlüssen eingesetzt (einen Switchport teilen sich im Extremfall fünf oder acht Teilnehmer, entsprechend langsamer sind diese angebunden).

▶ **Hubs** stellen den Netzknoten bei der TP-Verkabelung dar. »Blanke« Hubs ohne weitere Ausstattung sind nichts anderes als eine Art Sammelschiene für die sternförmig abgehenden Netzwerkleitungen. Das Signal wird wie in einem Repeater behandelt.

2.6   Zugriffsverfahren

Sobald sich mehr als zwei Partner ein Medium (WLAN, Koaxialkabelnetz, Hub) teilen, benötigen Sie Verfahren, die das Miteinander regeln. Sie dürfen das direkt mit klassischem Funkverkehr vergleichen, wo sich die Partner gegenseitig zum Senden auffordern müssen oder eine Leitstelle für »Funkdisziplin« sorgt.

2.6.1   CSMA/CD, Kollisionserkennung

Wenn Sie Rechner über »geteilte« Medien verbinden, kommt es leicht vor, dass zwei oder mehrere Teilnehmer gleichzeitig senden. Der sendende Transceiver erkennt dies anhand der Signalspannung zwischen den eigenen Zeichen und gibt das *JAM-Signal* auf das Medium. Alle weiteren Teilnehmer erkennen nun, dass es zu Kollisionen gekommen ist, und stellen ihre Aussendungen zunächst ein bzw. verharren »auf Empfang«. Durch gesetzte Timer bleibt dieser Zustand für kurze Zeit bestehen, und eine Station beginnt nun mit ihrer Aussendung. *CSMA/CD* (Carrier Sense Multiple Access/Collision Detection) begegnet Ihnen bei 10 Mbit/s-Netzen (10Base-5, 10Base2 und 10Base-T mit Hub).

2.6.2   CSMA/CA, Kollisionsvermeidung

Bei WLAN-Netzen werden Kollisionen von vornherein vermieden. Erkennt die Funkeinrichtung, dass niemand anders den Kanal belegt, wird er mit dem *Request-to-send-Signal* (*RTS*) reserviert. Kommt keine Kollision zustande, halten sich alle weiteren Partnerstationen mit dem Senden zurück, und die Funkeinrichtung beginnt mit der Datenübertragung. Nach der Übertragung der »Nutzlast« wird der Kanal mit dem *Clear-to-Send-Signal* (*CTS*) wieder für andere Nutzer freigegeben.

2.7   Prüfungsfragen

1. Welche Betriebsgefahren gehen von LWL-Netzwerkanlagen aus?
2. Warum sollten Sie niemals ungeschirmte Netzwerkkabel (UTP) verwenden?

3. Mit welcher Maßnahme wird in WLAN-Netzen verhindert, dass mehrere Stationen gleichzeitig senden?

4. Sie sollen ein Netzwerk errichten, über das sehr vertrauliche Daten übertragen werden. Auf welche Übertragungstechniken sollten Sie dabei verzichten?

Die Auflösungen finden Sie in Anhang B, »Auflösungen Prüfungsfragen«.

Kapitel 3
Adressierung im Netzwerk – Theorie

*Hardware- und IP-Adresse verhalten sich wie Fahrgestellnummer und
Autokennzeichen.*

Bei modernen Computer-Netzwerken gelingt die Adressierung über Hardware- und
Internetprotokoll-Adressen (IP-Adressen). In diesem Kapitel lernen Sie deshalb den Aufbau der Ethernet- und IP-Pakete kennen. Das hilft Ihnen bei der Fehlersuche, aber auch
bei der Entwicklung eigener Anwendungen. Das Wissen um die verschiedenen Internet-
protokoll-Versionen und deren Eigenheiten erleichtert Ihnen auch die damit verbundenen Umstellungsarbeiten. Mit Ihren Kenntnissen aus diesem Kapitel erkennen Sie auch
umgekehrt Art und Zweck einer IP-Adresse.

Im ISO-Schichtenmodell finden Sie die physikalischen Adressen in der Ebene 2, die
Adressen des Internetprotokolls im Layer 3. Das TCP/IP-Schichtenmodell ordnet die
physikalischen Adressen der Netzzugangsschicht (Link Layer) und die IP-Adressen der
Internetschicht (Internet Layer) zu.

3.1   Physikalische Adresse (MAC-Adresse)

Mit der (physikalischen) MAC-Adresse (Media Access Control) können Sie ein am Netz-
werk angeschlossenes Gerät weltweit eindeutig identifizieren. Egal ob Netzwerkkarte,
Printserver oder Webkamera, jedes Gerät verfügt über eine unverwechselbare MAC-
Adresse. Sie entspricht der Fahrgestellnummer eines Kraftwagens und wird bei der Her-
stellung des Gerätes fest »eingeprägt«. Sie unterscheidet sich damit von den logischen
Adressen des OSI-Layers 3 (z. B. IP-Adressen). Die MAC-Adresse wird in hexadezimaler
Form angegeben und weist eine Länge von 6 Byte auf.

Anhand der ersten drei Bytes der MAC-Adresse können Sie den Hersteller identifizieren.

Aufbau von MAC-Adressen

LL:LL:LL:XX:XX:XX

LL: Herstellercode

XX: Identifikationsteil

Eine Trennung der Bytes kann auch durch »-« erfolgen.

Die hier gezeigte Schreibweise ist auch als kanonische Schreibweise bekannt (Norm IEEE 802.3). Im Gegensatz dazu gibt es auch die Bit-reverse-Darstellung, sie ist in RFC 2469 näher beschrieben.

Einige ausgewählte Herstellercodes bekannter Netzwerkgerätehersteller finden Sie in Tabelle 3.1.

Herstellercode	Hersteller
00-05-5D	D-Link Systems Inc.
00-09-5B	Netgear Inc.
00-E0-4C	Realtek Semiconductor Corp.
00-E0-4F	Cisco Systems Inc.
00-E0-64	Samsung Electronics

Tabelle 3.1 Auswahl von Herstellercodes in den MAC-Adressen

Sie können unter *http://standards.ieee.org/regauth/oui/index.shtml* den Herstellercode ermitteln oder die komplette aktuelle Liste herunterladen.

Broadcast-MAC-Adresse

Für das Rundsenden (Broadcast) an alle Teilnehmer innerhalb des erreichbaren Netzwerksegmentes wird die Adresse

ff:ff:ff:ff:ff:ff

verwendet. Sie wird vom Betriebssystem ausgegeben und ist geräteunabhängig.

Die Netzwerkprotokolle verwenden die MAC-Adresse nur innerhalb des gleichen Netzsegmentes.

Sicherheitshinweis

Die MAC-Adresse wird stets über das jeweilige Betriebssystem bzw. Microcontroller-programm weitergereicht. Damit besteht die Möglichkeit, beliebige MAC-Adressen zu verwenden oder die tatsächliche zu verändern. Für die eindeutig sichere Identifizierung von Geräten ist die MAC-Adresse daher nur sehr bedingt geeignet!

Sie können die MAC-Adresse für die Geräteverwaltung verwenden. Im Zusammenhang mit Datenbankanwendungen weisen Sie für PCs und Thin-Clients nicht nur die IP-Adressen, sondern auch Boot-Images oder weitere Zugangsmöglichkeiten zu. Allerdings müssen Sie den jeweiligen Gerätedatensatz nach einem Tausch der Netzwerkkarte ändern.

3.2   Ethernet-Pakete (Ethernet-Frames)

Ihre Daten transportieren Sie immer mit Hilfe der *Ethernet-Pakete*. Darin gehen Ihre in Einzelpakete zerlegten Daten vom Sender zum Empfänger, und das unabhängig vom verwendeten Netzwerkprotokoll.

Im Grunde würde Ihnen für Ihren Datentransport dieser einfache Paketmechanismus bereits ausreichen. Leider ist die Reichweite auf ein einziges, gemeinsames *Netzwerksegment* beschränkt. Sobald also Komponenten wie Switch, Bridge oder Router zwischen Ihrem Rechner und dem Zielgerät liegen, funktioniert mangels Adressierbarkeit die Kommunikation nicht. Für den segmentübergreifenden (und damit weltweiten) Datenverkehr benötigen Sie die Hilfe der höheren Netzwerkprotokolle. Diese enthalten die notwendigen Mechanismen.

Die *Ethernet-Frames* haben einen relativ einfachen Aufbau. Die Pakete haben eine Standardlänge von 1518 Byte (Tabelle 3.2) bzw. um das VLAN-Tag erweiterte 1522 Byte (Tabelle 3.3).

7 Byte	1 Byte	6 Byte	6 Byte	2 Byte	bis 1500 Byte	max. 46 Byte	4 Byte
Präambel	SFD	MAC-Adresse Ziel	MAC-Adresse Quelle	Typ	Nutzdaten	PAD	CRC (FCS)

Tabelle 3.2 Standard-Ethernet-Frame nach IEEE 802.3

7 Byte	1 Byte	6 Byte	6 Byte	4 Byte	2 Byte	bis 1500 Byte	max. 42 Byte	4 Byte
Präambel	SFD	MAC-Adresse Ziel	MAC-Adresse Quelle	VLAN-Tag	Typ	Nutzda-ten	PAD	FCS

Tabelle 3.3 Um das VLAN-Tag erweiterter Ethernet-Frame nach IEEE 802.1Q

Dieses VLAN-Tag kennzeichnet virtuelle Netzwerke (VLANs). Deren Mechanismen und Einsatzmöglichkeiten erkläre ich an anderer Stelle. Meist haben Sie es heute mit den um das VLAN-Tag erweiterten Ethernet-Frames zu tun.

Bestandteile des Ethernet-Frames mit VLAN-Tag

▸ **Präambel**: 7 Byte mit wechselnden Bits (»10101010 ...«), zum Synchronisieren der Endgeräte, noch aus Kompatibilitätsgründen vorhanden

▸ **SFD**: Start-Frame-Delimiter, Bitfolge 10101011, zum Synchronisieren und Anzeigen des Beginns des Frames, noch aus Kompatibilitätsgründen vorhanden

▸ **MAC-Adresse Ziel**

▸ **MAC-Adresse Absender**

▸ **VLAN-Tag**: Kennzeichnung für virtuelle Netzwerke

▸ **Typ**: Angabe über das von den Nutzdaten angewendete Netzwerkprotokoll. Einige wichtige Vertreter hiervon sind: 0x800 IPv4, 0x86DD IPv6, 0x0806 Address Resolution Protokoll (ARP), 0x0842 Wake on Lan (WOL)

▸ **Nutzdaten**: maximal 1500 Bytes

▸ **Pad**: Dient dem Auffüllen auf die Mindestgröße des Ethernet-Frames von 64 Byte, wenn diese mit den Nutzdaten nicht erreicht wird.

▸ **FCS**: Frame Check Sequence, mittels 32-Bit-CRC-Prüfsumme wird die Übertragung auf Fehler überprüft.

3.3   Zusammenführung von MAC- und IP-Adresse

Sie wollen Ihre Datenpakete weltweit transportieren. Dazu benötigen Sie die Hilfe der Netzwerkprotokolle. Sie müssen die MAC-Adresse des Rechners mit seiner IP-Adresse zusammenführen. Hierbei helfen Ihnen die im Folgenden dargestellten Protokolle.

3.3.1   Address Resolution Protocol (ARP), IPv4

Mit dem *Address Resolution Protocol* (*ARP*) ermitteln Sie in IPv4-Netzen die MAC-Adresse zu einer IP-Adresse. Sie können damit auch einer MAC-Adresse eine IP-Adresse manuell zuweisen.

Normalerweise arbeitet das ARP-Protokoll ohne direkten Benutzereingriff unauffällig im Hintergrund. Daten sollen von A nach B geschickt werden, Sie geben jeweils die IP-Adresse auf dem OSI-Layer 3 an. Das ARP-Protokoll fragt alle erreichbaren Netzwerkteil-nehmer, ob sie über die gesuchte IP-Adresse verfügen. Der Zielrechner antwortet ent-sprechend und gibt seine MAC-Adresse dem Fragesteller bekannt. Die Kommunikation zwischen den beiden wird nunmehr aufgebaut. Das Beispiel in Abbildung 3.1 zeigt Ihnen den Ablauf detailliert. Der linke Rechner sendet die ARP-Anfrage mit der eigenen IP- und MAC-Adresse (IP(S), MAC(S)), die IP-Adresse des Empfängers (IP(E)) und die Broad-cast-Adresse `ff:ff:ff:ff:ff:ff`. Die erreichbaren Rechner prüfen, ob ihnen die angege-bene Adresse gehört. Der angesprochene Zielrechner sendet daraufhin ein Paket mit seiner MAC-Adressangabe zurück (MAC(E)). Die anderen Rechner verwerfen das Paket.

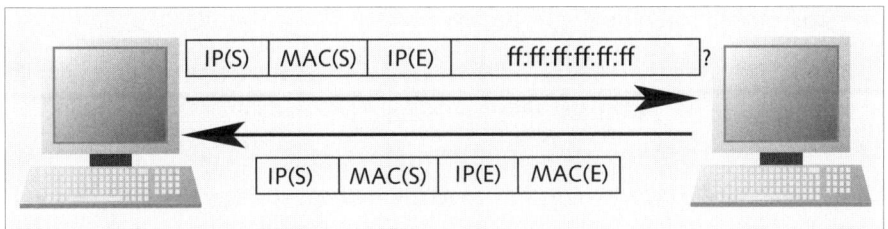

Abbildung 3.1 Schema ARP-Abfrage

Protokoll einer ARP-Anfrage

Rechner1 stellt Anfrage:

```
00:1e:33:0d:e9:f9 > ff:ff:ff:ff:ff:ff, ARP,
length 42: arp who-has 192.168.0.102 tell 192.168.0.103
```

Rechner1 erhält Antwort von Rechner2:

```
00:11:6b:62:93:2e > 00:1e:33:0d:e9:f9, ARP,
length 60: arp reply 192.168.0.102 is-at 00:11:6b:62:93:2e
```

Nach diesem Austausch steht der weiteren Datenübertragung nichts mehr im Wege.

Beide Rechner speichern normalerweise die erfolgreiche ARP-Anfrage im *ARP-Cache*. Wie lange die Informationen dort verbleiben, ist unterschiedlich. Gebräuchlich sind Zeiten zwischen 5 und 10 Minuten.

Inhalt der ARP-Caches der beteiligten Rechner

Cache Rechner1:

```
192.168.0.102 ether 00:11:6b:62:93:2e  C  eth0
```

Cache Rechner2:

```
? (192.168.0.103) at 00:1e:33:0d:e9:f9 on re0 expires in 1078 seconds
[ethernet]
```

Die verschiedenartige Darstellung der Cache-Inhalte resultiert aus der Verwendung verschiedener Betriebssysteme.

Ist die IP-Adresse unbekannt, können Sie mittels des *Reverse Address Resolution Protocol (RARP)* einen zentralen Rechner kontaktieren und nach dieser abfragen. Dieses Netzwerkprotokoll ist aber kaum mehr von Bedeutung.

Proxy-ARP und Sicherheit: Im seltenen Fall, dass ein Router zwei Netze mit gleichem IP-Adressbereich verbindet, antwortet dieser anstelle des Zielrechners. Listet man den ARP-Cache auf, so taucht die IP-Adresse des Routers anstelle der des Zielrechners auf.

Proxy-ARP oder *ARP-Spoofing*: Wenn Sie den ARP-Cache des abfragenden Rechners auflisten und finden zu ein und derselben MAC-Adresse verschiedene IP-Adressen, so befindet sich entweder ein Proxy-ARP-Server im Netz, oder es liegt ARP-Spoofing vor. In diesem Fall hat ein Angreifer vor, den Netzwerkverkehr zu belauschen oder zu manipulieren!

Rechner versenden einen ARP-Broadcast mit der eigenen IP-Adresse als Absender und Ziel mit dem Zweck, die neue, eigene MAC-Adresse allen erreichbaren Rechnern des eigenen Netzwerksegmentes bekannt zu geben (*Gratuitous ARP*). Das ist beim Laden oder Netzwerkstart eines Rechners ganz normal. Die benachrichtigten Rechner ergänzen oder ändern daraufhin die entsprechenden Einträge des ARP-Caches. Wenn Sie zwei oder mehrere Rechner redundant betreiben, so wird damit allen anderen Teilnehmergeräten der Umstieg auf die Reserve, was das Netzwerk angeht, bekannt gemacht.

3.3.2   Neighbor Discovery Protocol (NDP), IPv6

Was Sie hier im Buch über das ARP-Protokoll für IPv4-Adressen gelesen haben, würde grundsätzlich auch mit IPv6-Adressen funktionieren. In der Praxis kommt aber stattdessen das *Neighbor Discovery Protocol (NDP)* zum Einsatz. Die Grundlagen hierfür finden Sie in den RFCs 3122 und 4861 hinterlegt. Auch dieses Protokoll arbeitet unbemerkt vom Benutzer und bedarf im Normalfall keinerlei Eingriffes.

Die Funktionen, Begriffe und Eigenschaften des NDP für IPv6

▸ **Neighbor Solicitation**: Anfrage nach MAC-Adresse

▸ **Neighbor Advertisement**: Antwort auf eine Anfrage nach der MAC-Adresse (Neighbor Solicitation)

▸ **Knoten**: Netzwerkteilnehmer

▸ **Finden** von Routern, welche Pakete in weitere Netzwerke weiterreichen

▸ **Duplikate IP Address Detection**: Zwei Knoten (Netzwerkteilnehmer) können niemals die gleiche IP-Adresse bekommen.

▸ Kombination von **ARP** und **ICMP Router Discovery**: Auffinden von Routern im gleichen Netzwerk

▸ **Neighbor Unreachability Detection**: automatische Feststellung nicht erreichbarer Knoten im eigenen Netzwerk

▸ **Autokonfiguration** von IPv6-Adressen

▸ **Wegfall** der Subnetzmasken

▸ neue **Sicherheit**sfunktionen

Bei der Fehlersuche hilft Ihnen die Tabelle 3.4 weiter. NDP verwendet mehrere verschiedene ICMPv6-Nachrichten. Allgemeines über ICMP-Nachrichten finden Sie in Kapitel 5, »Steuer- und Fehlercodes mit ICMP und ICMPv6 übertragen«.

Typ	Name	Zweck
133	Router Solicitation	Netzwerkteilnehmer, die nicht als Router fungieren, können von den Routern im gleichen Netzwerk ein Router Advertisement anfordern. Der oder die erreichbaren Router reagieren sofort und übersenden die gewünschte Nachricht.
134	Router Advertisement	Router verschicken diese Nachrichten in festen Intervallen oder nach Anforderungen des Typs 133 sofort. Sie geben damit ihre Anwesenheit im Netz bekannt.
135	Neighbor Solicitation	Rechner überprüfen damit die Erreichbarkeit des Nachbarn oder ermitteln die MAC-Adresse von diesem.

Tabelle 3.4 Nachrichtentypen des NDP

Typ	Name	Zweck
136	Neighbor Advertisement	Es handelt sich um die Antwort auf die Anfrage des Typs 135, der angefragte Rechner ist erreichbar.
137	Redirect Message	Router informieren damit andere Netzwerkteilnehmer, wenn es einen anderen, besseren Router zum Erreichen des gewünschten Zieles gibt.

Tabelle 3.4 Nachrichtentypen des NDP (Forts.)

Betrachten Sie den Ablauf einer Adressanfrage mit Antwort.

Protokoll einer Neighbor Solicitation mit Antwort

Anfrage Rechner1:

```
16:15:19.726208 IP6 fe80::211:6bff:fe62:932e > fe80::21e:33ff:fe0d:e9f9:
ICMP6, neighbor solicitation, who has fe80::21e:33ff:fe0d:e9f9, length 32
```

Antwort Rechner2:

```
16:15:19.726249 IP6 fe80::21e:33ff:fe0d:e9f9 > fe80::211:6bff:fe62:932e:
ICMP6, neighbor advertisement, tgt is fe80::21e:33ff:fe0d:e9f9, length 24
```

NDP bringt seine Informationen in verschiedenen Caches unter. Sie finden daher die Informationen besser geordnet.

Übersicht über die Caches des NDPs

▸ **Destination Cache**: Enthält Adressen, an welche erfolgreich Daten gesendet wurden, und die Angabe für den nächsten Hop, welche die Pakete benutzen sollen.

▸ **Default Router List**: Enthält für jeden Netzwerkanschluss die erreichbaren Router. Die Einträge enthalten Verfallsvorgaben.

▸ **Prefix List**: Beinhaltet Präfixe, welche im gleichen Netzwerk gültig sind, mit Verfallsvorgaben. Ausnahme: Angaben des eigenen Rechners (Link-lokal)

▸ **Neighbor Cache**: Liste mit Netzwerkteilnehmern, mit welchen innerhalb einer festgelegten Zeitspanne erfolgreich kommuniziert wurde. Es werden die Uni-Cast-IP-Adresse, die MAC-Adresse, der Zustand, das »Alter« des Eintrages und der Netzwerkanschluss festgehalten.

Aus dem *Neighbor Cache* können Sie den Zustand des Eintrages bezüglich eines Verbindungseintrages auslesen. Sie können damit nicht nur protokollbedingte Netzwerkprobleme eingrenzen. Die Bedeutung dieser Angaben finden Sie in Tabelle 3.5.

Zustand	Bedeutung
Delay	Ablauf Reachable Time, Versand eines Datenpaketes innerhalb der Delay First Probe Time. Kommt innerhalb dieser Zeit keine Quittung, ändert sich der Zustand auf Probe, und eine Neighbor Solicitation wird abgesetzt.
Probe	Zustand während des Abwartens auf eine positive Quittung der Neighbor Solicitation. Der Cache-Eintrag verfällt, wenn die vorkonfigurierte Anzahl der Versuche ohne positives Ergebnis durchgeführt wurde.
Stale	Unbekannt, ob angegebener Nachbarrechner erreichbar ist. Zeitpunkt der letzten positiven Quittung liegt länger als die Reachable Time zurück. Zustand bleibt bis zum Versenden des nächsten Datenpaketes an den hier eingetragenen Rechner bestehen.
Incomplete	Zustand nach Absenden Neighbor Solicitation und Eintreffen Neighbor Advertisement
Reachable	Rechner ist erreichbar, da innerhalb der Reachable Time ein Neighbor Advertisement von diesem erhalten wurde.

Tabelle 3.5 Einträge für den Zustandswert im Neighbor Cache des NDP

3.4   IP-Adressen

In der OSI-Schicht 3 begegnen Ihnen *logische Adressen*. Damit haben Sie die Möglichkeit, Verbindungen mit Partnern außerhalb des eigenen Netzwerksegmentes aufzunehmen. Die logischen Adressen dürfen Sie durchaus mit dem amtlichen KFZ-Kennzeichen vergleichen, die MAC-Adresse entspräche der Fahrgestellnummer.

Die logischen Adressen kennzeichnen auch die IP-Pakete. Sie tauchen hier als Quell- und Zieladressen auf, unabhängig von der Hardware-Adresse der Ethernet-Frames.

Die Adressierung nach dem IP-Protokoll hat sich im Laufe der Jahre gegen herstellerspezifische Lösungen (Novell, DEC, Microsoft usw.) durchgesetzt. Es war und ist für die Anwender einfacher, einen offenen, allgemeingültigen Standard zu verwenden, der zudem von Geräten aller Größenordnungen beherrscht wird.

Sie werden – besonders hier im Kapitel – mit IP-Adressen nach dem IP-Protokoll Version 4, aber auch Version 6 konfrontiert. Das hat ganz einfach damit zu tun, dass sich der Vorrat an freien Adressen des IPv4 langsam dem Ende zuneigt (4.294.967.296 Adressen). Beim IPv6 treffen Sie nicht nur auf einen schier unerschöpflichen Adressvorrat (ca. $34 * 10^{38}$ Adressen), sondern auch auf einige interessante Neuerungen, die Sie nur hier finden.

Weltweit vergibt die *Internet Assigned Numbers Authority (IANA)* Adressblöcke an die regionalen Vergabestellen *Regional Internet Registry (RIR)* (Tabelle 3.6). Diese wiederum versorgen die *Local Internet Registry (LIR)* mit freien Adressen. Der nächsterreichbare LIR ist Ihr Internet-Service-Provider. Von ihm erhalten Sie entweder Ihre feste oder temporär gültige IP-Adresse.

Region	RIR
Afrika	**AfriNIC** (African Network Information Centre)
Asian-Pazifik	**APNIC** (Asia Pacific Network Information Centre)
Europa, Naher Osten, Zentralasien	**RIPE NCC** (Réseaux IP Européens Network Coordination Centre)
Lateinamerika, Karibik	**LACNIC** (Regional Latin-American and Caribbean IP Address Registry)
Nordamerika	**ARIN** (American Registry for Internet Numbers)

Tabelle 3.6 Regional Internet Registries

Die *Internet-Service-Provider* (*ISP*s) sind in der Regel Mitglied in der RIR.

In einem *privaten Netzwerk* vergeben Sie selbst die IP-Adressen.

Einzigartigkeit von IP-Adressen

Jede IP-Adresse darf innerhalb eines Netzwerkes nur ein einziges Mal vorkommen.

3.5   IPv4-Adressen

Die IPv4-Adressen bestehen aus 32 Bit, welche zu vier Blöcken (Oktetts) gruppiert werden (4 Byte). Die Werte werden als Dezimalzahlen geschrieben, mit einem zulässigen Bereich von 0 bis 255.

Aufbau von IPv4-Adressen

NNN.NNN.NNN.NNN

Eine IPv4-Adresse besitzt einen Netzwerk- und einen Teilnehmeranteil (»Host«). Welches der Bytes allerdings zu welchem Teil gehört, hängt wiederum von der Netzwerkklasse ab. Sollen Ihre Rechner alle miteinander kommunizieren, müssen deren IP-Adressen denselben Netzwerkteil aufweisen.

Die IPv4-Adressen sind seit 1981 in RFC **791** definiert. In RFC 1349 finden Sie einige Weiterentwicklungen und Verweise auf weitere beteiligte RFCs.

Mit IPv4 werden Sie noch lange arbeiten. Vor allem nicht öffentliche Bestandsnetze werden es sicher bis auf weiteres anwenden. Viele Netzwerkgeräte (z. B. Printserver) können nicht auf die neue IP-Version upgedated werden. Damit sollten Sie also die theoretischen Grundlagen dieser Version kennen.

3.5.1   Netzwerkklassen im IPv4

Anhand der IP-Adresse erkennen Sie normalerweise nicht mehr, wie weit sich der Netzwerkanteil erstreckt. Hierbei hilft Ihnen die (Sub-)Netzmaske.

Zusammen mit der (Sub-)Netzmaske, die hier später erklärt wird, können Sie Netze mit einer verschieden hohen Anzahl von Teilnehmern definieren. Allerdings gilt dies nur für private Netze. Wenn Sie Netze betreuen, welche »draußen« im Internet existieren, müssen Sie unbedingt die Vorgaben Ihres Providers (= LIR) einhalten, weil es sonst zu großen Störungen kommt. Konkret bedeutet dies, dass Sie nur »unterhalb«, also »rechts« vom Netzwerkanteil Ihre Einteilungen vornehmen dürfen.

Früher (Tabelle 3.7) konnten Sie einer IP-Adresse bereits ansehen, welcher Netzklasse sie angehörte. Das erste Byte zeigte dies an. Seit Längerem schon wurde diese Einteilung aufgehoben, um der Adressknappheit etwas abzuhelfen.

Klasse	Bereich	1. Byte binär	Nutzbare Adressen	Netzmaske
A	0.0.0.0 - 127.255.255.255	00000000	16777214	255.0.0.0
B	128.0.0.0 - 191.255.255.255	10000000	65534	255.255.0.0

Tabelle 3.7 Einteilung von Netzwerkklassen

Klasse	Bereich	1. Byte binär	Nutzbare Adressen	Netzmaske
C	192.0.0.0 - 223.255.255.255	11000000	254	255.255.255.0

Tabelle 3.7 Einteilung von Netzwerkklassen (Forts.)

Beachten Sie bitte einige Anmerkungen zur Einteilung in Netzwerkklassen (Tabelle 3.7):

▶ Die Zahl der mathematisch möglichen Adressen wird stets um zwei vermindert. Sie benötigen diese für die Netz- und Broadcast-Adresse (z. B. 192.168.0.0 und 192.168.0.255).

▶ Während Sie die Bereichsangaben als mehr oder weniger historisch betrachten müssen, ist die Einteilung hinsichtlich der nutzbaren Adressen und die Angabe der Subnetzmaske in der Tabelle weiterhin gültig.

▶ Die in der Tabelle nicht aufgeführte Klasse D dient Multicast-Zwecken (bei Datenstreams, z. B. Video). Hier klinken sich Rechner passiv ein. Die Klasse E dient Test- und Forschungszwecken. Sie werden in der Praxis in der Regel mit beiden Klassen kaum in Berührung kommen.

Zur Verdeutlichung der Aufteilung einer IP-Adresse betrachten Sie bitte folgende Angaben:

Anteile von Netz (N)- und Host-Anteilen (H) nach Netzwerkklassen

Klasse A: NNN.HHH.HHH.HHH

Klasse B: NNN.NNN.HHH.HHH

Klasse C: NNN.NNN.NNN.HHH

3.5.2   Netz- und Subnetzmaske, Unterteilung von Netzen

Eine Netz- oder Subnetzmaske besteht wie die IPv4-Adresse aus vier Bytes. Mit ihr unterteilen Sie IP-Adressen in den Netzwerk- und Host-Anteil.

Die Unterteilung eines Netzes in Subnetze bringt Ihnen verschiedene Vorteile:

▶ Mit dadurch verkleinerten Broadcast-Domänen verringern Sie die Netzlast durch Rundsendungen (Broadcasts).

▶ Sie können organisatorische Gegebenheiten durch die aufgeteilten Adressräume abbilden.

Sie können (in der Regel innerhalb privater Netze) durch die Netzmaske aber auch z. B. zwei Klasse-C-Netze nach alter Denk- und Sprachweise miteinander verbinden.

Netzmaske und Subnetzmaske

▸ Umfasst die Maske alle möglichen Adressen eines Netzes, so handelt es sich um eine **Netzmaske** (siehe Tabelle 3.8).

▸ Unterteilt sie jedoch den Adressraum, spricht man von der **Subnetzmaske**.

▸ Technisch bestehen zwischen der Netzmaske und der Subnetzmaske keine Unterschiede.

▸ Der Netzanteil wird stets mit 1, die Host-Anteile mit 0 belegt.

▸ Netz- und Subnetzmasken bestehen somit stets aus **führend gesetzten Bits**. Es treten keine »0-Lücken« auf.

▸ Weitere Normen: RFCs 950, 4632

Im Rahmen des *Classless Inter-Domain Routings* (*CIDR*) wurde auch eine neue Schreibweise für die Netzmaske eingeführt. Anstelle der byteweisen Angabe (z. B. 255.255.0.0) werden hier die führenden gesetzten Bits zusammengezählt und per Schrägstrich an die IP-Adresse angehängt.

Die Angabe 192.168.0.36/24 beinhaltet die Netzmaske 255.255.255.0. Binär wird die Netzmaske in diesem Fall so dargestellt:

11111111.11111111.11111111.00000000

Zählen Sie die gesetzten Bits (oder rechnen Sie einfach 3 Oktets mal 8 Bits), so erhalten Sie hier die 24.

Für Ihre tägliche Arbeit sind die Angaben in den Tabellen 3.8 und 3.9 sicher nützlich. Sie finden eine Gegenüberstellung der binären, klassischen und der CIDR-Schreibweise. In Tabelle 3.9 ist die Anzahl der Adressen bzw. Hosts je Netzmaske angegeben.

(Sub-)Netzmaske		
Binär	**Dezimal**	**CIDR-Notation**
11111111.00000000.00000000.00000000	255.0.0.0	/8
11111111.10000000.00000000.00000000	255.128.0.0	/9

Tabelle 3.8 Subnetzmasken

(Sub-)Netzmaske		
Binär	Dezimal	CIDR-Notation
11111111.11000000.00000000.00000000	255.192.0.0	/10
11111111.11100000.00000000.00000000	255.224.0.0	/11
11111111.11110000.00000000.00000000	255.240.0.0	/12
11111111.11111000.00000000.00000000	255.248.0.0	/13
11111111.11111100.00000000.00000000	255.252.0.0	/14
11111111.11111110.00000000.00000000	255.254.0.0	/15
11111111.11111111.00000000.00000000	255.255.0.0	/16
11111111.11111111.10000000.00000000	255.255.128.0	/17
11111111.11111111.11000000.00000000	255.255.192.0	/18
11111111.11111111.11100000.00000000	255.255.224.0	/19
11111111.11111111.11110000.00000000	255.255.240.0	/20
11111111.11111111.11111000.00000000	255.255.248.0	/21
11111111.11111111.11111100.00000000	255.255.252.0	/22
11111111.11111111.11111110.00000000	255.255.254.0	/23
11111111.11111111.11111111.00000000	255.255.255.0	/24
11111111.11111111.11111111.10000000	255.255.255.128	/25
11111111.11111111.11111111.11000000	255.255.255.192	/26
11111111.11111111.11111111.11100000	255.255.255.224	/27
11111111.11111111.11111111.11110000	255.255.255.240	/28
11111111.11111111.11111111.11111000	255.255.255.248	/29
11111111.11111111.11111111.11111100	255.255.255.252	/30
11111111.11111111.11111111.11111110	255.255.255.254	/31
11111111.11111111.11111111.11111111	255.255.255.255	/32

Tabelle 3.8 Subnetzmasken (Forts.)

Die binäre Darstellung benötigen Sie bei der Berechnung von Netzadressen und Subnetzmasken.

CIDR-Notation	Adressen	Nutzbare Host-Adressen	CIDR-Notation	Adressen	Nutzbare Host-Adressen
/8	16777216	16777214	/21	8 x 256	2046
/9	128 x 65536	8388606	/22	4 x 256	1022
/10	64 x 65536	4194302	/23	2 x 256	510
/11	32 x 65536	2097150	/24	256	254
/12	16 x 65536	1048574	/25	128 x 1	126
/13	8 x 65536	524286	/26	64 x 1	62
/14	4 x 65536	262142	/27	32 x 1	30
/15	2 x 65536	131070	/28	16 x 1	14
/16	65536	65534	/29	8 x 1	6
/17	128 x 256	32766	/30	4 x 1	2
/18	64 x 256	16382	/31	2 x 1	0
/19	32 x 256	8190	/32	1 x 1	1
/20	16 x 256	4094	–	–	–

Tabelle 3.9 Subnetzmaske und Adressräume

3.5.3   Berechnungen

Sie können einen (zugewiesenen) Adressbereich in Teilsegmente unterteilen, allerdings in dem in Tabelle 3.9 gezeigten Mengenraster. Die Unterteilung zeige ich Ihnen anhand eines Beispieles.

Ihr Netz soll in zwei Teile segmentiert werden. In einem werden sich künftig 19 Teilnehmer aufhalten, im anderen 80. Sie verwenden das Netzwerk 192.168.1.0. Sie wollen unter anderem wissen, in welches der Teilnetze das Gerät mit der IP-Adresse 192.168.1.25 gehört. Außerdem interessiert Sie natürlich der IP-Adressbereich, der vergeben werden kann. Bei den Berechnungen verwenden Sie die *logische Addition* (*AND*). Sie hat folgende Regeln (Wahrheitstabelle):

Logische Addition (AND)

```
0 + 0 = 0
0 + 1 = 0
1 + 0 = 0
1 + 1 = 1
```

Wenn bei zwei Binärzahlen also jeweils die 1 aufeinandertreffen, bekommen Sie wiederum eine 1 als Ergebnis.

Sehen Sie zunächst den manuellen Lösungsweg zur Frage, wohin 192.168.1.25 gehört:

Manuelle Berechnungen

▶ Entnehmen Sie aus der Tabelle die passende Netzmaske, hier:
  /27, ausgeschrieben 255.255.255.224.

▶ Schreiben Sie die IP-Adresse und Netzmaske binär untereinander, und führen Sie die logische Addition durch:

```
11000000.10101000.00000001.00011001   192.168.1.25
11111111.11111111.11111111.11100000   255.255.255.224
11000000.10101000.00000001.00000000   192.168.1.0
```

Die Netzadresse lautet also 192.168.1.0, in welchem 192.168.1.25 Mitglied ist.

Sie können natürlich auch ein Rechenprogramm wie ipcalc für die IP-Adressen und Netzmasken benutzen. Die Ausgaben einer Berechnung für die beiden Teilnetze sehen Sie in Abbildung 3.2. Es soll dabei der Rechner mit der IP-Adresse 192.168.1.25 dem ersten, kleineren Netz zugehören.

Um nun herauszubekommen, ab welcher Adresse das zweite Teilnetz beginnt, führen Sie die Berechnung für die Netzadresse 192.168.1.0 zweimal aus, einmal mit der zutreffenden Netzmaske 255.255.255.224 und für das zweite Teilnetz mit 255.255.255.128. Sie können dann die höchste vorkommende Adresse ablesen (Broadcast). Deren Wert erhöhen Sie um 1 und nehmen das Ergebnis als Startwert für die dritte Berechnung. Zusammen mit der richtigen Netzmaske (/25) erhalten Sie alle notwendigen Angaben für das zweite Teilnetz mit den 80 Teilnehmern.

Im Ergebnis erhalten Sie jeweils die Netzadresse, die niedrigste und höchste für Netzwerkteilnehmer verwendbare Adresse (HostMin und HostMax), deren Anzahl (Hosts/Net) und die Broadcast-Adresse.

```
harald@ZE4:~$ ipcalc 192.168.1.0/27
Address:    192.168.1.0         11000000.10101000.00000001.000 00000
Netmask:    255.255.255.224 = 27 11111111.11111111.11111111.111 00000
Wildcard:   0.0.0.31           00000000.00000000.00000000.000 11111
=>
Network:    192.168.1.0/27     11000000.10101000.00000001.000 00000
HostMin:    192.168.1.1        11000000.10101000.00000001.000 00001
HostMax:    192.168.1.30       11000000.10101000.00000001.000 11110
Broadcast:  192.168.1.31       11000000.10101000.00000001.000 11111
Hosts/Net:  30                       Class C, Private Internet

harald@ZE4:~$ # 2. Berechnung, um die Startadresse für das 2. Teilnetz zu erhalten
harald@ZE4:~$ ipcalc 192.168.1.0/25
Address:    192.168.1.0         11000000.10101000.00000001.0 0000000
Netmask:    255.255.255.128 = 25 11111111.11111111.11111111.1 0000000
Wildcard:   0.0.0.127          00000000.00000000.00000000.0 1111111
=>
Network:    192.168.1.0/25     11000000.10101000.00000001.0 0000000
HostMin:    192.168.1.1        11000000.10101000.00000001.0 0000001
HostMax:    192.168.1.126      11000000.10101000.00000001.0 1111110
Broadcast:  192.168.1.127      11000000.10101000.00000001.0 1111111
Hosts/Net:  126                      Class C, Private Internet

harald@ZE4:~$ # 3. Berechnung für das zweite Teilnetz
harald@ZE4:~$ ipcalc 192.168.1.128/25
Address:    192.168.1.128       11000000.10101000.00000001.1 0000000
Netmask:    255.255.255.128 = 25 11111111.11111111.11111111.1 0000000
Wildcard:   0.0.0.127          00000000.00000000.00000000.0 1111111
=>
Network:    192.168.1.128/25   11000000.10101000.00000001.1 0000000
HostMin:    192.168.1.129      11000000.10101000.00000001.1 0000001
HostMax:    192.168.1.254      11000000.10101000.00000001.1 1111110
Broadcast:  192.168.1.255      11000000.10101000.00000001.1 1111111
Hosts/Net:  126                      Class C, Private Internet
```

Abbildung 3.2 Berechnungen für die beiden Teilnetze

3.5.4   Private Adressen des IPv4

Für den Aufbau Ihrer privaten, nicht mit dem Internet direkt verbundenen Netze benutzen Sie die durch RFC 1918 definierten Adressbereiche (Tabelle 3.10). Diese Adressen werden auch nicht in das öffentliche Internet weitergeleitet.

Adressbereich	Anzahl IP-Adressen
10.0.0.0–10.255.255.255	ein Netz mit 16.777.216 Adressen, Netzmaske 255.0.0.0 10.0.0.0/8
172.16.0.0–172.31.255.255	16 Netze mit 65.536 Adressen, Netzmaske 255.255.0.0 172.16.0.0/16–172.31.0.0/16

Tabelle 3.10 Adressbereiche privater Netzwerke

Adressbereich	Anzahl IP-Adressen
192.168.0.0–192.168.255.255	256 Netze mit 256 Adressen, Netzmaske 255.255.255.0 192.168.0.0/24–192.168.255.0/24

Tabelle 3.10 Adressbereiche privater Netzwerke (Forts.)

3.5.5   Zeroconf – konfigurationsfreie Vernetzung von Rechnern

Neben den drei klassischen IPv4-Privatnetzen stehen Ihnen auch noch die Adressen von 169.254.1.0 bis 169.254.254.255 zur Verfügung. Auch sie werden nicht in das Internet durchgeroutet. In diesem reservierten Bereich, genannt *Zeroconf*, können Sie Rechner ohne weitere Konfiguration vernetzen. Sie müssen weder manuell noch per DHCP eine IP-Adresse zuweisen. Die Nutzung von DHCP widerspricht sogar dem Wesen von Zeroconf und darf deshalb nicht angewendet werden. Der reservierte Adressbereich ist für das *Automatic Private IP Adressing* (*APIPA*) nach RFC 3927, auch bekannt als Zeroconf oder *Auto-IP*, reserviert. Die Netzmaske lautet 255.255.0.0, die ersten und letzten 256 Adressen dürfen nicht verwendet werden. Somit verbleiben Ihnen immerhin 65.024 Adressen zur Nutzung.

Die automatische Adresskonfiguration greift dabei auch auf die Sicherungsschicht (Layer 2) des OSI-Modells zu. Wenn Sie Ihren Rechner einschalten, berechnet er zunächst aus seiner MAC-Adresse zusammen mit einem Zufallsgenerator seine IP-Adresse. Weil eine IP-Adresse in einem Netz nur einmal vorhanden sein darf, prüft Ihr Rechner, ob die Adresse nicht schon von einem anderen Gerät benutzt wird. Er bildet dazu ein ARP-Paket (ARP-Probe), bei dem die Absenderadresse mit 0.0.0.0 und als Empfängeradresse die eigene angegeben wird. Ihr Rechner sendet das Paket insgesamt dreimal alle 1 bis 2 Sekunden aus. Erhält Ihr Rechner bis nach 2 Sekunden nach dem Absetzen der letzten ARP-Probe ein ARP-Paket, bei dem die errechnete IP-Adresse mit der Absenderadresse übereinstimmt, muss er nochmals eine neue berechnen. Befinden sich zum gleichen Zeitpunkt besonders viele Rechner am Netz, welche ihre Adressen berechnen, so müssen Sie mit solchen Adresskonflikten rechnen. Damit das Netzwerk nicht mit zu vielen ARP-Paketen überfrachtet wird, werden die sich gerade konfigurierenden Rechner nach zehn Fehlversuchen nur noch einen Versuch je Minute starten. Für Sie und die anderen Benutzer können also durchaus fühlbare Wartezeiten auftreten.

Gehört Ihrem Rechner »seine« Adresse, macht er diese allen anderen per doppeltem ARP-Announcement im Abstand von 2 Sekunden bekannt. Hierbei verwendet er als

Absender- und Empfänger-IP diese eben berechnete Adresse. Im Zeroconf-Netz herrscht hinsichtlich der IP-Adresse trotzdem eine trügerische Ruhe für Ihren Rechner. Er muss jetzt ständig auf Adresskonflikte, die durch andere Rechner verursacht werden, achten. Diesen Fall erkennt er, wenn ARP-Pakete von anderen Teilnehmern eintreffen, welche »seine« Adresse als Absenderadresse benutzen.

Ihr Rechner reagiert darauf auf verschiedene Weise. Hat er offene TCP-Verbindungen und noch keine kollidierenden ARP-Pakete empfangen, also nur ein ARP-Probe, sendet er ein klarstellendes ARP-Announcement. In allen anderen Fällen wird er sich eine neue Adresse berechnen und damit eine »Schlacht um die IP-Adresse« mit viel Netzlast durch Endlosschleifen vermeiden.

Zeroconf bietet eine eigene Namensauflösung und Diensterkennung an, was an späterer Stelle hier im Buch gezeigt wird.

Zeroconf finden Sie bei allen gängigen Betriebssystemen. Für Apple-Rechner ist es unter *bonjour* bekannt, Linux und Unix-Derivate verwenden hauptsächlich den *avahi-Daemon*. Microsoft nennt das Verfahren *Automatic Private IP Addressing* (*APIPA*).

Fakten zu Zeroconf

▸ **automatische Adresszuweisung** ohne DHCP-Server

▸ **Namensauflösung** ohne DNS-Server

▸ **automatische Erkennung von Netzwerkdiensten**

▸ **Sicherheit**: Die automatische Konfiguration greift tief in das jeweilige Betriebssystem ein. Vom Einsatz in sicherheitsrelevanten Umgebungen wird deshalb abgeraten.

▸ **Norm**: RFC 3927

3.5.6   Localnet und Localhost

Moderne Betriebssysteme benötigen ein »internes Netzwerk« zur Erledigung verschiedener Aufgaben. Im Bereich Unix/Linux greifen unter anderem die Druckdienste und das X11- bzw. Xorg-Grafiksystem darauf zurück. Sie finden für diese *Loopback-Adressen* den Adressbereich von `127.0.0.0` bis `127.255.255.255` reserviert. Für jede Netzwerkkarte Ihres Rechners wird diese (zusätzliche) Adresse mehr oder weniger von selbst vergeben. Datenpakete an eine Adresse aus diesem Bereich werden nicht in das Netzwerk geleitet, sondern wieder zurück an den Rechner.

Sie können für viele kritische Anwendungen die Sicherheit erheblich erhöhen, wenn diese ausschließlich auf dieser *Loopback-Adresse* »lauschen«. Natürlich ist das nur sinnvoll, wenn diese Anwendung ausschließlich für diesen einzigen Rechner ihre Dienste anbieten soll, z. B. ein eigener, rechnerlokaler Name-Server oder eine Datenbank. Angriffe hierüber mittels des lokalen Netzwerkes sind damit ausgeschlossen.

Auch für den Test von Serveranwendungen greifen Entwickler gerne auf den `localhost` zurück. Sie vermeiden Netzlast und natürlich auch den Zugang durch Sicherheitslücken in den noch unfertigen Anwendungen.

Auszug der Ausgabe von ifconfig für die superprivate Adresse

```
lo
Link encap:Lokale Schleife
inet Adresse:127.0.0.1  Maske:255.0.0.0
inet6-Adresse: ::1/128 Gültigkeitsbereich:Maschine
UP LOOPBACK RUNNING  MTU:16436  Metrik:1
RX packets:433140 errors:0 dropped:0 overruns:0 frame:0
TX packets:433140 errors:0 dropped:0 overruns:0 carrier:0
Kollisionen:0 Sendewarteschlangenlänge:0
RX bytes:50267351 (47.9 MiB)  TX bytes:50267351 (47.9 MiB)
```

Auf diesem Linux-Rechner wird das Loopback-Gerät als `lo` bezeichnet. Vergleichen Sie die Angaben zu den gesendeten (TX) und empfangenen (RX) Daten. Sie zeigen stets die gleichen Werte.

Die RFCs 5735, 2606 und 6598 beschreiben den Einsatz dieses besonderen Adressbereiches.

3.5.7   Weitere reservierte Adressen

Sie finden in Tabelle 3.11 weitere reservierte Adressbereiche (RFC 5735). Die Anwendungen sind sehr unterschiedlich. So finden Sie IP-Bereiche, die Sie für Anleitungen und Dokumentationen verwenden können, ohne damit Betriebs- und Sicherheitsgeheimnisse auszuplaudern.

Adressbereich	Netzmaske	Zweck	RFC
0.0.0.0 – 0.255.255.255	255.0.0.0	aktuelles Netz (nur als Quelladresse zulässig)	3232
192.0.0.0 – 192.0.0.255	255.255.255.0	noch reserviert, aber Vergabe vorgesehen	
192.0.2.0 – 192.0.2.255	255.255.255.0	Test-Net-1, Dokumentation und Beispielcode	5737
192.88.99.0 – 192.88.99.255	255.255.255.0	Weiterleitungspräfix für 6to4-Anycast	3068
198.18.0.0 – 198.19.255.255	255.254.0.0	Benchmark-Tests	2544
198.51.100.0 – 198.51.100.255	255.255.255.0	Test-Net-2, Dokumentation und Beispielcode	5737
203.0.113.0 – 203.0.113.255	255.255.255.0	Test-Net-3, Dokumentation und Beispielcode	5737
224.0.0.0 – 239.255.255.255	weitere Unterteilungen	Multicasts	3171
240.0.0.0 – 255.255.255.255	weitere Unterteilungen	reserviert	1112 Sect.4
255.255.255.255	255.255.255.255	Broadcast	0919 und 0922

Tabelle 3.11 Weitere reservierte IPv4-Adressbereiche

3.6   IPv6-Adressen

Sie werden mehr und mehr mit dem Nachfolger des IPv4 zu tun haben. IPv6 wird IPv4 ablösen (müssen). Die maximal 4.294.967.296 Adressen des IPv4 sind bald komplett vergeben. Eine Adressknappheit bedeutet aber eine Stagnation beim weiteren Ausbau des Internets. Schon lange wurde deshalb am Nachfolgeprotokoll gearbeitet. Die Netzgemeinde profitiert bei IPv6 nicht nur vom erweiterten Adressraum. Das IPv6 besitzt auch neue Leistungsmerkmale, welche unter IPv4 nicht oder nur mit externen Erweiterungen verfügbar waren.

Kenndaten des IPv6

▶ Anzahl der Adressen: 2^{128}

▶ zustandslose automatische Konfiguration von Adressen

▶ integrierte Verschlüsselung von IP-Paketen (*Ipsec*)

▶ Verwirklichung des Ende-zu-Ende-Prinzips (Wegfall von Verfahren wie *Network Address Translation* [*NAT*])

▶ IP-Adressen für mobile Geräte

▶ Vereinfachung von Techniken wie *Quality of Service* und *Multicast*

▶ Wichtige Normen: RFCs 2460 und 4291, Updates: 5095, 5722, 5871, 5952, 6052, 6437, 6564

IPv6-Adressen bieten Ihnen einen anderen Anblick. Durch ihre Länge von 128 Bit und der hexadezimalen Schreibweise sind sie schwerer lesbar als die gewohnten IPv4-Adressen. Rechner haben allerdings weniger Schwierigkeiten mit der Umwandlung von Hexadezimalzahlen in Binärzahlen als mit der von Dezimalzahlen in Binärzahlen.

Eine IPv6-Adresse wird wegen ihrer Länge anders dargestellt. Sie wird in acht durch »:« getrennte Blöcke zu 16 Bit unterteilt, die Werte in hexadezimaler Schreibweise angegeben.

Schreibweisen von IPv6-Adressen

▶ **Grundform**: fe80:0000:0000:0000:0223:54ff:fe5b:869d

▶ **Nullen**: Sie dürfen führende Nullen innerhalb eines Blockes auslassen.

▶ **Blöcke mit Wert 0**: Sie dürfen aufeinanderfolgende Blöcke, deren Wert 0 beträgt, auslassen und durch einen Doppelpunkt ersetzen. Sie dürfen das innerhalb einer Adresse allerdings nur einmal durchführen.

▶ **Beispiel** nach dem Entfernen führender Nullen und von zusammenhängenden Blöcken mit 0: fe80::223:54ff:fe5b:869d

▶ **URL**: IPv6-Adressen werden in eckige Klammern eingeschlossen:
http://[fe80::223:54ff:fe5b:869d]/

▶ **Port-Nummern**: Sie werden außerhalb der Klammerung angefügt:
http://[fe80::223:54ff:fe5b:869d]:8080/

(Sub-)Netzmasken in der klassischen Form sind bei IPv6 nicht gebräuchlich, vielmehr benutzen Sie hier die CIDR-Notation. Die Größe eines zu vergebenden Netzwerkes muss einer Zweierpotenz entsprechen, ein einzelner Host trägt die /128. Abbildung 3.3 zeigt Ihnen die Zergliederung einer IPv6-Adresse.

Byte	1	2	3	4	5	6	7	8	9	10	11	12	13	14	15	16
=Bits (Länge)	8	16	24	32	40	48	56	64	72	80	88	96	104	112	120	128
Adresse (Beispiel)	fe	80	00	00	00	00	00	00	02	23	54	ff	fe	5b	86	9d

Abbildung 3.3 Zergliederung einer IPv6-Adresse

Sie geben ein Netz in der Form fe80:0000:0000:0000:0223/80 an. Die Netzadresse lautet damit fe80:0000:0000:0000:0223:0000:0000:0000, die Adressen für die Hosts gehen von fe80:0000:0000:0000:0223:0000:0000:0001 bis fe80:0000:0000:0000:0223:ffff:ffff:ffff, was 281.474.976.710.655 Adressen ergibt.

Ihr Internet-Provider bezieht normalerweise die ersten 48 Bits des Netzes von seiner *Regional Internet Registry* (*RIR*). Diesen Bereich teilt er weiter in Teilnetze auf. Die Teilnetz-ID ist normalerweise 16 Bit lang. Sie selbst bekommen ein Teilnetz /64. Nun kennen Sie bereits die ersten beiden Teile Ihrer Adressen, das Standort-Präfix und die Teilnetz-ID. Der dritte Teil besteht aus dem 64 Bit langen *Interface Identifier*. Dabei wird entweder die MAC-Adresse der Netzwerkkarte zur Berechnung mit herangezogen, oder Sie vergeben diesen Teil der IPv6-Adresse selbst (Abbildung 3.4, RFC 4291).

XX:XX:XX	XX	XX:XX:XX:XX
Standort-Präfix	Teil-netz-ID	Schnittstellen-ID

Abbildung 3.4 Unterteilung von IPv6-Adressen

Bestandteile von IPv6-Adressen

▶ **Präfix**: Kennzeichnet den Adressraum, wird in CIDR-Schreibweise angegeben.

▶ **Subnet-ID**: Organisationen unterteilen damit die ihnen zugewiesenen Bereiche. Sie erhalten ein /48-Präfix und verwenden 16 Bit für die Kennzeichnung ihrer Subnetze.

▶ **Interface-ID**: Kennzeichnet die Schnittstelle (Schnittstellen-ID).

3.6.1   Adresstypen des IPv6

Sie treffen beim IPv6 auf drei Arten von Adressen. Die Ihnen vom IPv4 her bekannten Broadcast-Adressen sind hier ungebräuchlich und wurden teilweise durch die *Multicast-Adressen* ersetzt.

Grundregeln zur IPv6-Adressvergabe

▸ Für jede Netzwerkschnittstelle (Interface) müssen Sie mindestens eine Unicast-Adresse vergeben.

▸ Sie können für jede Netzwerkschnittstelle mehrere IPv6-Adressen zuweisen.

▸ Sie können für jede Netzwerkschnittstelle gleichzeitig Unicast-, Multicast- und Anycast-Adressen verwenden.

▸ Sie können eine Unicast-Adresse mehreren Netzwerkschnittstellen eines Rechners zuweisen, um darüber eine Lastverteilung zu ermöglichen.

▸ Sie können einen Knoten über jede der Unicast-Adressen ansprechen.

Die drei Adresstypen Unicast, Multicast und Anycast erfüllen alle bestimmte Zwecke und haben ihre Besonderheiten, auf die Sie achten müssen.

Unicast-Adressen

▸ Dienen der eindeutigen Identifizierung eines Interfaces eines Knotens (Netzwerkteilnehmers).

▸ **Globale Unicast-Adressen** sind weltweit gültig und werden über das Internet geroutet. Ihr Präfix lautet 2000::/3.

▸ **Link-local Unicast-Adressen** gelten nur im lokalen Netz und werden nicht in das Internet weitergeroutet. Ihr Präfix lautet FE80::/10.

▸ Jede Netzwerkschnittstelle benötigt eine eigene *Link-local* Adresse, um im privaten Netzwerk den Rechner (Knoten) gegenüber anderen Knoten zu identifizieren. Dies ist für das Funktionieren der automatischen Adresskonfiguration und des *Neighbor Discovery Protocol* (*NDP*) notwendig.

Wenn Sie eine Unicast-Adresse mehreren Netzwerkschnittstellen zuordnen, haben Sie eine *Anycast-Adresse* geschaffen.

Anycast-Adressen

▸ Verfügen über das gleiche Präfix wie Unicast-Adressen.

▸ Werden aus dem Unicast-Adressbereich entnommen.

▸ Dienen der Lastverteilung und Bildung von Redundanzen.

▸ Bei einer Routergruppe mit gemeinsamer Anycast-Adresse werden Pakete an den nächsterreichbaren Router gesendet.

▸ Absender hat keine Möglichkeit, die Empfangsschnittstelle auszuwählen. Das Zielgerät wird durch das Routingprotokoll bestimmt.

▸ Beim Interface Identifier der Adresse sind alle Bits auf 0 gesetzt.

▸ Reservierte Subnetz-Anycast-Adressen verwenden eine Anycast-ID mit 7 Bit Länge. Diese vermindert die Bitzahl beim Interface Identifier entsprechend. Der Interface-Identifier-Anteil beim EUI-64-Format ist damit nur 57 Bit lang.

▸ Norm: RFC 2526

Die Anycast-IDs von **00–7D** und **7F** sind reserviert, **7E** ist dem *Mobile IPv6 Home Agent Anycast* vorbehalten.

Multicast-Adressen benötigen Sie, um gleichzeitig viele Rechner anzusprechen, z. B. beim Internetradio, NTP-Server (Zeitserver).

Multicast-Adressen

▸ Mit der Multicast-Adresse erreichen Sie eine Gruppe von Netzwerkschnittstellen.

▸ Ein Paket an eine Multicast-Adresse erreicht alle Netzwerkschnittstellen mit dieser Adresse und wird von diesen verarbeitet.

▸ Eine Netzwerkschnittstelle kann mehrere Multicast-Adressen haben.

▸ Multicast-Adressen erkennen Sie am Präfix FF00::/8.

▸ Multicast-Adressen enthalten einen Group Identifier anstelle des Interface Identifiers (Tabelle 3.12).

8 Bit	4 Bit	4 Bit	8 Bit	8 Bit	64 Bit	32 Bit
FF	Flags ORPT	Scope	reserviert	plen	IID	Group Identifier

Tabelle 3.12 Zusammensetzung der Multicast-Adresse nach RFC 4489

Die Werte für die Flags (Tabelle 3.13) und Scope (Tabelle 3.14) zeigen Ihnen weitere Eigenschaften der Multicast-Adresse auf.

Flag	Einträge
O	reserviert, muss mit 0 belegt werden
R	Rendezvous-Point nach RFC 3956
P	dynamisch zugewiesene Präfix-Information gemäß RFC 3306
T	0 = fest von IANA zugewiesen, 1 = temporäre Multicast-Adresse

Tabelle 3.13 Flags in Multicast-Adressen

Im Scope-Feld finden Sie diejenigen Angaben, die die Reichweite der Multicast-Adresse beschränken.

Wert(e)	Zuweisung
0, 3, F	reserviert
6, 7, 9, A, B, C, D	nicht zugewiesen
1	Interface-local Scope
2	Link-local Scope
4	Admin-local Scope
5	Site-local Scope
8	Organisation-local Scope
E	Global Scope

Tabelle 3.14 Einträge Scope-Feld

Die nachfolgenden acht Bits sind reserviert, Sie müssen sie mit 0 belegen. Den Bereich plen müssen Sie mit FF belegen (nach RFC 4489).

Das IID-Feld ersetzt das 64-Bit-Präfix gemäß RFC 3306. Sie halten damit die einzelnen Knoten auseinander. Der *Group Identifier* kennzeichnet eine Multicast-Anwendung. Ferner stellt er sicher, dass diese nur einmal auf dem Host vorhanden ist.

Beispiele für bekannte Multicast-Adressen

FF01:0:0:0:0:0:0:1 All-Nodes-Adresse, Interface-local, Scope

FF01:0:0:0:0:0:0:2 All-Router-Adresse, Interface-local, Scope

FF02:0:0:0:0:0:0:1 All-Nodes-Adresse, Link-local, Scope

FF02:0:0:0:0:0:0:2 All-Router-Adresse, Link-local, Scope

3.6.2 IPv6-Loopback-Adresse

Die Ihnen schon vom IPv4 bekannte Loopback-Adresse wird auch im IPv6 verwendet. Sie lautet 0:0:0:0:0:0:0:1, in Kurzform ::1. Auch hier müssen Sie beachten, dass Sie diese Adresse niemals Netzwerkschnittstellen zuweisen dürfen und können.

Loopback-Adresse bei einem Linux-Rechner mit IPv4 und IPv6

```
lo
Link encap:Lokale Schleife
inet Adresse:127.0.0.1  Maske:255.0.0.0
inet6-Adresse: ::1/128 Gültigkeitsbereich:Maschine
...........
```

Beachten Sie die CIDR-Schreibweise (/128), mit der ein einzelner Host gekennzeichnet wird. Manche Systeme, wie FreeBSD, vergeben zusätzlich noch eine Link-local Unicast-Adresse.

Loopback-Adresse bei einem FreeBSD-System mit IPv4 und IPv6

```
lo0: flags=8049<UP,LOOPBACK,RUNNING,MULTICAST> metric 0 mtu 16384
        options=3<RXCSUM,TXCSUM>
        inet 127.0.0.1 netmask 0xff000000
        inet6 ::1 prefixlen 128
        inet6 fe80::1%lo0 prefixlen 64 scopeid 0x5
............
```

3.6.3   Unspezifizierte Adresse

Diese Adresse verwendet Ihr Rechner unter anderem während des Ladevorganges als Absenderadresse. Empfängt er in dieser Phase eine Anfrage zur Adresskonfiguration von einem anderen Knoten, zeigt er damit an, dass er (noch) nicht über eine gültige IP-Adresse verfügt.

Die *All-Zero-Adresse* sollten Sie nie in Zieladressen verwenden. Die Adresse wird `0:0:0:0:0:0:0:0` ausgeschrieben oder als `::` abgekürzt.

3.6.4   IPv4- in IPv6-Adressen und umgekehrt

Der Wechsel von IPv4 nach IPv6 geschieht allmählich, so dass Sie mit beiden Protokoll-familien parallel arbeiten werden.

Sie werden beim Stöbern in älterer Fachliteratur auf die *Ipv4-kompatible IPV6-Adresse* stoßen. Diese speziellen Unicast-Adressen transportierten Ipv6-Pakete über ein Ipv4-Netz. Die letzten 32 Bits enthielten die IPv4-Adresse. Dieser Adresstyp wird nicht mehr verwendet und auch nicht mehr unterstützt (RFC 4291, abgelöst durch RFC 6052).

Mit der Verwendung einer *Ipv4-mapped IPv6-Adresse* stellen Sie die Adresse eines IPv4-Hosts als IPV6-Adresse dar. Nach RFC 6052 wird empfohlen, den IPv4-Adressteil an den Schluss zu hängen (`/96`). Damit können Sie den IPv4-Teil vor allem auch in der gewohn-ten Schreibweise verwenden. Von rechts nach links gesehen (Tabelle 3.15), füllen Sie nach dem IPv4-Teil die nächsten 16 Bits mit `FFFF` auf. Damit wurde eine Länge von 48 Bit erreicht. Die weiteren Stellen werden mit 0-Bits aufgefüllt. Sie erhalten damit ein Präfix `0:0:0:0:0:FFFF::/96`.

80 Bit	16 Bit	32 Bit
0:0:0:0:0	FFFF	IPv4-Adresse

Tabelle 3.15 IPv4-mapped IPv6-Adresse

Schreibweisen von IPv4-mapped IPv6-Adressen

IPv4-Adresse: `192.168.1.200`

IPv6-Adresse: `0:0:0:0:0:FFFF:C0A8:01C8`

Kurzschreibweisen: `::FFFF:C0A8:01C8`, `::FFFF:192.168.1.200`

3.6.5   Tunnel-Adressen

Während der Übergangsphase reisen Ihre Datenpakete durch IPv4- und IPv6-Netze. Dabei müssen sich die Adressen anpassen. Ihnen begegnen dabei verschiedene Tunnel-Adressen.

Sie benötigen *6to4-Adressen*, wenn Sie Pakete Ihrer IPv6-Knoten über ein IPv4-Netzwerk zu anderen IPv6-Knoten leiten wollen und dabei aber nicht auf einen statisch konfigurierten Tunnel zurückgreifen können. Hier wird die IPv4-Adresse nicht am Schluss angehängt, sondern in den führenden Stellen. Soll die Reise über das öffentliche Internet gehen, dürfen Sie dabei keine privaten IP-Adressen verwenden.

6to4-Adressen tragen das Präfix 2002. Die eingebettete IPv4-Adresse wird hexadezimal dargestellt (Tabelle 3.16).

16 Bit	32 Bit	16 Bit	64 Bit
2002	IPv4-Adresse	Teilnetz-ID	Interface-ID
Präfix	48 Bit		

Tabelle 3.16   Aufbau von 6to4-Adressen

Beispiel einer 6to4-Adresse

IPv4-Adresse: **85.88.3.146**

IPv6-Adresse: **2002:5558:0392:0001:0:0:0:8**

Sie haben einen Rechner, der mit seiner privaten IPv4-Adresse mittels eines Routers mit dem Internet verbunden ist. Der Router führt die übliche *Network Address Translation* (*NAT*) durch. Ihr Rechner soll sich in ein entferntes IPv6-Netz einfügen. Um diese Verbindung zu realisieren, müssen Sie den *Teredo-Mechanismus* benutzen. Dieser tunnelt das IPv6 in UDP über Teredo-Relais. Der Teredo-Dienst besteht aus diesen Relais, Clients und Servern.

Teredo stammt aus dem Hause Microsoft. In der Unix-Welt ist der Dienst unter dem Begriff *Miredo* bekannt. Der Dienst umgeht die üblicherweise vorhandene IPv4-Firewall, so dass Sie die Anwendung als Sicherheitsproblem betrachten müssen.

Die Teredo-Adressen (Tabelle 3.17) besitzen das Präfix 2001:0000:/32. Die Pakete werden über den UDP-Port 3544 geleitet (Erklärungen zu Ports finden Sie in Abschnitt 6.3, »Nutzung von Services mittels Ports und Sockets«). Die genauen Definitionen finden Sie in

RFC 4380 (Updates in RFCs 5991 und 6081) und, was die Sicherheit von Teredo betrifft, in RFC 5991.

32 Bit	32 Bit	16 Bit	16 Bit	32 Bit
2001:0000	IPv4-Adresse	Flags	Port	IPv4-Adresse
Präfix	Server			Client

Tabelle 3.17 Aufbau von Teredo-Adressen

Wenn Sie den Wunsch haben, über ein IPv4-Netzwerk zwei IPv6-Hosts ohne Zuhilfenahme von Routern kommunizieren zu lassen, so hilft Ihnen dabei das *Intra-Site Automatic Tunnel Addressing Protocol* (*ISATAP*).

In RFC 5214 ist festgeschrieben, dass die Adressen im modifizierten EUI-64-Format (nach RFC 4291) gehalten sind. Damit ergibt sich ein Aufbau nach Tabelle 3.18.

64 Bit	32 Bit	32 Bit
Präfix	private IPv4-Adresse 0000:5EFE	IPv4-Adresse
	öffentliche IPv4-Adresse 0200:5EFE	

Tabelle 3.18 Aufbau einer ISATAP-Adresse

Die ersten 64 Bits einer ISATAP-Adresse entsprechen jenen einer gewöhnlichen Unicast-Adresse. Von den folgenden 32 Bits dienen 24 Bits dem *IEEE Organizationally Unique Identifier (OUI)*. Davon sehen Sie in den ersten 16 Bits wiederum, ob es sich um eine private IPv4-Adresse (0000) oder um eine öffentliche (0002) handelt. Mit der Kennung FE zeigt die Adresse an, dass sie eine IPV4-Adresse enthält.

3.6.6   Kryptografisch erzeugte Adressen (CGA)

Durch die Anwendung von kryptografisch erzeugten Adressen (Secure Neighbor Discovery [SEND]) können Sie die Sicherheit bei der Neighbor Discovery (ND) erhöhen. Sie können damit sicherstellen, dass der Absender von NDP-Paketen auch der »rechtmäßige« Inhaber der IP-Adresse ist.

Die Interface-ID wird hierbei durch zusätzliche Parameter und Hash-Funktionen berechnet. In den RFCs 3972, 4581 und 4982 finden Sie darüber Erläuterungen zu den eingesetzten Verfahren. Insbesondere verhüten Sie durch den Einsatz dieser so berechneten Adressen Spoofing-Attacken gegen das Neighbor- und Router Solicitation und -Advertisement. Auch gegen DOS-Attacken der *Duplicate Address Detection* (*DAD*) und Massenantworten sind Sie damit geschützt.

3.6.7   Lokale Adressen

Auch im IPv6 treffen Sie auf lokale Adressen. Diese werden keinesfalls in das Internet weitergeleitet, sie dienen dem Datentransport in Ihrem privaten Netzwerk.

Die *Site-local Unicast-Adressen* sind nach RFC 3879 obsolet. Stattdessen können Sie die *Unique-local Unicast-Adressen*, wie sie das RFC 4193 beschreibt, frei innerhalb Ihres lokalen Netzes verwenden. Sie erkennen diese Adressen am Präfix FD00::/8 bzw. FC00/8. Ihren Aufbau finden Sie in Tabelle 3.19 beschrieben.

Bereich	8 Bit	40 Bit	16 Bit	64 Bit
privat administriert	FD00	Global ID	Subnet-ID	Interface-ID
reserviert für Registrierung	FC00 Präfix			

Tabelle 3.19 Aufbau Unique-local Unicast-Adressen

Das Präfix FD00 wenden Sie bei privater, nicht öffentlicher Administration des lokalen Netzes an. FC00 ist für die in der Zukunft einmal mögliche Registrierung eigener privater Adressbereiche vorgesehen.

3.6.8   Übersicht der Präfixe von IPv6-Adressen

Zusammenfassend finden Sie eine Übersicht über die wichtigsten Präfixe im IPv6 (Tabelle 3.20).

Präfix	Zugewiesen für
FF00/8	Multicast-Adressen
FD00/8	Unique-local Unicast-Adressen, privat verwaltet

Tabelle 3.20 IPv6-Adresspräfixe

Präfix	Zugewiesen für
FC00/8	Unique-local Unicast-Adressen, reserviert für später mögliche Registrierung
FE80 /10	Link-local Unicast-Adressen
2000::/3	Global Unicast-Adressen
2001::/32	Teredo-Adressen
2001:db8::/32	nur für Dokumentationszwecke, werden nicht im Internet weitergeleitet
2002:::/16	6to4
0:0:0:0:0:FFFF::/96	IPv4-mapped IPv6-Adresse
0:0:0:0:0:0:0:0::	All-Zero-Adresse
0:0:0:0:0:0:0:1::1/128	Localhost, Loopback-Adresse

Tabelle 3.20 IPv6-Adresspräfixe (Forts.)

3.6.9   Adresswahl und -benutzung

Bei den alten IPv4-Adressen reicht eine einzige für die Netzwerkkarte aus, damit Sie mit Ihrem Rechner im Netz »mitmischen« können. Unter IPv6 hingegen benutzt Ihr Rechner (teilweise für jede Netzwerkschnittstelle) die Link-local Adresse, die eventuelle zugewiesenen Uni- und Anycast-Adressen und die Loopback-Adresse. Ferner kennt er die All-Nodes-Multicast-Adresse und die Solicited-Node-Multicast-Adressen. Fungiert er zusätzlich als Router, gehören die Subnet-Router-Anycast-Adresse(n), die Anycast-Adressen und die All-Router-Multicast-Adressen dazu. Welche Adresse Ihr Rechner in welcher Situation benutzt, wird in RFC 6724 definiert, RFC 5220 hierzu ist informeller Natur.

Der Wegfall von *Site-local Unicast-Adressen* (nach RFC 3879) und die dafür neu hinzugekommenen *Unique-local Unicast-Adressen* (RFC4193) bewirken einige Änderungen des Wie und Wann der Anwendung der jeweiligen Adressen.

Als Netzwerkadministrator sind Sie damit in der Regel nicht behelligt, wohl aber als Programmentwickler. Halten Sie sich über die entsprechenden RFCs über *http://www.ietf. org* unbedingt auf dem Laufenden!

Einige wichtige Regeln zur Adressbenutzung

▶ Kleinerer Scope-Wert hat Vorrang: Damit werden lokale Adressen vor anderen bevorzugt, Pakete mit Ziel im eigenen, lokalen Netz werden mit diesen lokal gültigen Adressen transportiert.

▶ Benutzung des möglichst gleichen Scope-Wertes oder Link-Typs

▶ Mobile-IP: Home-Adressen gehen vor Care-of-Adressen.

3.7   Internetprotokoll

Das Internetprotokoll stellt für Sie nur die grundlegenden Transportmechanismen bereit, die für die Sendung von Datagrammen über Netzwerkgrenzen hinweg benötigt werden. Das Internetprotokoll arbeitet verbindungslos. Es wird, anders als bei verbindungsorientierten Verfahren, keine Verbindung im technischen Sinne aufgebaut, gesichert und abgebaut. Vielmehr sendet Ihr Rechner die Datagramme auf gut Glück in das Netz, in der Hoffnung, diese mögen ihr Ziel erreichen. Damit haben Sie auch schon eine besondere Stärke kennengelernt. Sie und Ihr Rechner müssen sich nicht um Verbindungswege und dergleichen kümmern. Und Sie werden auch kein »Besetztzeichen« erhalten. Wenn viele Rechner gleichzeitig Daten für ein Ziel senden, geht es einfach langsamer (oder, wenn es einfach zu viel wird, gar nicht mehr).

Es ist durchaus normal, dass die Datagramme nicht in der Reihenfolge ihrer Aussendung am Ziel eintreffen, nicht oder unvollständig ankommen. Das IP-Protokoll verfügt für solche Situationen über keinerlei Mechanismen. Diese sind vielmehr eine OSI-Schicht darüber angesiedelt (TCP-Protokoll, siehe Kapitel 6, »Datentransport mit TCP und UDP«).

Ihre IP-Pakete reisen mittels der Ethernet-Frames durch das Netz. Die IP-Header stehen vor den TCP- bzw. UDP-Headern, welche die Nutzdaten selbst aufnehmen. Details über die Ethernet-Frames finden Sie in Abschnitt 3.2, »Ethernet-Pakete (Ethernet-Frames)«.

Anhand des folgenden Gedankenmodells sehen Sie die Zusammenhänge klarer: Eine Fabrik versendet einen Traktor. Für den Versand wird er in eine Kiste (TCP- oder UDP-»Verpackung«) verpackt. Diese Umverpackung ist aber keine geeignete Transporthülle, also wird die Kiste in einen Container gestellt. Der Container enthält ein Dokument mit der Absender- und Zielangabe (IP-Header). Der Container wird auf einen Eisenbahnwaggon gestellt. Der Waggon hat unabhängig von den Angaben auf dem Container die Angabe eines Abgang- und Zielbahnhofes (Ethernet-Frame, Quell- und Ziel-MAC-Adresse). Der Waggon gelangt zum Zielbahnhof, einem Güterverkehrszentrum (Router). Der Container wird vom Waggon abgeladen und anhand des Frachtdokumentes auf das nächste Verkehrsmittel geladen, welches die Zielrichtung als Nächstes ansteuert. Auf diesem Weg wird der Container sicher noch öfter zwischen den verschiedenen Verkehrsträgern (Ethernet-Frames) umgeladen, bis er schließlich beim Empfänger landet. Dort wird er wieder vom Waggon genommen (Herauslösung aus dem Ethernet-Frame). Der Container wird geöffnet und die Kiste herausgeholt (Herausnahme aus der Transportverpackung, IP-Header). Die Kiste (TCP- oder UDP-Paket) wird geöffnet und schließlich der Traktor (Nutzlast) von ihr befreit.

Dieses Beispiel ist sehr ausführlich, Sie erkennen darin aber den kompletten Grundzug des Datentransportes über Netzwerke. Oft wird auf den notwendigen Zusammenhang von Ethernet-Frame und IP-Paket nicht eingegangen (Abbildung 3.5). Wenn Sie nun betrachten, was sich damit alles an »Overhead« zusammenballt, bekommen Sie ein Verständnis dafür, was es mit dem Begriff »Netzlast« auf sich hat. Selbst für ein paar Byte brauchen Sie diesen ganzen Aufwand.

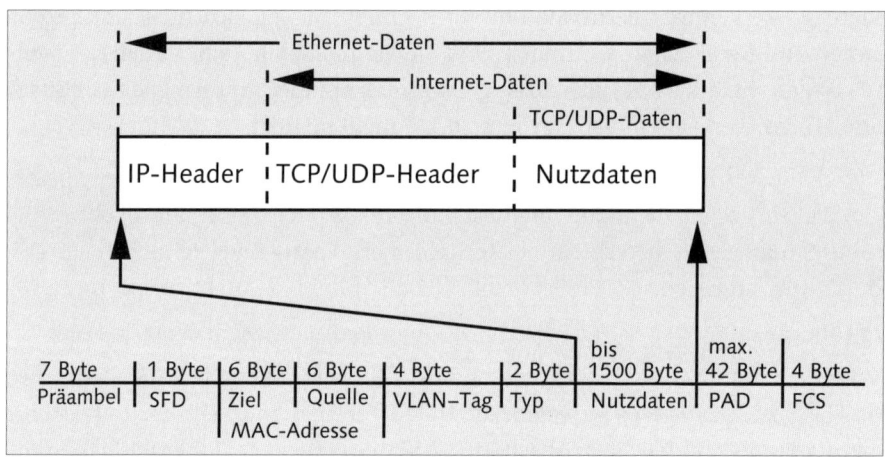

Abbildung 3.5 IP-Paket als Nutzlast des Ethernet-Frames

3.7.1 Der IPv4-Header

Im Header (Abbildung 3.6) finden Sie die Informationen für den Transport von Datagrammen. Je Zeile beträgt die Datenmenge 32 Bit. Die Bedeutung der einzelnen Felder des Headers finden Sie in Tabelle 3.21. Weitere Informationen finden Sie in den RFCs 3168 und 3260.

Version	IHL	TOS	Länge	
Identifikation			Flags	Fragment Offset
TTL	Protokoll		Header-Prüfsumme	
Sender-IP-Adresse				
Ziel-IP-Adresse				
Optionen			Padding	
Daten				

Abbildung 3.6 IPv4-Header

Feld	Länge (Bits)	Inhalt
Version	4	IP-Protokollversion (IPv4)
IHL	4	Internet Header Length, Länge des IP-Headers
TOS	8	Type of Service, Angabe zu Priorität und Eigenschaften des Paketes. Dieses Feld wird heute auch für die Angabe des QoS (Quality of Service) benutzt (RFC 3168), wobei nur die ersten sechs Bits benutzt werden: 0 für Best Effort, 40 für Expedited Flow (VoiP-Datenstrom) und 46 für Expedited Forwarding (VoiP-Datenstrom).
Länge	16	Total Length, maximal 64 kByte
Identifikation	16	laufende Nummerierung der Pakete, dient dem Bilden der richtigen Reihenfolge beim Empfänger
Flags	3	Bit 0: 0 (fest) Bit 1: 0: Fragmentierung erlaubt 1: Fragmentierung verboten Bit 2: 0: letztes Fragment, 1: weitere Fragmente folgen Diese Anweisung betrifft Router. Ist die Fragmentierung nicht erlaubt und das Paket größer als der Maximum Transport Unit (MTU), verfällt das Paket. Im IPv4 beträgt die Standardgröße für die Nutzlast 1500 Byte.

Tabelle 3.21 Inhalt des IPv4-Headers

Feld	Länge (Bits)	Inhalt
Fragment-Offset	13	Positionsangabe für Fragmente
TTL	8	Time to live: Lebensdauer eines Paketes in Sekunden, der Standardwert beträgt 64. Bei jedem Router, welchen das Paket durchläuft, vermindert sich der Wert um (mindestens) 1. Router verwerfen ein Paket mit der TTL 0. Dieser Mechanismus verhindert »unzustellbaren Datenmüll« und kreisende Nachrichten im Internet.
Protokoll	8	Angabe des Upper Layer Protocols, des eine OSI-Schicht höher liegenden Protokolls. Die Werte sind gemäß RFC 3232 in einer Datenbank hinterlegt. Beispiele: 6: TCP, 17: UDP, 1: ICMP
Header-Prüfsumme	16	Prüfsumme (gilt ausschließlich für den Header, nicht für die folgende Nutzlast)
Sender-IP-Adresse	32	IP-Adresse des Absenders
Ziel-IP-Adresse	32	IP-Adresse des Empfängers
Optionen	2	Angaben zu Routing und Diagnosezwecken
Padding	*	eventuell notwendige Füllbits zum Erreichen der vorgeschriebenen Bitzahl

Tabelle 3.21 Inhalt des IPv4-Headers (Forts.)

3.7.2 Der IPv6-Header

Der IPv6-Header (Abbildung 3.7) unterscheidet sich deutlich vom älteren IPv4-Format. So hat er eine feste Größe von 320 Bit. Weitere Informationen finden in dem erweiterten Kopfdatenbereich ihren Platz, welcher sich zwischen dem Header und dem Nutzdatenbereich befindet.

Die Tabelle 3.22 erläutert Ihnen die einzelnen Felder des IPv6-Headers. Einzelheiten zur IPv6-Adresse sind in den RFCs **2460**, 5095, 5722 und 5871 niedergeschrieben.

Version	Traffic Class	Flow Label
Payload Length	Next Header	Hop Limit
Absender-Adresse (128 Bit)		
Ziel-Adresse (128 Bit)		

Abbildung 3.7 IPv6-Header

Feld	Länge (Bits)	Inhalt
Version	4	IP-Protokollversion (6)
Traffic Class	8	Quality of Service (QoS), Kennzeichnung der Priorität
Flow Label	20	Markieren von Paketen gleicher Verwendung und Behandlung (QoS). Zufallswerte, möglicher Bereich von 00001 bis FFFFF. Pakete ohne Eintrag durch Absender führen alle Bits mit 0. Pakete desselben Flows müssen stets die gleiche Absender- und Empfängeradresse tragen, sonst wird das Flow-Label nicht ausgewertet. Weitere Informationen finden Sie in RFC 3697 und dem noch in Diskussion befindlichen Nachfolge-Draft.
Payload Length	16	Länge der Daten nach dem IPv6-Header (maximal 64 KB, Ausnahme Jumbogramm nach RFC 2675)
Next Header	8	Angabe des Folgeprotokolls (6 für TCP, 17 für UDP). Die Datenbank finden Sie unter *http://www.iana.org/assignments/protocol-numbers/protocol-numbers.xml*.
Hop Limit	8	Anzahl der maximalen Router-Sprünge (Hops). Wird der Wert überschritten, wird das Paket verworfen, und der Absender erhält eine ICPMv6-Nachricht. Bei jedem Hop vermindert sich der Wert um 1.
Absenderadresse	128	Angabe zwingend
Zieladresse	128	Kann auch nur die Adresse des nächsten Hops enthalten.

Tabelle 3.22 IPv6-Header

3.8   Prüfungsfragen

Die Auflösungen finden Sie in Anhang B, »Auflösungen Prüfungsfragen«.

3.8.1   Berechnungen

Ein Host hat die Adressangabe 192.168.5.65/23.

1. Über wie viele Hosts kann dieses Netz maximal verfügen?
2. Wie lautet die Netzwerkadresse dieses Netzes?
3. Wie lauten die erste und letzte IP-Adresse für Hosts in diesem Netz?

3.8.2   IP-Adressen

Warum gelingt der direkte Zugriff auf die Adresse

```
fe80::218:e7ff:fe16:7130/64
```

aus dem Internet nicht?

Kapitel 4
MAC- und IP-Adressen in der Praxis

Für die tägliche Arbeit

4.1 MAC-Adressen

In Ihrer täglichen Netzwerkpraxis werden Sie vor allem bei der Einbindung neuer Geräte in Ihr LAN mit der MAC-Adresse zu tun haben. Sie werden die neuen Geräte anhand dieser Adresse identifizieren und die IP-Adresszuweisung vornehmen.

4.1.1 Ermitteln der MAC-Adresse

Die MAC-Adresse eines Netzwerkgerätes finden Sie im einfachsten Fall auf einem Aufkleber neben der Anschlussbuchse (Abbildung 4.1). Sie finden die Information vielleicht auch in das Gehäuse des *Netzwerk-Chips* fest eingraviert. Eventuell ist sie auch auf der Baugruppe aufgedruckt oder mit einem kleinen Aufkleber angebracht.

Abbildung 4.1 Aufkleber mit MAC-Adresse an einem internen Printserver

Wenn Sie immer noch nicht fündig geworden sind, müssen Sie die MAC-Adresse über das Betriebssystem selbst ermitteln. Handelt es sich dabei um einen PC, so melden Sie sich dazu am betreffenden System mit der *Systembetreuerkennung* (root bzw. Administtrator) an. Die notwendigen Befehle zur Abfrage finden Sie in Tabelle 4.1.

Betriebssystem	Kommando(s)
Linux	ifconfig -a ip link show <Gerät>
FreeBSD	ifconfig -a
Windows Vista, 7	ipconfig /all

Tabelle 4.1 Ermitteln der »eigenen« MAC-Adresse

Beispiel: Ermitteln der eigenen MAC-Adresse

```
RE2# ifconfig -a
….........................
re0: flags=8843<UP,BROADCAST,RUNNING,SIMPLEX,MULTICAST>
….........................
ether 00:11:6b:62:93:2e
….........................
media: Ethernet autoselect (1000baseT <full-duplex>)
status: active
```

Kontrollieren Sie immer nach, ob Sie auch das richtige Netzwerkgerät auslesen, da ein Rechner meist über mehrere davon verfügt (z. B. lo).

Können Sie die MAC-Adresse eines Gerätes nicht mit der Abfrage nach Tabelle 4.1 vornehmen, verbinden Sie es mit einem PC per Cross-over-Kabel, bzw. kreuzen Sie bei Glasfaseranschlüssen beide Adern. Damit liegen beide Geräte in einem einzigen Netzwerksegment. Anschließend verwenden Sie in Abhängigkeit des von Ihnen benutzten Betriebssystems eines der Kommandos aus Tabelle 4.2.

Betriebssystem	Kommando(s)
Linux	`arp -a` `ip neigh`
FreeBSD	`arp -a`
Windows Vista, 7	`arp -a`

Tabelle 4.2 Ermitteln einer MAC-Adresse von einem anderen System aus

Beispiel: Ermitteln einer MAC-Adresse von einem anderen System aus

```
RE1:~# ip neigh
192.168.0.102 dev eth0 lladdr 00:11:6b:62:93:2e REACHABLE

RE1:~# arp
Address          HWtype  HWaddress          Flags Mask   Iface
192.168.0.102    ether   00:11:6b:62:93:2e  C             eth0
```

Nicht in jedem Fall kommen Sie mit diesen Standardmitteln weiter. Mancher Printserver z. B. lässt sich das erste Mal nur mit einer Spezialsoftware konfigurieren, dabei müssten Sie »nur« eine IP-Adresse zuweisen, wofür Sie ja die MAC-Adressangabe benötigen. Vielleicht haben Sie einen managebaren Switch? Schließen Sie das Gerät, das anonym bleiben will, an einem freien Port an. Im Verwaltungsmenü des Switches können Sie die MAC-Adresse anschließend auslesen. Meist finden Sie diese unter Menüs wie Dynamic Forwarding Table oder MAC-Table.

4.1.2   Ändern der MAC-Adresse

Sie können das Ändern von MAC-Adressen im Rahmen von Hochverfügbarkeitsszenarien sinnvoll nutzen. Fällt ein Server aus, leiten Sie damit ohne große Umkonfiguration der Systeme den Netzwerkverkehr auf die Redundanz um. Auch bei der Konfiguration von Reservegeräten kann diese Vorgehensweise für Sie nützlich sein. Die notwendigen Kommandos finden Sie in Tabelle 4.3.

Betriebssystem	Kommando
Linux	`ifconfig <Gerät> hw ether <Mac-Adresse-neu>`
FreeBSD	`ifconfig <Gerät> link <Mac-Adresse-neu>`
Windows Vista, 7	Verändern des Registry-Eintrages oder, falls angeboten, im Eintrag bei der Systemsteuerung

Tabelle 4.3 Verändern der MAC-Adresse

Beispiel: Ändern der MAC-Adresse einer Reserve-Netzwerkkarte unter FreeBSD

```
RE2# ifconfig rl0
rl0:    .....................
        ether 00:02:44:50:14:47
        .....................
RE2# ifconfig rl0 link 00:02:44:50:13:45

RE2# ifconfig rl0
rl0:    .....................
        ether 00:02:44:50:13:45
        .....................
```

4.1.3   Manuelles Setzen und Ändern von MAC-Adressen mittels arp

Mit dem `arp`-Kommando können Sie auch Einträge im ARP-Cache setzen und löschen. Es ist sowohl in der Unix-Welt als auch auf Windows-Rechnern vorhanden. Die Befehlsoptionen sind alle ähnlich.

Mit `arp -s <IP-Adresse> <Mac-Adresse>` werden Einträge gesetzt, mit `arp -d <IP-Adresse>` gelöscht.

4.1.4   ARP-Spoofing erkennen

Das (böswillige) Ändern der MAC-Adresse ist auch unter dem Begriff *ARP-Spoofing* bekannt. Angreifer bedienen sich dieser Methode, wenn sie eine »*Man-in-the-Middle*«-Attacke beginnen wollen.

Einen Angriff auf Ihr Netzwerk durch einen manipulierten ARP-Cache erkennen Sie daran, dass alle IP-Adressen auf eine einzige MAC-Adresse zeigen.

4

Beispiel: ARP-Cache nach Spoofing (»vergifteter« ARP-Cache)

```
RE1:~# arp -a
? (192.168.0.52) auf 00:1b:11:1f:9e:86 [ether] auf eth0
? (192.168.0.53) auf 00:1b:11:1f:9e:86 [ether] auf eth0
? (192.168.0.54) auf 00:1b:11:1f:9e:86 [ether] auf eth0
? (192.168.0.55) auf 00:1b:11:1f:9e:86 [ether] auf eth0
```

Wenn Sie auf Derartiges stoßen, müssen Sie sofort handeln. Ihre Systeme sind in größter Gefahr!

4.2   IP-Adressen setzen

Sie können IP-Adressen manuell direkt am Client oder automatisiert im Netz zuweisen. Für größere Netze sollten Sie vorher eine schlüssige Planung hinsichtlich der Adressen selbst vornehmen. Unterteilen Sie Ihr Netz nach Kriterien wie Filialen, Aufgabenbereichen, Infrastruktur oder auch Datenschutz. Sie können damit auch an Übersichtlichkeit gewinnen. Auch die Gerätenamen, welche mit den IP-Adressen wiederum zusammengeführt werden, beziehen Sie in diese Planungen mit ein.

Sie finden in der Tabelle 4.4 Anhaltspunkte, welche Ihnen vielleicht bei Ihrer Netzplanung helfen können.

Konfigurationsfrage	Problematik/Hinweise
IPv4- oder IPV6-Adressen	Kommen reine (ältere) IPv4-Geräte vor (Printserver, NAS, Router ...)? Internes »Verwaltungsnetz« und »Arbeitsnetz« können verschiedene IP-Adressversionen haben.
feste IP-Adressen ohne DHCP-Server	Pro: Keine zentrale Instanz, welche ausfallen kann (DHCP-Server), hohe Ausfall- und Sabotagesicherheit Contra: Übersichtlichkeitsprobleme möglich, zum Teil umständliche Verwaltung, da jedes Gerät einzeln bearbeitet werden muss.
feste IP-Adresse über DHCP-Server	Pro: vereinfachte netzweite Geräteverwaltung, sogar mit Datenbankeinsatz möglich Contra: Bei Ausfall des DHCP-Servers ist kein Netzwerkbetrieb möglich.

Tabelle 4.4 Hinweise zu Adresszuweisung und Netzkonfiguration

Konfigurationsfrage	Problematik/Hinweise
IP-Adresse über DHCP-Server (wechselnde Adresse)	Pro: Endgerät ist nicht über IP-Adresse identifizierbar. Contra: nicht für Geräte geeignet, wie z. B. Printserver
Unterteilung in Teilnetze oder verschiedene Netze	Pro: Abbildung von betrieblichen Strukturen, Erhöhung des Datenschutzniveaus Contra: Geräte benötigen bei »Umzug« in ein anderes Teilnetz eine neue IP-Adresse, genauere Planung notwendig

Tabelle 4.4 Hinweise zu Adresszuweisung und Netzkonfiguration (Forts.)

Neben der IP-Adresse müssen Sie auch noch die richtige Netzmaske setzen (siehe Abschnitt 3.5.2, »Netz- und Subnetzmaske, Unterteilung von Netzen«). Im Beispiel möchten Sie zwei IPv4-Teilnetze mit maximal 62 Teilnehmern anlegen:

Beispielaufgabe: Berechnung Subnetzmaske mit ipcalc

Netz 1: 192.168.0.0–192.168.0.63

Netz 2: 192.168.0.64–192.168.0.127

Verwenden Sie dazu das Werkzeug ipcalc. Sie können das kleine Programm für viele Betriebssysteme bekommen. Es erspart Ihnen die Rechnerei mit den Binärzahlen.

Lösungsweg

▶ Ermittlung der Netzmaske:
  Eingabe: `ipcalc 192.168.0.0 - 192.168.0.63`
  Ausgabe: **deaggregate 192.168.0.0 - 192.168.0.63**
  192.168.0.0/26
  Die Netzmaske in CIDR-Schreibweise lautet /26.

▶ Die Berechnung des zweiten Adressblockes führt zum gleichen Ergebnis.

▶ Ausgabe der Subnetzmaske in Nicht-CIDR-Schreibweise:
  Eingabe: **ipcalc /26**
  Ausgabe: **Address: 255.255.255.192**
  `11111111.11111111.11111111. 11000000`

In Abschnitt 3.5.3, »Berechnungen« finden Sie weitere Berechnungen mit ipcalc.

4.2.1   Netzwerkkonfiguration von PCs

Für das Setzen von IP-Adressen und weiterer Einstellungen benutzen Sie meist die Werkzeuge der grafischen Benutzeroberfläche (kurz GUI für Graphical User Interface). Diese sind Ihnen sicher bekannt, deshalb gehe ich nur kurz darauf ein.

Windows 7

In Windows 7 klicken Sie folgenden Weg: SYSTEMSTEUERUNG • NETZWERK UND INTERNET • NETZWERK- UND FREIGABECENTER • VERBINDUNG MIT EINEM NETZWERK HERSTELLEN (Abbildungen 4.2 bis 4.4). Der Rechner muss dabei an das Netzwerk angeschlossen sein – im Voraus konfigurieren ohne Netzwerkanschluss funktioniert hier leider nicht.

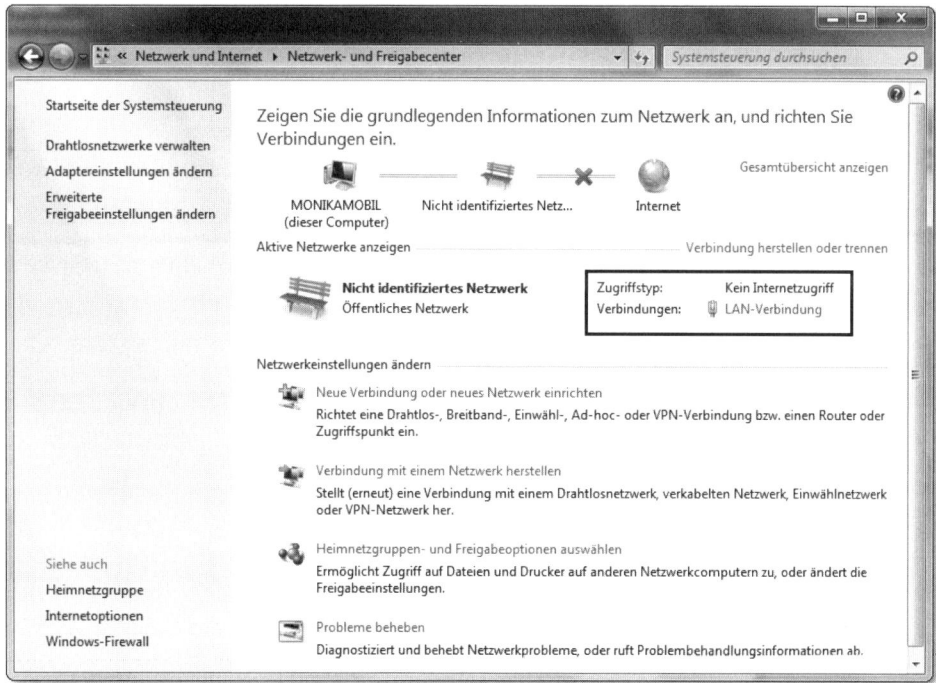

Abbildung 4.2 Netzwerk- und Freigabecenter, Menüpunkt LAN-Verbindung wählen

Sie können nun die EIGENSCHAFTEN DER LAN-VERBINDUNG sehen. Wählen Sie die gewünschte Netzwerkkarte und anschließend das INTERNETPROTOKOLL VERSION 4 oder INTERNETPROTOKOLL VERSION 6. Anschließend klicken auf EIGENSCHAFTEN (Abbildung 4.3).

Abbildung 4.3 Eigenschaften von LAN-Verbindung (Windows 7)

Egal, für welche IP-Version Sie sich entschieden haben, hier bestimmen Sie nun, ob sich der Rechner die Adresse von einem DHCP-Server abholt oder eine von Ihnen festgelegte bekommt (Abbildung 4.4).

Abbildung 4.4 Eintragen von IP-Adresse oder DHCP-Zugriff

Welchen Eintrag Sie in das Feld STANDARDGATEWAY setzen müssen, erfahren Sie in Abschnitt 4.7.2, »Festlegen des Standard-Gateways«. Meist wird hier die Adresse des DSL-Routers eingetragen, zumindest bei kleinen Netzen. Windows bietet in dieser Maske auch den Name-Server-Eintrag an. Dies dient der Auflösung von Rechnernamen zu IP-Adressen. Was dies bedeutet, lesen Sie ebenfalls an späterer Stelle hier im Kapitel.

Linux

Unter Linux bieten einige Benutzeroberflächen wie *Gnome* oder *KDE* direkten Konfigurationszugriff. Auch hier gelangen Sie über Systemmenüs zur Netzwerkkonfiguration, wobei Sie die Netzwerkschnittstelle auswählen können. Die Einträge für diese entsprechen meist denen der Abbildungen 4.2 bis 4.4.

Abseits des GUIs können Sie die Konfiguration direkt per Texteditor vornehmen. Damit können Sie bei Masseninstallationen sehr schnell diesen Teil der Konfiguration durchlaufen lassen, indem Sie nur noch per Skript oder Datenbank erzeugte Konfigurationsdateien am vorgesehenen Ort ablegen. Sind Sie viel mit dem Notebook auf Reisen und haben in verschiedenen Netzen eine feste Adresse, brauchen Sie nur die Datei mit den jeweils gültigen Einstellungen zu kopieren und das Netzwerk neu zu starten.

▶ Bei Debian-Linux ist die Datei *interfaces* im Verzeichnis */etc/network* abgelegt. Sie enthält für jede Netzwerkschnittstelle Einträge. Sie sehen im Beispiel Standardeinträge für die Loopback-Netzwerkschnittstelle, eine Netzwerkkarte mit fester IP-Adresse und eine, welche die Adresse per DHCP bezieht. Die `auto`-Einträge bewirken, dass die jeweilige Netzwerkschnittstelle bereits beim Systemstart aktiviert wird. Wenn Sie diesen Zusatz weglassen, können Sie die Schnittstelle per Hand (oder auch Shell-Skript zu gegebener Zeit) aktivieren. Damit können Sie z. B. einen nur zeitweise »offenen« Wartungszugang freischalten oder Tests mit Netzwerkanwendungen durchführen, die nur auf diese Netzwerkschnittstelle zugreifen. Genauere Angaben über die Feinheiten erhalten Sie durch das Studium der Manual-Seite hierzu (»man interfaces«).

Konfigurationsdatei /etc/network/interfaces

▶ Loopback-Schnittstelle

```
auto lo
iface lo inet loopback
```

▶ Netzwerkkarte mit fester IP-Adresse

```
auto eth0
iface eth0 inet static
address 192.168.0.34
netmask 255.255.255.0
gateway 192.168.0.1
```

▶ zweite Netzwerkkarte mit IP-Adresse über DHCP-Server

```
auto eth1
iface eth0-work inet dhcp
```

Nach jeder Änderung dieser Datei müssen Sie das Netzwerk neu starten. Unter der Benutzerkennung root geben Sie dazu die Anweisung

```
/etc/init.d/networking restart
```

in der Shell ein. Prüfen Sie anschließend, ob alle von Ihnen konfigurierten Netzwerkschnittstellen wie gewünscht arbeiten. Benutzen Sie dazu das Kommando ifconfig (Abbildung 4.5). Zusammen mit dem ip-Befehl können Sie damit viele Netzwerkkonfigurationsarbeiten vornehmen.

```
harald-ZE4 :~ - Befehlsfenster - Konsole            _ □ ×
Sitzung  Bearbeiten  Ansicht  Lesezeichen  Einstellungen  Hilfe
ZE4:~# ifconfig
eth0      Link encap:Ethernet  Hardware Adresse 00:23:54:5b:86:9d
          inet Adresse:192.168.0.34  Bcast:192.168.0.255  Maske:255.255.255.0
          inet6-Adresse: fe80::223:54ff:fe5b:869d/64 Gültigkeitsbereich:Verbindung
          UP BROADCAST RUNNING MULTICAST  MTU:1500  Metrik:1
          RX packets:125273 errors:0 dropped:0 overruns:0 frame:0
          TX packets:115321 errors:0 dropped:0 overruns:0 carrier:0
          Kollisionen:0 Sendewarteschlangenlänge:1000
          RX bytes:144516723 (137.8 MiB)  TX bytes:11594080 (11.0 MiB)
          Interrupt:251

eth1      Link encap:Ethernet  Hardware Adresse 00:18:e7:16:71:30
          inet Adresse:192.168.0.103  Bcast:255.255.255.255  Maske:255.255.255.0
          UP BROADCAST RUNNING MULTICAST  MTU:576  Metrik:1
          RX packets:121 errors:0 dropped:0 overruns:0 frame:0
          TX packets:223 errors:0 dropped:0 overruns:0 carrier:0
          Kollisionen:0 Sendewarteschlangenlänge:1000
          RX bytes:27456 (26.8 KiB)  TX bytes:32982 (32.2 KiB)
          Interrupt:17 Basisadresse:0x2c00

lo        Link encap:Lokale Schleife
          inet Adresse:127.0.0.1  Maske:255.0.0.0
          inet6-Adresse: ::1/128 Gültigkeitsbereich:Maschine
          UP LOOPBACK RUNNING  MTU:16436  Metrik:1
          RX packets:83771 errors:0 dropped:0 overruns:0 frame:0
          TX packets:83771 errors:0 dropped:0 overruns:0 carrier:0
          Kollisionen:0 Sendewarteschlangenlänge:0
          RX bytes:11951043 (11.3 MiB)  TX bytes:11951043 (11.3 MiB)

ZE4:~# ▉
  Befehlsfenster
```

Abbildung 4.5 Ausgabe von »ifconfig«

Sehen Sie sich die Ausgabe in Abbildung 4.5 genau an. Beim Loopback-Gerät und eth0 sehen Sie auch jeweils die IPv6-Adresse. Diese werden automatisch konfiguriert, weil bei der Installation des Systems die IPv6-Unterstützung aktiviert wurde. Die Konfiguration dazu ist bei *Debian Lenny* und *Debian Sqeeze* unterschiedlich umgesetzt. Wenn Sie hier eingreifen möchten, sollten Sie unbedingt auch das zutreffende Systemhandbuch zu Rate ziehen.

Ferner sehen Sie in der Ausgabe die MAC-Adresse, die Menge bereits transportierter Pakete und weitere Konfigurationseinstellungen, welche normalerweise aber nicht geändert zu werden brauchen, z. B. die MTU-Größe.

Bei der IPv6-Adresse handelt es sich um eine Link-local Unicast-Adresse (Tabelle 3.20). Wenn Sie jetzt eine feste IPv6-Adresse (privat, Unique-local Unicast-Adresse) zusätzlich vergeben wollen, ergänzen Sie einfach den Eintrag in *interfaces* beim Eintrag zu eth0:

Ergänzung /etc/network/interfaces

```
iface eth0 inet6 static
address fd91:e4a5:5e03::5
netmask 48
gateway fd91:e4a5:5e03::1
```

Die IP-Konfiguration für Linux ist damit abgeschlossen.

FreeBSD

Unter FreeBSD nehmen Sie die Netzwerkeinstellungen in der zentralen Konfigurationsdatei */etc/rc.conf* vor.

Eine IPv4-Adresse benötigt folgende Einträge:

/etc/rc.conf, Eintrag einer IPv4-Adresse

```
ifconfig_re0="inet 192.168.0.25  netmask 255.255.255.0"
defaultrouter="192.168.0.1"
```

Eine Besonderheit unter FreeBSD sind die Jails. Sie können damit eigene, vom Rest des Systems abgeschottete Umgebungen einrichten. Damit diese Zugriff auf das Netzwerk erhalten, werden Aliase verwendet:

/etc/rc.conf, Aliase für Jails

```
# -- Aliase für Jails
ifconfig_re0_alias0="inet 192.168.0.65 netmask 255.255.255.255"
ifconfig_re0_alias1="inet 192.168.0.66 netmask 255.255.255.255"
ifconfig_re0_alias2="inet 192.168.0.67 netmask 255.255.255.255"
```

Den Adressbezug vom DHCP-Server fordern Sie mit dieser Zeile für eine Netzwerkkarte an:

/etc/rc.conf, Netzwerkkarte mit Adressbezug vom DHCP-Server

```
ifconfig_rl0="DHCP"
```

Eine IPv6-Adresse tragen Sie wie folgt ein:

/etc/rc.conf, IPv6-Adresse, statisch

```
ipv6_enable="YES"
ipv6_network_interfaces="ae0"
ipv6_ifconfig_ae0="fd91:e4a5:5e03::dd04 prefixlen 64"
ipv6_defaultrouter="fd91:e4a5:5e03::dd01"
```

Nachdem Sie neue Einträge gesetzt oder bestehende geändert haben, werden Sie nach dem Neustart des Netzwerkes wirksam. Für IPv4-bezogene Einträge verwenden Sie:

```
/etc/rc.d/zentrale/netif restart
```

IPv6-Einstellungen geben Sie dem System durch den Aufruf

```
/etc/rc.d/network_ipv6 restart
```

bekannt. Anschließend kann es notwendig sein, auch

```
/etc/rc.d/routing restart
```

auszuführen. Wie unter Linux können Sie mit dem `ifconfig`-Kommando die aktuell geladenen Netzwerkeinstellungen abfragen. Dieses Kommando hilft Ihnen aber nicht nur bei der Abfrage von Netzwerkeinstellungen, sondern auch bei vielen Konfigurationsarbeiten bis hin zum WLAN.

MacOS

Klicken Sie auf • EINSTELLUNGEN • SYSTEMEINSTELLUNGEN • NETZWERK und hier in
der linken Spalte ETHERNET (Abbildung 4.6).

Abbildung 4.6 Auswahl der Netzwerkschnittstelle und Konfiguration

Hier wählen Sie im Punkt KONFIGURATION die gewünschte Variante aus: DHCP, DHCP
MIT MANUELLER ADRESSE, BOOTP, MANUELL, AUS und PPPOE-DIENST ERSTELLEN.

Klicken Sie auf WEITERE OPTIONEN. Hier können Sie weitere Verfeinerungen vornehmen, wie auch eine IPv6-Adresse konfigurieren (Abbildung 4.7).

Die MAC-Adresse und andere, physikalische Einstellungen sehen Sie, wenn Sie die Kar-
teikarte ETHERNET auswählen. Natürlich können Sie hier entsprechende Änderungen
vornehmen (Abbildung 4.8).

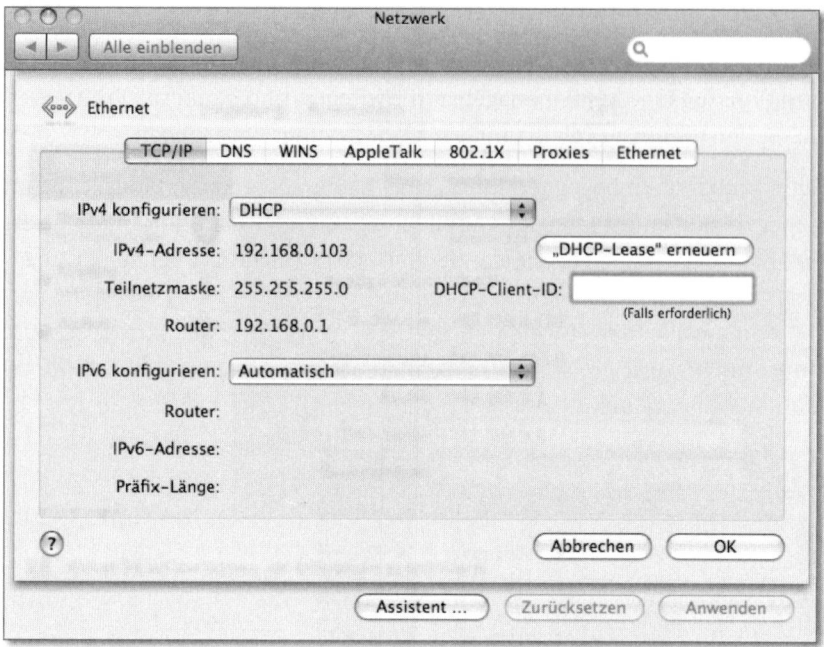

Abbildung 4.7 Feinkonfiguration TCP/IP-Adressen

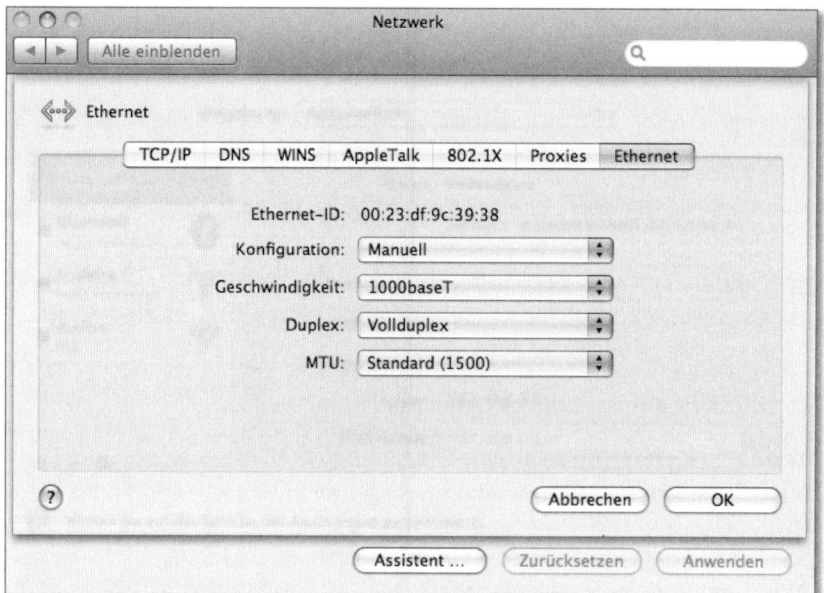

Abbildung 4.8 Einstellungen der Netzwerkschnittstelle

4.2.2   IP-Adresskonfiguration von weiteren Netzwerkgeräten

Im Netzwerk finden Sie weitere Geräte vor, welchen Sie eine IP-Adresse zuweisen müssen: Konfigurationszugänge von managebaren Switches und Routern, Printserver, Kameras, NAS-Boxen bis hin zu Telefonanlagen und Heizungssteuerungen.

Speziell bei den Printservern begegnen Ihnen eingebaute und externe Modelle. Wenn der Drucker über ein Bediendisplay, wie in Abbildung 4.9 gezeigt, verfügt, können Sie die Adresse direkt hierüber setzen. Bei allen anderen Geräten (nicht nur bei den Printservern) hilft Ihnen nur ein Blick in die Installationsanleitung. Sie erfahren daraus die voreingestellte IP-Adresse oder den Hinweis, ob das Gerät per DHCP seine Adresse bezieht. Manchmal müssen Sie sogar ein spezielles Konfigurationsprogramm unter Windows bemühen, damit Sie erstmals eine Adresse auf dem neuen Gerät setzen können.

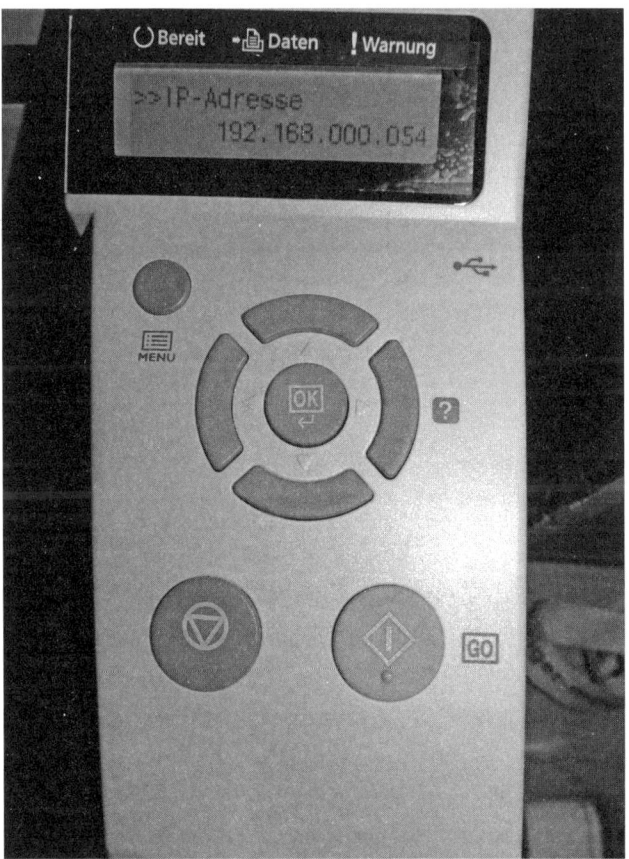

Abbildung 4.9 Netzwerkkonfiguration eines Kyocera Mita FS-1370DN über das Bedienfeld

Alle diese Geräte bieten Ihnen auch eine Weboberfläche (Abbildung 4.10) zur weiteren Einstellung. Sie sehen in dieser Abbildung die Netzwerkkonfiguration eines Printservers, der beide IP-Protokollversionen benutzen kann.

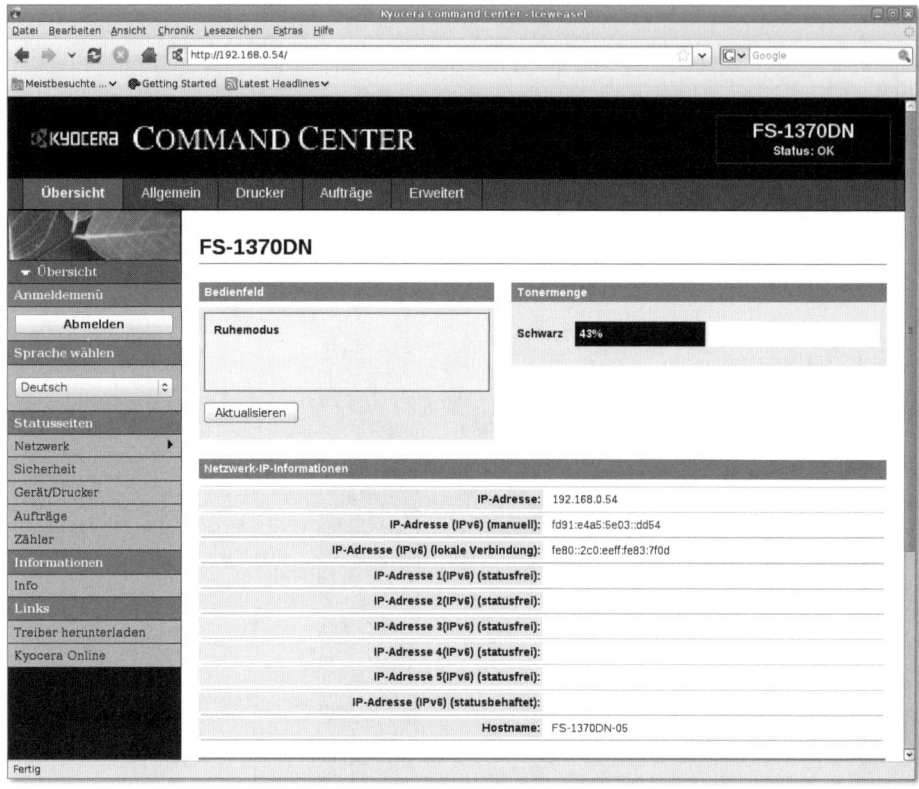

Abbildung 4.10 Konfiguration des Printservers eines Kyocera Mita FS-1370DN für IPv4 und IPv6

Ändern Sie im Rahmen dieser Erstkonfiguration in jedem Fall das Standardkennwort, welches der Hersteller vergeben hat! »Offene« Netzwerkgeräte stellen ein großes Sicherheitsproblem dar und gefährden Ihr Netzwerk.

Sie werden bei einer Umstellung Ihres Netzwerkes von IPv4 auf IPv6 auf die »Netzwerkkleingeräte« Rücksicht nehmen müssen. Die älteren und selbst viele der (2013) neu ausgelieferten Printserver und Switches beherrschen noch kein IPv6. Firmware-Updates hierfür werden Sie eher selten finden. Ich möchte keine Missverständnisse aufkommen lassen und bezüglich der Switches klarstellen, dass diese selbstverständlich IPv6-Pakete verarbeiten, aber der Konfigurationsport ist in den meisten Fällen eben nur IPv4-tauglich.

Das Problem können Sie auf verschiedene Arten lösen:

▶ Sie können die Server und PCs Ihres Netzwerkes für den Dual-Stack-Betrieb konfigurieren. IPv4- und IPv6-Adressen werden gleichberechtigt behandelt.

▶ Bezüglich der Printserver haben Sie die Möglichkeit, die alten Geräte durch stromsparende Mini-PCs (meist mit ITX-Board) zu tauschen, wenn es räumlich möglich ist, mehrere Drucker zusammen unterzubringen. Ein Mini-PC verfügt über mehrere Schnittstellen, meist über eine Centronix (»Parallel-Port«) und oft mehr als vier USB-Ports. Daran schließen Sie mehrere Drucker an. Sowohl hinsichtlich der Anschaffungskosten als auch des Stromverbrauches haben Sie keine Mehrkosten gegenüber den einzelnen Printservern zu erwarten. Ferner haben Sie auch die mit vielen Printserver-Modellen einhergehenden Sicherheitsprobleme aus Ihrem Netz verbannt. Sie haben damit einen schnellen, flexiblen IPv6-Druckserver geschaffen. Eine einfache Installation von Linux oder FreeBSD reicht vollkommen aus. Die Drucker werden auf diesem Gerät installiert bzw. die Warteschlangen darauf angelegt. Meist werden Sie den Druckerspooler cups einrichten, der die PPD-Steuerdateien der Druckerhersteller direkt benutzt.

▶ Falls Sie sowieso mit einem »Schattennetz« zur Verwaltung der Switches, Router und anderer Netzwerkkomponenten arbeiten, belassen Sie darauf einfach IPv4, solange die vorhandenen Geräte ihren Dienst verrichten.

4.2.3   Zentrale IP-Adressverwaltung mit dem DHCP-Server

Mit dem *Dynamic Host Configuration Protocol* (*DHCP*) können Sie über einen zentralen Rechner (fast alle) Netzwerkgeräte konfigurieren.

An DHCP-Servern kommt niemand im täglichen Internetleben vorbei. Die meisten Internet-Service-Provider teilen Ihnen bei der Einwahl für die Zeit der Verbindung eine IP-Adresse aus einem Pool zu. Meist darf Ihr Rechner oder Router diese für maximal 24 Stunden behalten – dann vergibt der Dienstleister eine neue Adresse.

Auch für Ihre lokalen Netzwerke bietet DHCP den einen oder anderen Vorteil, aber auch die Nachteile sollen keinesfalls verschwiegen werden:

▶ zentrale Netzwerkadministration, auch mit datenbankbasierter Inventarverwaltung

▶ Einfache Konfiguration der Clients, Sie müssen nur die Einstellung »IP-Adresse automatisch beziehen« setzen.

▶ Zusammen mit dem *Bootstrap Protocol* (*BOOTP*) können Sie sogar plattenlose Rechner betreiben – hier müssen Sie am Client fast nichts mehr konfigurieren (nur Bootreihenfolge im BIOS einstellen).

▶ Fällt Ihr DHCP-Server aus, bekommen später hinzukommende Clients keine IP-Adresse.

▶ Ein zusätzlicher, böswillig an das Netz angeschlossener DHCP-Server vergibt Adressen zum Zweck eines Angriffes auf das Netzwerk (*Rogue DHCP*).

▶ Eine andere Angriffsmethode besteht darin, den DHCP-Server solange um Adressvergaben zu bitten, bis der komplette Pool belegt ist. Clients bekommen dann keine Adresse mehr zugewiesen.

▶ Wenn Sie den DHCP-Server so konfigurieren, dass eine feste Zuordnung von MAC- zur IP-Adresse vorgenommen wird, erhöht dies nicht die Netzwerksicherheit. Böswillige Menschen ändern entweder die MAC-Adresse passend ab oder setzen gleich eine feste IP-Adresse.

▶ Für jedes Subnetz müssen Sie einen eigenen DHCP-Server betreiben (da innerhalb einer Broadcast-Domäne). Soll der DHCP-Server über das Subnetz erreicht werden, müssen Sie den Router, der das Subnetz mit anderen Netzen verbindet, als DHCP-Relay konfigurieren. In diesem Fall leitet er die Anfragen und Antworten (als Unicast-Nachricht) über die Netzwerkgrenzen hinweg.

Sehen Sie sich den Leistungsumfang des DHCP-Protokolls an. Mit DHCP können Sie noch mehr als IP-Adressen zuweisen:

Dynamic Host Configuration Protocol (DHCP)

Zuweisung von:

▶ IP-Adresse

▶ Netzwerkmaske (Subnetzmaske)

▶ Default-Gateway

▶ WINS-Server für Microsoft-Rechner

▶ DNS-Server (Name-Server)

▶ Zeit- und NTP-Server

▶ Proxy-Konfiguration über WPAD

Belegte Ports: UDP 67 (Server), UDP 68 (Client)

RFCs zum Nachlesen: **2131**, **2132**, 3315, 3396, 3442, 3942, 4361, 4833, 5494

Manuelle Adresszuweisung: Für eine angegebene MAC-Adresse wird immer dieselbe IP-Adresse vergeben. Dies ist für alle Netzwerkgeräte von Vorteil, deren Dienste von anderen genutzt werden, wie z. B. Printserver.

Dynamische Zuordnung: Ein anfragender Client bekommt eine beliebige Adresse aus einem festgelegten Adressbereich für eine bestimmte Zeit zugewiesen. Die Zuweisung selbst nennt man *Lease*, die Zeitspanne der Gültigkeit *Leasetime*.

Im Vorgriff auf die Kapitel 5, »Steuer- und Fehlercodes mit ICMP und ICMPv6 übertragen«, und 6, »Datentransport mit TCP und UDP«, sehen Sie in Tabelle 4.5 speziell den Aufbau eines DHCP-Paketes dargestellt.

Byte	Feld
1	Anforderung (1) Antwort (2) (op)
1	Netzwerktyp (1 für Ethernet) (htype)
1	Länge Hardware-Adresse (6 Byte bei MAC-Adresse) (hlen)
1	Zahl der DHCP-Relay-Agenten (hops)
4	Transaktions-ID (xid)
2	abgelaufene Zeit seit Client-Start in Sekunden (secs)
2	Gültigkeit IP-Adresse beim Client, Byte 2 reserviert (flags)
4	IP-Adresse Client, falls schon vorhanden (alte Adresse) (ciaddr)
4	zugeteilte IP-Adresse (yiaddr)
4	IP-Adresse des DHCP-Servers (siaddr)
4	IP-Adresse des DHCP-Relays (Router) (giaddr)
16	Client-MAC-Adresse (chaddr)
64	Host-Name DHCP-Server, Angabe optional (sname)
128	Boot-Image (Dateiname, wenn TFTPboot verwendet) (file)
312	Optionen (options)

Tabelle 4.5 Aufbau DHCP-Paket

DHCP-Server finden Sie auch in DSL- und WLAN-Routern. Hier steht Ihnen eine komfortable Weboberfläche für Ihre Einträge zur Verfügung (Abbildung 4.11). Mit wenigen Angaben erhalten Sie für ein kleines Netz den DHCP-Komfort.

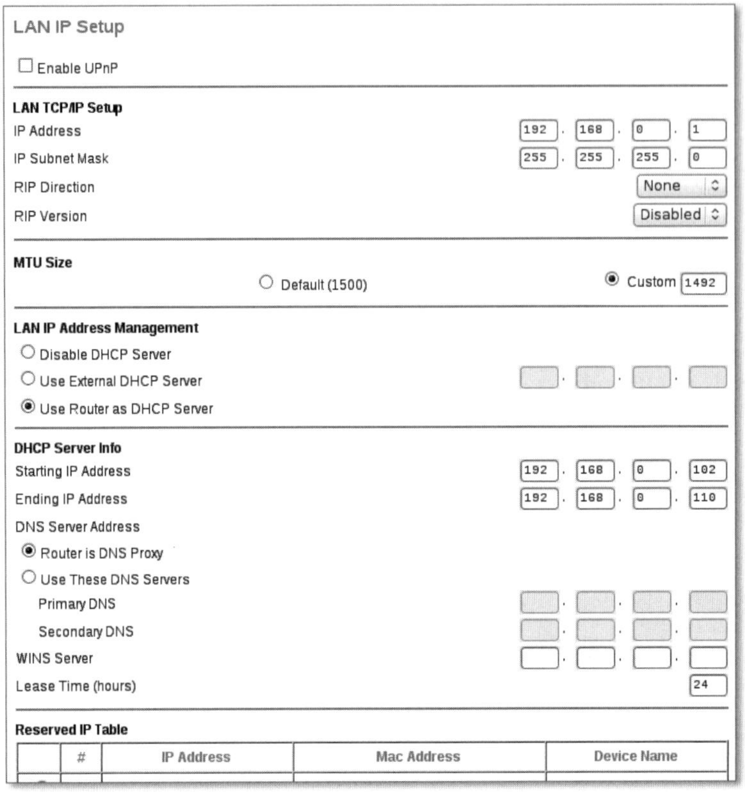

```
LAN IP Setup

☐ Enable UPnP

LAN TCP/IP Setup
IP Address                                    192 . 168 . 0 . 1
IP Subnet Mask                                255 . 255 . 255 . 0
RIP Direction                                               None    ⬍
RIP Version                                              Disabled   ⬍

MTU Size
                          ○ Default (1500)             ⦿ Custom 1492

LAN IP Address Management
○ Disable DHCP Server
○ Use External DHCP Server                    ▢ . ▢ . ▢ . ▢
⦿ Use Router as DHCP Server

DHCP Server Info
Starting IP Address                           192 . 168 . 0 . 102
Ending IP Address                             192 . 168 . 0 . 110
DNS Server Address
⦿ Router is DNS Proxy
○ Use These DNS Servers
   Primary DNS                                ▢ . ▢ . ▢ . ▢
   Secondary DNS                              ▢ . ▢ . ▢ . ▢
WINS Server                                   ▢ . ▢ . ▢ . ▢
Lease Time (hours)                                            24

Reserved IP Table
    #      IP Address          Mac Address          Device Name
```

Abbildung 4.11 Webkonfigurationsoberfläche mit DHCP-Einrichtung eines DSL-Routers

Die Konfiguration eines DHCP-Servers finden Sie in der Datei *dhcpd.conf*. Bei Linux und FreeBSD finden Sie die Datei im Verzeichnis */etc* bzw. */usr/local/etc*. Die wichtigsten Punkte finden Sie hier mit Kommentaren (#) in der Muster-Konfiguration dargestellt:

Muster-Konfiguration dhcpd.conf

```
# Gültigkeit der Zuweisung (Standard- und Maximalwert)
# in Sekunden
default-lease-time 600;
max-lease-time 7200;


# Der Server ist für das lokale Netz der alleinig
# zuständige:
authoritative;
```

```
# Angaben der Subnetzmaske, der Broadcast-Adresse, der
# Router, des Name-Servers und des Domain-Namens

option subnet-mask 255.255.255.0;
option broadcast-address 192.168.5.255;
option domain-name-servers 192.168.5.1;
option domain-name "DOMAINNAME.TLD";

# Dynamisch zu vergebender Adressbereich

subnet 192.168.5.0 netmask 255.255.255.0 {
range 192.168.5.50 192.168.5.99;
}


# Feste Adresszuweisung für MAC-Adresse
# Die Addresse liegt außerhalb des Bereiches
# dynamisch zu vergebender Adressen

host schulung1 {
hardware ethernet 01:02:03:1a:1b:1c;
fixed address 192.168.5.100;
}
```

Sie finden weitere Optionen in der Dokumentation, welche Sie unter Linux oder FreeBSD mit `man dhcpd.conf` abrufen können. Windows-Benutzer lesen die dem Programm beiliegende Information.

Falls Sie eine Datenbanklösung für Ihre Geräteverwaltung erstellen, binden Sie die *dhcpd.conf* gleich mit ein. Ihr Skript sollte den Kopf dieser Datei inklusive der `subnet`-Anweisung aus einer eigenen Datei mit der Datenbankabfrage, welche die festen Zuweisungen ausgibt, zusammenführen. Das ist unkomplizierter zu programmieren als die Lösungen, die explizit Zeileneinträge ändern. Nach jeder Neuerstellung der *dhcpd.conf*-Datei sollten Sie (oder das Skript) den DHCP-Server neu starten.

Für die Fehlersuche hilft Ihnen ein Packet-Sniffer wie `tcpdump`. Die (für das Buch kommentierte Ausgabe) finden Sie in Listing 4.1. Es zeigt eine funktionierende Adresszuweisung:

```
# Adressanforderung durch den Client
IP (tos 0x10, ttl 128, id 0, offset 0, flags [none],
proto UDP (17),
```

```
length 328) 0.0.0.0.68 > 255.255.255.255.67: BOOTP/DHCP,
Request from 00:18:e7:16:71:30,
length 300, xid 0x1121db06, Flags [none]
Client-Ethernet-Address 00:18:e7:16:71:30 [|bootp]

# Antwort vom DHCP-Server
IP (tos 0x0, ttl 32,
id 33152, offset 0,
flags [DF],
proto UDP (17),
length 576) 192.168.0.1.67 > 192.168.0.103.68: BOOTP/DHCP,
Reply, length 548, xid 0x1121db06, Flags [none]
Your-IP 192.168.0.103
Client-Ethernet-Address 00:18:e7:16:71:30
sname "M-^?" [|bootp]
```

Listing 4.1 Ausgabe von »tcpdump«

Speziell für die Fehlersuche können Sie dhcpdump benutzen. Dessen Ausgabe ist ausführlicher (Listing 4.2). Auch hier sehen Sie eine funktionierende Zuweisung:

```
ZE4:~# dhcpdump -i eth1
  TIME: 2011-04-24 22:59:13.002
    IP: 0.0.0.0 (0:18:e7:16:71:30) > 255.255.255.255 (ff:ff:ff:ff:ff:ff)
    OP: 1 (BOOTPREQUEST)
 HTYPE: 1 (Ethernet)
  HLEN: 6
  HOPS: 0
   XID: 3bfee54c
  SECS: 0
 FLAGS: 0
CIADDR: 0.0.0.0
YIADDR: 0.0.0.0
SIADDR: 0.0.0.0
GIADDR: 0.0.0.0
CHADDR: 00:18:e7:16:71:30:00:00:00:00:00:00:00:00:00:00
 SNAME: .
 FNAME: .
OPTION:  53 (  1) DHCP message type         3 (DHCPREQUEST)
OPTION:  50 (  4) Request IP address        192.168.0.103
OPTION:  55 ( 12) Parameter Request List      1 (Subnet mask)
```

```
                          28 (Broadcast address)
                           2 (Time offset)
                           3 (Routers)
                          15 (Domainname)
                           6 (DNS server)
                         119 (Domain Search)
                          12 (Host name)
                          44 (NetBIOS name server)
                          47 (NetBIOS scope)
                          26 (Interface MTU)
                         121 (Classless Static Route)


----------------------------------------------------
# Nachfolgend Antwort vom Server
----------------------------------------------------
   TIME: 2011-04-24 22:59:13.004
     IP: 192.168.0.1 (0:18:4d:57:eb:a8) > 192.168.0.103 (0:18:e7:16:71:30)
     OP: 2 (BOOTPREPLY)
  HTYPE: 1 (Ethernet)
   HLEN: 6
   HOPS: 0
    XID: 3bfee54c
   SECS: 0
  FLAGS: 0
 CIADDR: 0.0.0.0
 YIADDR: 192.168.0.103
 SIADDR: 0.0.0.0
 GIADDR: 0.0.0.0
 CHADDR: 00:18:e7:16:71:30:00:00:00:00:00:00:00:00:00:00
  SNAME: .
  FNAME: .
 OPTION:  53 (  1) DHCP message type        5 (DHCPACK)
 OPTION:  54 (  4) Server identifier        192.168.0.1
 OPTION:   1 (  4) Subnet mask              255.255.255.0
 OPTION:  51 (  4) IP address leasetime     86400 (24h)
 OPTION:  52 (  1)
  Option overload            3 (file and sname field holds options)
 OPTION:  28 (  4) Broadcast address        255.255.255.255
 OPTION:   3 (  4) Routers                  192.168.0.1
```

```
OPTION:   6 (  4) DNS server          192.168.0.1
OPTION:  26 (  2) Interface MTU       576
------------------------------------------------------
```

Listing 4.2 Ausgabe von »dhcpdump«

Wenn Sie ein lokales Netz mittels DHCP verwalten, sollten Sie sich über aktuelle Sicherheitsprobleme auf dem Laufenden halten. Als zentraler Dienst ist DHCP auch Ziel von Schadsoftware, welche die Störung oder Ausforschung Ihres Netzwerkverkehrs bezweckt.

4.2.4 Zeroconf

Für *Zeroconf* finden Sie keine einheitliche Einbindung in die verschiedenen Betriebssysteme:

Zeroconf-Implementierungen

▶ **Microsoft Windows**: Ist der Windows-Rechner für den Adressbezug über DHCP eingerichtet, versucht er mehrmals einen DHCP-Server zu erreichen. Schlägt dies fehl, weist er sich eine IP-Adresse aus dem für Zeroconf reservierten Bereich zu (*APIPA*).

▶ **Apple**: Von Apple wird die Implementierung *bonjour* genannt.

▶ **Linux, FreeBSD**: Hier finden Sie Zeroconf unter dem Namen *avahi*. Viele Distributionen installieren den dazugehörigen Daemon mit. Dessen Konfigurationsdatei *avahi-daemon.conf* finden Sie unter */etc/avahi*. Meist genügen die Voreinstellungen für den Betrieb. Genaue Ausführungen zu den Einträgen dieser Datei erhalten Sie mit `man avahi-daemon.conf`.

In der täglichen Netzwerkpraxis begegnet Ihnen Zeroconf, wenn etwas nicht funktioniert. Außer bei Apple-Systemen wird es meist als Notfalllösung eingerichtet. Wird ein PC für DHCP-Adressbezug konfiguriert und Sie finden eine Adresse aus dem Zeroconf-Bereich vor, ist entweder der DHCP-Server nicht gestartet oder die Verbindung zu ihm ist gestört.

In der täglichen Arbeit können Sie Zeroconf nutzen, um ein Mini-Netzwerk mit zwei Rechnern über ein Cross-Kabel schnell in Betrieb zu bekommen. Aber auch hier sind Sie manchmal schneller mit festen IP-Adressen ...

4.3   Verwendung von Rechnernamen

Bei Ihrer täglichen Arbeit sprechen Sie einen Rechner selten direkt mit der IP-Adresse an, sondern über seinen Namen. Sie tippen nur mehr bei Konfigurationsarbeiten im Lokalnetz IP-Adressen in den Webbrowser ein. Ihr Rechner oder ein Name-Server löst mehr oder weniger unauffällig im Hintergrund die Namen in die IP-Adressen auf.

4.3.1   Der Urtyp: Adressauflösung in der hosts-Datei

Bevor es den Name-Server gab, pflegten die Systembetreuer eine mehr oder weniger lange *hosts-Datei*. Sie finden darin eine Tabelle, die Namen und IP-Adressen gegenüberstellt.

Sie finden die Datei bei Windows 7-Rechnern unter

```
%SystemRoot%\system32\drivers\etc\
```

bei Linux und FreeBSD unter

```
/etc
```

abgelegt.

Für jede IP-Adresse dürfen Sie in die gleiche Zeile mehrere Namen eintragen. Meist finden Sie hier einen kompletten Namen (Name mit Domain und Toplevel-Domain) und anschließend den lokalen Kurznamen. Die Datei wird von oben nach unten gelesen. Beim ersten passenden Eintrag wird die dort gefundene IP-Adresse verwendet.

Die Einrichtung und Pflege einer lokalen hosts-Datei hat vor allem den Nachteil, dass Sie selbst die Einträge verwalten müssen. Die Verwendung dieser Datei bringt Ihnen aber auch große Vorteile:

▶ Rechner fragen stets zuerst die lokale hosts-Datei vor einem Name-Server-Zugriff ab. Wenn Sie hier oft benötigte Adressen hinterlegen, können Sie auch bei einer Störung des DNS-Servers, wie gewohnt, mit den Namen weiterarbeiten.

▶ Zusammen mit fest vergebenen lokalen Adressen erhalten Sie ein recht robustes, gegen Störungen und Angriffe gewappnetes Netz, da keine aktiven Dienste (DHCP, DNS) benötigt werden.

▶ Testen von Webserveranwendungen: Leiten Sie auf den Localhost (127.0.0.1) um. Sie müssen später beim Echteinsatz am Code nichts mehr ändern.

▶ Setzen privater »Websperren«. Durch die Umleitung auf die 127.0.0.1 kommen ausforschende Webseiten, Trojaner und Viren (-schleudern) nicht mehr zum Zug. Aber: Sollten Sie diese Einstellung auf den Arbeitsplätzen Ihrer Arbeitnehmer (oder Kollegen) vornehmen, achten Sie auf die aktuell gültige Rechtslage und auf Betriebsvereinbarungen! Listen mit obskuren Seiten schon im hosts-Format erhalten Sie im Internet.

In der Muster-hosts-Datei finden Sie lokale und nicht lokale Adressen sowie auf den Localhost umgeleitete Rechnernamen. Sie können daraus Ihr eigenes Muster ableiten, mit welchem Sie Ihre lokalen Rechner austatten.

Muster /etc/hosts

```
# Definition localhost, zwingend
127.0.0.1 localhost
::1 localhost ip6-localhost ip6-loopback

fe00::0 ip6-localnet
ff00::0 ip6-mcastprefix
ff02::1 ip6-allnodes
ff02::2 ip6-allrouters
ff02::3 ip6-allhosts

# Rechner lokal und Internet
192.168.0.34    ze4.example.com ze4
192.168.0.25    zentrale.example.com zentrale
192.168.0.54    lp
fd91:e4a5:5e03::dd05   ze4-6.example.com ze4-6
fd91:e4a5:5e03::dd54   lp-6
fd91:e4a5:5e03::dd04   zentrale-6 .example.com zentrale-6
192.0.32.8           www.iana.org ia

# Bewirkt Sperre nach außen
127.0.0.1       www.facebook.de
127.0.0.1       www.google-analytics.com
127.0.0.1       googleads.g.doubleclick.net
127.0.0.1       pagead.googlesyndication.com
```

4.3.2   Der Domain Name Server (DNS) und seine Konfiguration

Für ein umfangreicheres Netz können Sie einen Name-Server (DNS) verwenden. Mit diesem schaffen Sie sich einen zentralen Konfigurationspunkt. Im Zusammenhang mit einem DHCP-Server und einer Datenbank für die Geräteverwaltung automatisieren Sie viele einzelne Arbeitsschritte.

Für Privatnutzer und kleine Firmennetze, welche die Namen ihrer wenigen Rechner in der hosts-Datei auflösen, reicht die Weiterleitung der DNS-Anfragen zum Internet-Provider über den DSL-Router im Normalfall aus.

Sehen Sie sich die Zusammenfassung der Vor- und Nachteile einmal an:

▶ Zentraler Konfigurationspunkt, Clients müssen nur einmal für den DNS-Zugriff eingestellt werden.

▶ Ein eigener Name-Server verhindert, dass Sie bei einer erfolglosen Anfrage auf einer »Meinten Sie ...«-Seite des Internet-Providers landen.

▶ Beim Ausfall des DNS-Servers des Internet-Providers können Sie trotzdem Anfragen an übergeordnete Name-Server stellen.

▶ Aber: Der Name-Server ist ein beliebtes Ziel für Angriffe und Ausspähungen. Sie müssen das Programm deshalb stets in der aktuellen Version betreiben.

▶ Anfall zusätzlichen Netzwerkverkehrs

Zunächst lesen Sie hier in Kurzform alles Wichtige:

Domain Name Service (DNS)

▶ **Zusammenführung von IP-Adresse und Rechnername**

▶ weltweit und lokal

▶ Suche mit Host-Namen oder IP-Adresse möglich

Zusatznutzen: Unterdrückung von SPAM-Mails (unerwünschte Werbe-Mails) durch umgekehrte Namensauflösung

▶ Setzen von Websperren und -Umleitungen (analog hosts-Datei)

Belegte Ports: UDP/TCP 53

RFCs zum Nachlesen: **1034** und **1035** (Updates in RFCs 1101, 1183, 1348, 1876, 1982, 1995, 1996, 2065, 2136, 2137, 2181, 2308, 2535, 2845, 3425, 3658, 4033, 4034, 4035, 4343, 4592, 5936, 5966, 6604)

Aufbau des Namensraumes: hierarchisch, Leseweise von rechts nach links, beginnend mit dem Zeichen ».«

Programm: Hauptsächlich wird *BIND* verwendet, Programmname: named

Konfigurationsdateien: *named.conf*, *named.conf.options* und die Zonendateien *<zone>.db*

> **Weitere Begriffe:**
>
> **Top-Level-Domain:** Zeigt Landeszugehörigkeit oder Verwendung an.
>
> **Domain-Name:** registrierter Eintrag, z. B. Firmenname
>
> **Subdomain:** vom Domain-Inhaber vergebene Unterdomain
>
> **Fully Qualified Domain Name (FQDN):** Bestandteil einer URL (URL ohne Angabe des Dienstes)

Beachten Sie den Aufbau des Namensraumes. Sie geben in Ihren Webbrowser *www.example.org* ein. Ihr PC und die beteiligen Name-Server werten diese Eingabe umgekehrt aus: *.org.example.www*. Der Punkt steht als oberste Instanz der baumartigen Struktur (Wurzel- oder Root-Verzeichnis). Anschließend folgt die *Top-Level-Domain* (*org*). Diese trifft eine Aussage über die Landeszugehörigkeit (*de, at, dk, ch* ...) oder deren Verwendung (*com* für kommerzielle Nutzung, *org* für Organisationen, *gov* für die US-Regierungsstellen). In letzter Zeit wurde der Bereich der Top-Level-Domains (TLD) um weitere Möglichkeiten erweitert. Unter *http://www.iana.org/domains/root/db/* finden Sie die jeweils aktuell gültigen TLDs.

Unterhalb der TLD finden Sie die Second-Level-Domain. Sie wird hierzulande oft nur als Domain-Name bezeichnet, hier *example*. Diesen Namen können Sie beim jeweils zuständigen Registrar (über Ihren Internetdienstleister) beantragen. Als Domain-Namen dürfen Sie alles verwenden, was nicht gegen Recht und Gesetz (Markenschutz) oder die »guten Sitten« verstößt. Das gezeigte Beispiel mit *example.org* ist für Dokumentations- und Anleitungszwecke nach RFC 2606 für die *iana* reserviert. Abweichend davon können Sie bei bestimmten TLDs auf länderspezifische Ausnahmen stoßen. In einigen Ländern werden nur die Third-Level-Domains vergeben (z. B. in Großbritannien *example.co.uk*). Betrachten Sie hierzu das Schema in Abbildung 4.12.

Unterhalb der Ihnen zugewiesenen Domain können Sie selbst Subdomains (auch in weiteren Ebenen) vergeben und verwalten. Im Regelfall werden Sie aber sofort den Host-Namen angeben, der erreicht werden soll (hier *www*). Wenn Sie eine Unterdomain (Subdomain) benutzen, kann die URL z. B. *www.europe.example.org* lauten. Die Subdomain, die Sie selbst in eigener Zuständigkeit verwalten, lautet *europe*.

Die Richtung der Suchabfragen hält sich ebenfalls an diese Hierarchie. Damit erkennen Sie auch, dass, je nach Ebene, die beteiligten Name-Server einen unterschiedlichen Status haben.

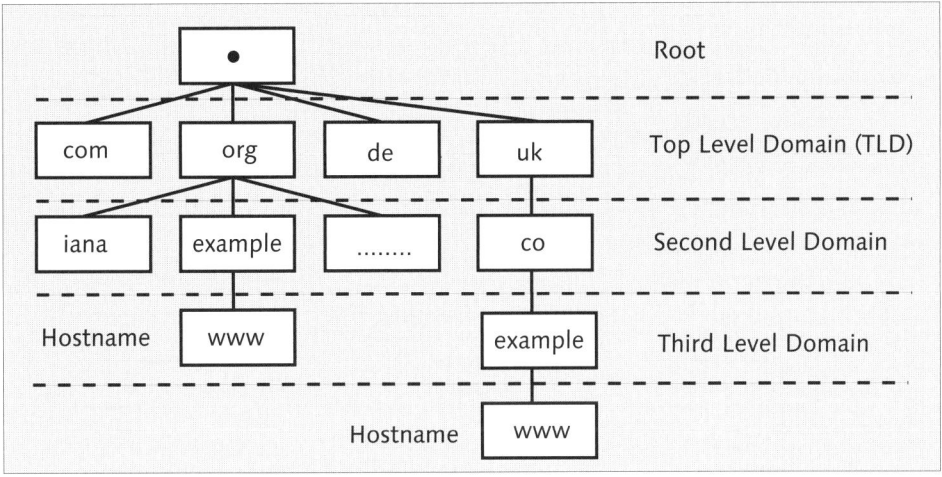

Abbildung 4.12 Aufbau Namensraum mit Host-Namen

Name-Server

▶ **Autoritativ**: Der DNS-Server ist für eine Zone zuständig, und die von ihm darüber ausgegebenen Informationen gelten als »sicher«.

▶ **Primary Name-Server**: der autoritative Server einer Zone

▶ **Secondary Name-Server**: Zusätzlicher Name-Server für eine Zone, der die gleichen Informationen wie der autoritative Server über eine Zone liefert. Die Zonendaten werden mittels Zonentransfer und nicht durch Abfrageweiterleitungen untereinander übermittelt.

▶ **Nicht-autoritativ**: Der DNS-Server bezieht seine Abfrageergebnisse von anderen Name-Servern. Die Ergebnisse zählen als »nicht sicher«.

▶ **Caching-only-Name-Server**: Dieser Name-Server verwaltet selbst keine Zonen, sondern leitet Ihre Anfragen an andere Name-Server weiter. Sie finden dies häufig bei DSL-Routern angewendet.

Sie werden einen Name-Server häufig so konfigurieren, dass er eine Domain, gegebenenfalls mit Subdomains, verwaltet. Für die Subdomains selbst können Sie weitere eigene Name-Server aufsetzen. Der für diese Domain autoritative DNS-Server greift dann für die Anfragen bezüglich der Subdomains auf diese zu. Für Abfragen außerhalb der eigenen Domain leitet Ihr lokaler Name-Server die Abfragen an einen übergeordneten DNS-Server weiter (Forwarding). Wenn Ihre Anfrage von diesem nicht erledigt werden kann, gelangt sie zu einem der sogenannten Root-Server. Diese teilen dem übergeordneten DNS-Server mit, welche Name-Server die gewünschten Informationen haben (iterative Antwort). Geschieht dies nicht, erhalten Sie die Fehlermeldung, dass der angefragte Host nicht existiert.

Sie müssen vor der Einrichtung eines Name-Servers abklären, unter welchem Betriebssystem er laufen soll. Er muss so abgeschottet wie nur möglich vom restlichen System laufen, da trotz sorgfältiger Programmierarbeit immer wieder Sicherheitsprobleme auftreten. Unter Linux oder FreeBSD sollte er wenigstens in einer *chroot*-Umgebung laufen. Die Konfigurationsdateien finden Sie unter */etc/namedb* (bei FreeBSD) oder */etc/bind* (bei Debian-Linux), gegebenenfalls als Symlink für das *chroot*-Verzeichnis. Wenn Sie den Name-Server *bind* bei Debian oder FreeBSD über die systemeigenen Mechanismen installieren, wird die chroot-Umgebung mit eingerichtet, Sie brauchen weiter nichts dafür zu tun.

Wenn Sie Ihren DNS-Server konfigurieren, haben Sie zwei getrennte Arbeitsgänge vor sich. Zunächst nehmen Sie für das Serverprogramm selbst die Einstellungen vor. Sie geben unter anderem an, auf welcher IP-Adresse und gegebenenfalls auf welchem Port der Name-Server aktiv ist.

Die Vorgabe für das Konfigurationsbeispiel lautet: IP-Adressen 127.0.0.1 und ::1, IPv6 *aktiv*. Sie sehen nur die zu ändernden Zeilen. Sie können an diesen Stellen die IP-Adresse des Rechners setzen, falls er seine Dienste weiteren Rechnern im LAN anbieten soll. Dies nehmen Sie am besten nach der kompletten Konfiguration und anschließendem Test vor. Bis dahin prüfen Sie ausschließlich lokal. Am Schluss des Auszuges der named.conf finden Sie Einträge zu den *forwarders*. Dies ist eine Anweisung, in welcher Reihenfolge die Name-Server kontaktiert werden. Hier finden Sie folgende Reihenfolge: der Server selbst, der Router (Caching-only-Name-Server), Primary- und Secondary Name-Server des Providers. Sie gewinnen damit meist ein besseres Antwortzeitverhalten und verursachen weniger Netzlast bezüglich der Root-Serveranfragen.

/etc/namedb/named.conf auf FreeBSD-Server (Auszug)

```
// If named is being used only as a local resolver,
// this is a safe default.
// For named to be accessible to the network, comment
// this option, specify
// the proper IP address, or delete this option.
    listen-on       { 127.0.0.1; };


// If you have IPv6 enabled on this system, uncomment
// this option for
```

```
// use as a local resolver.  To give access to the
// network, specify
// an IPv6 address, or the keyword "any".
        listen-on-v6   { ::1; };
.................
// If you've got a DNS server around at your upstream
// provider, enter
// its IP address here, and enable the line below.  This
// will make you
// benefit from its cache, thus reduce overall DNS traffic
// in the Internet.

        forwarders {
                127.0.0.1;
                192.168.0.1;
                217.237.151.97;
                134.100.33.240;
        };
```

Sie haben damit das Programm selbst schon konfiguriert. Wenn Sie den Name-Server jetzt starten, steht Ihnen dieser lokale Name-Server bereits für das Forwarding zur Verfügung. Prüfen Sie die Konfiguration auf ihre formelle Richtigkeit hin mit named-check-conf:

```
zentrale# named-checkconf -v named.conf
9.6.-ESV-R3
```

Mit der Option -v erhalten Sie die Versionsnummer. Nur im Fehlerfall bekommen Sie mehr zu sehen! Stellen Sie jetzt auch zumindest für die Tests die Datei */etc/resolv.conf* auf die lokale Adresse um:

/etc/resolv.conf

```
domain example.com  # Durch die eigene ersetzen!
nameserver 127.0.0.1
nameserver ::1
```

Die Name-Server-Abfragen auf diesem System werden damit auf diese Adressen umgeleitet.

Konfigurieren Sie jetzt die Zonendateien. Für jede Zone werden zwei dieser Dateien angelegt, eine für die Vorwärtssuche (nach Namen) und eine für die Rückwärtssuche (nach IP-Adressen). In diesen Zonendateien finden Sie die Einträge in sogenannten *Resource-Records* abgelegt. Den SOA-Record (Start of Authority) müssen Sie am Anfang jeder Zonendatei anlegen. Beachten Sie hierzu auch das RFC **1035** und seine Updates RFC 1101, 1183, 1348, 1876, 1982, 1995, 1996, 2065, 2136, 2137, 2181, 2308, 2535, 2845, 3425, 3658, 4033, 4034, 4035, 4343, 5936, 5966, 6604. Im SOA-Record legen Sie (in dieser Reihenfolge) wichtige Kenndaten der Zone fest:

Aufbau SOA-Record

- ▶ **Zonenname**: Kann durch das Zeichen @ ersetzt werden.

- ▶ **Zonenklasse**: beim IP-Protokoll vorgegebener Wert: IN

- ▶ **Record-Type**: hier SOA

- ▶ **Primary Master**: primärer Name-Server

- ▶ **E-Mail-Adresse des Zonenbetreuers**: Beachten Sie, dass das @-Zeichen durch einen Punkt ersetzt werden muss, weil es in dieser Datei eine andere Verwendung findet.

- ▶ **Seriennummer**: Nach jeder Änderung an der Zonendatei müssen Sie diesen Wert um 1 erhöhen. Die Seriennummer wird in der Praxis in der Form JJJJMMTTlfd angegeben, z. B. für die erste Änderung am 20. Mai 2011: 2011052101. Lesen Sie hierzu das RFC 1912 nach.

- ▶ **Refresh-Zeit**: In diesen Intervallen kontrollieren eventuell vorhandene Slave-Name-Server, ob seit der letzten Anfrage Änderungen eingetreten sind. Vorgabewert: 86.400 Sekunden (1 Tag)

- ▶ **Retry-Zeit**: War Ihr Name-Server nicht erreichbar, versuchen eventuell vorhandene Slave-Name-Server nach Ablauf der vorgegebenen Zeit (in Sekunden) eine erneute Anfrage. Gebräuchlicher Wert: 7.200 Sekunden (2 Stunden)

- ▶ **Expire Time**: Slave-Name-Server holen immer die gesamte Zonendatei vom (Primary) Master ab. Funktioniert das nicht, wird nach Ablauf der Zeit beim Slave-DNS-Server die betroffene Zone deaktiviert. Gebräuchlicher Wert: 3.600.000 (1.000 Stunden)

- ▶ **TTL**: Vorhaltezeit von Anfragen mit negativer Antwort. Sie können hier wenigstens 600 Sekunden (5 Minuten), maximal nach einer RIPE-Empfehlung 172.800 Sekunden (2 Tage) einstellen.

Lesen Sie im RIPE-Dokument ripe-203 unter *http://www.ripe.net/ripe/docs/ripe-203* sowie in RFC **2308** mit den Updates RFC 4033, 4034 und 4035 nach.

Sie können den SOA-Record in eine einzige Zeile schreiben. Benutzen Sie aber für eine bessere Lesbarkeit die mehrzeilige Schreibweise.

Die weiteren Record-Typen einer Zonendatei benutzen Sie für die Beschreibung einzelner Hosts:

Weitere Record-Typen einer Zonendatei

▸ **NS**: Name-Server

▸ **MX**: Mail-Server (Zonendatei)

▸ **A**: IPv4-Host (Zonendatei)

▸ **AAAA**: IPv6-Host (Zonendatei)

▸ **CNAME**: Verweis auf weiteren Host-Namen (Zonendatei)

▸ **PTR**: »Zeiger« (Reverse-Zonendatei)

Weitere Informationen finden Sie in RFC 2317.

Innerhalb von Zonendateien können Sie auch Werte setzen, die für alle Einträge gültig sind:

Allgemeingültige Werte belegen (Zonendateien)

▸ **IN**: »Internetprotokoll« setzen Sie bereits im SOA-Record, Sie müssen diese Angabe deshalb in den Host-Zeilen nicht wiederholen.

▸ **$TTL**: Setzen Sie noch vor dem SOA-Record diese Angabe. Sie legen damit fest, wie lange die Information in einem Cache gehalten wird. Damit brauchen Sie diesen Wert nicht in den Host-Zeilen zu setzen.

▸ **$ORIGIN**: Damit können Sie manuell (weitere) Zonennamen (Origins) festlegen.

Eine Host-Zeile hat den Aufbau

```
Hostname TTL Zonenklasse Recordtyp IP-Adresse
```

Wenn Sie allgemeingültige Werte festlegen, verkürzen Sie diese Zeilen:

```
Hostname(ohne Zone) Recordtyp   IP-Adresse
```

Für die Reverse-Zonendateien gilt:

```
IP-Adresse    Zonenklasse   Recordtyp   Hostname
```

In den Reverse-Zonendateien werden die IP-Adressen in umgekehrter Reihenfolge eingetragen. Bei IPv6-Adressen können Sie damit auch nicht mehr die üblichen Schreibweisen benutzen, sondern müssen Stelle für Stelle rückwärts eintragen.

Bezeichnen Sie eine Datei für die Vorwärtssuche (nach Name) in der Form *<ZONE>-forward.db*, für die Rückwärtssuche (nach IP-Adresse) *<ZONE>-reverse.db*. Sie finden auch Bezeichungen wie *db.local* für die Vorwärtssuche und dazugehörend *db.0*, *db.127* und *db.255* für die Rückwärtssuche, z. B. auf Debian-Systemen. In allen Zonendateien müssen Sie den Host-Namen mit dem Punktzeichen ».« abschließen.

Betrachten Sie drei Beispiele aus der Praxis:

- *netzbuch-forward.db*: Suche nach IP-Adressen, IPv4 + IPv6
- *netzbuch-reverse.db*: Suche nach Host-Namen, Eingabe IPv4-Adresse
- *netzbuch-reverse6.db*: Suche nach Host-Namen, Eingabe IPv6-Adresse

Mit den Einträgen in *netzbuch-forward.db* sucht der Name-Server die IP-Adressen aufgrund der Eingabe des Host-Namens.

```
netzbuch-forward.db
;; Cache-Haltezeit, gültig für alle Einträge

$TTL 1800

;; SOA-Record
@    IN  SOA  localhost. harald.zislers.de. (
                    201105210  ; Seriennummer
                    86400   ; Refresh Time
                    7200    ; Retry Time
                    3600000  ; Expire Time
                    600    ; negative Caching Zeit
                         )

;; Angaben zu Hosts und IP-Adressen

                            NS    localhost.
ze4       A    192.168.0.34
          AAAA   fd91:e4a5:5e03::dd05
zentrale   A    192.168.0.25
          AAAA   fd91:e4a5:5e03::dd04
```

```
mobarb      A    192.168.0.41
            AAAA   fd91:e4a5:5e03::dd06


lp          A    192.168.0.54
            AAAA   fd91:e4a5:5e03::dd54


;; Jails am FreeBSD-Host
daten1      A    192.168.0.65
daten2      A    192.168.0.66
netzbuch    A    192.168.0.67
```

Für die Reverse-Suche benutzt der Name-Server die beiden Dateien *netzbuch-reverse.db* (für die Abfrage mit IPv4-Adressen) und *netzbuch-reverse6.db* (Abfrage mit IPv6-Adressen).

netzbuch-reverse.db

```
$TTL 1800
@    IN  SOA  localhost. harald.zislers.de. (
                    201105210   ; Seriennummer
                    86400    ; Refresh Time
                    7200    ; Retry Time
                    3600000  ; Expire Time
                    600    ; negative Caching Zeit
                               )


                    NS localhost.
;; Angaben zu Hosts und IP-Adressen

34.0.168.192.in-addr.arpa.    IN    PTR    ze4.netzbuch.
25.0.168.192.in-addr.arpa.    IN    PTR    zentrale
41.0.168.192.in-addr.arpa.    IN    PTR    mobarb
54.0.168.192.in-addr.arpa.    IN    PTR    lp


;; FreeBSD-Jails

65.0.168.192.in-addr.arpa.    IN    PTR    daten1
66.0.168.192.in-addr.arpa.    IN    PTR    daten2
67.0.168.192.in-addr.arpa.    IN    PTR    netzbuch
```

Kommentarzeilen bilden Sie mit »;;«. Mit der Angabe $TTL am Dateianfang ersparen Sie sich die Angabe der Cache-Haltezeit in jedem Host-Eintrag.

---

netzbuch-reverse6.db

```
$TTL 1800

@    IN  SOA  localhost. harald.zislers.de. (
                    201105210 ; Seriennummer
                    86400     ; Refresh Time
                    7200      ; Retry Time
                    3600000   ; Expire Time
                    600       ; negative Caching Zeit
                                )

          NS localhost.


;; Angaben zu Hosts und IP-Adressen

5.0.d.d.0.0.0.0.0.0.0.0.0.0.0.0.0.0.0.0.0.3.0.e.5.5.a.4.e.1.9.d.f.ip6.arpa.
    PTR    ze4.netzbuch.
4.0.d.d.0.0.0.0.0.0.0.0.0.0.0.0.0.0.0.0.0.3.0.e.5.5.a.4.e.1.9.d.f.ip6.arpa.
    PTR    zentrale.
6.0.d.d.0.0.0.0.0.0.0.0.0.0.0.0.0.0.0.0.0.3.0.e.5.5.a.4.e.1.9.d.f.ip6.arpa.
    PTR    mobarb
4.5.d.d.0.0.0.0.0.0.0.0.0.0.0.0.0.0.0.0.0.3.0.e.5.5.a.4.e.1.9.d.f.ip6.arpa.
    PTR    lp
```

Die Darstellung der Reverse-IPv6-Adresse reicht über eine Zeile. Sie müssen für jeden Eintrag eine Zeile verwenden.

Prüfen Sie Ihre Zonendateien mit named-checkzone:

```
zentrale# named-checkzone netzbuch netzbuch-forward.db
zone netzbuch/IN: loaded serial 201105210
OK
```

Anschließend tragen Sie Ihre Zonendateien noch in der *named.conf* ein, wie im Beispiel gezeigt:

---

named.conf: Eintrag der eigenen Zonendateien

```
// Eigene Netzwerkzonen
zone "netzbuch"       { type master; file
"/etc/namedb/master/netzbuch-forward.db"; };
zone "0.168.192.in-addr.arpa" { type master; file
"/etc/namedb/master/netzbuch-reverse.db"; };
zone "0.0.0.0.0.0.0.0.0.0.0.0.0.0.0.0.3.0.e.5.5.a.4.e.1.9.d.f.ip6.
arpa" { type master; file "/etc/namedb/master/netzbuch-reverse6.db"; };
```

Sie können jetzt an dieser Stelle die *named.conf* um die IP-Adressen ergänzen, auf denen der Name-Server seine Anfragen entgegennimmt (Zeilen mit `listen-on` und `listen-on-v6`, hier stehen bereits die Adressen `127.0.0.1` und `::1`).

Damit haben Sie Ihren Name-Server konfiguriert. Starten Sie ihn neu, am besten über das RC-Skript (Linux und FreeBSD) oder das Dienste-Menü (Windows).

4.3.3 Einstellungen beim Client

Sie müssen Ihre PCs und weitere Netzwerkgeräte so einstellen, dass sie auf den von Ihnen gewünschten Name-Server zugreifen.

Wenn Sie in Ihrem Netz einen DHCP-Server betreiben, können Sie die Information über den Name-Server gleich bei der Zuteilung der IP-Adresse dem Client mit übergeben (Eintrag in *dhcp.conf*, siehe Kasten »Muster-Konfiguration dhcpd.conf« in Abschnitt 4.2.3). Sie bekommen auch von Ihrem Internetdienstleister diese Information übermittelt, wenn Sie sich einwählen oder verbinden und den automatischen Bezug von IP-Adresse und Name-Server-Angaben im Client so eingestellt haben. In allen anderen Fällen setzen Sie die Angaben hierzu stets manuell.

Die Einstellung bei Windows-Clients für den automatischen Bezug von IP-Adresse und Name-Server-Einstellungen finden Sie in Abbildung 4.13. Ähnlich sehen die Masken bei vielen Linux-Derivaten aus.

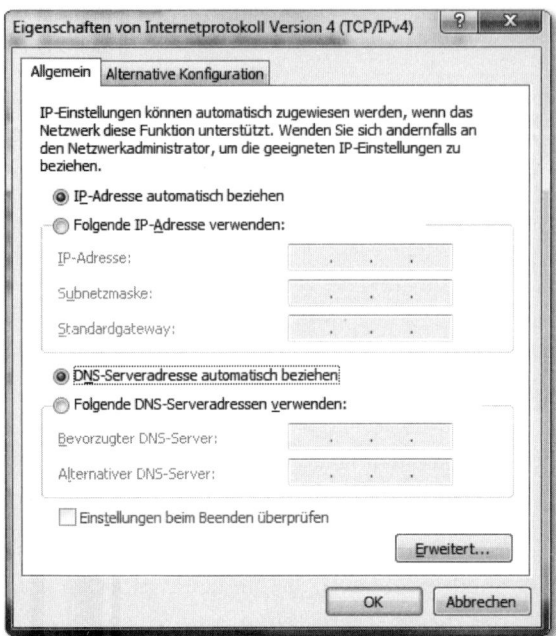

Abbildung 4.13 Einstellungen für automatischen Adressbezug und Name-Server-Eintrag

Unter Linux und FreeBSD können Sie Feineinstellungen für die Namensauflösung vornehmen. Hier im Beispiel finden Sie die Anweisung, dass zunächst auf die lokale hosts-Datei, anschließend auf den Name-Server zugegriffen werden soll:

▶ Einträge in */etc/nsswitch.conf*: Hier bestimmen Sie die abzufragenden Ressourcen.

```
/etc/nsswitch.conf

….............
hosts: files dns
….............
```

▶ Einträge in */etc/host.conf*: Legen Sie die Reihenfolge der Abfrage von */etc/hosts* und dem Name-Server fest. Die letzte Zeile regelt den Umgang mit Hosts, welche mehrere IP-Adressen haben. Mit on lassen Sie Ergebnisse zu, bei denen für einen Host-Namen mehrere IP-Adressen möglich sind. Bei off würden Sie eine Fehlermeldung erhalten.

/etc/host.conf

```
order hosts dns
multi on
```

▶ Einträge in */etc/resolv.conf*: Hier geben Sie zunächst an, wie unvollständige Host-Namen vervollständigt werden. Die Angabe domain können Sie nur mit einem Namen belegen, search mit mehreren. Die Angabe von domain hat Vorrang vor search.

Anschließend geben Sie die Name-Server an, auf die Ihr Rechner zugreifen soll. Bis zu drei dieser Name-Server dürfen Sie hier eintragen.

Aufbau resolv.conf

```
domain example.com
search example.com, example.org
nameserver 127.0.0.1
nameserver 217.237.151.97
```

Normalerweise arbeitet die Namensabfrage im Hintergrund, ohne dass es dem Benutzer auffällt. Bei größeren Um- und Neukonfigurationen von Netzen oder auch bei Angriffen auf Name-Server bricht scheinbar das Netz zusammen. Auch hier können Sie dem Arbeitsstillstand vorbeugen, indem Sie wichtige Hosts, auf die Sie bei Ihrer Arbeit angewiesen sind, in der Datei *hosts* hinterlegen.

4.4   Überprüfung der Erreichbarkeit und Namensauflösung von Hosts

Bei der Überprüfung der Erreichbarkeit eines Hosts haben Sie oft auch gleichzeitig mit Fehlern bei der Namensauflösung zu tun. Aus diesem Grund habe ich beide Prüfungsfelder hier zusammengefasst.

4.4.1   Prüfung der Erreichbarkeit und Namensauflösung mit ping/ping6

Ihr klassisches Werkzeug für die Verbindungsprüfung ist ping (IPv4) bzw. ping6 (IPv6). Beide nutzen das in Kapitel 5, »Steuer- und Fehlercodes mit ICMP und ICMPv6 übertragen«, erklärte ICMP-Protokoll. In der Tabelle 4.6 finden Sie ausgewählte Optionen der beiden Befehle.

Aktion	ping	ping6
Ausgabe Piepton für jeden Ping	-a	-r
Begrenzen auf NN Pings	-c <NN>	-c <NN>
Zeit zwischen den Pings	-i <sec>	-i <sec>
ausführliche Ausgabe	-v	-v

Tabelle 4.6 Optionen von »ping« und »ping6«

Der ping-Befehl hat die Grundform

```
ping -<OPTION> <IP-Adresse>
```

bzw.

```
ping -<OPTION> <HOSTNAME>  .
```

Im Folgenden stelle ich das Arbeiten mit ping überaus detailliert dar. Das mache ich deshalb, weil ping *das* Werkzeug schlechthin für die Überprüfung von Netzwerkverbindungen ist und es trotz der einfachen Bedienung immer wieder zu Fehlern bei der Interpretation der Ergebnisse kommt. Ich bitte die Leser mit Netzwerkerfahrung hierfür um Nachsicht.

In Abbildung 4.14 sehen Sie Versuche, bei denen die Verbindung sowohl bei der Verwendung einer IP-Adresse als auch eines Host-Namens funktioniert.

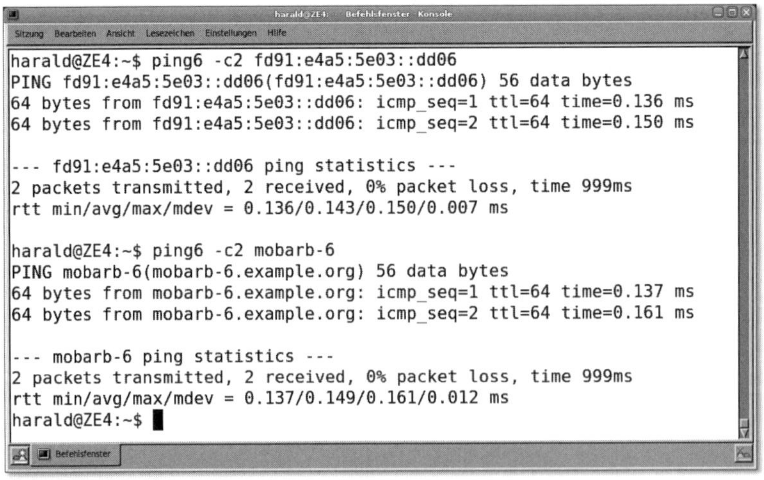


```
harald@ZE4:~$ ping6 -c2 fd91:e4a5:5e03::dd06
PING fd91:e4a5:5e03::dd06(fd91:e4a5:5e03::dd06) 56 data bytes
64 bytes from fd91:e4a5:5e03::dd06: icmp_seq=1 ttl=64 time=0.136 ms
64 bytes from fd91:e4a5:5e03::dd06: icmp_seq=2 ttl=64 time=0.150 ms

--- fd91:e4a5:5e03::dd06 ping statistics ---
2 packets transmitted, 2 received, 0% packet loss, time 999ms
rtt min/avg/max/mdev = 0.136/0.143/0.150/0.007 ms

harald@ZE4:~$ ping6 -c2 mobarb-6
PING mobarb-6(mobarb-6.example.org) 56 data bytes
64 bytes from mobarb-6.example.org: icmp_seq=1 ttl=64 time=0.137 ms
64 bytes from mobarb-6.example.org: icmp_seq=2 ttl=64 time=0.161 ms

--- mobarb-6 ping statistics ---
2 packets transmitted, 2 received, 0% packet loss, time 999ms
rtt min/avg/max/mdev = 0.137/0.149/0.161/0.012 ms
harald@ZE4:~$
```

Abbildung 4.14 Erfolgreicher Verbindungstest mit »ping6«

Ich habe bei jedem Versuch nur zwei Pings absetzen lassen. Am Ende erhalten Sie eine Zusammenfassung der Laufzeiten. Bei der Verwendung von `ping` (IPv4) sehen die Ausgaben identisch aus.

In Abbildung 4.15 sehen Sie drei fehlgeschlagene Pings. Versuch 1 mit der IP-Adresse und Versuch 2 mit einem bekannten Host-Namen zeigen Ihnen, dass die Geräte einfach nicht erreichbar sind. Das Ergebnis aus Versuch 3 können Sie mehrdeutig auslegen:

▶ Ist der Host-Name richtig geschrieben?

▶ Wurde der Host-Name in der Datei *hosts* oder der Zonendatei des Name-Servers richtig eingetragen?

▶ Sie haben keine Aussage darüber, ob das Gerät tatsächlich nicht erreichbar ist.

Hinweis: Die Ausgaben für `ping6` sehen ähnlich aus.

```
harald@ZE4:~$ ping -c2 192.168.0.55
PING 192.168.0.55 (192.168.0.55) 56(84) bytes of data.
From 192.168.0.34 icmp_seq=1 Destination Host Unreachable
From 192.168.0.34 icmp_seq=2 Destination Host Unreachable

--- 192.168.0.55 ping statistics ---
2 packets transmitted, 0 received, +2 errors, 100% packet loss, time 999ms
, pipe 2

harald@ZE4:~$ ping -c2 lp
PING lp (192.168.0.54) 56(84) bytes of data.
From ze4.example.org (192.168.0.34) icmp_seq=1 Destination Host Unreachable
From ze4.example.org (192.168.0.34) icmp_seq=2 Destination Host Unreachable

--- lp ping statistics ---
2 packets transmitted, 0 received, +2 errors, 100% packet loss, time 1014ms
, pipe 2

harald@ZE4:~$ ping -c2 lb
ping: unknown host lb
harald@ZE4:~$
```

Abbildung 4.15 Fehlgeschlagene Pings

4.4.2   Werkzeuge für Name-Server-Abfragen (nslookup, host, dig)

Sie finden wenigstens eines der Programme `nslookup`, `host` und `dig` auf Ihrem Betriebssystem. Ohne weitere Optionen zeigen sie im Erfolgsfall die gefundenen IP-Adressen zum Host-Namen an. Auch die Inverse-Suche ist möglich. Sie erhalten nach der Eingabe der IP-Adresse dann den Host-Namen angezeigt.

In Abbildung 4.16 sehen Sie die Arbeit mit `host`. Die beiden ersten Abfragen (Vorwärts- und Rückwärtssuche) führen zum Erfolg, die beiden anderen nicht. Wenn Sie auf einen bestimmten Name-Server zugreifen wollen, ergänzen Sie Ihre Abfrage einfach. Setzen Sie am Schluss Ihrer Eingabe den Namen des DNS-Servers:

```
host <SUCHBEGRIFF> <Name-Server>
```

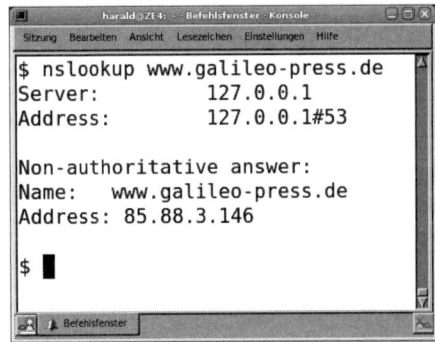

```
$ host ze4
ze4.netzbuch has address 192.168.0.34
ze4.netzbuch has IPv6 address fd91:e4a5:5e03::dd05
$
$ host 192.168.0.34
34.0.168.192.in-addr.arpa domain name pointer ze4.netzbuch.
$
$ host ze5
Host ze5 not found: 3(NXDOMAIN)
$
$ host 192.168.0.55
Host 55.0.168.192.in-addr.arpa. not found: 3(NXDOMAIN)
$
```

Abbildung 4.16 Name-Server-Abfragen mit »host«

Mit **nslookup** (Abbildung 4.17) erhalten Sie einen Hinweis, ob der Name-Server die Information selbst hält oder von einem anderen bezogen hat (non-authoritativ). Auch dieses Programm beherrscht die Reverse-Suche. Wenn Sie einen bestimmten Name-Server ansprechen möchten, geben Sie diesen am Schluss Ihrer Abfrage an.

```
$ nslookup www.galileo-press.de
Server:         127.0.0.1
Address:        127.0.0.1#53

Non-authoritative answer:
Name:   www.galileo-press.de
Address: 85.88.3.146

$
```

Abbildung 4.17 Ausgabe von »nslookup«

Eine recht umfangreiche Ausgabe (Abbildung 4.18) liefert Ihnen dig. Sie setzen Ihren Suchauftrag, wenn Sie auf einen bestimmten DNS-Server zugreifen möchten, in der Form

```
dig @<Name-Server> <Hostname.Domain>
```

ab. Sie erhalten umfangreiche Informationen über den beteiligten Name-Server und bekommen die Antwort so dargestellt, wie sie in der Zonendatei hinterlegt wurde.

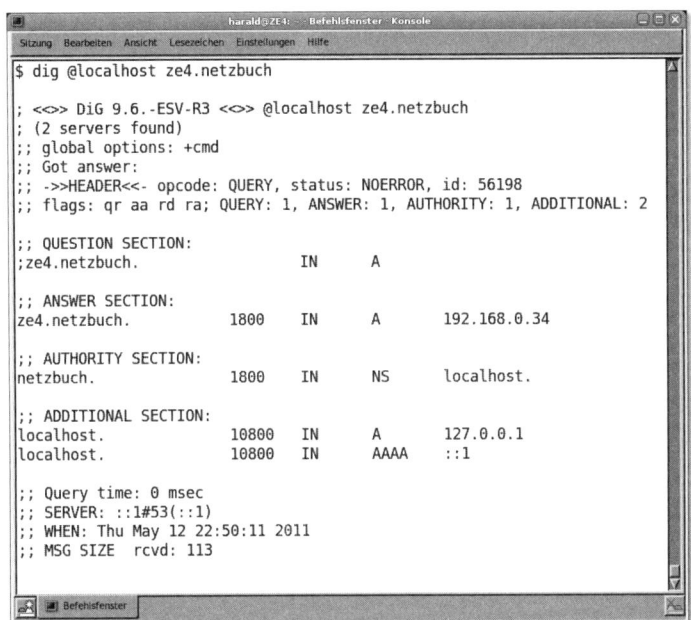

Abbildung 4.18 Ausgabe von »dig«

4.4.3   Mitschnitte von DNS-Abfragen mit Netzwerkdiagnoseprogrammen

Sie können das Wirken von Schad- und Spionageprogrammen in Ihrem lokalen Netz manchmal auch durch deren DNS-Abfragen beobachten. Für die Ersteller solcher Programme bringt die Verwendung von festen IP-Adressen je nach Konzept oft eher Nachteile. Daher sollten Sie sich mit dem Aufbau von DNS-Abfragen und der Handhabung diverser Netzwerkdiagnoseprogramme vertraut machen. Aber: Diese Programme untersuchen jeglichen Netzwerkverkehr! Beachten Sie die rechtliche Grauzone, in der Sie sich damit bewegen. Beachten Sie strikt die Gesetzeslage, eventuell vorhandene Betriebsvereinbarungen und Informationspflichten gegenüber Mitarbeitern und Kollegen.

In den folgenden Listings 4.3 bis 4.7 finden Sie eine Gegenüberstellung von Abfragen und ihren Spuren im Netzwerk. Bedenken Sie, dass in Ihrem beruflichen Alltag meist andere Netzwerkanwendungen die Anfragen stellen (Webbrowser, Mail-Clients etc.).

Jeweils wichtige Details, wie etwa Fragen und Antworten des Protokolls und Kommandos, finden Sie hervorgehoben. Der Name-Server lag auf dem localhost.

```
$ host ze4 localhost
zentrale# tcpdump -t -n -i lo0 -s 512 ip6
IP6 ::1.61937 > ::1.53: 43085+ A? ze4.netzbuch. (30)
IP6 ::1.53 > ::1.61937: 43085* 1/1/2 A 192.168.0.34 (113)
IP6 ::1.63863 > ::1.53: 58559+ AAAA? ze4.netzbuch. (30)
IP6 ::1.53 > ::1.63863: 58559* 1/1/2 AAAA fd91:e4a5:5e03::dd05 (125)
IP6 ::1.55738 > ::1.53: 52278+ MX? ze4.netzbuch. (30)
IP6 ::1.53 > ::1.55738: 52278* 0/1/0 (92)
```

Listing 4.3 Anfrage (Forward, »ze4« hat eine IPV4- und eine IPv6-Adresse)

In Listing 4.3 sehen Sie auch die Transaktionsnummern der Anfragen (hier fett dargestellt). Damit werden Fragen und Antworten vom Client zugeordnet. Die Host-Anfrage
erkundigte sich nach dem A-, AAAA- und MX-Record des angegebenen Namens. Neben der
Transaktionsnummer sehen Sie das Zeichen »+« für die Frage, »*« und eine Ziffernfolge
für die Antwort. An der 1 an der ersten Stelle erkennen Sie, dass eine Auskunft vorliegt,
an der 0 dagegen eine negative Antwort. Sie erkennen im Beispiel hier, dass der Host ze4
eine IPv4- und IPv6-Adresse, aber keinen MX-Eintrag in der Zonendatei hat.

```
$ host fd91:e4a5:5e03::dd05 localhost
zentrale# tcpdump -t -n -i lo0 -s 512 ip6
IP6 ::1.56839 > ::1.53: 64563+ PTR? 5.0.d.d.0.0.0.0.0.0.0.0.0.0.0.0.0.0.3.0.
e.5.5.a.4.e.1.9.d.f.ip6.arpa. (90)
IP6 ::1.53 > ::1.56839: 64563* 1/1/2 PTR ze4.netzbuch. (183)
```

Listing 4.4 Reverse-Abfrage mit IPv6-Adresse

Listing 4.4 zeigt Ihnen die Pointer-Frage (PTR) und die Antwort in Form der in umgekehrter Reihenfolge dargestellten IPv6-Adresse.

```
$ host 192.168.0.41 localhost
zentrale# tcpdump -t -n -i lo0 -s 512
IP6 ::1.32301 > ::1.53: 27945+ PTR? 41.0.168.192.in-addr.arpa. (43)
IP6 ::1.53 > ::1.32301: 27945* 1/1/2 PTR mobarb.0.168.192.in-addr.arpa. (131)
```

Listing 4.5 Reverse-Abfrage mit IPv4-Adresse

In Listing 4.5 finden Sie die PTR-Frage nach dem Namen einer IPv4-Adresse. Die Adresse
ist auch in der Antwort in umgekehrter Reihenfolge geschrieben.

```
$ host ze5 localhost
zentrale# tcpdump -t -n -i lo0 -s 512 ip6
IP6 ::1.60499 > ::1.53: 6436+ A? ze5.netzbuch. (30)
```

```
IP6 ::1.53 > ::1.60499: 6436 NXDomain* 0/1/0 (92)
IP6 ::1.27587 > ::1.53: 3313+ A? ze5. (21)
IP6 ::1.53 > ::1.27587: 3313 NXDomain 0/1/0 (96)
```

Listing 4.6 Abfrage (Forward) mit Namen eines nicht existierenden Hosts

Sie sehen in Listing 4.6 die Namensanfrage mit negativer Auskunft. Das Programm versuchte es auch mit dem verkürzten Host-Namen.

```
$ host 192.168.0.61 localhost
zentrale# tcpdump -t -n -i lo0 -s 512
IP6 ::1.38937 > ::1.53: 282+ PTR? 61.0.168.192.in-addr.arpa. (43)
IP6 ::1.53 > ::1.38937: 282 NXDomain* 0/1/0 (105)
```

Listing 4.7 Reverse-Abfrage mit nicht existierender IP-Adresse

Listing 4.7 zeigt Ihnen den Verlauf einer fehlgeschlagenen Reverse-Anfrage auf.

4.5   Zentrale Netzwerkgeräte auf Sicherungs- und Vermittlungsebene

Wenn Sie in Ihrem Netzwerk bestimmte Technologien verwenden (Koaxialkabel, WLAN, HUB), lassen Kollisionen von Datenpaketen die Übertragungsrate sinken. Je mehr Teilnehmer Sie dort zusammenschalten, desto eher sind diese mit der Verkehrsregelung statt mit der Datenübertragung beschäftigt.

4.5.1   Bridges – Verbinden von Netzwerkteilen

Um das Verkehrsaufkommen etwas zu entflechten, können Sie ein Netzwerk in verschiedene Segmente aufteilen und diese mittels der Bridges verbinden. Die Bridge registriert anhand der ARP-Pakete, an welchem Anschluss sich welche MAC-Adresse befindet. Datenpakete, welche zwei MAC-Adressen innerhalb eines Netzwerksegmentes betreffen, werden nun nicht mehr an die Teilnehmer im anderen Zweig geleitet. Damit tritt der gewünschte Entlastungseffekt ein. Die Bridge hält die Einträge in der Adresstabelle durchschnittlich 5 Minuten und verwirft sie dann.

Eine Bridge leitet Datenpakete immer dann weiter, wenn diesen keine MAC-Adresse zugeordnet werden kann, also ARP-Anforderungen, aber auch Multicasts. Hier verhält sich die Bridge transparent.

Auch die Bridge trägt allerdings etwas zu Verzögerungen in der Datenübertragung bei, etwa wenn Daten von einem Segment in das andere gesendet werden. Sie muss genauso wie die anderen Netzwerkteilnehmer warten, bis das Medium zum Senden für sie frei ist. Dazu speichert sie die Pakete so lange, bis sie an die Zielstation weitergereicht werden können (*Store and Forward-Bridging*).

Die Bridge-Technik finden Sie in vielen Geräten:

▶ Dual-Speed Hubs. Beim Verbinden von zwei Netzwerksegmenten mit verschiedenen Geschwindigkeiten müssen Datenpakete zwischengespeichert werden – eine klassische Aufgabe einer Bridge.

▶ bestimmten Arten von Medienkonvertern, bei denen nicht nur transparent umgesetzt wird

▶ WLAN-Zugangsgeräten

▶ Switches

Im Rahmen der Rechner-Virtualisierung bilden sogenannte *Bridgedevices* die Verbindung des Gastsystems zur Außenwelt. Bridgedevices erweitern »reale« Netzwerkkarten um virtuelle für das Gastsystem.

4.5.2   Hubs – Sammelschiene für TP-Netze

Mit einem Hub können Sie ein sternförmiges Netz mittels TP-Verkabelung (10Base-T) aufbauen. Trotz des technisch unkomplizierteren Aufbaues bleibt Ihnen aber das CSMA-Zugriffsverfahren mit seinen Kollisionen als Nachteil erhalten. Beachten Sie deshalb , dass Hubs ohne weitere Funktionalität zum OSI-Layer 1 gehören! Sie entsprechen in diesem Fall dem Koaxialkabel der 10Base-2- und 10Base-5-Netze!

Eine Zeit lang konnten Sie auch Dual-Speed-Hubs kaufen. Zunächst konnten nur Partner mit der jeweils gleichen Geschwindigkeit miteinander kommunizieren. Mit dem Einbau einer internen Bridge konnte dagegen auch mit verschieden »schnellen« Partnern der Netzwerkbetrieb ermöglicht werden. Das Problem der Kollisionen bestand aber weiter, da Hubs in ihrer klassischen Ausprägung in Altbeständen noch teilweise im Einsatz sind. Mit dieser internen Bridge wurde der Hub in den OSI-Layer 2 befördert.

Im Rahmen von Netzerneuerungen und -erweiterungen schaffen Sie diese »Altlasten« am besten ab.

4.6   Switches – Verbindungsknoten ohne Kollisionen

Heute bilden Switches die zentralen Netzknoten. Sie erhalten diese in verschiedenen Größen- und Leistungsvarianten im Fachhandel. Für den Heimbereich und kleine Büros reichen meist nicht weiter konfigurierbare Kleingeräte mit Steckernetzteil aus. Möchten Sie maximale Sicherheit, Konfigurationsmöglichkeiten und Anschlüsse, so greifen Sie auf ein Gerät mit 19-Zoll-Einschub-Gehäuse, vielen Höheneinheiten, redundanten Netzteilen und mit allerlei Zusatzfunktionen zurück. Dazwischen finden Sie ebenfalls konfigurierbare Geräte im unteren und mittleren Preissegment. Für den Heimbereich und das Kleingewerbe bekommen Sie auch Ausführungen mit eingebautem Router für den Internetzugang.

4.6.1   Funktionalität

Ein Switch besteht im Grunde aus einem Hub, welcher an jedem Port mit einer Bridge ausgestattet ist. Intern arbeitet ein schneller Hochleistungs-Datenbus oder einfach eine Matrix. Die Bridges wiederum sind damit (gemeinsam) verbunden. Damit ergibt sich für jeden einzelnen Anschluss ein eigener Kollisionsbereich, was im Allgemeinen einen sehr hohen Datendurchsatz bewirkt, weil Overhead durch die Kollisionsregelung kaum vorhanden ist bzw. wegfällt. Durch den Einsatz eines Switches vergrößert sich die Reichweite des Netzwerkes. Nachdem die Lauflänge des jeweiligen Netzwerktyps ja zwischen dem Switch-Anschluss und dem Teilnehmergerät gilt, bewirkt dies quasi eine Verdopplung der Reichweite. Mit einem Switch isolieren Sie den Datenverkehr zwischen den Teilnehmern dergestalt, dass im Idealfall 1:1-Verbindungen mit voller Geschwindigkeit gebildet werden (Abbildung 4.19).

Was Geschwindigkeit und Datendurchsatz beim Switch betrifft, sollten Sie auch folgende Tatsachen berücksichtigen:

▶ Eine Bridge muss sich alle MAC-Adressen, welche an einem Hub auftauchen, merken. Gleiches gilt für die interne Bridge eines Switch-Ports, wenn hieran ein Hub verbunden wird. In diesem Fall treten auch wieder vermehrt den Datendurchsatz bremsende Kollisionen auf.

▶ Mit dem Einsatz des Switches ist auch der Vollduplex-Betrieb möglich, weil auf Kollisionen in der Regel keine Rücksicht genommen werden muss. Dies ist so lange möglich, wie kein Hub an den Switch angeschlossen wird.

▶ Ist der Switch dagegen die einzige Netzwerktechnologie, welche in einem Netz zum Einsatz kommt, so muss sich die einzelne »Port-Bridge« nur die eine Adresse des angeschlossenenen Gerätes merken.

▶ Broadcasts, wie z. B. ARP-Anforderungen, werden über alle Ports eines Switches wei-
tergegeben. Anstelle der Kollisionen stellen diese nun den Hauptverursacher für eine
Reduzierung des effektiven Durchsatzes dar.

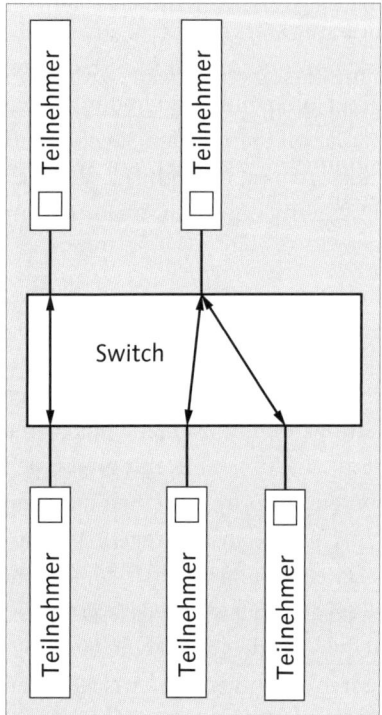

Abbildung 4.19 Geschaltete Verbindungen im Switch

4.6.2   Schleifen – Attentat oder Redundanz?

Wenn Sie »einfache« Switches verwenden, können Sie das gesamte Netzwerk einfach
außer Gefecht setzen. Schließen Sie ein Patchkabel an zwei Ports des Switches
(Abbildung 4.20) an, und setzen Sie ein Broadcast-Paket ab.

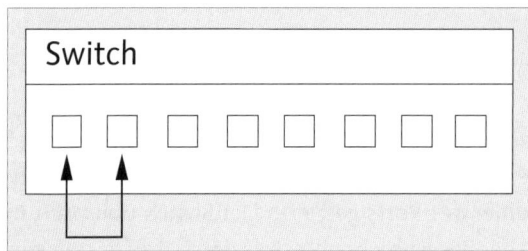

Abbildung 4.20 Loop

Was passiert? Das Datenpaket gelangt über mehrere Wege an beide Seiten der Bridges. Diese leiten das Paket buchstäblich überall hin, die Bridges bekommen es vervielfältigt von überall her zurück. Das schaukelt sich hoch und der Netzwerkverkehr wird nur noch von diesen Paketen beherrscht und bricht schließlich zusammen. Sicher kennen Sie die akustische Rückkopplung bei Beschallungsanlagen (Pfeifen), wenn das Mikrofon den Schall der Lautsprecher aufnimmt und wieder zum Verstärker schickt. Damit können Sie die Wirkung von Schleifen (Loops) in etwa vergleichen.

Das Gleiche passiert auch, wenn Sie doppelte Verbindungen über mehrere Switches schalten (Abbildung 4.21).

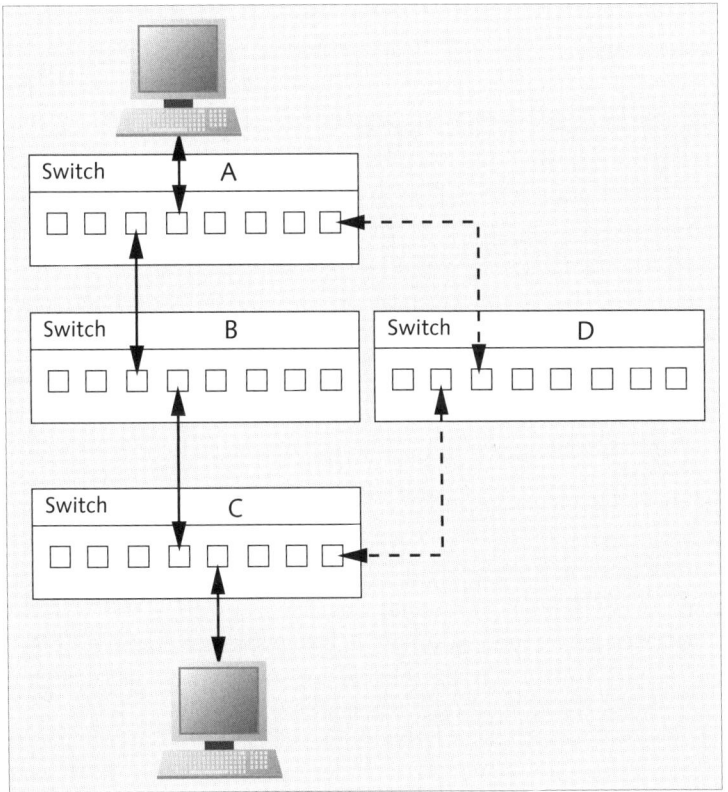

Abbildung 4.21 Redundante Übermittlungswege über mehrere Switches

Beherrschen die beteiligen Switches das *Spanning Tree Protocol* (*STP*), und haben Sie es auf allen auch konfiguriert und aktiviert, schlägt der Attentatsversuch mit dem Patchkabel fehl. Schleifen werden erkannt, einer der Ports gesperrt. Der Switch überprüft in festgelegten Intervallen den Zustand. Aber das ist nicht alles, was das STP zu leisten vermag. Vielmehr bekommen Sie beim Ausfall einer Strecke ohne persönlichen Eingriff eine Ersatzverbindung. Im Beispiel der Abbildung 4.21 werden die Pakete zwischen den Partnern über die Switches A, B und C geleitet. Fällt zwischen den Switches die Verbindung aus, wird der Verkehr automatisch über den sonst geblockten Weg über Switch D geführt.

Der Spanning Tree bildet ein Baummodell. Wie in der Natur auch sind die Äste eines Baumes stets nur am Stamm miteinander gemeinsam verbunden, ihre Enden ragen aber ins Freie und bilden keine Verbindungen aus.

Switches tauschen mit diesem Protokoll Topologie-Informationen im Layer 2 aus. Damit funktioniert dies unabhängig vom gewählten Netzwerkprotokoll. Ein Switch wird dabei als *Root-Bridge* tätig, die Topologie ermittelt und berechnet. Dies geschieht dadurch, dass sich die beteiligten Switches Pakete nach dem *Bridge Protocol Data Unit* (*BPDU*) gegenseitig zusenden. Aus der darin enthaltenen Prioritätsangabe und gegebenenfalls der MAC-Adresse wird das Gerät mit den niedrigsten Werten ermittelt und zur Root-Bridge erklärt. Mit in die Konfiguration fließen auch *Pfadkosten* ein. Je schneller eine Verbindung ist, als desto »kostengünstiger« im Sinne der Pfadkosten gilt sie. Die Folgen daraus erkennen Sie leicht: Langsame Verbindungen werden zu Redundanzstrecken herabgestuft, die Switches sperren die betroffenen Anschlüsse. Dabei bleibt aber die Root-Bridge stets erreichbar. Sie sendet die Konfigurations-BDUS aus. Fällt eines der Geräte aber aus, wird die Topologie-Änderung von den anderen Switches erkannt. Die Baumstruktur (Spanning Tree) wird neu berechnet. Dabei werden die gesperrten Ports nun teilweise geöffnet, damit die Datenpakete auf alternativen Wegen ihr Ziel erreichen können.

Verbindungsabbrüche lassen sich während der Phase der Neuberechnung einer Topologie nicht vermeiden. Beim klassischen STP sind Ausfallzeiten von bis zu 1 Minute in großen Netzen als normal zu betrachten. Störungen des Betriebes sind damit leider unvermeidbar.

Das klassische STP wurde schon vor geraumer Zeit durch das *Rapid Spanning Tree Protocol* (*RSTP*) bzw. bei VLANs durch das *Multiple Spanning Tree Protocol* (*MSTP*) abgelöst. Bei Letzterem bildet jedes VLAN eine eigene Instanz des Spanning Trees. RSTP und MSTP vermindern die Ausfallzeiten dramatisch. Es wird nach dem Erkennen und der Signalisierung von Änderungen durch *Topology Change Notification BPDUs (TCN)* nicht die komplette Topologie neu berechnet, sondern der Betrieb zunächst so weit wie möglich weitergeführt. Erst nach der Neuberechnung der nun zur Verfügung stehenden Strecken wird der neue Spanning Tree zusammengestellt.

4

4.6.3   Verbindungen zwischen Switches (Link Aggregation, Port Trunking, Channel Bundling)

Sie können zwei Switches mit einem Patchkabel verbinden. Im Idealfall haben beide Switches hierfür einen eigenen Hochgeschwindigkeits-Port, so dass Sie die Verbindung auch wirklich nur mit einem Kabel aufbauen können. Ein anderer Weg besteht darin, einige der Anschlüsse zu opfern und die Switches durch mehrere Kabel miteinander zu koppeln (Abbildung 4.22). Damit jetzt nicht das STP einschreitet und bis auf eine alle parallelen Verbindungen blockiert, müssen Ihre Geräte die *Link Aggregation* nach IEEE 802.3ad beherrschen. Damit aus den zwei oder mehreren Strecken auch eine einzige logische Verbindung wird, gibt es auf dem Layer 2 als Erweiterung den *Link Aggregation Control Layer* (*LACL*). Die Switches transportieren die Daten mittels des *Link Aggregation Control Protocols* (*LACP*).

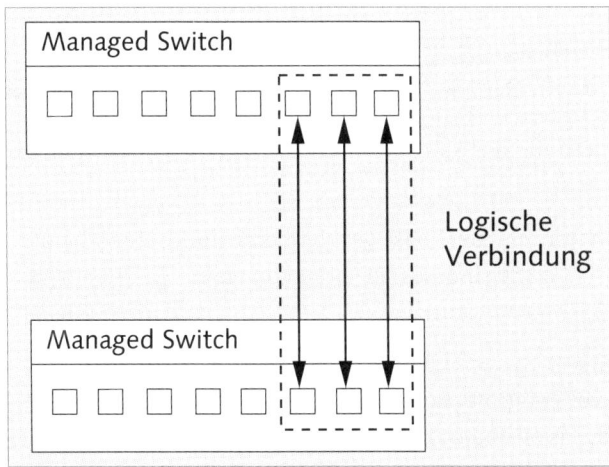

Abbildung 4.22 Zusammenfassung von Einzelverbindungen zu einer logischen Verbindung

Gegenüber der Verwendung von Hochgeschwindigkeits-Ports mit einem Kabel haben Sie hier den Vorteil der Redundanz. Fällt ein Kabel aus, reduziert sich zwar die Geschwindigkeit, die Strecke selbst bleibt aber erhalten. Wollen Sie mit dem *Port Trunking* schnelle Übertragungen ermöglichen, müssen Sie aber ein entsprechend großes »Port-Opfer« bringen. Die Geschwindigkeit addiert sich aus der der einzelnen Ports, welche gleich schnell und im Vollduplexmodus sein müssen. Andererseits sind Sie auch flexibel. Wenn Sie nur aus besonderen Anlässen einmal eine höhere Übertragungsbandbreite benötigen, benutzen Sie diese Vorgehensweise nur im Bedarfsfall. Vergleichen Sie unbedingt auch die Preise bei der Anschaffung. Möglicherweise ist der Switch mit dem Hochgeschwindigkeits-Port (z. B. 10 Gbit/s) teurer als jener, der acht oder zehn Ports mehr besitzt und mit dem Sie im Grunde das Gleiche erreichen können.

4.6.4 Virtuelle Netze (VLAN)

Virtuelle Netze sind logische Teilnetze, welche Sie an einem oder mehreren dafür geeigneten Switches bilden können. Gründe für den Einsatz von virtuellen Netzen gibt es einige:

▶ Die Unterteilung großer Netzwerke in Unterabschnitte hilft Ihnen, Broadcasts einzudämmen und damit die Netzlast geringer zu halten (Bildung mehrerer Broadcast-Domänen).

▶ Sie können die betriebliche Organisation mittels VLANs abbilden (Einkauf, Personal, Vertrieb, Fertigung ...).

▶ Sie können Ihr Netz auch nach Anwendungen einteilen: Internettelefonie (VoIP), Multimediadienste usw.

Virtuelle Netze können Sie auf verschiedene Art und Weise erstellen. Ausschlaggebend hierfür ist, welche Verfahren Ihre Switches beherrschen. Wenn Sie jetzt hier in diesem Zusammenhang auch von *Routern* lesen, hängt dies damit zusammen, dass sogenannte Layer-2-Switches aus Kostengründen wohl weiter verbreitet sind als Layer-3-Geräte. Diese beinhalten Router-Funktionen.

Arten der VLANs

▶ **Portbasiertes VLAN** (Abbildung 4.23): Ein Port – ein VLAN. Ein Port kann immer nur Bestandteil eines VLANs sein. Möchten Sie die virtuellen Netze miteinander kommunizieren lassen, benötigen Sie hierfür einen Router. Es ist so, als würden Sie zwei voneinander getrennte Switches verwenden. Dieses Verfahren hat auch den Vorteil, dass eine klare und übersichtliche Trennung möglich ist und es von kostengünstigeren Switches schon beherrscht wird. Sollen sich portbasierte VLANs über mehrere Switches erstrecken, müssen Sie für jedes VLAN ein eigenes Verbindungskabel benutzen.

▶ **Paketbasiertes VLAN** (Tagged VLAN, Abbildung 4.24): Ein Port kann mehreren VLANs angehören. Vor allem, wenn Sie per Hochgeschwindigkeits-Port zwei Switches verbinden möchten, ist dies von Vorteil. Teilen Sie diese Ports allen an den Switches definierten tagged VLANs zu, so genügt ein einziges Kabel, damit die Daten von und in alle beteiligten VLANs geleitet werden. Diese Verbindung trägt auch die Bezeichnung *Trunk*.

VLAN-Trunks sind nicht identisch mit denen der Link Aggregation! Beim tagged VLAN bekommen die Ethernet-Frames eine Kennzeichnung durch den Switch oder den Netzwerkteilnehmer angefügt, welche das Paket einem VLAN zuweist. Ältere Switches und Netzwerkgeräte (Printserver, PCs) können unter Umständen nicht damit umgehen und verwerfen die überlangen (1522 statt 1518 Byte Länge) Pakete. Norm: IEEE 802.1Q

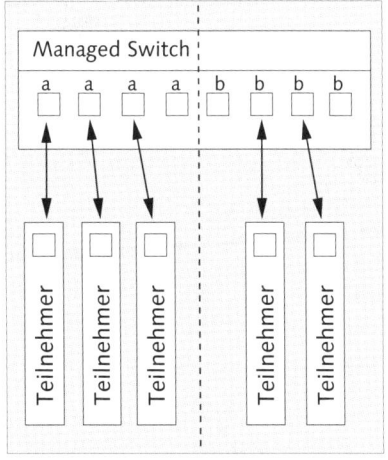

Abbildung 4.23 Portbasiertes VLAN

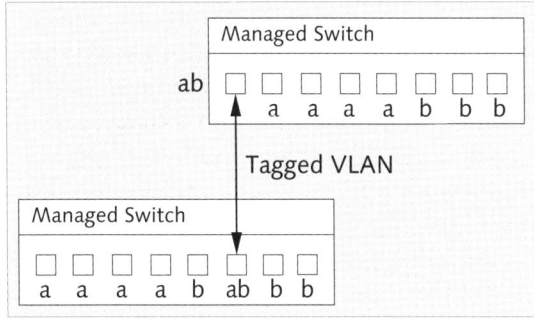

Abbildung 4.24 Paketbasiertes VLAN (tagged VLAN)

Wie vorhin schon erwähnt, sind die Pakete mit dem VLAN-Tag um 4 Byte wegen der Segmentkennung länger. Diese 4 Byte werden zwischen der Quell-MAC-Adresse und dem Typen-Feld eingeschoben. Das VLAN-Tag selbst hat den in Abbildung 4.25 gezeigten Aufbau.

TPID 2 Byte	Priorität 3 Bit	CFI 1 Bit	VID 12 Bit
VLAN-Tag			

Abbildung 4.25 Aufbau des VLAN-Tags

Bestandteile des VLAN-Tags nach IEEE 802.1Q (zu Abbildung 4.25)

▸ **TPID** – Tag Protocol Identifier, vorgegebener Wert 0 x 8100. Damit erkennen Netzwerkteilnehmer, dass es sich um einen »übergroßen« Frame handelt.

▸ **Priorität** – Informationen über die Priorität

▸ **CFI** – Canonical Format Indicator, Wert 0: MAC-Adresse wird kanonisch angegeben, Wert 1: Angabe der MAC-Adresse nicht kanonisch

▸ **VID** – VLAN Identifier: Angabe des VLANs, zu welchem der Frame gehört

Wenn Sie den Switch konfigurieren, stehen Sie vor der Wahl, ob Sie statische oder dynamische VLANs möchten.

Statisches oder dynamisches VLAN?

▸ **Statisches VLAN**: Die einzelnen Ports werden fest konfiguriert, die Eigenschaften bleiben unabhängig vom anschließend darüber laufenden Netzwerkverkehr erhalten.

▸ **Dynamisches VLAN**: Hier bestimmt der Inhalt der Frames die Zugehörigkeit zu den VLANs: MAC-Adressen, IP-Adressen, Netzwerkprotokolle und IP-Port-Nummern können ausgewertet werden. Da hier die Manipulationsgefahr recht groß ist, sollten Sie zumindest in sicherheitskritischen Umgebungen darauf verzichten!

4.6.5   Switch und Sicherheit

Switches werden als zentrale Netzwerkinfrastruktur allzu gerne angegriffen. Man möchte sie entweder gleich außer Gefecht setzen und den Netzwerkverkehr zusammenbrechen lassen oder in durch VLANs abgeschottete Bereiche eindringen. Nachdem die Angriffe sich ja auf der OSI-Ebene 2 abspielen, schlagen diese auf die höheren Schichten mit allen Folgen durch!

Angriffspunkte beim Switch

▸ **Missbrauch des STPs**: Durch gezielte Falschinformationen werden Zusammenbrüche und nicht vorhandene Links gemeldet, womit der Angreifer zur Root-Bridge aufsteigt und sämtlichen Netzwerkverkehr entweder mitliest oder (teilweise) unterbricht.

▸ **Einfall über ungesicherten Trunking-Port**: Der Angreifer tarnt sich selbst als Switch und fügt VLAN-Tags an die Pakete. Der angegriffene Switch möchte den Pseudo-Switch aufnehmen und bietet ihm alle nicht portbasierten VLANs zum Zugriff an.

▸ **Überlauf**: Mit einer Flut von Paketen mit den unterschiedlichsten MAC-Adressen läuft die MAC-Tabelle im Switch über. Wenn keine Sicherheitsfunktionen greifen, wird der Switch alle Pakete an alle Ports weiterleiten, wird damit zum Hub herabgestuft. Der Datendurchsatz sinkt dramatisch, aber der Angreifer kann sämtlichen Netzwerkverkehr mitlesen.

▸ **Gefälschte Frames**: Beim dynamischen VLAN öffnen manipulierte Pakete den Zugang zu eigentlich verborgenen VLANs. MAC-Adressen und Dienstekennungen lassen sich sehr einfach fälschen!

Sie können einem Großteil der Gefahren durch die richtige Konfiguration begegnen. Natürlich kommt es auch auf die Gefährdung selbst an. Von einem Büro voller EDV-Laien, die mit ihrem Job zufrieden sind, geht natürlich eine geringere Gefahr aus als von einem Hochtechnologie-Entwicklungsbüro, welches von Schnüfflern und Personalabwerbern geradezu umzingelt ist. Bei Letzterem müssen Sie mit qualifizierten Angriffen aller Art über das Netzwerk rechnen. Und die Angriffe können durchaus von innen her passieren, sei es durch frustrierte Mitarbeiter mit dem notwendigen Fachwissen oder durch arglos eingeschleppte Schadprogramme. Bedenken Sie auch, dass die Bequemlichkeit des (Netzwerk-) Administrators das Netzwerk für Eindringling öffnet.

Sicherheit für den Switch

▸ **Unbenutzte Anschlüsse**: Stecken Sie die Patchkabel zu unbenutzten Räumen und Netzwerkdosen vom Switch ab.

▸ **Zugriff auf Switch**: Bauen Sie den Switch in einen abschließbaren Schrank, der in einem nicht für jedermann zugänglichen Raum steht.

▸ **Sicherheitsmechanismen**: Aktivieren Sie die Sicherheitsmechanismen, welche die Firmware des Switches enthält, z. B. gegen das »Überschwemmen« mit MAC-Adressen.

▸ **Kennwörter**: Ändern Sie als Erstes überhaupt das Standardpasswort am Switch gegen eines, das nicht zu erraten ist.

▸ **Dynamisches VLAN**: Wenn irgend möglich, verwenden Sie es nicht. Eindringlinge finden immer wieder Wege, Sicherheitsmaßnahmen am Switch zu überlisten. MAC-Adressen lassen sich leicht ändern und sind kein Sicherheitskriterium für den Netzwerkzugang.

▸ **Nicht benutzte Ports**: Weisen Sie diese einem eigenen VLAN zu (portbasiert!), oder deaktivieren Sie diese.

▸ **Port-Trunking**: Deaktivieren Sie es bei den Ports, die nicht entsprechend mit einem anderen Switch verbunden sind.

▸ **Firmware**: Beachten Sie Sicherheitswarnungen des Herstellers Ihres Switches, und führen Sie gegebenenfalls Updates der Firmware durch.

Wenn Sie all dies umsetzen, ist der Switch nicht mehr die große Gefahrenquelle im Netzwerk.

4.6.6   Geräteauswahl

Nachdem Sie jetzt alles über die Fähigkeiten von Switches wissen, können Sie Ihre Kaufentscheidungen leichter treffen. Sie klären zunächst die Zahl der zu verbindenden Netzwerkteilnehmer, das Sicherheitsbedürfnis und die Notwendigkeit weiterer Leistungsmerkmale wie VLANs, Spanning Tree usw. ab. Letztendlich werden Sie auch auf den Preis achten. Vielleicht hilft Ihnen die kleine Zusammenstellung in Tabelle 4.7, die Kaufentscheidung leichter zu treffen.

Nutzer	Ausstattung
Privathaushalte und Kleinstge- werbe	Oftmals sind Switches mit vier oder fünf Anschlüssen zusammen mit Internet-Routern und teilweise WLAN-Einrichtungen kombi- niert. Sie sind meist nicht weiter konfigurierbar und verfügen über einen relativ kleinen Speicher für die MAC-Adressen (2, 4 oder 8 kB). Standardgeräte bieten einen Durchsatz von 100 Mbit/s, seltener 1Gbit/s. Reine »Klein-Switches« bieten meist fünf bis acht Anschlüsse. Die Stromversorgung erfolgt in der Regel mittels Steckernetzteil. Für die bei Jugendlichen beliebten LAN-Partys kommen überwie- gend nicht managebare Geräte mit 16 oder 48 Ports in Frage, wel- che selbst mit 1Gbit/s-Ports schon günstig auf dem Gebraucht- markt erhältlich sind.
Klein- und Mittel- betriebe, größere Haushalte	Hier kommen Ausführungen mit 8, 16, 24 oder 48 Ports zum Zuge. In diesen Größenordnungen sind sowohl nicht managebare als auch managebare Geräte üblich. Teilweise besitzen sie Gehäuse im 19-Zoll-Formfaktor und können so in Server- oder Netzwerkschränke eingebaut werden. Erweiterungssteckplätze für LWL-Anschlüsse oder Hochgeschwindigkeits-Ports können eingebaut sein.
Großbetriebe und -behörden	Managebare Switches mit redundanten Netzteilen und umfang- reichen Managementfunktionen und einer hohen Port-Zahl arbei- ten hier in 19-Zoll-Schränken. Zudem werden Switches benutzt, welche man zu einem »logischen« zusammenkoppeln kann (Trun- king, Bündelung).
	In diesem Umfeld kommen auch Klein-Switches mit vier oder acht Ports zum Einsatz, teilweise auch mit zusätzlichem Glasfaseran- schluss. Sie dienen der Verbindung von wenigen Geräten in einem Büro, ein »Uplink« (Kupfer oder Glasfaser) dient der Verbindung mit dem zentralen Switch. Was hier an Verkabelungskosten gespart wird, geht zu Lasten des Datendurchsatzes. Die Leistungs- fähigkeit eines Ports vom zentralen Switch wird am angeschlosse- nen Klein-Switch mit den weiteren Anschlüssen geteilt. Im normalen Büroalltag hat dies wenig Bedeutung, bei besonders netzlastigen Verfahren (Multimedia, IP-Telefonie) allerdings kön- nen solche Konfigurationen an die Grenzen ihrer Leistungsfähig- keit geraten. Ferner sind im Bezug auf Sicherheitsanforderungen nicht alle Konfigurationen möglich.

Tabelle 4.7 Einkaufshilfe für Switches

4.6.7   Anzeigen und Anschlüsse am Switch

In Tabelle 4.8 finden Sie Begriffe, mit denen Leuchtanzeigen und Anschlüsse bei den meisten Switch-Modellen beschriftet sind.

Anzeige/Bedienelement	Bedeutung
10/100/1.000 oder Farbkennzeichnung	Anzeige der Übertragungsrate
Link	Leuchtet: Verbindung in Ordnung bzw. angeschlossenes Gerät ist aktiv. Flackert/blinkt: Datenübertragung ist aktiv.
ACT	Flackert/blinkt: Datenübertragung ist aktiv.
PWR	Leuchtet: Netzstromversorgung, Switch ist mit Stromnetz verbunden.
Zahlenangaben über Steckplatz/bei Link-Leds	Leuchtet: Port ist mit aktivem Gerät verbunden (siehe Link).
UPLINK	Verbindungsanschluss für weiteren Switch oder Router, meist mit höherer Geschwindigkeit
Auto MDI(X)	Beschriftung: Gerät erkennt automatisch, ob das angeschlossene Kabel gemäß EIA/TIA T568 A oder -B belegt ist (Crosskabel/Normalbelegung).
Console	Anschluss: SUB-D-9 oder RJ-45: für Konfigurationsarbeiten per serieller Schnittstelle
SFP	Anschluss: Small Form-factor Pluggable, nimmt kleine Erweiterungssteckmodule mit jeweils einer Anschlussmöglichkeit auf (LWL, Kupfer). Meist sind diese Module Mini-GBICs.
GBIC	Anschluss: GigaBit Interface Converter, ermöglicht den Anschluss (LWL, Kupfer) von 1Gbit/s- oder 10Gbit/s-Leitungen (wird durch SFP Mini-GBICs abgelöst).
COL, Collision	Anzeige: Kollision
HX, HDX	Anzeige: Halbduplex-Übertragung (ein Partner »hört«, der andere sendet)

Tabelle 4.8 Bezeichnung von Anzeigen und Anschlüssen an Switches

Anzeige/Bedienelement	Bedeutung
DX, VDX, Duplex	Anzeige: Vollduplex-Übertragung, beide Partner können gleichzeitig senden und empfangen.
FAULT	Anzeige: fehlerhafte Verkabelung bzw. Loop, je nach Ausstattung
Config Port	Anschluss: Netzwerkanschluss für die Konfiguration, wird nicht über die »normalen« Ports erreicht.

Tabelle 4.8 Bezeichnung von Anzeigen und Anschlüssen an Switches (Forts.)

4.6.8   Konfiguration eines Switches allgemein

Am Beispiel des D-Link DGS-1210-16 können Sie die wichtigsten Schritte verfolgen, mit denen Sie einen Switch für Ihr Netz konfigurieren. Das Beispiel betrifft ein sehr kleines Netz, aber Sie sehen alle notwendigen Arbeiten.

Bauen Sie den Switch in den Netzwerk- oder EDV-Schrank (19-Zoll-Standard) ein, und stellen Sie die Stromversorgung her.

Ersteinrichtung des Switches

1. IP-Adresse auf das »eigene« Netz passend ändern. Für den Fall, dass Sie ein eigenes Administrationsnetz benutzen, passen Sie die Adresse dafür an.

2. Vergeben Sie ein sicheres Administrationskennwort.

3. Stellen Sie anschließend sicher, dass sich nur Berechtigte am Gerät selbst zu schaffen machen können (abschließbarer EDV-Schrank, -Raum).

Diese Arbeiten müssen Sie immer ausführen. Vergessen Sie nicht, die neuen Einstellungen auch zu sichern (links oben SAVE • SAVE CONFIGURATION). Damit werden die Einstellungen in den Gerätespeicher geschrieben. Sie sollten diese Daten auch außerhalb des Switches sichern. Dazu gehen Sie auf TOOLS und wählen hier CONFIGURATION BACKUP & RESTORE. Klicken Sie auf BACKUP, und laden Sie damit die Datei *config.bin* auf Ihren Rechner.

4.6.9   Spanning Tree am Switch aktivieren

Mit wenigen Handgriffen haben Sie den Spanning Tree aktiviert. Wählen Sie am Switch CONFIGURATION • SPANNING TREE • STP GLOBAL SETTINGS, und setzen Sie den

RSTP-STATUS auf ENABLED, STP-VERSION auf RSTP (Abbildung 4.26). Die Bridge-Priorität stellt sich normalerweise von selbst auf den angezeigten Wert ein.

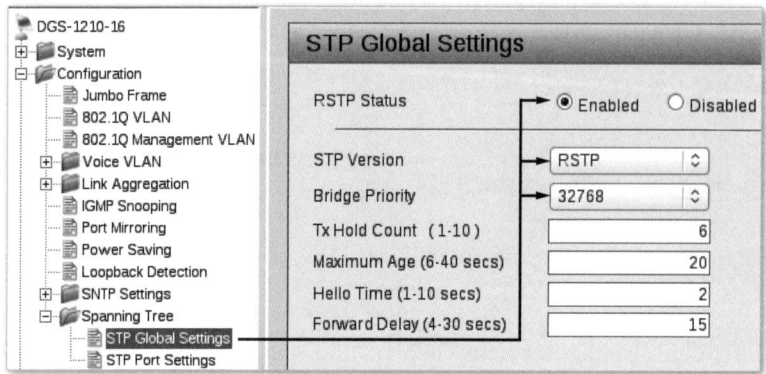

Abbildung 4.26 Aktivieren von Spanning Tree

Im Menü STP PORT SETTINGS (Abbildung 4.27) haben Sie die Möglichkeit, die Konfiguration zu verfeinern. Sie sehen auch den Zustand der Anschlüsse: FORWARDING oder BLOCKING. Wenn Sie nun zwei Ports mit einem Patchkabel verbinden, wird der Switch zunächst nach der festgesetzten Zeit (15 Sekunden) den Port prüfen. Stellt er die redundante Netzverbindung fest, wird einer der Ports blockiert und das Netzwerk nicht weiter belastet.

STP Port Settings   ○ Safeguard

From Port		01	To Port		16	State		Enabled

External Cost (0-200000000; 0=AUTO)	2000000	Migrate	Disabled	Edge	Auto
Priority	128	P2P	Auto	Restricted Role	False
Restricted TCN	False				

Apply   Refresh

Port	State	Priority	External Cost	Edge	P2P	Restricted Role	Restricted TCN	Port State
01	Enable	128	2000000	Auto	Auto	False	False	Forwarding
02	Enable	128	2000000	Auto	Auto	False	False	Blocking
03	Enable	128	2000000	Auto	Auto	False	False	Blocking
04	Enable	128	2000000	Auto	Auto	False	False	Blocking
05	Enable	128	2000000	Auto	Auto	False	False	Forwarding
06	Enable	128	2000000	Auto	Auto	False	False	Blocking
07	Enable	128	2000000	Auto	Auto	False	False	Forwarding
08	Enable	128	2000000	Auto	Auto	False	False	Blocking
09	Enable	128	2000000	Auto	Auto	False	False	Blocking
10	Enable	128	2000000	Auto	Auto	False	False	Blocking
11	Enable	128	2000000	Auto	Auto	False	False	Forwarding
12	Enable	128	2000000	Auto	Auto	False	False	Blocking
13	Enable	128	2000000	Auto	Auto	False	False	Blocking
14	Enable	128	2000000	Auto	Auto	False	False	Blocking
15	Enable	128	2000000	Auto	Auto	False	False	Blocking
16	Enable	128	2000000	Auto	Auto	False	False	Blocking

Abbildung 4.27 Feinkonfiguration und Statusanzeige für Spanning Tree

4.6.10 VLAN-Konfiguration von Switches

Für das Beispiel habe ich zwei VLANs, 1 und 3 angelegt. Die VLAN-ID 1 funktioniert nicht auf allen Switches. In diesem Fall verwenden Sie eine andere.

Einrichtung der VLANs am Switch

▸ VLAN 1 (VID 1): Untagged 1–10, tagged: 11

▸ VLAN 2 (VID 3): Untagged 12–16, tagged: 11

▸ Benennen von VID 1 in Netz 1

▸ Benennen von VID 3 in Netz 3

Melden Sie sich über den Webbrowser am Switch an, und wählen Sie im linken Funktionsbaum die Einträge CONFIGURATION • 802.1Q VLAN.

Setzen Sie links oben im Hauptfenster ASYMMETRIC VLAN auf ENABLED (Abbildung 4.28).

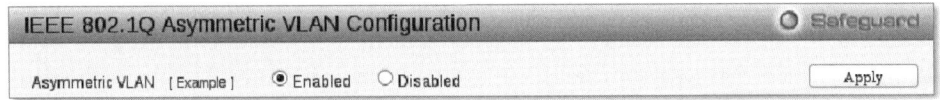

Abbildung 4.28 Setzen von Asymetric VLAN

Geben Sie VID 1 einen Namen. Klicken Sie dazu auf RENAME, und geben Sie den neuen Namen »Netz 1« ein.

Klicken Sie auf den Link von VID 1, und nehmen Sie die Ports 12 bis 16 durch Klicken auf NOT MEMBER daraus heraus, Port 11 setzen Sie auf TAG (Abbildung 4.29).

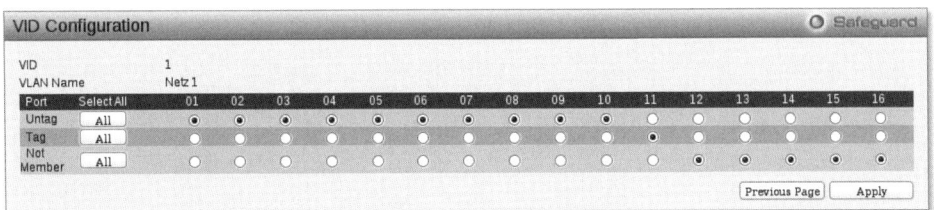

Abbildung 4.29 Festlegen der Ports für VID 1

Klicken Sie auf ADD VID, damit Sie ein weiteres virtuelles Netzwerk VID 3 mit dem Namen Netz 3 anlegen können. Tragen Sie die Informationen in die Felder ein, und klicken Sie bei den Ports 12 bis 16 auf UNTAG sowie 11 auf TAG. Die fertige Konfiguration sehen Sie in Abbildung 4.30.

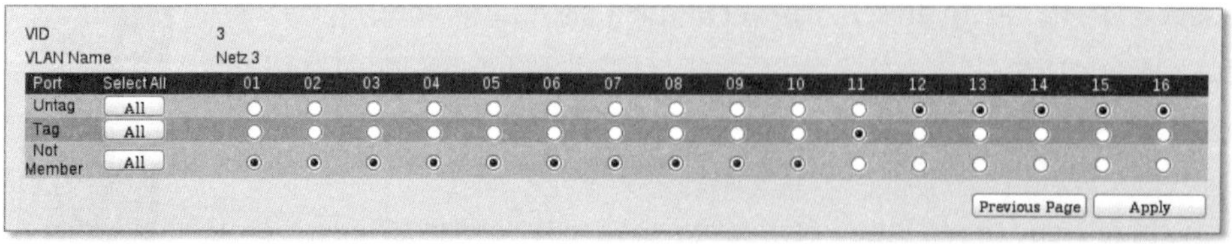

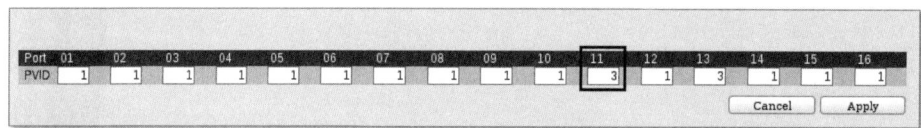

Abbildung 4.30 Anlegen von VID 3

Klicken Sie auf PVID-SETTINGS, und setzen Sie Port 11 auf den Wert 3 (nicht zwingend; als Beispiel für Geräte, die nicht selbst tagged VLAN unterstützen), wie Abbildung 4.31 zeigt.

Abbildung 4.31 Setzen der PVID-Einträge (VLAN-Nummer)

Am Ende sollte die VLAN-Konfiguration wie in Abbildung 4.32 aussehen.

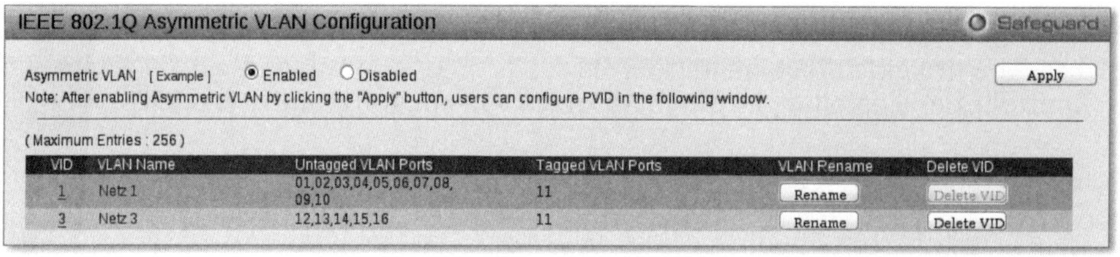

Abbildung 4.32 Fertige VLAN-Konfiguration

Sichern Sie die Konfiguration über SAVE • SAVE CONFIGURATION (links oben über den Funktionsbaum).

4.6.11   Konfiguration von Rechnern für tagged VLANs

Anstelle eines (weiteren) Switches können Sie auch einen Rechner an den tagged VLAN-Port anschließen. Obwohl hier auch IP-Adressen vergeben werden, was thematisch in den nächsten Abschnitt gehört, geht es hier aber um die Einstellungen, mit denen Sie ein tagged VLAN schaffen. Ein so konfigurierter Rechner kann verschiedene Aufgaben für alle tagged VLANs, die den Port führen, übernehmen (Datenbank, Plattenspeicher, Anwendungsserver, Internetzugang, Netzwerkverkehrsverschlüsselung etc.). Im Folgenden sehen Sie die Einstellungen für verschiedene Betriebssysteme.

VLAN-Konfiguration

4

unter FreeBSD

Sie brauchen nur die Datei */etc/rc.conf* wie im Beispiel abzuändern. Der bisherige Eintrag für die Netzwerkkarte wird auskommentiert. Die Netzwerkkarte in diesem Beispiel ist */dev/ae0*.

```
#ifconfig_ae0="inet 192.168.0.46 netmask 255.255.255.0"
cloned_interfaces="vlan1 vlan3"
ifconfig_vlan1="inet 192.168.0.36 netmask 255.255.255.0 vlan 1 vlandev ae0"
ifconfig_vlan3="inet 192.168.1.36 netmask 255.255.255.0 vlan 3 vlandev ae0"
ifconfig_ae0="up"
ipv6_enable="YES"
defaultrouter="192.168.0.1"
hostname="RECHNERNAME.DOMAIN.TLD"
```

Kontrollieren Sie die Einstellungen. Wenn Sie eine Anzeige wie diese erhalten, können Sie anschließend über die jeweiligen Switch-Ports Verbindung zum Rechner aufnehmen.

Kontrolle der Einstellungen durch Absetzen von »ifconfig« unter FreeBSD

```
$ ifconfig
ae0: flags=8843<UP,BROADCAST,RUNNING,SIMPLEX,MULTICAST> metric 0 mtu 1500
options=82018<VLAN_MTU,VLAN_HWTAGGING,WOL_MAGIC,LINKSTATE>
    ether 00:1d:60:75:92:de
    inet6 fe80::21d:60ff:fe75:92de%ae0 prefixlen
  64 scopeid 0x1
    nd6 options=3<PERFORMNUD,ACCEPT_RTADV>
    media: Ethernet autoselect (100baseTX <full-duplex>)
    status: active
..............................
vlan1: flags=8843<UP,BROADCAST,RUNNING,SIMPLEX,MULTICAST> metric 0 mtu 1500
    ether 00:1d:60:75:92:de
    inet 192.168.0.36 netmask 0xffffff00 broadcast 192.168.0.255
    inet6 fe80::21d:60ff:fe75:92de%vlan1 prefixlen 64 scopeid 0x6
    nd6 options=3<PERFORMNUD,ACCEPT_RTADV>
```

```
    media: Ethernet autoselect (100baseTX <full-duplex>)
    status: active
    vlan: 1 parent interface: ae0
vlan3: flags=8843<UP,BROADCAST,RUNNING,SIMPLEX,MULTICAST> metric 0 mtu 1500
    ether 00:1d:60:75:92:de
    inet 192.168.1.36 netmask 0xffffff00 broadcast 192.168.1.255
    inet6 fe80::21d:60ff:fe75:92de%vlan3 prefixlen 64 scopeid 0x7
    nd6 options=3<PERFORMNUD,ACCEPT_RTADV>
    media: Ethernet autoselect (100baseTX <full-duplex>)
    status: active
    vlan: 3 parent interface: ae0
```

Linux unterliegt einer gewissen Vielfalt. Ich zeige Ihnen deshalb das Vorgehen für Debian-basierte Distributionen (unter anderem Ubuntu), welche gerne im Server-Bereich eingesetzt werden. Hier müssen Sie zunächst ein Programmpaket (vlan) installieren, bevor Sie mit der Einrichtung der VLANs beginnen können. Ich zeige hier die Methode, VLANs durch Einträge in */etc/network/interfaces* zu konfigurieren.

VLAN-Konfigurationunter Linux (Debian)

Installieren Sie das Paket vlan, und richten Sie Ihre VLANs als Benutzer root wie folgt ein:

```
Einträge unter /etc/network/interfaces:
auto vlan1
iface vlan1 inet static
address 192.168.0.36
netmask 255.255.255.0
vlan_raw_device eth1

auto vlan3
iface vlan3 inet static

address 192.168.1.36
netmask 255.255.255.0
vlan_raw_device eth1
```

Setzen Sie anschließend noch folgende Kommandos ab, um die neuen Einträge im laufenden System zu aktivieren:

```
ZE4:/etc/network# ifup vlan1
Added VLAN with VID == 1 to IF -:eth1:-
```

```
WARNING:  VLAN 1 does not work with many switches,
consider another number if you have problems.
if-up.d/mountnfs[vlan1]
: waiting for interface vlan3 before doing NFS mounts (warning).
ZE4:/etc/network# ifup vlan3
Set name-type for VLAN subsystem. Should be visible in /proc/net/vlan/config
Added VLAN with VID == 3 to IF -:eth1:-
```

Das System warnt vor der Vergabe der VID 1. Es gibt einige Switch-Modelle, welche hier Probleme verursachen. In diesem Fall ist alles gut gegangen, wie Sie nach der Abfrage erkennen können:

Kontrolle der Einstellungen durch Absetzen von »ifconfig« unter Linux (Debian)

```
ZE4:/etc/network# ifconfig
........................
eth1    Link encap:Ethernet  Hardware Adresse 00:18:e7:16:71:30
        UP BROADCAST MULTICAST  MTU:1500  Metrik:1
        RX packets:0 errors:0 dropped:0 overruns:0 frame:0
        TX packets:0 errors:0 dropped:0 overruns:0 carrier:0
        Kollisionen:0 Sendewarteschlangenlänge:1000
        RX bytes:0 (0.0 B)  TX bytes:0 (0.0 B)
        Interrupt:17 Basisadresse:0x8c00

........................

vlan1   Link encap:Ethernet  Hardware Adresse 00:18:e7:16:71:30
        inet Adresse:192.168.0.36  Bcast:192.168.0.255  Maske:255.255.255.0
        UP BROADCAST MULTICAST  MTU:1500  Metrik:1
        RX packets:0 errors:0 dropped:0 overruns:0 frame:0
        TX packets:0 errors:0 dropped:0 overruns:0 carrier:0
        Kollisionen:0 Sendewarteschlangenlänge:0
        RX bytes:0 (0.0 B)  TX bytes:0 (0.0 B)

vlan3   Link encap:Ethernet  Hardware Adresse 00:18:e7:16:71:30
        inet Adresse:192.168.1.36  Bcast:192.168.1.255  Maske:255.255.255.0
        UP BROADCAST MULTICAST  MTU:1500  Metrik:1
        RX packets:0 errors:0 dropped:0 overruns:0 frame:0
        TX packets:0 errors:0 dropped:0 overruns:0 carrier:0
        Kollisionen:0 Sendewarteschlangenlänge:0
        RX bytes:0 (0.0 B)  TX bytes:0 (0.0 B)
```

Unter Microsoft Windows müssen Sie sich eine Netzwerkkarte kaufen, bei der der Hersteller VLAN per Treiber unterstützt. Nach Einbau der Baugruppe und Installation des Treibers können Sie dann die VLANs konfigurieren. Hier hilft Ihnen nur der Blick in die der Karte beiliegende Handbuchdatei.

4.7   Routing – Netzwerkgrenzen überschreiten

Der Weg Ihrer Datenpakete endet gewöhnlich an der Grenze des Netzwerksegmentes, in dem Sie diese erzeugt haben. Mittels Router überwinden sie diese Grenzen und können weltweit ihren Empfänger erreichen.

Router arbeiten auf der Ebene des IP-Protokolls (OSI-Ebene 3) und arbeiten damit mit den IP-Adressen. Diese Geräte kennen sowohl die an sie angeschlossenen Netze als auch ihre Nachbarn. Router tauschen untereinander Informationen über Wege und Hosts mittels eigener Protokolle aus. Sie benutzen dazu auch teilweise das ICMP- bzw. IGMP-Protokoll.

Router lösen den Datenteil des anfragenden Ethernet-Frames heraus. Die Daten werden in einen neuen Ethernet-Frame gegeben, welcher die MAC-Adresse des nächsten Routers oder Zielrechners trägt. Die Ziel-IP-Adresse hilft dem Router, die für ihn »nächste« MAC-Adresse zu erfragen. Die Weitervermittlung über einen Router trägt den Namen *Hop*.

Router beherrschen redundante Verbindungen. Sie verwenden stets die schnellste. Im Beispiel in Abbildung 4.33 (linker Teil des Schemabildes) verläuft die schnelle Verbindung über die Router 1 und 3. Die langsamere Verbindung über die Router 2, 4 und 5 ist als Alternative hinterlegt.

Wenn nun Ihre schnelle Verbindung nicht mehr genutzt werden kann, kennen die Router die Ausweichstrecke, hier im Beispiel (Abbildung 4.33, rechter Teil des Schemabildes) über die Router 2, 4 und 5.

In der Praxis finden Sie bei der Internetanbindung kleinerer Netze eine ISDN-Anbindung als Notfalllösung vor. Fällt die DSL- oder Mietleitung aus, baut der Router über einen eingebauten ISDN-Anschluss eine »Notverbindung« per Einwahlleitung auf.

Sie können auch PCs als Router konfigurieren. Normalerweise verwenden Sie aber eigens dafür geschaffene Geräte. Bei Privatkunden und Firmen finden Sie oft DSL-Router in den verschiedensten Ausführungen. Manche Geräte haben einen kleinen Switch integriert. Andere Modelle besitzen WLAN-Funkeinrichtungen. Router finden Sie auch in den LAN-Verteilerschränken von Unternehmen untergebracht, welche ihre Filialen untereinander vernetzt haben.

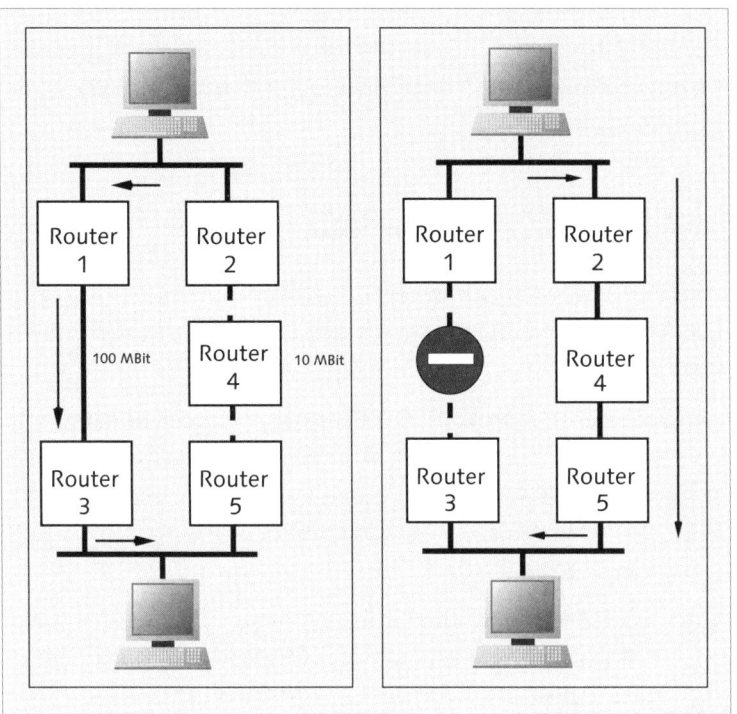

Abbildung 4.33 Links: Router bevorzugen stets die schnellste Verbindung.
Rechts: Aktivierte Ersatzroute

Allgemeines über das Routing

Aufgabe: Datentransport durch ein IP-Netzwerk über Netzwerkgrenzen hinweg

Router tauschen ihre Informationen sowohl mit UDP als auch mit TCP aus.

Routing-Arten:

▶ Dynamisches Routing: Die Routing-Tabelle ändert sich. Über das Routing-Protokoll werden Erreichbarkeitsdaten zwischen den Routern ausgetauscht.

▶ Statisches Routing: Feste Vorgaben der Routen, Router kann nicht bei Netzproblemen reagieren und z. B. Ausweichstrecken benutzen.

Wichtige Protokolle:

▶ BGP (Border Gateway Protocol)

▶ IS-IS (Intermediate System to Intermediate System Protocol)

- ▸ OSPF (Open Shortest Path First)

- ▸ RIP (Routing Information Protocol, zum Teil veraltet)

Begriffe:

- ▸ Standard-Gateway (Standard-Router): Leitet alle Anfragen eines Subnetzes an ein anderes (Sub-)Netz weiter. Gateways im ursprünglichen Sinn verbinden verschiedenartige Netze.

- ▸ Standard-Route: Angabe des Standard-Gateways

- ▸ AS: Autonomes System, von einem Internet-(Infrastruktur-)Provider betreuter Bereich des Internets

- ▸ Metrik: Angabe über den Aufwand für eine Verbindung (Hops, Geschwindigkeit usw.)

Über die Eigenschaften der Routing-Protokolle müssen Sie dann informiert sein, wenn Sie Router-Hardware beschaffen. Im Allgemeinen treffen Sie auf Geräte, welche auch mit mehreren Protokollen arbeiten können:

- ▸ BGP: Dieses Protokoll kann gut mit mehreren Verbindungen zu verschiedenen Routing Domains umgehen (Interdomain-Routing). Internetbenutzer könnten damit sogar gleichzeitig mit mehreren Internet-Service-Providern verbunden sein. In den RFCs 1195, 1349, 2474, 3168, 3260, 5302 und 5304 sowie unter *http://www.bgp4.as/* finden Sie weitere Informationen darüber. BGP4 ist derzeit ein Quasistandard.

- ▸ IS-IS: Sie finden hier viele Dinge von OSPF. Zusätzlich steht Ihnen hier ein Domänenkonzept zur Verfügung, mit dem Sie hierarchische Netzstrukturen gut bedienen können. In der Berechnung der Metrik finden Sie unter anderem die Werte von Fehlerrate, Leitungskapazität und Laufzeit. Details finden Sie in den RFCs 4271, 4456, 4893, 5886, 6286, 6608.

- ▸ OSPF: Innerhalb eines autonomen Systems (AS) können Sie mit diesem Protokoll Routing-Aufgaben erledigen lassen (Intradomain-Routing). Es kommt auch mit hierarchischen Strukturen zurecht. OSPF verwendet stets den kürzestmöglichen Weg (also wenige Hops). Bei mehreren gleichwertigen Verbindungsmöglichkeiten benutzt das Protokoll alle und ermöglicht damit eine Lastverteilung. In den RFCs 2328, 5709 und 6549 finden Sie weitere Details.

- ▸ RIP: Dieses Protokoll sollten Ihre Router nicht mehr verwenden. OSPF und BGP haben es abgelöst. Die RFCs 2453 und 4822 erläutern Ihnen die Funktionsweise.

Tiefer möchte ich an dieser Stelle nicht in die Theorie der Routing-Protokolle einsteigen. In der Praxis kaufen Sie die Geräte, konfigurieren einige wenige Punkte und haben damit weiter nichts mehr zu tun. Sie führen allenfalls Firmware-Updates durch oder pflegen Konfigurationsänderungen ein.

4.7.1   Gemeinsame Nutzung einer IP-Adresse mit PAT

Ein kleines lokales Netz schließen Sie normalerweise per ISDN-Einwahl oder DSL an das Internet an. Ihr Provider weist Ihnen entweder dauerhaft oder temporär eine IPv4-Adresse zu. Ihre Rechner im lokalen Netz verfügen über private IPv4-Adressen. Nach außen, im Internet, werden sie aber nur durch diese einzige IPv4-Adresse repräsentiert.

Sie möchten vom Internet aus auf einen FTP-Server, der auf einem Ihrer Rechner im lokalen Netz läuft, zugreifen. Ihr Router tritt als Stellvertreter dieses Rechners auf und leitet die entsprechenden Pakete an diesen Rechner weiter. Zum Gelingen dieser Aktion trägt *PAT* (*Port and Address Translation*) bei, auch bekannt unter dem Kürzel *NAPT* (*Network Address Port Translation*).

▸ **Network Address Translation** (*NAT*) und PAT bieten Ihnen mehr Netzwerksicherheit. Ihre Rechner des lokalen Netzes sind im Internet nicht direkt »sichtbar«. Verschiedene Angriffsmethoden funktionieren deshalb nicht.

▸ Mit der flächendeckenden Einführung des IPv6 werden Sie normalerweise keine einzelne IP-Adresse mit mehreren Rechnern teilen müssen. Sie werden dennoch einen Router benötigen, da Sie weiterhin im lokalen Netz »private« Adressen verwenden werden.

4.7.2   Festlegen des Standard-Gateways

In Abbildung 4.4 sehen Sie die manuelle Netzwerkkonfiguration eines Windows-PCs. In diese Maske tragen Sie auch das Standard-Gateway (auch als Default-Router bezeichnet) ein.

Bei Debian-Linux tragen Sie die Information für die jeweilige Netzwerkkarte in die Datei */etc/network/interfaces* (Abschnitt »Linux« in Abschnitt 4.2.1) ein. Wenn Sie FreeBSD verwenden, setzen Sie den Eintrag unter */etc/rc.conf* (Abschnitt »FreeBSD« in Abschnitt 4.2.1) ebenfalls bei der Netzwerkkarte (`defaultrouter`). Natürlich können Sie auch `sysinstall` zur Konfiguration verwenden.

Sie können diesen Eintrag (und alle anderen Routen auch) später nach dem vollständigen Rechnerstart ändern. Bei Linux und FreeBSD erstellen Sie dazu einfach ein RC-Skript, welches die neuen Einträge setzt und gegebenenfalls beim Herunterfahren oder Wechsel in den Runlevel 1 wieder zurücksetzt. Solange das System nicht »für die Öffentlichkeit« arbeitet, werden seine Anfragen über das Gateway in das »geschützte« Netz geleitet. Sie können dann per Netz Sicherheits-Updates aufspielen oder andere, ebenso sicherheitrelevante Arbeiten vornehmen.

4.7.3   Routing-Tabelle abfragen (netstat)

Sie können mit netstat die Routing-Tabellen Ihrer Systeme kontrollieren. Sie kommen damit falschen Einträgen, z. B. für das Default-Gateway, auf die Spur. Dieses Kommando können Sie auf allen gängigen Betriebssystemen absetzen, es unterscheiden sich aber teilweise die Optionen und der Umfang der Ergebnisanzeigen.

Ich erkläre hier nur das Abfragen der Routing-Einträge. Weitere Ausführungen zu netstat finden Sie in Abschnitt 10.7.2, »Verbindungen anzeigen mit netstat«. Geben Sie im Terminal (oder dem »DOS«-Fenster) netstat -r ein. In Abbildung 4.34 sehen Sie die Abfrage unter Debian-Linux. Dieselbe Ausgabe erhalten Sie übrigens mit dem Kommando route –n.

```
harald@ZE4:~$ netstat -r
Kernel-IP-Routentabelle
Ziel            Router          Genmask         Flags   MSS Fenster irtt Iface
192.168.0.0     *               255.255.255.0   U         0 0          0 eth0
192.168.0.0     *               255.255.255.0   U         0 0          0 eth1
default         192.168.0.1     0.0.0.0         UG        0 0          0 eth1
default         192.168.0.1     0.0.0.0         UG        0 0          0 eth0
harald@ZE4:~$ ▊
```

Abbildung 4.34 Ausgabe »netstat«

Sehen Sie sich die Ausgabe von netstat genauer an. Der Rechner hat zwei aktive Netzwerkkarten (eth0 und eth1), welche in der rechten Spalte Iface aufgeführt werden. Die linke Spalte gibt das Ziel an. Hier finden Sie entweder eine IP-Adresse oder den Eintrag default. In diesem Fall wird hierher der gesamte Datenverkehr außerhalb des eigenen Netzes (hier 192.168.0.0) geschickt. In der zweiten Spalte von links finden sie die Angabe für den Router. Das Zeichen »*« gibt Ihnen an, dass für das angegebene Ziel kein Router notwendig ist (hier lokales Netz). Dafür finden Sie zusätzlich eine Spalte weiter die passende Netzmaske (255.255.255.0). Für den Standard-Router finden Sie die IP-Adresse (192.168.0.1) sowie den Netzmaskeneintrag (0.0.0.0). Letzterer zeigt Ihnen zusätzlich an, dass alle nicht für das weiter oben angeführte lokale Netz bestimmten Pakete an diesen Router gegeben werden. Die Spalte Flags gibt Ihnen weitere Auskünfte (Tabelle 4.9). Die weiteren Angaben sind für die Kontrolle der Route ohne Belang.

Flag-Wert	Bedeutung
!	Sämtliche Datagramme werden verworfen.
D	Bezeichnet eine dynamische Route, welche mittels ICMP-Nachricht oder eines Routing-Daemons erzeugt wird.
G	Die Route verläuft über ein Gateway.
H	Die Route bezieht sich auf einen einzelnen Host und kein (Teil-)Netz.
M	Der Eintrag wurde durch eine ICMP-Nachricht verändert.
U	aktive Netzwerkschnittstelle

Tabelle 4.9 Flag-Werte der netstat-Ausgabe

4.7.4   Routenverfolgung mit traceroute

Für die Verfolgung einer Route verwenden Sie traceroute. Sie müssen immer das Ziel als IP-Adresse oder Namen angeben. Die Option -6 prüft die Routen mit IPv6-Adressen. In Abbildung 4.35 sehen Sie zunächst eine Anfrage innerhalb des lokalen Netzes (1 Hop), weiter eine nach außerhalb (10 Hops).

```
harald@ZE4:~$ # traceroute für Rechner im lokalen Netz
harald@ZE4:~$ #
harald@ZE4:~$ #
harald@ZE4:~$ traceroute ze4
traceroute to ze4 (192.168.0.34), 30 hops max, 40 byte packets
 1  ze4 (192.168.0.34)  0.019 ms  0.005 ms  0.005 ms
harald@ZE4:~$ #
harald@ZE4:~$ #
harald@ZE4:~$ # traceroute nach außerhalb des lokalen Netzes
harald@ZE4:~$ #
harald@ZE4:~$ #
harald@ZE4:~$ traceroute www.galileo-press.de
traceroute to www.galileo-press.de (85.88.3.146), 30 hops max, 40 byte packets
 1  pD9ED535B.dip.t-dialin.net (217.237.83.91)  27.036 ms  27.582 ms  28.145 ms
 2  217.0.116.196 (217.0.116.196)  52.686 ms  54.499 ms  56.462 ms
 3  217.0.76.86 (217.0.76.86)  59.256 ms  62.597 ms  63.841 ms
 4  k-ea4-i.K.DE.NET.DTAG.DE (217.5.73.10)  79.065 ms  80.318 ms  81.562 ms
 5  81.173.192.97 (81.173.192.97)  83.200 ms  84.673 ms  86.612 ms
 6  core-pg2-t13.netcologne.de (87.79.16.253)  89.303 ms  56.222 ms  60.071 ms
 7  core-sto2-vl503.netcologne.de (195.14.195.115)  67.958 ms  71.168 ms
core-sto1-vl503.netcologne.de (195.14.195.114)  72.409 ms
 8  rtkds-sto-po2.netcologne.de (87.79.16.58)  75.412 ms rtkds-sto-po1.netcologne.de
(87.79.16.54)  84.408 ms rtkds-sto-po2.netcologne.de (87.79.16.58)  78.624 ms
 9  195.14.228.42 (195.14.228.42)  133.527 ms  134.090 ms  134.652 ms
10  grobi.galileo-press.de (85.88.3.146)  87.371 ms  89.564 ms  91.282 ms
harald@ZE4:~$
```

Abbildung 4.35 Ausgabe von »traceroute«

4.7.5   Route manuell hinzufügen (route)

Mit dem Befehl route add setzen Sie neue Einträge in die Routing-Tabelle des System-kernes. Sie können sowohl einen Host (-host <ADRESSE>) als auch ein ganzes Netzwerk (-net <ADRESSE>) als Ziel angeben. Unter Linux und FreeBSD finden Sie weitere Informationen, wenn Sie in der Shell man route eingeben.

In Abbildung 4.36 sehen Sie das Setzen der Default-Route (Standard-Gateway). Mit der Zusatzangabe default gw drücken Sie dies in diesem Kommando aus.

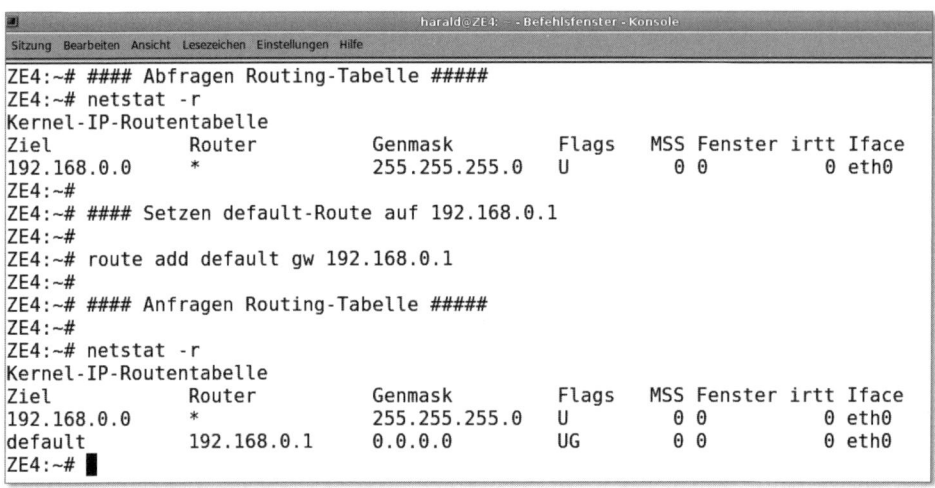

Abbildung 4.36 Setzen der Default-Route

Eine Route in ein weiteres Netz richten Sie mit der Angabe -net ein, wie in Abbildung 4.37 gezeigt. Hierbei müssen Sie auch die Netzmaske und die Schnittstelle angeben.

Sie können auch zu einem einzelnen Host eine Route setzen (Abbildung 4.38). Sie müssen die Netzwerkkarte angeben. In der Ausgabe von netstat sehen Sie die Kennzeichnung H für den Host.

Für die Betriebssysteme FreeBSD und Microsoft Windows weicht die Syntax des route-Kommandos ab. Sie finden die Befehle für das Setzen von Routen in den Tabellen 4.10 und 4.11.

```
ZE4:~# #### Kernel-Routing-Tabelle anzeigen ####
ZE4:~#
ZE4:~# netstat -r
Kernel-IP-Routentabelle
Ziel            Router          Genmask         Flags   MSS Fenster irtt Iface
192.168.0.0     *               255.255.255.0   U         0 0           0 eth0
default         192.168.0.1     0.0.0.0         UG        0 0           0 eth0
ZE4:~#
ZE4:~#
ZE4:~# #### Setzen Route für zusätzliches Netzwerk  ####
ZE4:~#
ZE4:~# route add -net 192.168.1.0 netmask 255.255.255.0 dev eth0
ZE4:~#
ZE4:~#
ZE4:~# #### Kernel-Routing-Tabelle anzeigen ######
ZE4:~#
ZE4:~# netstat -r
Kernel-IP-Routentabelle
Ziel            Router          Genmask         Flags   MSS Fenster irtt Iface
192.168.1.0     *               255.255.255.0   U         0 0           0 eth0
192.168.0.0     *               255.255.255.0   U         0 0           0 eth0
default         192.168.0.1     0.0.0.0         UG        0 0           0 eth0
ZE4:~# █
```

Abbildung 4.37 Setzen einer Route in ein (weiteres) Netz

```
ZE4:~# #### Kernel-Routing-Tabelle anzeigen ######
ZE4:~#
ZE4:~# netstat -r
Kernel-IP-Routentabelle
Ziel            Router          Genmask         Flags   MSS Fenster irtt Iface
192.168.0.0     *               255.255.255.0   U         0 0           0 eth0
default         192.168.0.1     0.0.0.0         UG        0 0           0 eth0
ZE4:~#
ZE4:~#
ZE4:~# #### Setzen Host als Routing-Ziel #####
ZE4:~#
ZE4:~# route add -host 192.168.1.1 dev eth0
ZE4:~#
ZE4:~# #### Kernel-Routing-Tabelle anzeigen ######
ZE4:~#
ZE4:~# netstat -r
Kernel-IP-Routentabelle
Ziel            Router          Genmask         Flags   MSS Fenster irtt Iface
192.168.1.1     *               255.255.255.255 UH        0 0           0 eth0
192.168.0.0     *               255.255.255.0   U         0 0           0 eth0
default         192.168.0.1     0.0.0.0         UG        0 0           0 eth0
ZE4:~# █
```

Abbildung 4.38 Setzen einer Route für einen Host

Aktion	Beispiel
Setzen Default-Gateway	route add default 192.168.0.1
Routing in ein weiteres Netz, der Router (192.168.1.1) muss mit angegeben werden.	route add -net 192.168.1.0/24 192.168.1.1
Routing an einen einzelnen Host	route add -host 192.168.1.2 192.168.1.1

Tabelle 4.10 FreeBSD: route

Dauerhafte Routeneinträge bringen Sie in der Datei */etc/rc.conf* unter. Schlagen Sie hierzu im Systemhandbuch von FreeBSD nach.

Aktion	Beispiel
Route anzeigen	route print
Setzen Standard-Gateway	route add 0.0.0.0 mask 0.0.0.0 192.168.0.1
Routing in ein weiteres Netzwerk	route add 192.168.1.0 mask 255.255.255.0 192.168.1.1
dauerhafte Route setzen	route -p add 192.168.1.0 mask 255.255.255.0 192.168.1.1

Tabelle 4.11 Microsoft Windows: route

4.7.6   Route löschen (route)

Mit der Option -del löschen Sie Routen aus der Tabelle. Sie müssen dabei die vollständigen Angaben zur Route wie beim Setzen anführen (Abbildung 4.39).

Unter FreeBSD löschen Sie mittels

```
route del -net 192.168.1.0/24
```

ein Netz oder mit

```
route del -host 192.168.1.2
```

einen Host aus der Routing-Tabelle.

```
ZE4:~# #### Kernel-Routing-Tabelle anzeigen ######
ZE4:~#
ZE4:~# netstat -r
Kernel-IP-Routentabelle
Ziel            Router          Genmask          Flags   MSS Fenster irtt Iface
192.168.1.1     *               255.255.255.255 UH         0 0           0 eth0
192.168.1.0     *               255.255.255.0   U          0 0           0 eth0
192.168.0.0     *               255.255.255.0   U          0 0           0 eth0
default         192.168.0.1     0.0.0.0         UG         0 0           0 eth0
ZE4:~#
ZE4:~#
ZE4:~# #### Löschen des Host-Eintrages in der Routing-Tabelle
ZE4:~#
ZE4:~# route del -host 192.168.1.1 dev eth0
ZE4:~#
ZE4:~# #### Löschen des Netz-Eintrages in der Routing-Tabelle
ZE4:~#
ZE4:~# route del -net 192.168.1.0 netmask 255.255.255.0 dev eth0
ZE4:~#
ZE4:~#
ZE4:~# #### Kernel-Routing-Tabelle anzeigen ######
ZE4:~#
ZE4:~# netstat -r
Kernel-IP-Routentabelle
Ziel            Router          Genmask          Flags   MSS Fenster irtt Iface
192.168.0.0     *               255.255.255.0   U          0 0           0 eth0
default         192.168.0.1     0.0.0.0         UG         0 0           0 eth0
ZE4:~#
```

Abbildung 4.39 Löschen von Routen (zu einem Host und einem Netzwerk)

Bei Microsoft Windows geben Sie ein:

```
route del 192.168.1.0 mask 255.255.255.0
```

Der route-Befehl von FreeBSD und Windows kennt einen Änderungsmodus (change). Damit ändern Sie Angaben in der Routing-Tabelle.

4.8   Multicast-Routing

Software-Updates per Internet, Multiplayerspiele, Musik- und Videoübertragungen fordern eine Abkehr von den 1:1-Verbindungen. Hier müssen Sie die gleichen Pakete an viele Empfänger übertragen. Damit es im Netz keinen Stau wegen unzähliger Routing-Anweisungen gibt, verwenden Sie das Multicast-Routing.

Für jedes abgehende Datenpaket müssen Sie mehrere Empfänger angeben. In der Praxis bekämen Sie mit der praktischen Handhabung aber Probleme. Ihr Rechner hätte große

Probleme, die Adressen der anfragenden Hosts samt Routing-Anweisungen sicher unterzubringen. Zudem sollen verloren gegangene Pakete keinesfalls wiederholt werden, damit es z. B. bei Videoübertragungen nicht bei allen Teilnehmern »ruckelt«, nur weil einige von ihnen eine langsame oder schlechte Internetanbindung haben. Datenschutzgründe stehen der Verwendung von Einzeladressen ebenfalls entgegen.

Es ist Sache spezieller Multicast-Router, die untereinander in Verbindung stehen, die Pakete weiterzuleiten. Beachten Sie hierbei auch die Reservierung spezieller Adressen, dargestellt in Tabelle 3.11 in Abschnitt 3.5.7, »Weitere reservierte Adressen«.

Mittels des *Internet Group Management Protocols* (*IGMP*) werden Ihre Datenpakete an Multicast-Router gesendet, welche Empfängergruppen verwalten. Sie benötigen damit wenige Zieladressen. Eine Kommunikation zwischen den Mitgliedern einer Empfängergruppe ist nicht möglich. Sie bleiben untereinander anonym. Das IGMP kennt nur drei Nachrichtentypen: *membership_query*, als Antwort darauf den *membership_report* und *leave_group*. Mit dem `membership_query` fragen Router bei einem Host an, in welcher Multicast-Gruppe er Mitglied ist. Die Antwort sendet der Host mit dem `membership_report`. Diesen sendet er auch ohne Anfrage, wenn er einer Multicast-Gruppe beitreten möchte. Möchte Ihr Host eine Multicast-Gruppe verlassen, sendet er `leave_group`.

Das MBone ist hierzulande das bekannteste virtuelle Multicast-Netzwerk. Für die weitere Vertiefung dieses Themas lesen Sie die RFCs 1112, 2003, 2236, 3168, 3376, 4301, 4604 und 6040 nach.

4.9   Praxisübungen

Hier finden Sie zusammenfassende Aufgaben, mit denen Sie Ihr Wissen überprüfen und gegebenenfalls auch vertiefen können. Die Aufgaben behandeln den gesamten bisherigen Stoff, also von den physikalischen Verbindungen bis hin zur Namensauflösung. Die Lösungshinweise finden Sie im Anhang in Abschnitt B, »Auflösungen Prüfungsfragen«.

4.9.1   Glasfasern

1. Sie vernetzen Ihre Filiale mit dem Hauptbetrieb per Glasfaser. Zwischen den beiden Orten liegen ca. 8 km. Welche Faser verwendet der Vermieter Ihrer Standleitung?

2. Was passiert, wenn Sie den vom Kabelhersteller vorgegebenen Biegeradius Ihres LWL-Kabels unterschreiten?

3. Welche Vorteile bieten Ihnen Glasfasern gegenüber der Kupferverkabelung?

4. An beiden Enden einer bisher funktionierenden LWL-Strecke schließen Sie mittels SC-Duplex-Steckverbindern Medienkonverter an. Die Kontroll-LEDs für den Link leuchten nicht. Die Medienkonverter selbst sind fehlerfrei. Wie stellen Sie eine funktionierende Verbindung her?

4.9.2   TP-Verkabelung

1. Welche Kabelkategorie verbauen Sie bei Netzerweiterungen?

2. Sie renovieren Büroräume. Für die Stromversorgung bestehen bereits Kabelkanäle aus Kunststoff, in welchen die Stromkabel liegen. Dürfen Sie diese Kanäle für die Netzwerkkabel (Cat. 7) mitbenutzen?

3. Was passiert, wenn Sie die maximale Länge einer Kabelstrecke überschreiten?

4.9.3   Switches

1. Wie konfigurieren Sie Ihren Switch, damit er trotz bestehender Schleife weiter betriebsfähig bleibt?

2. Was bedeutet die Angabe AUTO-MDI(X) an einem Switch?

3. Welche Vorteile bringt die Verwendung von VLANs?

4.9.4   MAC- und IP-Adressen

1. Was benötigen Sie, um in einem Netz jedem Host schon während seines Boot-Vorganges eine IP-Adresse zuzuweisen?

2. Mit welchem Parameter legen Sie damit die Gültigkeit einer Adresszuweisung fest?

4.9.5   Namensauflösung

1. Mit welcher Maßnahme setzen Sie für den jeweiligen Rechner gültige »Websperren« zur Erhöhung der Sicherheit?

2. Mit welchem Record-Typ versehen Sie eine IPv6-Adresse in einer Zonendatei?

3. Mit welcher Maßnahme stellen Sie sicher, dass bei der Namensauflösung auf einem Linux- oder FreeBSD-Rechner zuerst die Datei /etc/hosts und erst anschließend der Name-Server bemüht wird?

4.9.6 Routing

1. Was verstehen Sie unter einem Default-Router oder einem Standard-Gateway?

2. Erklären Sie die folgende Abfrage der Routing-Tabelle in Abbildung 4.40.

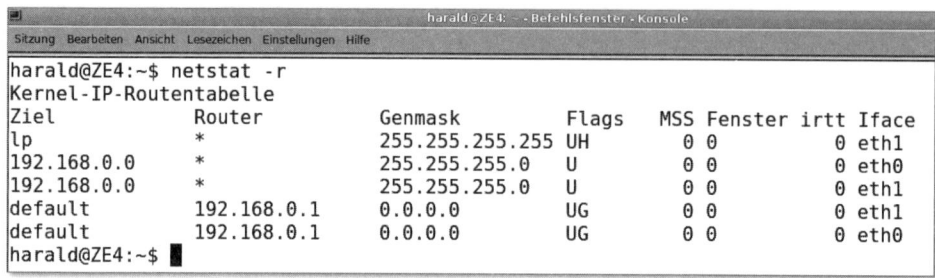

Abbildung 4.40 Abfrage Routing-Tabelle

3. Wie lautet Ihre Eingabe zum Löschen der Route zum Host lp?

4.9.7 Sicherheit im lokalen Netz

1. Kann die MAC-Adresse zur eindeutigen Identifizierung eines Netzwerkteilnehmers herangezogen werden?

2. Was zeigt Ihnen diese Programmausgabe?

```
ZE4:~# arp -a
192.168.0.12 auf 00:c0:ee:83:7f:0d [ether] auf eth0
192.168.0.18 auf 00:c0:ee:83:7f:0d [ether] auf eth0
192.168.0.40 auf 00:c0:ee:83:7f:0d [ether] auf eth0
192.168.0.42 auf 00:c0:ee:83:7f:0d [ether] auf eth0
192.168.0.44 auf 00:c0:ee:83:7f:0d [ether] auf eth0
```

3. Sie haben leicht zugängliche, meist unbenutzte Räume in Ihrem Firmengebäude, welche mit Netzwerkdosen ausgestattet sind. Mit welchen Maßnahmen verhindern Sie, dass sich Unbefugte physikalisch mit Ihrem Netzwerk verbinden?

4. Wie erhöhen Sie die Sicherheit beim NDP (IPv6) bezüglich Spoofing-Attacken?

5. Mit welcher vorbeugenden Maßnahme können Sie Ihre wichtigen Adressen im Internet trotz DNS-Ausfall erreichen?

Kapitel 5

Steuer- und Fehlercodes mit ICMP und ICMPv6 übertragen

Alarmanlage für IP-Verbindungen

Während TCP und UDP der reinen Datenübertragung dienen, helfen Ihnen die Protokolle ICMP und ICMPv6 beim Übermitteln von Steuerungs- und Fehlermeldungen. Vertiefende Informationen finden Sie in RFC 792 (Updates in RFCs 950 und 4884) sowie in RFC 1122 (Updates in RFCs 1349, 4379, 5884, 6093, 6298 und 6633).

ICMP-Pakete erkennen Sie am Servicetyp 0 und an der Protokollnummer 1 im IPv4-Header. Beim ICMPv6 lautet die Protokollnummer 58.

Sicher ist Ihnen `ping` vertraut, mit dem Sie IP-Netzwerkverbindungen überprüfen (siehe die Abschnitte 4.4.1, »Prüfung der Erreichbarkeit und Namensauflösung mit ping/ping6«, und 10.7.8, »Erreichbarkeit von Hosts prüfen mit ping/ping6«). Hier arbeiten Sie selbst mit ICMP. Sonst benutzen Rechner und Router dieses Protokoll ohne Ihr Zutun. Bestimmte Anwendungen arbeiten ebenfalls mit ICMP und lassen Ihnen, je nach Situation, Status- und Fehlermeldungen (im Klartext) zukommen.

ICMP-Meldungen können Ihnen beim Beheben von Netzwerkproblemen behilflich sein. Egal ob IPv4 oder IPv6, Sie finden immer den gleichen Aufbau bei den Nachrichten vor (Tabelle 5.1). Beachten Sie hierbei eine Grundregel: Eine ICMP-Nachricht löst keine weitere Reaktion aus. Die Ausnahme hiervon finden Sie mit `ping` (`echo request`).

8 Bit	8 Bit	16 Bit
Typ	Code	Prüfsumme
ICMP-Nachricht/Daten		

Tabelle 5.1 Aufbau von ICMP-Nachrichten

Für einen Eintrag im Feld `Typ` finden Sie ein oder mehrere zugehörige Einträge bei `Code`.

5.1 ICMP-Pakete (IPv4)

Sie finden in Tabelle 5.2 einige Einträge für das Feld Typ und die Codes dazu dargestellt.

Typ	Name	Code	Nachricht
0	Echo Antwort	0	Echo Antwort
8	Ping Echo Anfrage	0	Echo Anfrage
3	Ziel unerreichbar	0	Netzwerk nicht erreichbar
		1	Host nicht erreichbar
		2	Protokoll nicht erreichbar
		3	Port nicht erreichbar
		4	Fragmentierung benötigt, aber nicht erlaubt (DON'T FRAGMENT gesetzt)
		5	Source-Route fehlgeschlagen
		6	Zielnetzwerk unbekannt
		7	Ziel-Host unbekannt
		8	Quell-Host isoliert
		9	Kommunikation mit dem Zielnetzwerk ist verboten.
		10	Kommunikation mit dem Ziel-Host ist verboten.
		11	Zielnetzwerk ist für den gegebenen Service-Typ nicht erreichbar.
		12	Ziel-Host ist für den angegebenen Service-Typ nicht erreichbar.
		13	Kommunikation verboten (durch Firewall)
9	Router Advertisement	0	Normal Router Advertisement

Tabelle 5.2 Auswahl von ICMP-Nachrichten

Typ	Name	Code	Nachricht
		16	Routet keinen allgemeinen Verkehr.
10	Router Selection	0	(Router-Auswahl)
30	Traceroute		Traceroute

Tabelle 5.2 Auswahl von ICMP-Nachrichten (Forts.)

Eine komplette Übersicht hierfür erhalten Sie bei *http://www.iana.org/assignments/ icmp-parameters*. In dieser Aufstellung finden Sie auch alle zugehörigen RFCs.

5.2   ICMPv6-Pakete

Das Format der ICMP-Pakete für IPv6 entspricht zwar jenen des IPv4. Doch finden Sie hier eine andere Nummerierung der Typen vor. Zusätzlich begegnen Ihnen neue Arten von Typen und die Unterscheidung in Fehler- und Informationsnachrichten. Die Fehlernachrichten finden Sie in Tabelle 5.3, einige Informationsnachrichten in Tabelle 5.4.

Typ	Name	Code	Nachricht
1	Destination unreachable	0	Keine Route zum Ziel
		1	Kommunikation mit Ziel untersagt (z. B. durch Firewall)
		2	Zieladresse außerhalb des Bereiches der Quelladresse
		3	Adresse nicht erreichbar
		4	Port unerreichbar
		5	Quelladresse verletzt Ein-/Ausgangsregeln
		6	Routing zum Ziel verweigert
		7	Fehler im Quell-Routing-Header
2	Packet too big	0	(zulässige Paketgröße überschritten)

Tabelle 5.3 Fehlernachrichten des ICMPv6

Typ	Name	Code	Nachricht
3	Time exceeded	0	Hop Limit beim Durchgang überschritten
		1	Zeit zum Zusammensetzen von Fragmenten überschritten
4		0	Fehlerhaftes Header-Feld entdeckt
		1	Unerkannter Next Header-Typ entdeckt
		2	Unerkannte IPv6-Option entdeckt

Tabelle 5.3 Fehlernachrichten des ICMPv6 (Forts.)

In der folgenden Tabelle 5.4 finden Sie einige Informationsnachrichten. Die darin aufgeführten Typen 133 bis 137 sind auch in Tabelle 3.4 in Abschnitt 3.3.2, »Neighbor Discovery Protocol (NDP), IPv6«, genauer behandelt. Der Code-Eintrag lautet für die meisten Einträge 0.

Typ	Name
128	Echo request (ping)
129	Echo reply
130	Multicast Listener Query
131	Version 1 Multicast Listener Report
132	Multicast Listener Done
133	Router Solicitation
134	Router Advertisement
135	Neighbor Solicitation
136	Neighbor Advertisement
137	Redirect
138	Router Renumbering
139	ICMP Node Information Query

Tabelle 5.4 Informationsnachrichten des ICMPv6

Typ	Name
140	ICMP Node Information Response
141	Inverse Neighbor Discovery Solicitation Message
142	Inverse Neighbor Discovery Advertisement Message
143	Version 2 Multicast Listener Report
144	Home Agent Address Discovery Request Message
145	Home Agent Address Discovery Reply Message
146	Mobile Prefix Solicitation
147	Mobile Prefix Advertisement
151	Multicast Router Advertisement
152	Multicast Router Solicitation
153	Multicast Router Termination

Tabelle 5.4 Informationsnachrichten des ICMPv6 (Forts.)

Für die Typen 138, 139 und 140 finden Sie in der Tabelle 5.5 die möglichen Code-Einträge.

Type	Code	Nachricht
138	0	Router Renumbering Command
	1	Router Renumbering Result
	255	Sequence Number Reset
139	0	Datenfeld enthält eine IPv6-Adresse.
	1	Datenfeld enthält einen Host-Namen.
	2	Datenfeld enthält eine IPv4-Adresse.
140	0	Antwort erfolgreich, das Datenfeld kann leer oder gefüllt sein.
	1	Antwort wurde verweigert.
	2	Fragetyp (s. 139, 0-2) unbekannt

Tabelle 5.5 Code-Einträge ausgewählter ICMPv6-Nachrichten

Die komplette Übersicht über die ICMPv6-Nachrichten können Sie unter *http://www.iana.org/assignments/icmpv6-parameters* nachlesen. Dort sind auch die dazugehörigen RFCs mit angegeben.

Kapitel 6
Datentransport mit TCP und UDP

TCP und UDP – wie Einschreiben und Normalpost

Der weltweite Datentransport geschieht überwiegend innerhalb von IP-Netzen. Ihre Daten werden hier in Pakete zerlegt und am Zielort wieder zusammengesetzt. Den dabei entstehenden Datenstrom können Sie kontrolliert per TCP übertragen. Damit entlasten Sie die Anwendung, welche die Korrektheit und Vollständigkeit überprüfen müsste. Natürlich erkaufen Sie sich diese Sicherheit mit erhöhter Netzlast. Diese senken Sie dadurch, dass Sie UDP zur Datenübertragung einsetzen. In diesem Fall sendet Ihr Rechner auf gut Glück die Datenpakete ins Netz. Die jeweils kommunizierenden Anwendungen kontrollieren den Fluss, die Korrektheit und Vollständigkeit der Daten selbst – und verursachen sowohl bei Sender als auch Empfänger eine höhere Rechnerauslastung.

Die TCP- oder UDP-Datagramme liegen im Datenbereich der IP-Pakete. Egal, welches Transportprotokoll Sie benutzen, Ihre Daten brauchen jeweils einen »Hafen« für den Start und das Ziel ihrer Reise, die Ports.

6.1   Transmission Control Protocol (TCP)

Mit TCP benutzen Sie ein verbindungsorientiertes Übertragungsprotokoll für Ihre Datenpakete. Verbindungen werden förmlich auf- und abgebaut, die Datenübertragung selbst unterliegt einer Flusskontrolle. Durch diese Flusskontrolle gehen keine Daten verloren. Unvollständige oder fehlende Pakete werden von der Gegenstelle bemerkt und erneut angefordert. Der Empfänger-Rechner setzt die Datenpakete in ihrer richtigen Reihenfolge wieder zusammen und übergibt sie der Anwendung.

Die TCP-Verbindung kann von den beiden Hosts gleichberechtigt in jede Richtung genutzt werden. Insoweit wird es für Sie manchmal schwierig sein, mitprotokollierten Netzwerkverkehr richtig zu deuten. Die beim TCP verwendeten Ports bilden zusammen mit der IP-Adresse die *Sockets*.

6.1.1   Das TCP-Paket

Das TCP-Paket, auch *TCP-Datagramm* genannt, beinhaltet keine Absender- oder Ziel-IP-Adresse. Vielmehr finden Sie nur die *Port-Nummern* von Sender und Empfänger vor. Die IP-Adressen der beteiligten Hosts sind bereits im *IP-Header* angegeben, in welchem das Datagramm im Datenteil abgelegt ist.

TCP könnten Sie auch innerhalb anderer Netzwerkprotokolle verwenden. Beim IP-Protokoll gibt Ihnen der Ethernet-Frame einen Nutzlastanteil von 1500 Byte vor. Hiervon müssen Sie aber noch den IP-Header mit 20 Byte und den TCP-Header mit ebenfalls 20 Byte abziehen. Unter Umständen benutzen Sie zusätzlich eine Übertragungsmethode wie PPP oder PPPoE (DSL). In diesem Fall gehen davon nochmals 8 Byte verloren. Es verbleiben 1460 oder nur 1452 Byte für Ihre Daten. Diesen Wert nennt man die *Maximum Segment Size* (*MSS*). Auf diesen Wert können sich Sender und Empfänger beim Verbindungsaufbau einigen, hierzu belegen sie das Optionsfeld mit diesem Parameter. Den Aufbau des TCP-Datagramms finden Sie in Abbildung 6.1

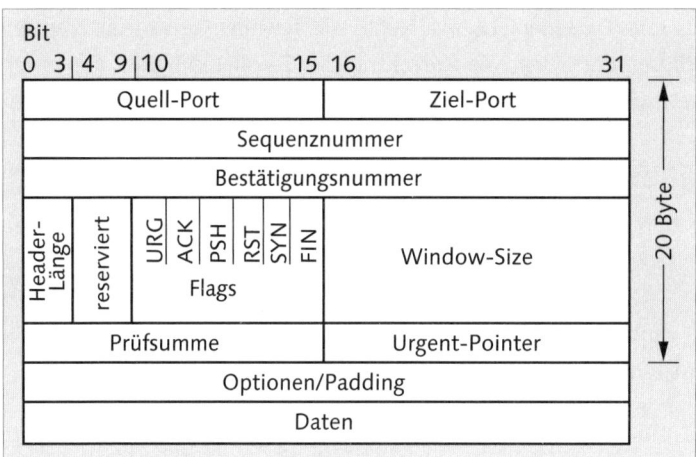

Abbildung 6.1 Aufbau TCP-Datagramm

Die Bedeutung der einzelnen Felder habe ich in Tabelle 6.1 erklärt.

Feld	Inhalt	Größe (Bits)
Quell-Port	Port-Nummer der sendenden Anwendung	16
Ziel-Port	Port-Nummer der empfangenden Anwendung	16

Tabelle 6.1 TCP-Header

Feld	Inhalt	Größe (Bits)
Sequenz-nummer	Nummer des Datenpaketes innerhalb des Datenstromes. Sie darf während der Verbindung nur einmal vorkommen.	32
Bestätigungs-nummer	Bestätigung eines Paketes oder Blockes	32
Header-Länge	Header-Länge, angegeben mit der Zahl der benutzten 32-Bit-Blöcke. Damit wird der Beginn der Nutzdaten beschrieben.	4
reserviert	unbenutzt	6
Flags	1-Bit-Kennzeichen (Werte 1 oder 0) mit folgenden Bedeutungen:	–6
	URG: Kennzeichnet die Einleitung einer Steueranweisung. Alle Pakete ab diesem Flag werden direkt an die Anwendung weitergereicht und nicht gepuffert. Das Ende einer Steueran-weisung setzt der *Urgent-Pointer*. In der Praxis brechen Sie z. B. damit Datenübertragungen oder Kommandos ab.	1
	ACK: Acknowledgement. Das ACK-Flag bestätigt die Gültig-keit der Bestätigungsnummer (ACK-Number). Damit bestä-tigt TCP den vollständigen und richtigen Empfang eines Paketes (oder Blockes mit mehreren Paketen).	1
	PSH: So gekennzeichnete Pakete übergehen den Empfangs-puffer und gelangen direkt zur Anwendung. Damit vermei-den Sie z. B. »Hänger« bei Fernsitzungen.	1
	RST: Abbruch von bestehenden Verbindungen, Abweisen von unerwünschten Verbindungen (z. B. geschlossener Port). Im Gegensatz zu UDP sendet der Empfänger kein »Port-unreachable«-ICMP-Paket an den Absender.	1
	SYN: Anzeigen des Verbindungsaufbaues und damit verbun-den Synchronisieren der Sequenznummer. Der Empfänger bestätigt den Verbindungsaufbau mit SYN + ACK. Er kann den Verbindungsaufbau mit RST ablehnen.	1
	FIN: Schlusszeichen einer Übermittlung. Der Sender zeigt das Ende der Daten an und gibt die Verbindung frei.	1

Tabelle 6.1 TCP-Header (Forts.)

Feld	Inhalt	Größe (Bits)
Window-Size	Anzahl der Bytes, die der Sender übermitteln darf, ohne ein Überlaufen des Empfangspuffers hervorzurufen.	16
Prüfsumme (Checksum)	Quersumme zum Prüfen der Unversehrtheit der Pakete.	16
Urgent-Pointer	Angabe der Position des letzten Bytes der Urgent-Daten (Flag URG) im Datenstrom. Das Flag URG muss gleichfalls gesetzt sein, damit diese Anweisung gültig ist.	16
Optionen/ Padding	Übergabe von Optionen. Damit dieser Bereich immer 32 Bit Länge aufweist, wird der ungenutzte Platz mit »0« aufgefüllt (Padding).	32
Daten	Die Nutzdaten für die empfangende Anwendung	–

Tabelle 6.1 TCP-Header (Forts.)

Weitere vertiefende Informationen finden Sie in den RFCs **793**, 1122, 1323, 3168 und 6093.

6.1.2   TCP: Verbindungsaufbau

Zunächst sendet Host 1 ein Anfragepaket an Host 2 (SYN). Im Beispiel der Abbildung 6.2 nimmt er die Anfrage an und sendet seine Zustimmung als SYN ACK-Paket zurück. Host 1 bestätigt wiederum mit einem ACK den Erhalt und beginnt mit der Übermittlung der Datenpakete. Schon beim Verbindungsaufbau kommen beidseitig Sequenznummern zum Einsatz.

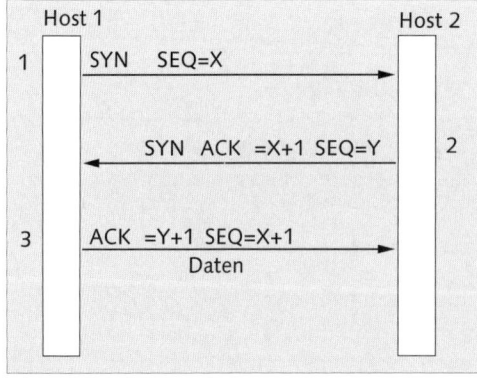

Abbildung 6.2 TCP: Verbindungsaufbau

Diese Sequenznummern bildet jeder Host für sich (SEQ = X, SEQ = Y). Bei der ersten Antwort sendet Host 2 die um den Wert 1 erhöhte als Bestätigungsnummer (ACK, ACK-Nummer) zusammen mit seiner eigenen Sequenznummer zurück. Host 1 bestätigt den Erhalt, indem er mit ACK und der um 1 erhöhten Sequenznummer des Hosts 2 als Bestätigungsnummer antwortet. Gleichzeitig erhöht er den Wert seiner eigenen Sequenznummer und übermittelt diese ebenfalls. Die Verbindung ist aufgebaut.

Einen Verbindungswunsch kann ein Host durch Senden eines Paketes mit dem RST-Flag ablehnen.

6.1.3 TCP: Transportkontrolle

Das Datenvolumen kann größer sein als der für die Nutzlast bemessene Speicherplatz. Der sendende Host teilt die Daten paketweise auf (Segmentierung). Jedes Segment bekommt einen eigenen TCP-Header und wird an den Empfänger übermittelt. Dieser setzt aus den einzelnen Paketen die Daten in der Reihenfolge der Sequenznummern wieder zusammen. Anschließend übergibt TCP die kompletten Daten der anfordernden Anwendung.

Nach dem erfolgreichen Verbindungsaufbau sendet Host 1 an Host 2 seine Daten (Abbildung 6.3). Für jedes erfolgreich übermittelte Paket antwortet Host 2 mit einem ACK-Paket, welches auch die Bestätigungsnummer (= Sequenznummer des erhaltenen Paketes) beinhaltet.

Im Beispiel in der Abbildung 6.3 sehen Sie zunächst den Ablauf der Einzelquittierung. Bei der reinen Datenübermittlung kommt diese kaum zum Einsatz, da diese das Netz zusätzlich belastet. Die gebräuchliche Blockquittierung erlaubt es dem Sender, mehrere Pakete zu übermitteln, wenn diese miteinander zusammenhängen. Der Empfänger gibt in seinem ACK-Paket als Bestätigungsnummer die letzte empfangene Sequenz zurück. Tritt bei der Übermittlung ein Fehler auf, erkennt der Sender nach Ablauf eines Timers das Fehlen von unbestätigten Sequenzen (*Retransmission Timer*). Er sendet diese Pakete nochmals ab.

Mit der Prüfsumme werden Unregelmäßigkeiten innerhalb der Pakete erkannt. Für die Berechnung der Prüfsumme zieht TCP nur folgende Daten heran:

▶ IP-Adresse Sender

▶ IP-Adresse Empfänger

▶ Leerfeld 00000000

▶ Protokoll-ID (6)

▶ Länge in Bytes des TCP-Headers mit den Nutzdaten

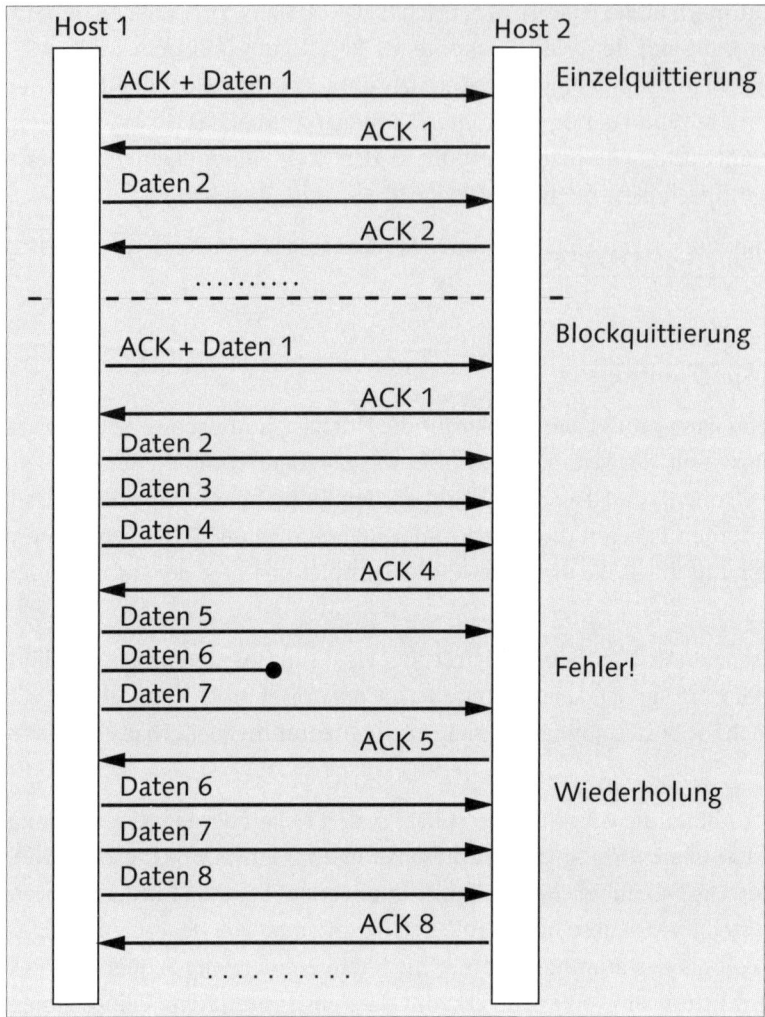

Abbildung 6.3 TCP: Datenübertragung

6.1.4   TCP: Verbindungssabbau

Liegen keine zu übermittelnden Daten mehr vor, baut der Sender die TCP-Verbindung wieder ab. Auch dies unterliegt einem eigenen Formalismus. Der sendende Host 1 sendet ein Paket mit dem FIN-Flag, welches der Empfänger-Host 2 bestätigt. Dieser (Host 2) erklärt daraufhin seinerseits mittels eines FIN-Paketes die Verbindung für beendet. Host 1 bestätigt den Erhalt mittels ACK. Die TCP-Verbindung zwischen den beiden Rechnern ist damit aufgehoben (Abbildung 6.4).

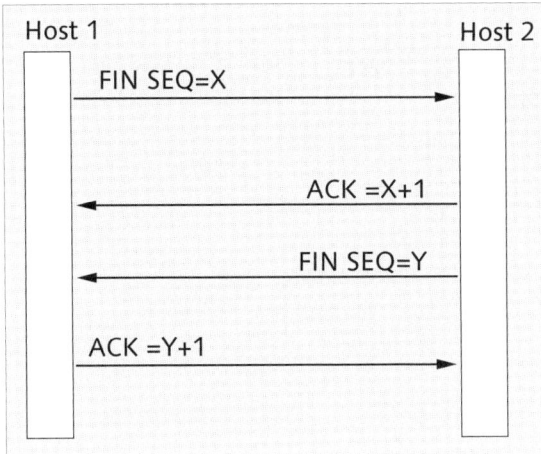

Abbildung 6.4 TCP: Aufhebung der Verbindung

Es ist notwendig, dass sich beide Hosts das Verbindungsende gegenseitig erklären. TCP-Verbindungen sind bidirektional.

Eine weitere Darstellung einer TCP-Verbindung im Zusammenhang mit einem Sitzungsprotokoll (HTTP) finden Sie in Abschnitt 7.3.1, »Grundlagen des HTTP-Protokolls«.

6.2   User Datagram Protocol (UDP)

UDP arbeitet ohne das Einleiten, Überwachen und Beenden einer Verbindung. Die Datenpakete gehen auf gut Glück auf die Reise. Die beteiligten Anwendungen sind für die Fehlererkennung und -behandlung selbst verantwortlich.

Es entfällt alles an Protokoll-Overhead, was einer schnelleren Datenübermittlung zugutekommt. Der Verzicht auf jegliche Verbindungs- und Transportkontrolle ermöglicht aber auch Anwendungen, welche mittels TCP nicht zu verwirklichen sind, z. B. Ton- und Videoübertragungen per Internet. Gerade hier kommt es nicht darauf an, dass alle Pakete auf ihre Richtig- und Vollständigkeit hin »abgesegnet« werden. Es ist nicht weiter schlimm, wenn das Video mal ein bisschen ruckelt und dafür Hunderte von Teilnehmern es zeitgleich empfangen können.

6.2.1   UDP: Der UDP-Datagram-Header

In Abbildung 6.5 sehen Sie den UDP-Datagram-Header. Er besitzt nur wenige Felder, welche Sie in Tabelle 6.2 aufgeführt finden.

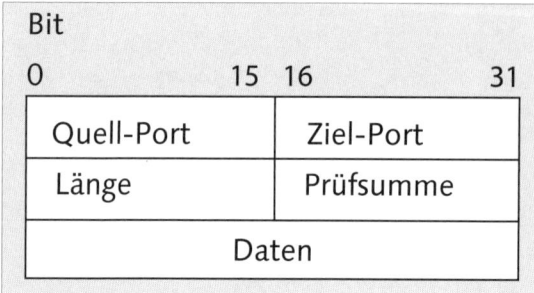

Abbildung 6.5 UDP: Header

Feld	Inhalt	Größe (Bits)
Quell-Port	Port-Nummer der sendenden Anwendung	16
Ziel-Port	Port-Nummer der empfangenden Anwendung	16
Länge	Gesamtlänge des Datagramms (Header + Daten)	16
Prüfsumme	Prüfsumme oder Wert 0	16
Daten	zu übertragende Daten der beteiligten Anwendungen	*

Tabelle 6.2 Aufbau UDP-Header

Die Bildung der Prüfsumme erfolgt unterschiedlich zwischen IPv4 und IPv6. Bei IPv4 werden folgende Angaben zur Berechnung herangezogen:

▶ IP-Adresse Absender

▶ IP-Adresse Empfänger-Rechner

▶ Leerfeld Ziffernfolge 00000000

▶ Protokoll-ID (17)

▶ Länge Datagramm

Die verbindlichen Festlegungen hierzu finden Sie in den RFCs **768**, 791, 1349, 2460, 3828, 5095, 5722 und 5871. RFC 3828 spricht eine Variante von UDP an, diese unterscheidet sich bei der Berechnung der Prüfsumme. Das »UDP-Lite« wird für Multimedia-Übertragungen bevorzugt eingesetzt.

6.3   Nutzung von Services mittels Ports und Sockets

Mittels der IP-Adresse allein können die Anwendungen Ihrer Rechner nicht miteinander kommunizieren. Die IP-Adressen sind nur für die Adressierung zwischen den Rechnern zuständig. Eine Netzwerkanwendung selbst kann nicht mit einer IP-Adresse versehen werden. Die sendenden und empfangenden Anwendungen benötigen für ihre Kommunikation im Netzwerkverkehr aber eine Art Kanal, was mit den Ports umgesetzt wird.

Die von Ihnen bemühten Netzwerkdienste benötigen ebenfalls einen Antwort-Port, einen Rückkanal. Ihre Client-Anwendungen benutzen dafür nicht die Standard-Port-Nummern, sondern verwenden welche aus dem dynamischen Bereich (49152–65535, siehe Tabelle 6.3). Diese Port-Nummer übergibt Ihre Client-Anwendung schon beim Verbindungsaufbau dem betreffenden Netzwerk-Service (Abbildung 6.6).

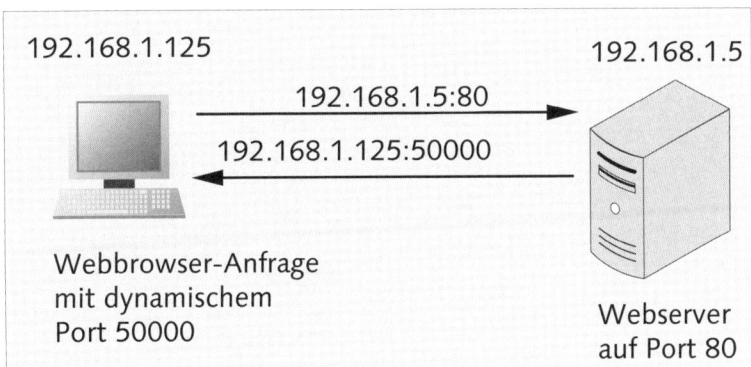

Abbildung 6.6 Port-Nummern für Anfrage und Antwort

Port-Nummern erweitern nicht nur die IP-Adressen mit einem weiteren Merkmal, sondern ermöglichen darüber hinaus

▶ die Annahme und Abgabe der zu transportierenden Daten,

▶ die gleichzeitige Nutzung mehrerer verschiedener Netzwerkdienste (WWW, Mail, SSH ...),

▶ die mehrfache Nutzung gleichartiger Dienste (gleichzeitiges Anzeigen mehrerer Webseiten) und

▶ die mehrfache Bedienung von Clients.

Eine grobe Darstellung dieser Mechanismen finden Sie in Abbildung 6.7. Wie Sie sehen, greifen die PCs 192.168.1.125 bis 192.168.1.127 gleichzeitig auf den Webserver 192.168.1.5 zu. Dabei haben zwei dieser PCs dem Server sogar dieselbe Port-Nummer für die Rückantwort übermittelt. Das ist kein Problem, weil die Port-Nummer ja nur ein erweiterter Bestandteil der Adressierung ist.

Am PC 192.168.1.127 arbeiten gleichzeitig ein Webbrowser, ein SSH-Client und ein E-Mail-Programm. Dieser PC hat gleichzeitig zu verschiedenen Servern Verbindung, im Fall des E-Mail-Verkehrs sogar mehrere mit dem gleichen.

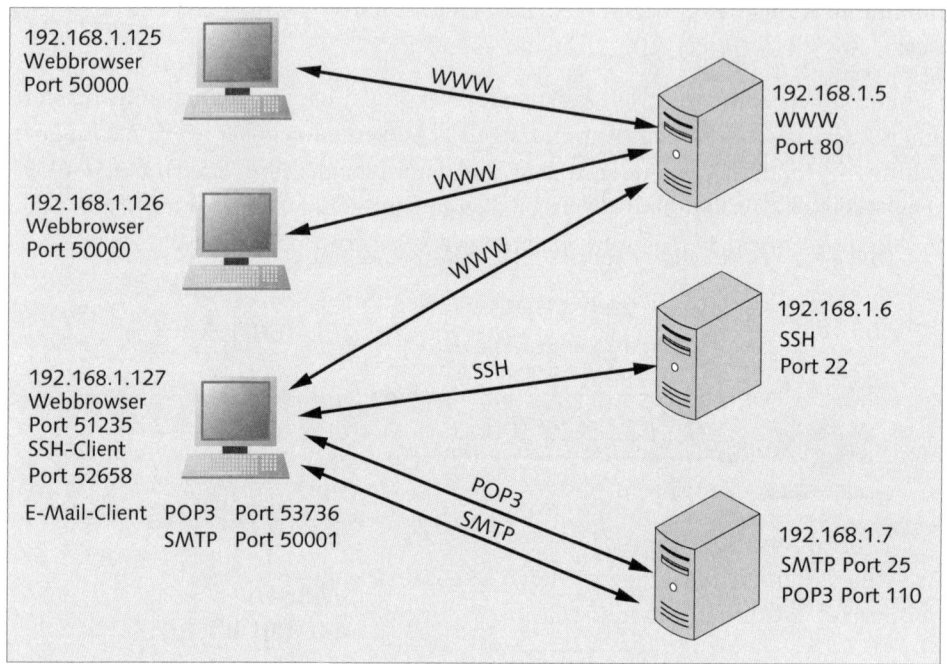

Abbildung 6.7 IP-Adressen und Port-Nummern, Zugriff auf Netzwerkdienste

6.3.1   Sockets und deren Schreibweise

Bei verbindungsorientierten Verbindungen mittels TCP bildet die IP-Adresse zusammen mit einem Port einen *Socket*. Ipv6-Sockets können Sie mit unterschiedlichen Schreibweisen darstellen.

Sockets und deren Schreibweisen

IPv4, Telnet: **192.168.1.125:23**

IPv6, Telnet: **[fd91:e4a5:5e03::dd05]:23**

oder

```
fd91:e4a5:5e03::dd05:23
```

oder

```
fd91:e4a5:5e03::dd05.23
```

oder

```
fd91:e4a5:5e03::dd05#23
```

(RFCs 5952, Nr. 6 und 3986)

6.3.2   Übersicht über die Port-Nummern

Die Ports finden Sie in drei Gruppen unterteilt:

▶ 0–1023: *Well-known-Ports*, diese sind weltweit eindeutig durch die IANA festgelegt.

▶ 1024–49151: *Registered Ports*, teilweise für Anwendungen bei der IANA registriert

▶ 49152–65535: frei für dynamische Nutzung

Die komplette Liste finden Sie unter *http://www.iana.org/assignments/port-numbers*.

Manche Ports sind mehrfach belegt, was Konflikte hervorrufen kann. Auch Trojaner und andere Schadsoftware benötigen einen Port für die Kommunikation mit der Außenwelt.

In Tabelle 6.3 finden Sie einige viel benötigte Port-Nummern aufgelistet. Ihre Rechner verfügen ebenfalls über eine derartige Aufstellung:

▶ Linux/FreeBSD: */etc/services*

▶ Windows: *%WINDIR%\system32\drivers\etc\services*

Nr.	Protokoll	Service	Zweck
20	UDP/TCP	FTP-Daten	Datenübertragung per File Transmission Protocol (FTP)
21	UDP/TCP	FTP-Sitzungs-steuerung	Steuerung der FTP-Datenübertragung
22	UDP/TCP	SSH SFTP	Secure-Shell-Fernsitzung (SSH) und Secure File Transport Protocol, SFTP
23	UDP/TCP	TELNET	Telnet-Fernsitzung

Tabelle 6.3 Häufig benutzte Ports

Nr.	Protokoll	Service	Zweck
25	UDP/TCP	SMTP	Simple Mail Transfer Protocol, Versenden von E-Mails (Annahme durch den Server)
53	UDP/TCP	DNS	Domain-Name-Server
69	UDP/TCP	TFTP	Trivial File Transfer Protocol
80	UDP/TCP	WWW	HTTP-Webserver
110	UDP/TCP	POP3	Post Office Protocol V.3, Auslieferung von E-Mails
119	UDP/TCP	NNTP	Network News Transfer Protocol, Übertragen von News-Group-Nachrichten
137	UDP/TCP	NETBIOS-NS	Netbios-Name-Service
138	UDP/TCP	NETBIOS-DGM	Netbios-Datagram-Service
139	UCP/TCP	NETBIOS-SSN	Netbios-Session-Service
143	UDP/TCP	IMAP	Internet Message Access Protocol (IMAP), Zugriff auf E-Mails
161	UDP/TCP	SNMP	Simple Network Management Protocol, Geräte-überwachung im Netzwerk
162	UDP/TCP	SNMPTRAP	Übermittlung der SMNP-Traps
179	UDP/TCP	BGP	Border Gateway Protocol, Routing-Protokoll zwischen autonomen Systemen
194	UDP/TCP	IRC	Internet Relay Chat Protocol, Chat-Server
220	UDP/TCP	IMAP V3	IMAP Version 3, E-Mail-Zugriff
396	UDP/TCP	NETWARE-IP	Novell-Netware, über IP-Netzwerk
401	UDP/TCP	UPS	Meldungen von unterbrechungsfreien Strom-versorgungen
434	UDP/TCP	MOBILE-IP-AGENT	MobileIP-Agent
443	UDP/TCP	HTTPS	Webserver mit verschlüsselter Verbindung

Tabelle 6.3 Häufig benutzte Ports (Forts.)

Nr.	Protokoll	Service	Zweck
514	UDP	SYSLOG	zentrale Aufzeichnung von Systemereignissen
989	UDP/TCP	FTPS-Daten	FTP über SSL-Verschlüsselung
990	UDP/TCP	FTPS	Steuerung FTP über SSL-Verschlüsselung
992	UDP/TCP	TELNETS	Telnet über SSL-Verschlüsselung
993	UDP/TCP	IMAPS	Imap V.4 über SSL-Verschlüsselung
994	UDP/TCP	IRCS	IRC über SSL-Verschlüsselung
995	UDP/TCP	POP3S	POP3 über SSL-Verschlüsselung

Tabelle 6.3 Häufig benutzte Ports (Forts.)

Im Normalfall geben Sie beim Benutzen von Standardanwendungen (Webbrowser, E-Mail-Programm, FTP-Client ...) keine Port-Nummer beim Adressaufruf an. Ihre Anwendungen werden stets diese Standard-Port-Nummern benutzen. Aber es gibt genug Situationen, in denen Sie Internet-Services eine von den IANA-Vorgaben abweichende Port-Nummer zuweisen:

▸ Testumgebungen auf Rechnern mit »Echtanwendungen«: Prüfen Sie Ihre neuen Webseiten usw. in der künftigen Zielumgebung. Sie können auch externe Tester mit in die Arbeit einbinden. Außenstehende bemerken dies in der Regel aber nicht.

▸ Sicherheitsgründe: Webgestützte Adminstrationsoberflächen oder firmeninterne E-Mail-Dienste für Außendienstmitarbeiter lassen Sie besser abseits der Standard-Ports abrufbar sein.

▸ Ein Netzwerkdienst soll mehrfach vorhanden sein, z. B. SSH bei FreeBSD-Servern innerhalb von Jails.

6.3.3   Ports und Sicherheit

Ihre Rechner verfügen über offene Ports. Über diese kann Ihr Rechner von außen her auf verschiedene Weise angegriffen werden.

Mit einem *Portscanner* (z. B. nmap) überprüfen Sie, welche Ports an Ihrem Rechner geöffnet sind:

```
harald@ZE4:~$ nmap -p 1-65535 192.168.0.34
Starting Nmap 4.62 ( http://nmap.org ) at 2011-06-19 20:30 CEST
Interesting ports on ze4 (192.168.0.34):
Not shown: 65530 closed ports
PORT        STATE SERVICE
22/tcp      open  ssh
53/tcp      open  domain
111/tcp     open  rpcbind
7741/tcp    open  unknown
32955/tcp   open  unknown
Nmap done: 1 IP address (1 host up) scanned in 0.
949 seconds
```

Sie sehen die geöffneten Ports. Damit alle Ports gescannt werden, geben Sie den Bereich mit der Option -p an. Eine genaue Anleitung erhalten Sie mit man nmap, falls Sie unter Linux oder FreeBSD arbeiten.

Sie dürfen mit einem Portscanner nur Ihre eigenen Systeme überprüfen. Eine darüber hinausgehende Nutzung kann strafrechtliche Folgen nach sich ziehen!

Ein Portscanner hat verschiedene Modi. Der TCP SYN Scan z. B. sendet ein Paket mit SYN-Flag zur vermeintlichen Verbindungsaufnahme. Sie können damit drei verschiedene Ergebnisse erhalten:

▸ Keine Antwort: Ein Paket-Filter lässt weder Anfrage noch Antwort passieren.

▸ SYN/ACK-Flag-Paket: Port ist offen.

▸ RST-Flag-Paket: Port ist geschlossen.

UDP-Portscans arbeiten nicht so zuverlässig. Der Portscanner sendet ein leeres UDP-Paket an die jeweiligen Ports. Sendet der so kontrollierte Rechner ein UDP-Paket zurück, so ist der Port offen. Aber auch beim Ausbleiben einer Antwort kann der Port offen oder durch einen Paket-Filter geblockt sein. Diese Mehrdeutigkeit führt zu Problemen bei der Auswertung. Geschlossene Ports erkennen Sie an der Port-Unreachable-Meldung (ICMP-v4: Typ 3 Code 3, ICMP-v6: Typ 1 Code 4). Moderne Betriebssysteme drosseln die Ausgabe von ICMP-Meldungen, so dass der Portscan sehr lange dauern kann.

Auch mit netstat können Sie Ihren Rechner auf offene Ports hin überprüfen. Im Beispiel (Abbildung 6.8) sehen Sie die Ausgabe unter Linux (bei FreeBSD funktioniert der Befehl genauso).

```
                              harald@ZE4:  - Befehlsfenster - Konsole
 Sitzung  Bearbeiten  Ansicht  Lesezeichen  Einstellungen  Hilfe
harald@ZE4:~$ netstat -atn
Aktive Internetverbindungen (Server und stehende Verbindungen)
Proto Recv-Q Send-Q Local Address           Foreign Address         State
tcp        0      0 0.0.0.0:111             0.0.0.0:*               LISTEN
tcp        0      0 192.168.0.102:53        0.0.0.0:*               LISTEN
tcp        0      0 192.168.0.34:53         0.0.0.0:*               LISTEN
tcp        0      0 127.0.0.1:53            0.0.0.0:*               LISTEN
tcp        0      0 0.0.0.0:22              0.0.0.0:*               LISTEN
tcp        0      0 127.0.0.1:631           0.0.0.0:*               LISTEN
tcp        0      0 127.0.0.1:5432          0.0.0.0:*               LISTEN
tcp        0      0 127.0.0.1:25            0.0.0.0:*               LISTEN
tcp        0      0 127.0.0.1:953           0.0.0.0:*               LISTEN
tcp        0      0 0.0.0.0:32955           0.0.0.0:*               LISTEN
tcp        0      0 0.0.0.0:7741            0.0.0.0:*               LISTEN
tcp        0      0 192.168.0.34:52076      192.168.0.25:22         VERBUNDEN
tcp        0      0 192.168.0.34:22         192.168.0.25:27599      VERBUNDEN
tcp6       0      0 :::53                   :::*                    LISTEN
tcp6       0      0 :::22                   :::*                    LISTEN
tcp6       0      0 ::1:631                 :::*                    LISTEN
tcp6       0      0 ::1:5432                :::*                    LISTEN
tcp6       0      0 ::1:953                 :::*                    LISTEN
harald@ZE4:~$ █
```

Abbildung 6.8 Ausgabe von »netstat«

Für das Ergebnis in Abbildung 6.8 lautet die Eingabe:

`netstat -atn.`

Hier werden Ports und Adressen numerisch ausgegeben. Sie erkennen übrigens gut die Socket-Schreibweise. Möchten Sie hingegen die Ausgabe mit Rechner- und Port-Namen, geben Sie nur

`netstat -at`

ein. Mit der Eingabe von

`netstat -tun`

listen Sie alle von außen zugreifenden Verbindungen auf.

Möchten Sie die zugehörigen Prozessnummern in Erfahrung bringen, geben Sie unter Windows zusätzlich die Option »o« und bei Linux/FreeBSD »p« ein. Dass kann Ihnen beim Eingrenzen unerwünschter offener Ports behilflich sein. Über das jeweilige Prozessmanagement bekommen Sie mit dieser Prozess-ID weitere Informationen geliefert. Weitere Erläuterungen zu `netstat` finden Sie in Abschnitt 10.7.2, »Verbindungen anzeigen mit netstat«.

Damit Ihr Rechner so wenig offene Ports wie möglich aufweist, können nachstehende Maßnahmen nützlich sein:

- ▶ Deinstallieren Sie nicht benötigte Netzwerkanwendungen.
- ▶ Bei Netzwerkanwendungen, die Ihr Rechner nur lokal für sich benötigt, beschränken Sie den Zugriff entsprechend auf `localhost` bzw. `127.0.0.1`.
- ▶ Blocken Sie Ports mittels Firewall.
- ▶ Linux/FreeBSD: Verwenden Sie keinesfalls `inetd`, verwenden Sie für jeden Netzwerk-Service ein eigenes Start-Stopp-Skript.

Weitere Informationen zum Thema Portscan finden Sie in Abschnitt 6.7.2, »Durchführen von Portscans zum Austesten von Sicherheitsproblemen«.

6.4   Die Firewall

Eine Firewall regelt, welche Dienste des »dahinterliegenden« Netzes von einem anderen Netz aus (meist dem Internet allgemein) erreichbar sind. Damit erhält Ihr Netz einen gewissen Schutz, was direkte Angriffe von außen her angeht. Sie können die Firewall aber auch als eine von mehreren Komponenten innerhalb Ihres Schutzkonzeptes verwenden.

Die Firewall befindet sich zwischen dem Internet und einem privaten Netz (Intranet). Sie können sie als zentrale Netzwerkkomponente (Hardware-Firewall) oder als Softwarelösung auf einem einzelnen Rechner (Software-Firewall, personal Firewall) einsetzen. Eine Hardware-Firewall benutzt schnelle Spezialhardware, welche auch stärkeres Datenaufkommen gut bewältigt. Die für den Anschluss kleiner Büros oder von Privathaushalten eingesetzten (DSL-)Router sind oftmals zusätzlich mit einer Firewall ausgestattet. Diese reicht für den Schutz kleiner Netze aus.

Die Firewall

- ▶ Eine Firewall regelt den Zugriff allein auf Basis von IP-Adresse, Protokoll (TCP/UDP) und Ports. Sie untersucht nicht den Inhalt der Pakete hinsichtlich unerwünschter Inhalte.
- ▶ Eine Firewall ist im Grunde nichts anderes als ein Router. Nur versucht dieser, alle Pakete uneingeschränkt weiterzuleiten. Die Firewall hingegen lässt mehr oder weniger nichts passieren, außer, Sie erlauben es ihr explizit.

▶ Sie können zwei Firewalls verwenden und zwischen ihnen eine »demilitarisierte Zone« (DMZ) einrichten. Mit der DMZ schaffen Sie eine sichere Möglichkeit, dass bestimmte Rechner ihre Dienste sowohl im Internet als auch im Intranet anbieten (FTP, WWW, Mail ...). Die Sicherheit für das Intranet wird dabei nicht aufgegeben. Wird ein Rechner in der DMZ »feindlich« von außen her übernommen, droht den Geräten innerhalb des Intranets keine unmittelbare Gefahr. Allerdings müssen Sie die Einstellungen der beiden Firewalls genau aufeinander abstimmen, was vor allem Mehrarbeit bedeutet. Alternativ können Sie eine Firewall mit DMZ-Anschluss verwenden.

▶ Oftmals übernimmt die Hardware-Firewall weitere Funktionen: NAT/PAT (Adressumsetzung), Proxyserver.

▶ Gewöhnliche Firewalls überprüfen nicht, ob freigegebene Ports auch gemäß ihrer Bestimmung genutzt werden. Hier können Sicherheitsregeln umgangen werden (Spiele-Teilnehmer im Intranet bekommt Zugriff nach außen).

▶ Durch die Auswertung der Control-Flags (ACK bei TCP) stehen weitere Kontrollmöglichkeiten zur Verfügung.

▶ Bestimmte Dienste (z. B. HTTPS) können nicht inhaltlich überwacht werden.

▶ Mit Tunnels über die freigegebenen Ports können Sie Firewalls umgehen (aber: Blockieren der IP-Adressen wie in Abschnitt 4.3.1, »Der Urtyp: Adressauflösung in der hosts-Datei«, dargestellt, führt ebenfalls zum Blockieren unerwünschter Inhalte!).

▶ Firewalls können Sie zusätzlich um weitere Funktionen (VPN-Kopf, QoS, Link Aggregation zum Switch) ergänzen.

▶ Eine Sonderform der Paket-Behandlung innerhalb einer Firewall stellt die *Stateful-Packet-Inspection* (*SPI*) dar. Hier ordnet die Firewall die Pakete aktiven Sessions zu.

▶ Zum Nachlesen: RFCs **1579**, 2588, **2979** und 5207

6.4.1   Integration der Firewall in das Netzwerk

Jede Firewall ist wenigstens über einen Anschluss mit dem Internet verbunden. Im einfachsten Fall befindet sich am zweiten Anschluss das Intranet mit der sicheren Zone (Abbildung 6.9).

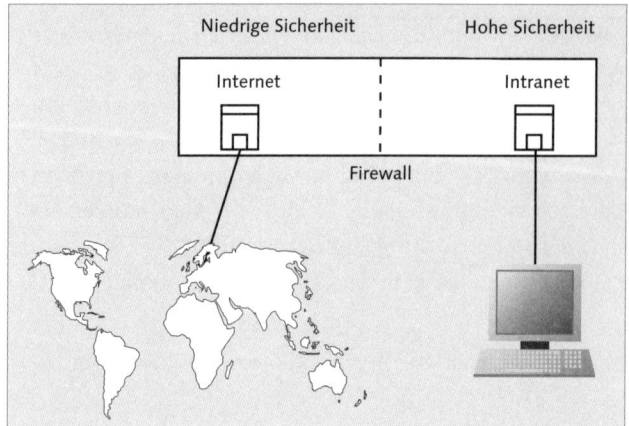

Abbildung 6.9 Firewall als Trennung von Internet und Intranet

Wenn Sie Rechner mit Diensten betreiben, auf die vom Intranet und vom Internet her zugegriffen werden soll, müssen Sie eine DMZ schaffen. Sie können hierzu entweder zwei Firewalls (Abbildung 6.10) oder eine mit DMZ-Anschluss verwenden (Abbildung 6.11).

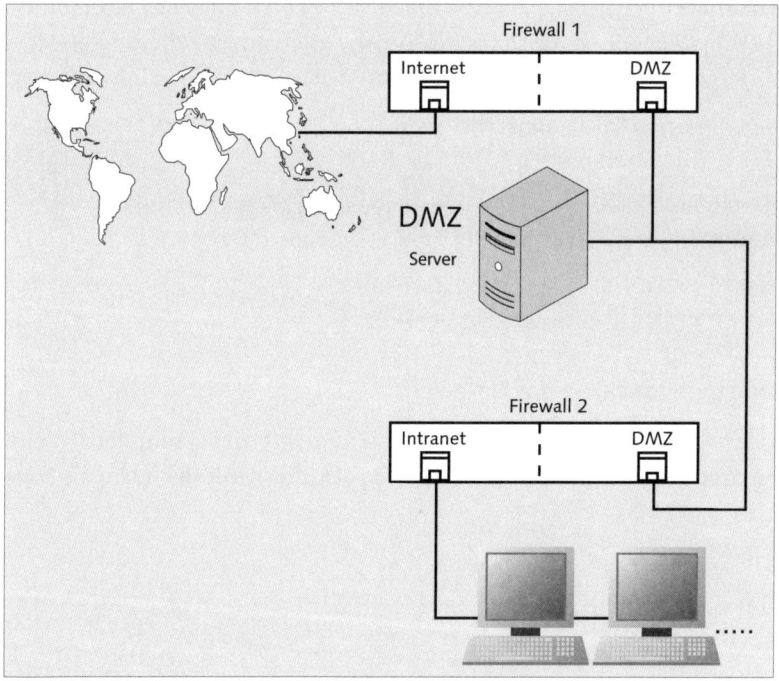

Abbildung 6.10 Aufbau einer DMZ mit zwei Firewalls

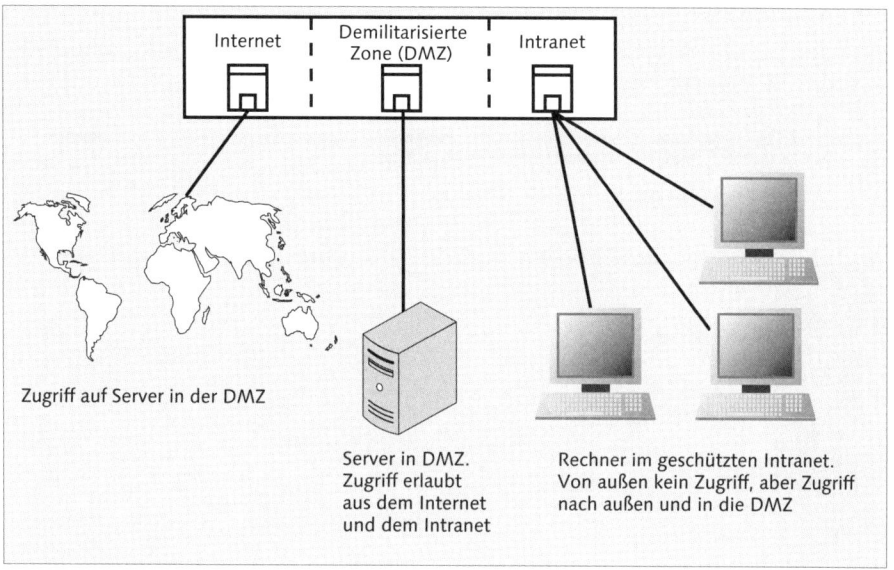

Abbildung 6.11 Firewall mit eigenem DMZ-Anschluss

6.4.2 Regeln definieren

Firewall-Regeln geben an, was mit den Datenpaketen geschehen soll (Tabelle 6.4).

Aktion (Beschreibung)	Aktion
Datenpaket passieren lassen	pass, allow
Datenpaket ablehnen	deny, reject, block
Datenpaket verwerfen	drop

Tabelle 6.4 Aktionen für Firewall-Regeln

Die Regeln selbst bestehen aus mehreren Angaben:

▸ IP- oder Netzwerkadresse abgehend
▸ Ziel-IP-Adresse
▸ Protokoll (ICMP, TCP, UDP etc.)
▸ Port-Nummer (nur bei TCP und UDP)
▸ Aktion (Tabelle 6.4)
▸ Eintrag in Log-Datei (ja/nein)

Bei kleineren Hardware-Firewalls werden Sie durch ein Webinterface alle notwendigen Einstellungen per Mausklick bequem vornehmen (Abbildung 6.12). Hier kümmert sich das Gerät um die richtige Umsetzung der Regeln.

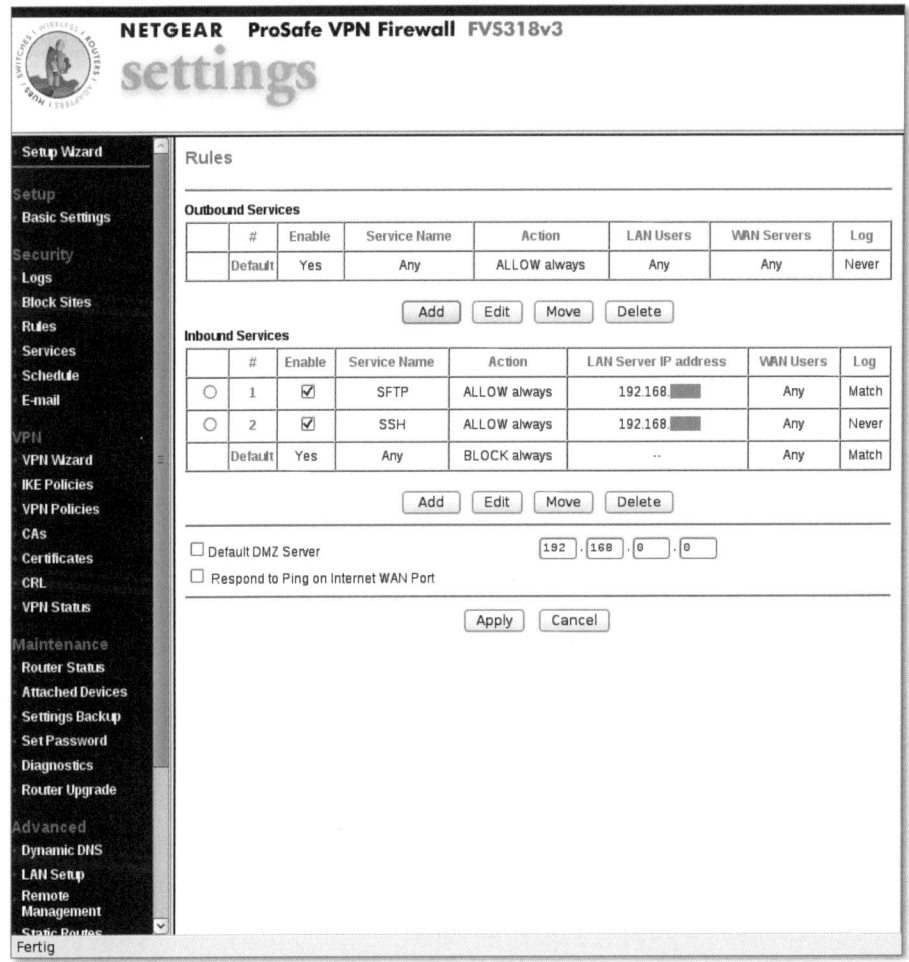

Abbildung 6.12 Webinterface einer Firewall

Für den Anschluss kleinerer Netze an das Internet können Sie auch einen Mini-PC (Boardformfaktor ITX o. Ä.) einsetzen. Diese kleinen Geräte weisen eine geringe Stromaufnahme auf und verfügen oft sogar über mehrere Netzwerkschnittstellen. So ein Gerät werden Sie für diese Netzwerkzwecke meist unter Linux oder FreeBSD betreiben.

Unter Linux können Sie entsprechende Firewall-Softwarepakete installieren. Mit dem iptable-Kommando setzen Sie Ihre Anweisungen ab. Dabei müssen Sie beachten, dass

Sie mit der -t-Option eine der vier Tabellen direkt ansprechen können: filter, nat, mangle und raw. Die wichtigsten Kommandos finden Sie in Tabelle 6.5.

Aktion	Kommando
Regel an Tabelle (Ende) anfügen	-A
Regel löschen	-D
Regel einfügen	-I
Regel ersetzen	-R
Regeln auflisten	-L

Tabelle 6.5 Kommandos von »iptable«

Weiterführende Informationen finden Sie in der Manual-Seite von iptables (man iptables).

Wenn Sie die Firewall unter FreeBSD einsetzen wollen, müssen Sie zunächst unter */etc/ rc.conf* den Eintrag

```
firewall_enable="YES"
firewall_type="<TYP>"
```

setzen. Mit TYP wählen Sie, wie und was die Firewall schützt (Tabelle 6.6).

Anweisung	Eintrag TYP
sämtlichen Netzwerkverkehr durchlassen	open
nur den Rechner schützen, auf dem die Firewall läuft	client
das ganze, angeschlossene private Netzwerk schützen	simple
sämtlichen Netzwerkverkehr (ausgenommen loopback) unterbinden	closed
keine Firewall-Regeln laden	UNKNOWN
Angabe einer Datei mit (eigenen) Firewall-Regeln	<DATEINAME>

Tabelle 6.6 Angaben für den Firewall-Start unter FreeBSD

Das genaue Regelwerk zum Setzen eigener Regeln finden Sie im FreeBSD-Handbuch sehr gut dokumentiert. Da es sich hierbei ähnlich wie bei anderen Systemen und Programmen verhält, gebe ich nur die Handbuchseite an: *http://www.freebsd.org/doc/en_US.ISO8859-1/books/handbook/firewalls-ipfw.html.*

Weitere Informationen finden Sie zudem in der Manual-Seite zu `ipfw`. Wenn Sie eine Firewall unter FreeBSD konfigurieren, bearbeiten Sie meist gleich die Einstellungen für die Adressumsetzung (NAT). Hier sehen Sie besonders gut, dass die Firewall nur ein Baustein in einem ganzen Sicherheitskonzept ist.

Machen Sie sich mit den Grundzügen der richtigen Regelsetzung vertraut:

▶ Achten Sie auch auf den ausgehenden Netzverkehr! Lassen Sie ausgehende E-Mails nur über den eigenen SMTP-Server zu. Nur hier können Sie unter Umständen hinausgeschmuggelte Betriebsgeheimnisse abfangen (Gesetze und Betriebsvereinbarungen beachten). Internet-Onlinespiele, welche nicht den HTTP-Port benutzen, sollten sie ebenfalls blockieren. Die Netzwerkaktivitäten von Schadprogrammen aus dem Intranet werden damit beeinträchtigt und fallen auch leichter auf.

▶ Wenden Sie die richtige Strategie an: Grundsätzlich ist alles gesperrt, nur was wirklich notwendig ist, darf die Sperre passieren. Natürlich ist das arbeitsintensiv, dafür aber wirkungsvoll!

▶ Log-Dateien sind nützlich für die Fehlersuche. Sie haben damit zudem die (fast einzige) Möglichkeit, Angriffe im Nachhinein zu erkennen.

▶ Sie müssen die Firewall selbst schützen. Sie darf nicht zu sich selbst Verbindung aufnehmen können. Setzen Sie zuvor eine Regel über den Administrationszugriff vom Intranet aus fest.

▶ Aktion `drop`: Der sendende Rechner bekommt keine Information über die blockierte Verbindungsanfrage. Für Anfragen von außen sinnvoll, weil damit keine zusätzliche Netzlast bei DOS-Angriffen erzeugt wird.

▶ Aktion `reject`: Der sendende Rechner bekommt bei UDP ICMP-Unreachable oder bei TCP das Control-Flag RST. Für Anfragen vom Intranet aus sinnvoll, da Sie weniger Probleme bei eventuellen Fehlerklärungen vorfinden.

▶ ICMP: Schalten Sie nur folgende ICMP-Nachrichten-Typen frei:
IPv4: Typ 3 Code 1 (unreachable),
Typ 3 Code 4 (Fragmentation needed),
Typ 8 (Echo Request)
Für IPv6 gelten: Typ 1 (Destination unreachable), Code 3 Adresse nicht erreichbar,
Typ 2 zulässige Paketgröße überschritten (Code 0),
Typ 3 Zeitablauf, Code 0 Hop Limit überschritten und Code 1 Zeit zum Zusammensetzen von Fragmenten überschritten und
Typ 128, Echo Request

6.5 Der Proxyserver

Mit einem Proxyserver erhöhen Sie die Sicherheit Ihres Netzwerkes und können auch die Netzlast des Internetzuganges verringern. Der Server nimmt Ihre Anfragen in das Internet entgegen und führt diese unter seiner Identität durch. Die Antworten reicht er wiederum an Sie selbst zurück. Betrachten Sie ihn als weitere Komponente eines Sicherheitskonzeptes für Ihr Netzwerk.

Proxyserver

- **Sicherheit**: Keine bloße Weiterleitung von Datenpaketen. Der Proxy tritt als Ihr Stellvertreter im Internet auf (Anonymisierung).

- **Sicherheit**: Angreifer vom Internet her sehen nur den Proxyserver und greifen gegebenenfalls nur diesen an. Die anfragenden Clients bleiben verschont. Leider können Sie auf diese Weise nur einen Teil moderner Angriffstechniken abwehren.

- **Sicherheit**: Teilweise ist eine Paket-Analyse möglich. Damit erkennt Ihr System Missbräuche (Backdoors, Datenklau etc.).

- **Sicherheit**: Umgekehrt kann Ihr Proxyserver Anfragen vom Internet entgegennehmen und an einen Server im geschützten Bereich weiterleiten. Damit können Sie den Zugriff auf dessen Dienste (Webserver, Datenbanken usw.) auf wenige Adressen beschränken, von denen eine dem Proxyserver gehört.

- **Wirtschaftlichkeit**: Bandbreitenkontrolle ermöglicht die Benutzung auch schmalbandigerer Internetzugänge.

- **Wirtschaftlichkeit**: Durch die Pufferung eingehender Daten, z. B. Webseiten, vermindern Sie die Netzlast für den Internetzugang.

- **Kontrolle**: Überwachen Sie die Häufigkeit von Seitenzugriffen, Netzlast und andere statistischen Größen auf Ihren Webseiten.

- **Transparenter Proxyserver**: Arbeitet mit einer Firewall zusammen, der Benutzer muss keine besonderen Einstellungen an seinem Client-Programm vornehmen.

- **Dedicated Proxyserver**: Dieser Proxyserver arbeitet für genau ein Protokoll (HTTP, HTTPS, FTP ...) und kann gegebenenfalls sehr tief in die Kommunikation eingreifen. Die zu übertragenden Daten können Sie damit analysieren oder gar verändern. Für jedes Protokoll müssen Sie einen eigenen Dedicated Proxyserver installieren. Diesen Typ können Sie auch als Cache zum Puffern verwenden. Wird z. B. die gleiche Webseite häufig aufgerufen, stellt der Proxyserver diese dem Benutzer bereit, ohne dass auf das Internet zugegriffen werden muss. Damit verringern Sie die Zugriffszeit und die Netzlast. Allerdings muss der Inhalt des Caches in regelmäßigen Abständen erneuert werden, damit Sie keine veralteten Informationen vorhalten.

- **Generischer Proxyserver**: Dieser reicht Ihre Pakete unbesehen weiter. Er wertet weder Protokolle noch Inhalte aus. Genau besehen haben Sie es »nur« mit einem Paketfilter Ihrer Firewall zu tun, mit dem Sie unter anderem eine 1:1-Weiterleitung sowie Sperren von Ports und IP-Adressen vornehmen können.

- **Reverse Proxyserver**: Diesen Proxyserver setzen Sie immer in Zusammenhang mit anderen Rechnern ein, welche Netzwerkdienste (HTTP, FTP ...) anbieten. Nach außen verbergen Sie die IP-Adresse des Dienste-Servers und tragen somit zu dessen Schutz bei. Sie entlasten z. B. Ihren Webserver dadurch, dass der Proxyserver Verschlüsselungsaufgaben übernimmt (HTTPS) und häufig abgefragte Seiten puffert. Außerdem können Sie hier auch Zugriffsstatistiken und andere Auswertungen erstellen (Abbildung 6.14).

- **RFCs** zum Nachlesen: 2607, 3143

6.5.1   Lokaler Proxyserver

Wenn Sie einen lokal am Rechner installierten Proxyserver betreiben, gibt dieser dessen IP-Adresse nach außen bekannt. Für Caching- und Statistikzwecke, Bandbreitenkontrolle und in Zusammenarbeit mit einer Firewall für Sicherheitszwecke können Sie den Proxyserver trotzdem einsetzen.

6.5.2   Proxyserver als eigenständiger Netzwerkteilnehmer

Setzen Sie den Proxyserver als eigenständigen Rechner ein, verbirgt dieser die IP-Adresse des Clients bei Abfragen in das Internet. Zusammen mit einer Firewall erreichen Sie eine gute Absicherung des Netzwerkes (bei richtiger Konfiguration). Diesen Proxyserver setzen Sie vor die Firewall (Abbildung 6.13).

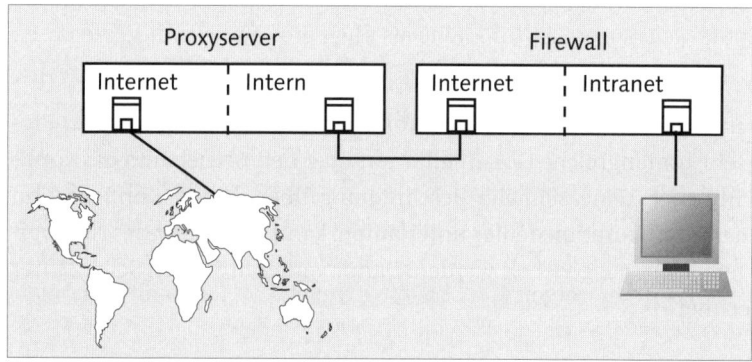

Abbildung 6.13 Lage des Proxyservers

Das umkehrte Szenario des Reverse Proxyservers finden Sie in Abbildung 6.14 dargestellt. Der Webserver wird durch den Reverse Proxyserver im Internet »vertreten«.

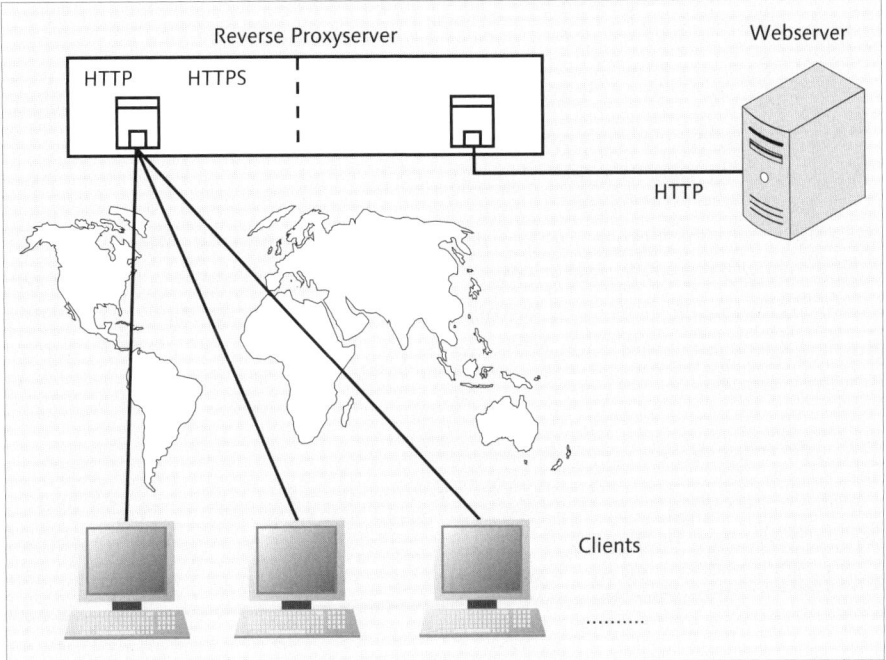

Abbildung 6.14 Lage und Einsatz eines Reverse Proxyservers im Netzwerk

6.5.3   Squid, ein Proxyserver

Die meisten Proxyserver finden Sie auf Hardware-Firewalls oder ähnlichen, nur für
Netzwerkzwecke gebauten Geräten. Für eigene Installationen, sowohl im Zusammenhang mit Servern als auch mit Ihrer Netzwerkinfrastruktur, können Sie Squid verwenden. Squid können Sie gleichermaßen für kleine als auch große Anwendungszenarien
einsetzen.

Squid erhalten Sie unter *http://www.squid-cache.org/*. Dort finden Sie neben dem Programm auch eine sehr umfangreiche Dokumentation über den Betrieb und die Konfiguration. Ich möchte hier keine schnelle Beschreibung über dessen Konfiguration
abgeben. Wenn Ihnen Konfigurationsfehler unterlaufen, kann der Schutz des Netzwerkes oder eines Servers leicht ausgehebelt werden. Damit verlieren Sie den Schutz Ihrer
Daten und Ihrer Rechner.

Prüfen Sie nach Installation und Konfiguration vor allem auch das richtige Zusammenspiel mit weiteren Netzwerkkomponenten wie Firewall und Router. Der Proxyserver ist nur sinnvoll einzusetzen, wenn Sie (keine allzu leicht erreichbaren) »Schleichwege« an ihm vorbei geschaffen haben.

6.6   Port and Address Translation (PAT), Network Address Translation (NAT)

IPv4-Adressen sind schon längere Zeit ein knappes Gut. Solange Sie nicht flächendeckend auf IPv6 zurückgreifen können, müssen Sie deshalb zumindest noch übergangsweise die damit verbundenen Probleme meistern. Solange Sie genau einen Rechner mit dem Internet verbinden möchten, brauchen Sie keine zusätzlichen Maßnahmen zu ergreifen (Abbildung 6.15).

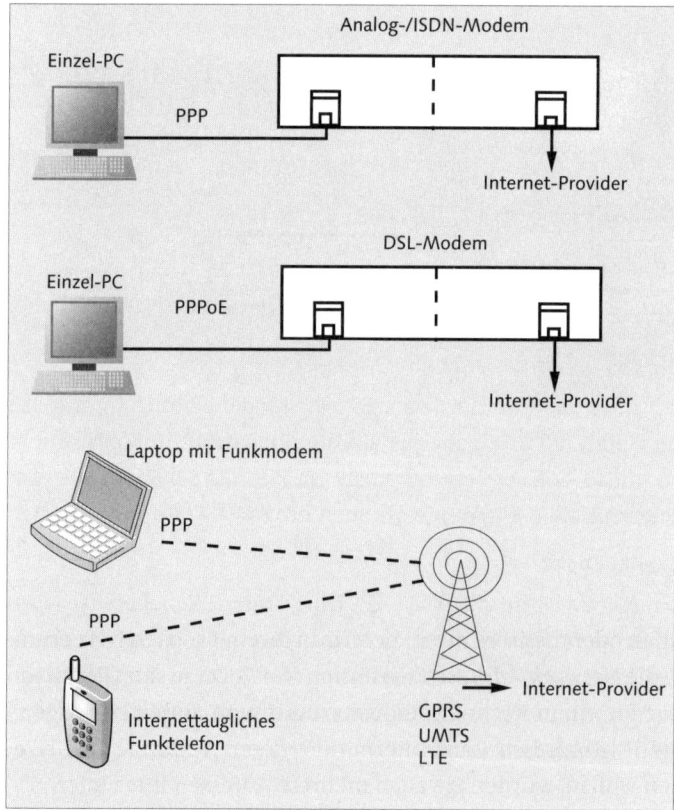

Abbildung 6.15 Anbindung einzelner Rechner an das Internet

Sobald Sie aber ein kleines LAN mit dem Internet verbinden möchten, müssen Sie diese einzige IP-Adresse vom Internet-Provider mit all Ihren lokalen Rechnern teilen.

Mittels der PAT (IP-Masquerading) setzen Sie (viele) private IP-Adressen auf eine (einzige) im Internet gültige um. Hierzu ersetzt Ihr Einwahl-Router die Quelladressen und -Ports aus dem lokalen Netz durch seine eigenen Angaben und sendet sie in das Internet. Anhand einer Tabelle hält er fest, für welche Rechner er das aktuell vornimmt.

Damit erkennt er die Antworten aus dem Internet und sendet Antwortpakete an die anfragenden lokalen Rechner zurück. In Abbildung 6.16 sehen Sie ein Beispiel für PAT. Darin wird der gleichzeitige Zugriff mehrerer Rechner aus dem privaten Netz auf ein einziges Ziel im Internet dargestellt. Beachten Sie die Umsetzung der Port-Nummern.

Durch dieses Verfahren bleiben Ihre Rechner im Allgemeinen recht gut hinter dem Router verborgen. Sie können diesen Umstand in Ihr Sicherheitskonzept mit einbeziehen, solange Sie IPv4-Adressen benutzen.

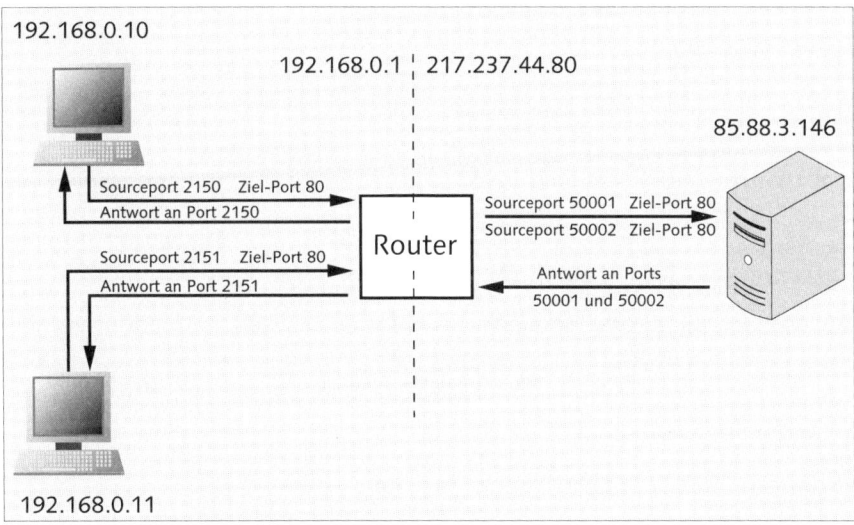

Abbildung 6.16 Internetzugriff mit PAT

Möchten Sie von außen einen oder mehrere Ihrer Rechner in Ihrem privaten Netz erreichen, benötigen Sie hierzu die *Network Address Translation* (*NAT*). Diese setzt IP-Adressen 1:1 um. Solange Sie nur für einen Rechner den Netzzugriff von außen benötigen, genügt Ihnen Ihre einzige IPv4-Adresse vom Internet-Provider. Wenn Sie mehrere Rechner »ans Netz« bringen wollen, würden Sie auch mehrere Adressen Ihres Internet-Providers benötigen. In modernen Einwahl-Routern finden Sie dieses Problem gelöst. Diese arbeiten mit einer Mischform von PAT und NAT, und Sie kommen mit einer einzigen Adresse aus. Sie müssen allerdings mit einem kleinen Kompromiss leben: Sobald Sie zweimal denselben Dienst (HTTP, HTTPS, FTP, SSH) über den Router mit dem Internet verbinden möchten, benötigt einer der lokalen Rechner hierfür eine abweichende Port-Nummer (Abbildung 6.17).

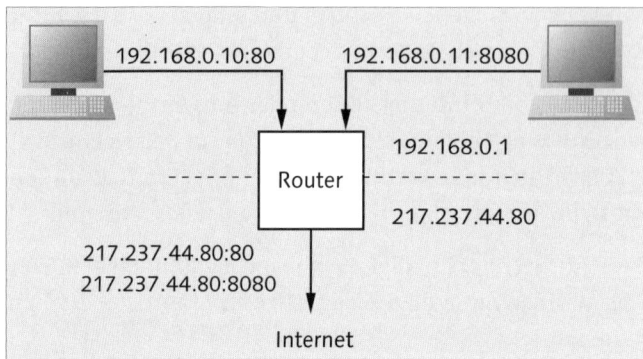

Abbildung 6.17 PAT/NAT zur Verbindung mit dem Internet

6.7   Praxis

In den nächsten Abschnitten stelle ich Ihnen einige konkrete Anwendungsbeispiele vor.

6.7.1   Verbindungsaufbau zu einem Dienst mit geänderter Port-Nummer

Solange Sie über Standard-Ports mit einem Rechner per Netzwerk Verbindung aufnehmen, geben Sie nur den Rechnernamen oder die IP-Adresse ein. Die Anwendung benutzt die Standard-Port-Nummer. Abweichende Port-Nummern müssen Sie der jeweiligen Anwendung mitteilen:

- ▶ in der Kommandozeile mit einer Option (hier: -p)
- ▶ in URLs nach Rechnernamen: <NAME>:<PORT>
- ▶ in URLs mit IPv4-Adressen: <IP-ADRESSE>:<PORT>
- ▶ in URLs mit IPv6-Adressen: [<IP-ADRESSE>]:<PORT>
- ▶ in entsprechenden Eingabefeldern

In Abbildung 6.18 finden Sie einige Beispiele hierzu.

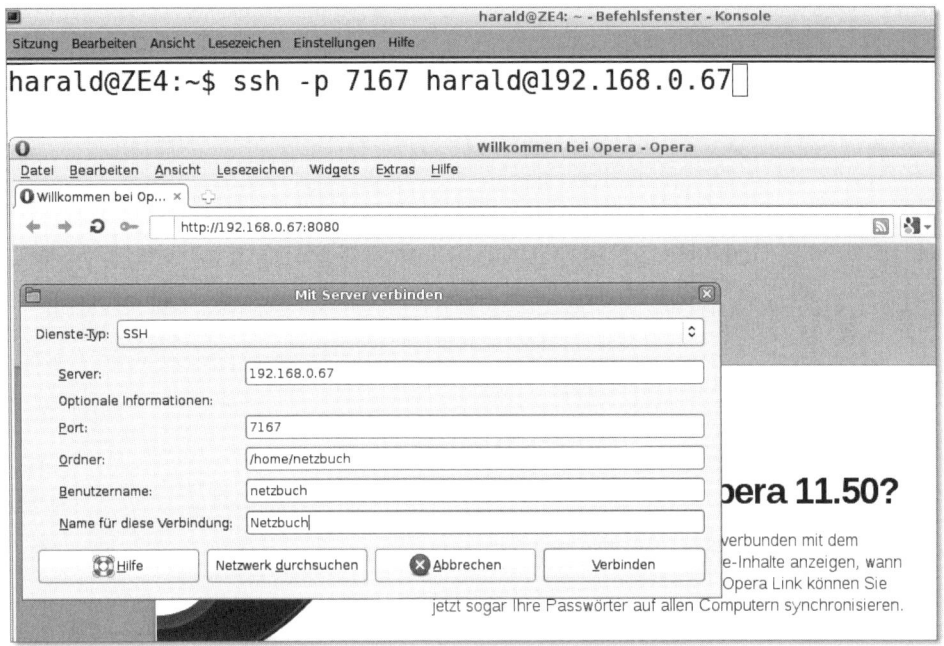

Abbildung 6.18 Angabe von abweichenden Port-Nummern

6.7.2 Durchführen von Portscans zum Austesten von Sicherheitsproblemen

Zunächst die Paragrafen: Scannen Sie keine Systeme, die Sie nicht scannen dürfen! Das kann arbeits- oder strafrechtliche Folgen haben.

Der Portscanner nmap spürt offene Ports auf. Einen Schnelldurchlauf erhalten Sie mit

```
nmap <IP-Adresse>
```

oder

```
nmap <Rechnername>
```

Die Abbildung 6.19 zeigt Ihnen den Ablauf. Der Scan fand einen offenen Port (25).

Wenn Sie wissen wollen, wie viel Ihr System nach außen über sich preisgibt und welche Ports geöffnet sind, geben Sie

```
harald@ZE4: ~ - Befehlsfenster - Konsole
Sitzung Bearbeiten Ansicht Lesezeichen Einstellungen Hilfe
ZE4:~# nmap 192.168.0.67

Starting Nmap 4.62 ( http://nmap.org ) at 2011-07-13 20:30 CEST
Interesting ports on netzbuch (192.168.0.67):
Not shown: 1714 closed ports
PORT   STATE SERVICE
25/tcp open  smtp
MAC Address: 00:11:6B:52:7B:1A (Digital Data Communications Asia Co.)

Nmap done: 1 IP address (1 host up) scanned in 13.486 seconds
ZE4:~#
```

Abbildung 6.19 Portscan mit »nmap«, Schnelldurchlauf

```
nmap -A -T4 <IP-Adresse>
```

oder

```
nmap -A -T4 <Rechnername>
```

ein. Abbildung 6.20 zeigt Ihnen eine detailliertere Auskunft. Der Testrechner schwieg sich eisern über sein Betriebssystem und die Uptime aus. Dafür wurde das Standard-Gateway als ein Hop erkannt.

```
harald@ZE4: ~ - Befehlsfenster - Konsole
Sitzung Bearbeiten Ansicht Lesezeichen Einstellungen Hilfe
ZE4:~# nmap -A -T4 192.168.0.67

Starting Nmap 4.62 ( http://nmap.org ) at 2011-07-13 20:39 CEST
Interesting ports on netzbuch (192.168.0.67):
Not shown: 1714 closed ports
PORT   STATE SERVICE VERSION
25/tcp open  smtp    Sendmail 8.14.4/8.14.4
MAC Address: 00:11:6B:52:7B:1A (Digital Data Communications Asia Co.)
No exact OS matches for host (If you know what OS is running on it, see http://nmap.org/submit/ ).
TCP/IP fingerprint:
OS:SCAN(V=4.62%D=7/13%OT=25%CT=1%CU=39175%PV=Y%DS=1%G=Y%M=00116B%TM=4E1DE69
OS:9%P=x86_64-unknown-linux-gnu)SEQ(SP=103%GCD=2%ISR=109%TI=I%II=I%SS=S%TS=
OS:21)SEQ(SP=FD%GCD=2%ISR=10D%TI=I%II=I%SS=S%TS=21)SEQ(SP=104%GCD=2%ISR=10B
OS:%TI=I%II=I%SS=S%TS=22)SEQ(SP=107%GCD=2%ISR=10A%TI=I%II=I%SS=S%TS=21)SEQ(


Uptime: 0.000 days (since Wed Jul 13 20:40:24 2011)
Network Distance: 1 hop
Service Info: OS: Unix

OS and Service detection performed. Please report any incorrect results at http://nmap.org/submit/ .
Nmap done: 1 IP address (1 host up) scanned in 25.946 seconds
ZE4:~#
```

Abbildung 6.20 Ausführlicherer Portscan mit »nmap«

Weitere Ausführungen zu `nmap` finden Sie in Abschnitt 10.7.3, »Hosts und Ports finden mit nmap«.

6.7.3 Schließen von Ports

Ports sind dann »offen«, wenn sich dahinter eine aktive Anwendung verbirgt. Sie »lauscht« im Netzwerk und wartet darauf, angesprochen zu werden.

Ports

- **Offen zur Außenwelt**: Wenn Sie einen offenen Port nach außen hin benötigen, so muss er auch »sichtbar« sein. Die Anwendung (Webserver, FTP-Server ...) muss immer auf dem neuesten Stand gehalten werden, damit eventuelle Sicherheitslücken keine Einbruchmöglichkeit in Ihr System schaffen. Achten Sie auf eine gute Konfiguration Ihrer Netzanwendung in puncto Sicherheit.
- **Offen zur Außenwelt, aber (halbwegs) sicher**: Geben Sie einem notwendigerweise offenen Port gegebenenfalls eine Nummer im Bereich von 49152 bis 65535 oder wenigstens über 1023. Standard-Scans erreichen meist die hohen Nummern nicht. Verlassen Sie sich aber trotzdem nicht darauf, verfahren Sie wie beim oberen Punkt.
- **Gefiltert für die Außenwelt**: Mit einer Firewall verbergen Sie den aktiven Port für Zugriffe aus dem Internet. Portscanner können unterscheiden, ob ein Port mittels Firewall »gefiltert« wurde oder geschlossen ist.
- **Geschlossen**: Es ist keine Anwendung aktiv, welche auf einen bestimmten Port zugreift.

In unserem Beispielfall wurde der SMTP-Daemon auf Port 25 (sendmail) gestoppt. Der Portscan zeigt nunmehr keine offenen Ports am Testsystem an (Abbildung 6.21).

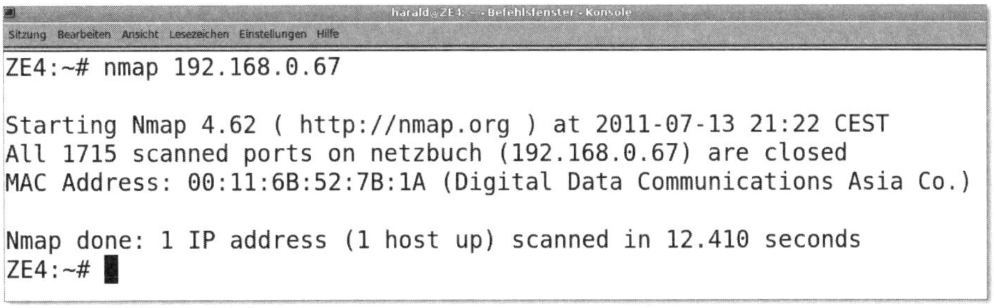
Sitzung Bearbeiten Ansicht Lesezeichen Einstellungen Hilfe
ZE4:~# nmap 192.168.0.67
Starting Nmap 4.62 (http://nmap.org) at 2011-07-13 21:22 CEST
All 1715 scanned ports on netzbuch (192.168.0.67) are closed
MAC Address: 00:11:6B:52:7B:1A (Digital Data Communications Asia Co.)
Nmap done: 1 IP address (1 host up) scanned in 12.410 seconds
ZE4:~#

Abbildung 6.21 Negativer Portscan mit »nmap«

6.8 Prüfungsfragen

Hier können Sie Ihr Wissen zu einigen Einzelthemen dieses Kapitels überprüfen. Die Auflösungen finden Sie in Anhang B, »Auflösungen Prüfungsfragen«.

6.8.1 TCP-Protokoll

1. Mit welchem Flag weisen Sie Verbindungswünsche ab?

2. Welchem Zweck dienen die Sequenznummern?

6.8.2 Ports und Sockets

1. Der Rechner mit der IP-Adresse 192.168.7.100 verfügt über einen Webserver, welcher seine Dienste auf dem Port 8182 anbietet. Wie geben Sie dies in Ihren Webbrowser ein?

2. Sockets sind eine Kombination aus der IP-Adresse und der Port-Nummer. Trifft dies nur für TCP, nur für UDP oder für beide zu?

3. Was entnehmen Sie folgender Programmausgabe?

```
harald@ze8:~$ nmap 192.168.0.67
Starting Nmap 5.00 ( http://nmap.org ) at 2011-09-15 15:06 CEST
Interesting ports on netzbuch (192.168.0.67):
Not shown: 999 closed ports
PORT    STATE SERVICE
80/tcp open   http

Nmap done: 1 IP address (1 host up) scanned in 6.85 seconds
```

4. Wie spricht ein Portscanner einen Rechner an?

5. Sie erhalten bei einem Portscan verschiedene Antworten:

   keine Antwort (ist hier auch eine Antwort)

   SYN/ACK-Flag-Paket

   RST-Flag-Paket

   Was bedeuten diese im Einzelnen?

6.8.3 Firewall

Welches Sicherheitsproblem kann eine gewöhnliche Firewall nicht lösen?

Kapitel 7
Kommunikation und Sitzung

Man kann nicht nicht kommunizieren.
(Paul Watzlawick)

Mit dem reinen Übertragen von Daten schaffen Sie noch keine Kommunikation. Ihre Rechner brauchen hierfür Sende- und Empfangsprogramme. Transfer von Dateien und E-Mails, Arbeiten am entfernten Arbeitsplatz oder einfach Webseiten anschauen bilden die Kommunikation im Internet.

7.1 SMB/CIFS (Datei-, Druck- und Nachrichtendienste)

Dieses Netzwerk-Dateisystem begegnet Ihnen oft im Zusammenhang mit Büro-Computern. Damit können Sie schnell Daten zwischen PCs austauschen und Drucker gemeinsam nutzen.

SMB/CIFS

- ▸ **Einsatzbereich**: Büroumgebungen mit MS-DOS- und MS-Windows-PCs sowie Linux- und Unix-Rechnern, Datenaustausch und gemeinsame Druckernutzung
- ▸ **SMB**: Server Message Block
- ▸ **CIFS**: Common Internet File System
- ▸ **Netbios**: Programmierschnittstelle, welche unter anderem eine eigene Namensauflösung (ohne DNS) beinhaltet (»Netbios-Name«)
- ▸ **Umsetzungen**: MS-DOS, Microsoft Windows, SAMBA (Unix, Linux), LAN-Server (IBM)
- ▸ **Port-Nummern ältere Version, Netbios über TCP**: 137 (Netbios-Namensauflösung), 138 (Datagramm-Service), 139 (Session Service)
- ▸ **Port-Nummer neuere Version, Plain SMB über TCP**: 445
- ▸ **Vorteile**: verbreitet, relativ unkompliziert in der Handhabung
- ▸ **Nachteile**: keine Verschlüsselung
- ▸ **RFCs: 1001, 1002**, 1088, 2097, Internet-Draft:
  http://datatracker.ietf.org/doc/draft-palanivelan-netbios-smb/

Zudem finden Sie weitere Funktionen je nach Windows-Version:

▶ Domänen-Prinzip (ab Windows NT): zentrale Benutzerverwaltung und Anmeldung

▶ Active Directory: Verzeichnisdienst des Microsoft Windows Servers, ermöglicht die Abbildung von organisatorischen Einteilungen eines Betriebes auf Zugriffs- und Nutzungsrechte

▶ Arbeitsgruppe: Zusammenfassung mehrerer Rechner ohne zentrale Administration (Benutzer, Anmeldung)

7.1.1   Grundlagen

Am häufigsten werden Sie SMB im Zusammenhang mit der Arbeitsgruppen-Konfiguration antreffen. Aus diesem Grund behandle ich diese hier ausführlicher. NT-Domänen oder Active-Directories werden Sie meist in reinen Windows-Umgebungen finden, in denen der Server selbst durchaus mit Linux oder FreeBSD laufen kann. Das Samba-Paket beherrscht alle drei Verwaltungsmodi (Arbeitsgruppe, NT-Domäne, Active Directory).

Im Arbeitsgruppen-Modus wählen Sie zwischen zwei Freigabe-Modi: Share (Freigabe) und User (Benutzer). Geben Sie ein Share frei, so vergeben Sie für dieses Objekt (Verzeichnis oder Drucker) ein Kennwort. Dieses müssen Sie allen Benutzern mitteilen, die auf die Freigabe zugreifen sollen. Solange Sie nur wenige zentrale Rechner mit Freigaben vorhalten, können Sie dies übersichtlich administrieren.

Geben Sie auf User-Ebene frei, müssen Sie die Benutzer gegebenenfalls mehrfach auf verschiedenen Rechnern anlegen. Änderungen von Kennwörtern oder das Löschen von Benutzern müssen Sie dann ebenso auf allen betroffenen Geräten durchführen. Dieses Vorgehen eignet sich damit nur für kleine Netze. Alle Rechner müssen zudem derselben Arbeitsgruppe angehören.

7.1.2   Freigaben von Verzeichnissen und Druckern unter Windows

Damit Sie andere Benutzer auf eine Ressource (Verzeichnisse, Drucker) zugreifen lassen können, müssen Sie eine Freigabe erteilen. Unter Windows funktioniert das meist mit einem rechten Mausklick auf das Objekt (Eigenschaftenmenü) bzw. einem Klick in die Symbolleiste auf FREIGEBEN FÜR (Abbildung 7.1).

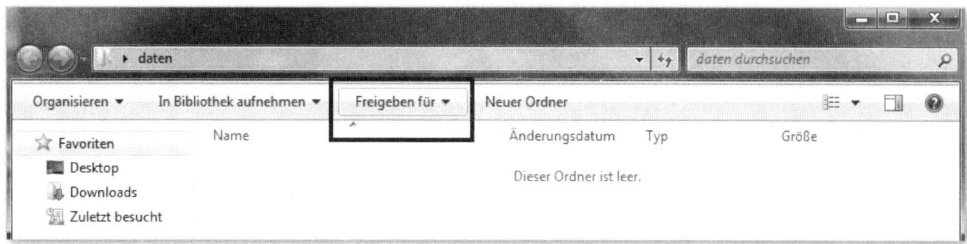

Abbildung 7.1 Menüpunkt »Freigeben für« wählen

Anschließend können Sie genaue Einstellungen vornehmen. Klicken Sie auf den kleinen Auswahlpfeil, um die Ressource Benutzern oder einer Gruppe zuzuordnen. Sie legen fest, wer was mit dem Objekt machen darf (Abbildung 7.2).

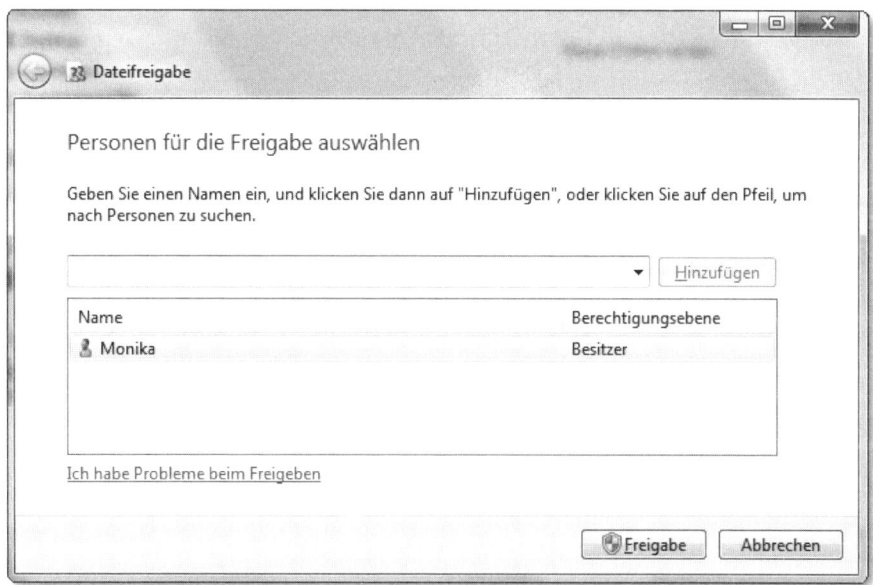

Abbildung 7.2 Freigabe-Menü

Drucker können Sie bereits bei der Installation freigeben. Achten Sie darauf, netzwerkweit eindeutige Namen auszuwählen. Ihre von Ihnen betreuten Anwender werden leichter mit den verschiedenen Bezeichnungen zurechtkommen.

7.1.3   nmbd und smbd unter Linux/FreeBSD

Das Samba-Paket bringt zwei Netzwerk-Daemons mit. Die Namensdienste und die interne Verwaltung sind die Aufgabe des nmbd. Für die Kommunikation mit den Clients nutzen Sie smbd. Die Konfigurationseinstellungen finden Sie in */etc/smb.conf* oder */usr/local/etc/smb.conf*. Die beiden Daemons sprechen Sie mit einem gemeinsamen RC-Skript an.

7.1.4   Samba-Konfigurationsdatei smb.conf

Sie finden die Samba-Konfigurationsdatei *smb.conf* in verschiedene Sektionen unterteilt:

▶ global: Einstellungen für die Benutzerauthentifizierung, Arbeitsgruppen- oder Domänenname, Netzwerkschnittstelle, Drucken

▶ homes: Regeln für die Heimatverzeichnisse der Benutzer

▶ profiles: Angabe der Regeln und des Ablageortes für die Benutzerprofile

▶ printers: Festlegung des Druckerzugriffes

▶ shares: Festlegung der Regeln und Ablageorte für Verzeichnisse, welche für mehrere Benutzer vorgesehen sind. Das Schlüsselwort shares ersetzen Sie durch den Namen der Freigabe.

Zur Erläuterung habe ich die Konfigurationsdatei eines kleinen Arbeitsgruppen-Servers wiedergegeben:

```
[global]
workgroup = netzbuch
netbios name = netzi
server string = Samba %v
interfaces = lo, eth1
encrypt passwords = Yes
security = user
os level = 65
local master = Yes
wins support = No
printing = cups
printcap name = cups
```

```
[homes]
comment = Heimatverzeichnis
read only = no
create mask = 0600
directory mask = 0700
browseable = No

[printers]
comment = Drucker
browseable = no
path = /var/spool/samba
printable = yes
guest ok = no
read only = yes
create mask = 0700
```

Listing 7.1 smb.conf für Arbeitsgruppen

Die gezeigte Konfiguration reicht aus, um auf einer PC-Plattform ein »NAS« und einen Printserver für Windows-Clients einzurichten. Natürlich müssen Sie unter Linux den oder die Drucker installieren und die Benutzer aufnehmen. Reine Samba-Benutzer legen Sie so an, dass diese keine Login-Shell bekommen (Sicherheitsgründe).

In der Sektion global habe ich die notwendigen Eintragungen zum »Erscheinungsbild« des Servers im Netz, sein Verhalten und zur Sicherheit festgelegt:

▶ workgroup = netzbuch: Name der Arbeitsgruppe

▶ netbios name = netzi: Windows-Name des Rechners. Dieser hat nichts mit dem Host-Namen gemeinsam. Der Netbios-Name erscheint in der Netzwerkumgebung.

▶ server string = Samba %v: Zeigt Samba und seine Versiosnummer an.

▶ interfaces = lo, eth1: Angabe der Netzwerkschnittstellen, über die Samba erreichbar sein soll (hier können Sie alternativ die IP-Adressen angeben). Diesen Eintrag müssen Sie im Zusammenhang mit der folgenden Zeile vornehmen.

▶ bind interfaces only = yes: Die beiden Daemons nmbd und smdb greifen nur auf diese in der oberen Zeile angegebenen Netzwerkschnittstellen zu.

▶ encrypt passwords = yes: Sie können verschlüsselte Kennwörter verwenden.

▶ security = user: Die Anmeldung stellt auf Benutzer ab. Alternative: share (für freigabebezogene Anmeldung, unsicher)

- ▶ os level = 65: Prioritätsangabe für den Master-Browser
- ▶ local master = yes: Server agiert als Master-Browser. Ein Master-Browser regelt die Darstellung der Netzwerkumgebung (Netbios-Namen).
- ▶ wins support = no: Der Rechner agiert nicht als Windows Internet Naming Service (WINS), ein Name-Server für Netbios-Namen.
- ▶ printing = cups: Angabe des Drucksystems, hier cups (Alternativen: bsd, lprng). Im Anschluss könnten Sie hier Kommandos zum Anzeigen der Druckerwarteschlange oder dem Löschen von Druckaufträgen angeben. Unter Linux/FreeBSD wandelt das Drucksystem den Auftrag in ein für den Drucker brauchbares Datenformat um (Filter) und verwaltet die Warteschlangen (Spooler).
- ▶ printcap name = cups: Angabe der Druckereinträge

In der Sektion homes legen Sie die Einstellungen für die benutzereigenen Verzeichnisse ab:

- ▶ comment = Heimatverzeichnis: Kommentar, der zum Share-Name zusätzlich ausgegeben wird
- ▶ read only = no: Damit ermöglichen Sie schreibenden Zugriff.
- ▶ create mask = 0600: Damit legen Sie die Rechte für Dateien fest. Hier Lesen und Schreiben nur für den Benutzer/Eigentümer.
- ▶ directory mask = 0700: Festlegung der Rechte für Verzeichnisse. Hier Lesen, Schreiben und Ausführen nur für den Benutzer/Eigentümer.
- ▶ browseable = no: Die benutzereigenen Verzeichnisse werden nicht allen Zugreifenden aufgelistet, nur das eigene wird angezeigt.

Falls Sie nicht mit den Eigenheiten der Dateisysteme von Linux oder FreeBSD vertraut sind, hilft Ihnen vielleicht dieser kleine Exkurs zu diesem Thema weiter: Die Rechte (Attribute) an Dateien und Verzeichnissen werden innerhalb dreier Gruppen aufgeteilt: *Eigentümer*, *Gruppe*, zu der der Eigentümer gehört, und der »*Rest*« am System. Es gibt die Rechte *Lesen*, *Schreiben* und *Ausführen*. Die weiteren möglichen Attribute sind hier nicht wichtig. Die Dateiattribute können Sie numerisch oder durch Buchstaben kennzeichnen. Anhand der Position erkennen Sie, für wen die Rechte gelten (Tabelle 7.1).

Eigentümer			Gruppe			Andere		
Lesen	Schr.	Ausf.	Lesen	Schr.	Ausf.	Lesen	Schr.	Ausf.
R	W	X	R	W	X	R	W	X

Tabelle 7.1 Dateiattribute in Symbolschreibweise für Linux/FreeBSD

Eine nach der Festlegung in der *smb.conf* erzeugte Datei trägt die Attribute

```
-rw-------
```

ein Verzeichnis

```
drwx------
```

Das erste Bit kennzeichnet die Sonderattribute, beim Verzeichnis »d«. Anschließend folgen die Einträge für den Benutzer (Datei: Schreiben und Lesen, Verzeichnis: Schreiben, Lesen, Ausführen), die Gruppe (keine Rechte) und die anderen Benutzer (keine Rechte).

In der *smb.conf* (und auch bei vielen anderen Konfigurationsdateien und Programmen) werden die Dateiattribute numerisch ausgedrückt (Tabelle 7.2).

Attribut/Recht	Wert
Ausführen	1
Schreiben	2
Lesen	4

Tabelle 7.2 Dateiattribute in numerischer Schreibweise für Linux/FreeBSD

Für jeden »Akteur« (Eigentümer, Gruppe, andere) geben Sie die Rechte in einer einzigen Zahl an. Dazu addieren Sie die einzelnen numerischen Werte der Attribute. In der *smb. conf* finden Sie die Attribute für Dateien mit 0600 angegeben. Das bedeutet: keine Sonderattribute, Lesen (4) und Schreiben (2) für den Eigentümer, keine (0) für Gruppe und andere. Verzeichnisse tragen die Rechtemaske 0700: Alle Rechte (1 + 2 + 4) für den Eigentümer, jeweils 0 für die Gruppe und die anderen.

Die Sektion printers legt den Zugriff auf die vom Samba-Rechner verwalteten Drucker fest:

▶ comment = Drucker: Kommentar, der jedoch kaum angezeigt wird. Anstelle dessen sehen Sie beim Zugriff meist den Warteschlangennamen des Druckers.

▶ browseable = no: Die Drucker werden nicht allgemein angezeigt.

▶ path = /var/spool/samba: Pfad für die Ablage der Druckdaten

▶ printable = yes: Der Drucker kann benutzt werden.

▶ guest ok = no: kein Gastzugriff möglich

▶ read only = yes: Das Druckerobjekt kann nicht geändert/gelöscht werden.

▶ create mask = 0700: Rechtegewährung (alle) für den Benutzer

Meist wird eine gut kommentierte Muster-Konfigurationsdatei (*smb.conf.sample* o. Ä.) mitgeliefert. In dieser finden Sie oft auch alle Erläuterungen, Samba als Domain-Kontroller einzusetzen.

7.1.5   Testen der Konfiguration

Melden Sie sich als Benutzer root (Systemverwalter) auf der Shell (Terminal) an. Geben Sie den Befehl testparm ein. Sie erhalten gegebenenfalls Fehlerhinweise auf falsche und ungültige Parameter. Ändern Sie diese fehlerhaften Einträge (Abbildung 7.3) ab, und führen Sie den Test erneut durch.

```
ZE4:~# testparm
Load smb config files from /etc/samba/smb.conf
Unknown parameter encountered: "etbios name"
Ignoring unknown parameter "etbios name"
Processing section "[homes]"
Processing section "[printers]"
Loaded services file OK.
Server role: ROLE_STANDALONE
Press enter to see a dump of your service definitions
```

Abbildung 7.3 »testparm«: Fehler in smb.conf

Eine fehlerfreie *smb.conf* hat in Abbildung 7.4 die Testprozedur durchlaufen. Am Schluss zeigt testparm eine gestraffte Ausgabe von *smb.conf* an.

```
ZE4:~# testparm
Load smb config files from /etc/samba/smb.conf
Processing section "[homes]"
Processing section "[printers]"
Loaded services file OK.
Server role: ROLE_STANDALONE
Press enter to see a dump of your service definitions
```

Abbildung 7.4 »testparm«: fehlerfreie smb.conf

7.1.6   Aufnehmen und Bearbeiten von Samba-Benutzern

Nach dem Neueinrichten des Samba-Dienstes müssen Sie die Benutzer aufnehmen. Gänzlich neue legen Sie zunächst für Linux/FreeBSD an. Für jene, die auf dem System ausschließlich nur ihre Daten speichern sollen, lassen Sie die login-Shell entfallen.

Für Samba müssen Sie auch schon bestehende Linux-Benutzer explizit aufnehmen. Dies nehmen Sie unter der Benutzerkennung root vor. Geben Sie hierzu

```
smbpasswd -a <BENUTZERNAME>
```

ein. Hat der Benutzer sein Kennwort vergessen, kann er es selbst ändern, sofern er Shell-Zugriff hat. Andernfalls gibt root den folgenden Befehl ein:

```
smbpasswd <BENUTZERNAME>
```

Anschließend geben Sie das neue Kennwort zweifach ein. In Tabelle 7.3 finden Sie die wichtigsten Optionen von smbpasswd zur Benutzerverwaltung.

Aktion	smbpasswd
Benutzer anlegen	-a <BENUTZER>
Benutzer sperren	-d <BENUTZER>
Benutzer freigeben	-e <BENUTZER>
Benutzer löschen	-x <BENUTZER>

Tabelle 7.3 Optionen von »smbpasswd«

7.1.7   Starten, Stoppen und Neustart der Samba-Daemons

Wenn Sie Änderungen oder Ergänzungen an der Konfiguration vorgenommen haben, müssen Sie die beiden Daemons anhalten und neu starten. Sie brauchen das Linux oder FreeBSD *nicht* neu zu starten! Sie rufen dazu das init-Skript der beiden Daemons auf. Unter Linux finden Sie es meist im Verzeichnis */etc/init.d/* mit Namen samba, unter FreeBSD liegt es unter */usr/local/etc/rc.d*. Unter der Kennung root läuft ein Anhalten und Starten ab, wie in Abbildung 7.5 gezeigt. Je nach Linux-Version können Sie alternativ die Option reload für den Neustart benutzen. Wenn Sie das Samba-Paket installieren, sorgen die Installationsroutinen meist automatisch dafür, dass bei jedem Hochfahren des Rechners die beiden Daemons mit gestartet werden.

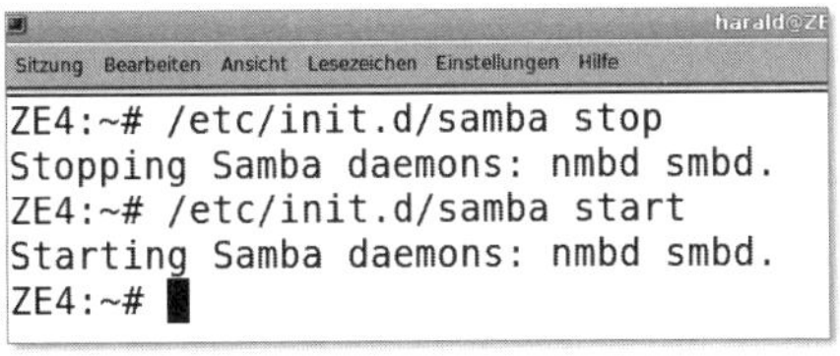

```
ZE4:~# /etc/init.d/samba stop
Stopping Samba daemons: nmbd smbd.
ZE4:~# /etc/init.d/samba start
Starting Samba daemons: nmbd smbd.
ZE4:~# ▮
```

Abbildung 7.5 Anhalten und Starten der Samba-Daemons

7.1.8   Netzlaufwerk verbinden (Windows 7)

Unter Microsoft Windows gelangen Sie mit folgenden Schritten zur gewünschten Verbindung (wenn nicht anders angegeben, ist immer der linke Mausklick gemeint):

► Öffnen Sie das Kontextmenü des Startmenüs mit der rechten Maustaste.

► Öffnen Sie den Windows-Explorer.

► Klicken Sie im Windows-Explorer die linke Spalte NETZWERK an.

► Im neuen Fenster im Windows-Explorer klicken Sie NETZLAUFWERK VERBINDEN an.

► Im Dialog NETZLAUFWERK VERBINDEN wählen Sie zunächst den Laufwerksbuchstaben aus und geben manuell die Freigabe in der Form *Rechnername (Netbiosname)* *Freigabe* ein. Klicken Sie auf FERTIGSTELLEN.

 oder

► Im Dialog NETZLAUFWERK VERBINDEN wählen Sie zunächst den Laufwerksbuchstaben aus und geben manuell die Freigabe in der Form *Rechnername (Netbiosname)* *Freigabe* ein, setzen einen Haken bei VERBINDUNG MIT ANDEREN ANMELDEINFORMATIONEN HERSTELLEN und klicken schließlich auf FERTIGSTELLEN.

► Windows-Sicherheit: Geben Sie Benutzername und Kennwort manuell ein, und klicken Sie auf OK.

Anschließend können Sie auf die Daten zugreifen.

7.1.9   Client-Zugriffe unter Linux/FreeBSD

Sie können mit Shell-Mitteln und Werkzeugen aus den verschiedenen grafischen Benutzeroberflächen auf Windows-Freigaben zugreifen.

Wenn Sie zunächst in Ihrem lokalen Netz Rechner finden wollen, die Windows-Freigaben anbieten, verwenden Sie `findsmb` (Abbildung 7.6). Geben Sie dabei unbedingt die Netzwerkadresse an. Mit der Option `-r` zeigt das Programm den Host-Namen anstelle des Netbios-Namens an. Meist unterscheiden sich bei Linux- und FreeBSD-Hosts die Host-Namen vom Netbios-Namen.

Das Programm `smbclient` dient der Verbindung mit SMB-Freigaben. Mit der Option `-L` `<Netbios-Hostname>` erhalten Sie eine Liste der für Sie erreichbaren Freigaben (Abbildung 7.7). In dieser Abbildung sehen Sie auch die Angabe des Master-Browsers für die Netbios-Namen.

```
harald@ZE4:~$ findsmb 192.168.0.0

                              *=DMB
                              +=LMB
IP ADDR          NETBIOS NAME    WORKGROUP/OS/VERSION
-------------------------------------------------------------
192.168.0.103    NETZI           +[NETZBUCH] [Unix] [Samba 3.2.5]
harald@ZE4:~$
harald@ZE4:~$
harald@ZE4:~$ findsmb -r 192.168.0.0

                              *=DMB
                              +=LMB
IP ADDR          NETBIOS NAME    WORKGROUP/OS/VERSION -B 192.168.0.0
-------------------------------------------------------------
192.168.0.103    ZE4.local
harald@ZE4:~$ ▮
```

Abbildung 7.6 »findsmb«

```
harald@ZE4:~$ smbclient -L netzi
Enter harald's password:
Domain=[NETZI] OS=[Unix] Server=[Samba 3.2.5]

        Sharename       Type        Comment
        ---------       ----        -------
        IPC$            IPC         IPC Service (Samba 3.2.5)
        lp              Printer     FS-1370ND
        epson           Printer     Epson LQ-670
        harald          Disk        Heimatverzeichnis
Domain=[NETZI] OS=[Unix] Server=[Samba 3.2.5]

        Server                  Comment
        ---------               -------

        Workgroup               Master
        ---------               -------
        NETZBUCH                NETZI
harald@ZE4:~$ ▮
```

Abbildung 7.7 »smbclient«: Auflistung der Freigaben

Das Verbinden mit einer Freigabe erfolgt in der Form

```
smbclient \\<WINDOWSRECHNER>\<FREIGABE>
```

Dabei werden Sie je nach Shell-Version auch mit einem kleinen Problem konfrontiert: »\« ist ein Entwerterzeichen. So sehen Sie in Abbildung 7.8, dass dadurch die Zahl dieser

Zeichen doppelt so hoch ist, wie gerade in der Syntax angegeben. Mit der Option -U
<BENUTZERNAME> geben Sie den Samba-Benutzer an.

```
harald@ZE4:~$ smbclient -U datenlager \\\\netzi\\datenlager
Enter datenlager's password:
Domain=[NETZI] OS=[Unix] Server=[Samba 3.2.5]
smb: \> ls
  .                                   D        0  Tue Jul 19 13:55:07 2011
  ..                                  D        0  Tue Jul 19 13:52:38 2011
  img_0050.jpg                        A  2484783  Tue Jul 19 13:55:07 2011
  img_0051.jpg                        A  2467327  Tue Jul 19 13:55:07 2011
  .profile                            H      675  Tue Jul 19 13:52:38 2011
  .bashrc                             H     3116  Tue Jul 19 13:52:38 2011
  .bash_logout                        H      220  Tue Jul 19 13:52:38 2011

               35201 blocks of size 8388608. 8098 blocks available
smb: \> get img_0050.jpg
getting file \img_0050.jpg of size 2484783 as img_0050.jpg (220593,1 kb/s) (average
 220595,1 kb/s)
smb: \> put urlaub.txt
putting file urlaub.txt as \urlaub.txt (14630000,0 kb/s) (average inf kb/s)
smb: \> ls
  .                                   D        0  Tue Jul 19 13:57:24 2011
  ..                                  D        0  Tue Jul 19 13:52:38 2011
  img_0050.jpg                        A  2484783  Tue Jul 19 13:55:07 2011
  img_0051.jpg                        A  2467327  Tue Jul 19 13:55:07 2011
  urlaub.txt                                1463  Tue Jul 19 13:57:24 2011
  .profile                            H      675  Tue Jul 19 13:52:38 2011
  .bashrc                             H     3116  Tue Jul 19 13:52:38 2011
  .bash_logout                        H      220  Tue Jul 19 13:52:38 2011

               35201 blocks of size 8388608. 8097 blocks available
smb: \> quit
harald@ZE4:~$ ▮
```

Abbildung 7.8 Datenzugriff auf eine Freigabe

In Abbildung 7.8 sehen Sie zunächst die Verbindungsaufnahme. Der Client zeigt nach
erfolgreichem Anmelden die Arbeitsgruppe, Betriebssystem und den Server-String an.
Beachten Sie den Prompt des Clients. Sie erkennen daran eine bestehende Verbindung.

Mit ls lassen Sie sich den Verzeichnisinhalt anzeigen. Mit get <DATEINAME> holen Sie
Dateien auf Ihr lokales Verzeichnis. Mit put <DATEINAME> senden Sie eine Datei aus dem
lokalen Verzeichnis zur Freigabe. Mit quit beenden Sie die Sitzung.

Normalerweise werden Sie smbclient nur für Shell-Skripte verwenden. Für die Arbeit
am Arbeitsplatz werden Sie den Zugriff sicher über die grafische Benutzeroberfläche
vornehmen. In Abbildung 7.9 sehen Sie den Verbindungsaufbau in der GNOME-Ober-
fläche.

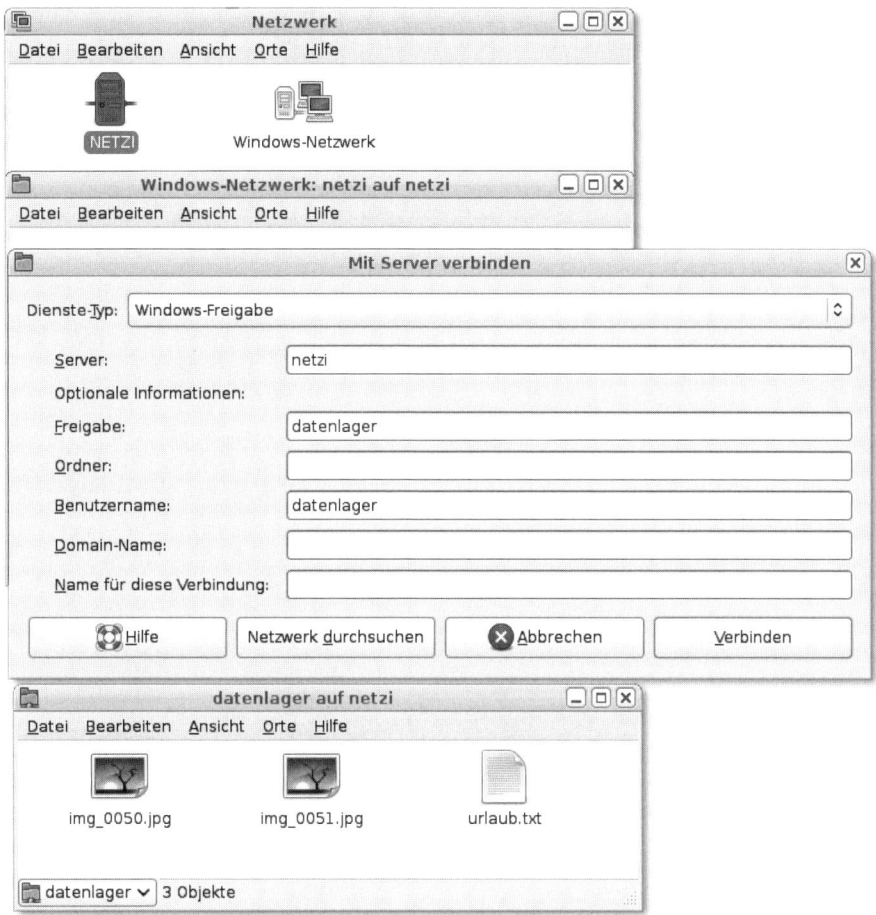

Abbildung 7.9   Zugriff auf eine Freigabe unter GNOME

Klicken Sie hierzu auf ORTE und VERBINDUNG ZU SERVER. Hierin wählen Sie bei DIENSTE-TYP • WINDOWS-FREIGABE und tragen Freigabe- und Benutzername ein. Sie werden vom Rechner sodann zur Eingabe Ihres Kennwortes aufgefordert. Am Schluss erhalten Sie das Fenster vom Dateimanager mit der Freigabe.

7.1.10   Zugriffskontrolle mit smbstatus

Sie können mit der Benutzerkennung root die Belegung des Samba-Servers mittels smbstatus abrufen. Sie sehen dann, welche Benutzer auf welche Ressourcen aktuell zugreifen (Abbildung 7.10).

```
harald@ZE4 : -  - Befehlsfenster - Konsole
Sitzung  Bearbeiten  Ansicht  Lesezeichen  Einstellungen  Hilfe
harald@ZE4:~$ su -
Passwort:
ZE4:~# smbstatus

Samba version 3.2.5
PID     Username     Group        Machine
-----------------------------------------------------------------
25135    datenlager   datenlager   monikamobil  (192.168.0.102)
25136    datenlager   datenlager   monikamobil  (192.168.0.102)
25133    datenlager   datenlager   monikamobil  (192.168.0.102)
25126    datenlager   datenlager   monikamobil  (192.168.0.102)
24842    datenlager   datenlager   netzi        (192.168.0.103)

Service     pid      machine      Connected at
-----------------------------------------------------------------
IPC$        24838    netzi        Tue Jul 19 20:19:01 2011
datenlager  24842    netzi        Tue Jul 19 20:19:03 2011
datenlager  25133    monikamobil  Tue Jul 19 20:28:02 2011
datenlager  25135    monikamobil  Tue Jul 19 20:28:05 2011
IPC$        25049    monikamobil  Tue Jul 19 20:24:56 2011
datenlager  25126    monikamobil  Tue Jul 19 20:27:45 2011
datenlager  25136    monikamobil  Tue Jul 19 20:28:05 2011
IPC$        25042    monikamobil  Tue Jul 19 20:24:46 2011
IPC$        25046    monikamobil  Tue Jul 19 20:24:51 2011

No locked files

ZE4:~# ▊
```

Abbildung 7.10 Ausgabe von »smbstatus«

7.1.11 Die net-Befehle für die Windows-Batchprogrammierung

Mit den net-Befehlen können Sie auf die Netzwerkumgebung zugreifen und z. B. kleine Datensicherungsroutinen erstellen.

Aktion	net-Befehl
Netzlaufwerk verbinden	net use n: \\<RECHNERNAME>\<FREIGABE>
Netzlaufwerk verbinden mit Benutzer-angabe	net user n: \user: <BENUTZER> \\<RECHNERNAME>\>FREIGABE>
Anzeige bestehender Netzlaufwerke	net use
Nachrichten an andere Rechner, Domänen oder Benutzer senden	net send <EMPFÄNGER> <NACHRICHT>
Netzwerkumgebung anzeigen	net view
Freigaben eines Rechners anzeigen	net view \\<RECHNERNAME>

Tabelle 7.4 net-Befehle für die Windows-Batchprogrammierung

Ich zeige hier nur eine kleine Auswahl der Befehle auf (Tabelle 7.4). Mit `<RECHNERNAME>` meine ich immer den Netbios-Namen. Als Laufwerksbuchstaben verwende ich in den Beispielen `N`.

7.2   Network-File-System (NFS)

Das Network-File-System begegnet Ihnen im Linux-, FreeBSD und Unix-Umfeld. Mit NFS stellen Sie Freigaben von Verzeichnissen ähnlich Samba anderen Rechnern bereit. Beim NFS-Client hängen Sie diese Freigaben in den lokalen Verzeichnisbaum ein. Die so gemounteten NFS-Freigaben (exports) werden wie ein lokales Verzeichnis oder Plattengerät behandelt.

Mit NFS verwirklichen Sie z. B. folgende Konfigurationen:

▶ zentrales Programmverzeichnis für mehrere Rechner, nur eine Programminstallation für viele zugreifende Geräte notwendig

▶ Vorhalten eines kompletten Dateisystems für plattenlose Thin-Clients

▶ Einrichtung eines zentralen Datensicherungsrechners

▶ Vorhalten von Verzeichnissen mit von vielen gemeinsam genutzten Ressourcen, wie Vorlagen, Archivmaterial usw.

Hier im Buch beschreibe ich die aktuelle NFS-Version 4. Diese ist leichter administrierbar und sicherer als die Vorgängerversion. Sie benutzt TCP. Nachteilig bei jeder NFS-Version ist der jeweilige Umfang der Konfigurationsarbeiten. Es gibt andere, unkompliziertere und flexiblere Verfahren, Daten für andere Rechner bereitzustellen.

Weitere Informationen finden Sie in den RFCs 3530 (NFS Version 4) und 1813 (NFS Version 3) sowie in den Manual-Seiten zu `exports`, `nfsd` und `portmap`.

7.2.1   Konfiguration des NFS-Servers

Vor der Installation müssen in Ihrem Netz noch einige Dinge geregelt werden:

▶ Damit Sie beim Zugriff keine Probleme und Fehlermeldungen bekommen, müssen die Benutzer-IDs auf allen beteiligen Rechnern identisch sein (ausgenommen beim reinen Lesezugriff).

▶ Dazu setzen Sie am besten eine zentrale Benutzerverwaltung wie LDAP, NIS oder Kerberos ein.

Legen Sie anschließend, falls noch notwendig, die zu exportierenden Verzeichnisse am Server an. Führen Sie die Programminstallation mit den Werkzeugen Ihrer Linux-Distribution durch.

Am Beispiel eines Debian-Linux-Servers zeige ich Ihnen die fälligen Konfigurationsschritte:

▶ Editieren */etc/fstab*:

Fügen Sie die Zeile

```
/home  /export/home  none  bind 0  0
```

an. Damit wird das *home*-Verzeichnis zusätzlich nach */export/home* gemountet.

▶ Editieren */etc/defaults/nfs-kernel-server*:

Setzen Sie die Variable (Zwecks Übersicht und Ordnung):

```
# exports. Valid alternatives are "yes" and "no"; the default is # "no".
NEED_SVCGSSD=no
```

Setzen Sie no, wenn Sie nicht mit Kerberos zur Benutzerauthentifizierung arbeiten.

▶ Editieren */etc/defaults/nfs-common*:

Setzen Sie die beiden folgenden Variablen:

```
# Do you want to start the idmapd daemon? It is only needed for
# NFSv4.
NEED_IDMAPD=yes
# Do you want to start the gssd daemon? It is required for
# Kerberos mounts.
NEED_GSSD=no
```

Da hier die NFS Version 4 gewünscht wird, setzen Sie die erste Variable mit yes. Nachdem hier im Beispiel Kerberos nicht verwendet wird, setzen Sie für die zweite Variable no.

▶ Ergänzen Sie */etc/exports* um Ihre NFS-exports, wie im Beispiel gezeigt (jede Freigabe in einer Zeile):

```
/export 192.168.0.0/24(rw, fsid=0, insecure,
no_subtree_check, async)
/export/home 192.168.0.0/24(rw, nohide, insecure,
no_subtree_check, async)
```

Für die Einträge in der exports-Datei können Sie verschiedene Optionen nutzen (Tabelle 7.5).

Option	Option-Schlüsselwort
Lesen und Schreiben ist erlaubt.	`rw`
Nur Lesen ist erlaubt.	`ro`
Port-Nummer über 1024 verwenden	`insecure`
Datentransfer läuft im asynchronen Modus.	`async`
Das exportierte Verzeichnis gehört auf dem Server root. Am Client werden diese auf den Benutzer nobody gemappt, Sie können sie deshalb nur lesen. Mit dieser Option umgehen Sie diese Sicherheitseinstellung.	`no_root_squash`
Betrachten Sie das exports-Beispiel. Hier werden die Verzeichnisse */export* und */export/home* als eigenständige Freigaben behandelt. Mit nohide sieht Ihr NFS-Client die beiden Freigaben nicht als verschiedene, sondern als hierarchisch miteinander verknüpft an.	`nohide`
Prüft, ob in einem einzelnen freigegebenen Verzeichnis eine angeforderte Datei liegt.	`subtree_check`
Unterlässt die Prüfung von oben. Dies ist eine empfehlenswerte Einstellung, wenn der gesamte Verzeichnisbaum exportiert wird. Damit steigern Sie die Zugriffsgeschwindigkeit.	`no_subtree_check`

Tabelle 7.5 Optionen in /etc/exports

▶ Ergänzen Sie */etc/hosts.deny* um folgende Einträge:

```
portmap: ALL
mountd: ALL
statd: ALL
```

In dieser Datei werden Angaben darüber gemacht, wer oder was nicht auf den Rechner über das Netz zugreifen darf.

▶ Ergänzen Sie *hosts.allow* um diese Einträge:

```
portmap: 192.168.0.0/24
mountd: 192.168.0.0./24
statd: 192.168.0.0/24
```

In dieser Datei finden Sie Angaben darüber, wer oder was über das Netzwerk auf den Rechner zugreifen darf. Zunächst wurde in *hosts.deny* alles verboten und hier in der *hosts.allow* eingeschränkt erlaubt.

▶ Führen Sie das Kommando `/etc/init.d/nfs-kernel-server` restart aus.

Sie sollten nun die Meldungen erhalten, dass der NFS-Server und der `mountd` gestartet wurden.

▶ Überprüfen Sie, ob NFS jetzt aktiv ist. Fragen Sie dazu die Prozesstabelle ab:

```
ps ax | grep nfs
```

sollte eine Anzeige wie in Abbildung 7.11 ergeben.

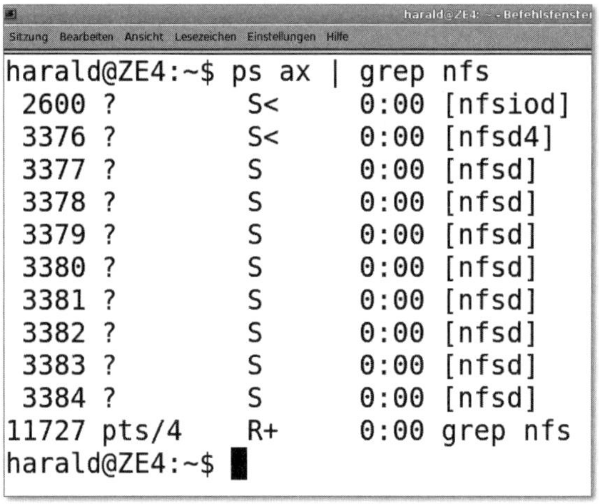

```
harald@ZE4:~$ ps ax | grep nfs
 2600 ?        S<       0:00 [nfsiod]
 3376 ?        S<       0:00 [nfsd4]
 3377 ?        S        0:00 [nfsd]
 3378 ?        S        0:00 [nfsd]
 3379 ?        S        0:00 [nfsd]
 3380 ?        S        0:00 [nfsd]
 3381 ?        S        0:00 [nfsd]
 3382 ?        S        0:00 [nfsd]
 3383 ?        S        0:00 [nfsd]
 3384 ?        S        0:00 [nfsd]
11727 pts/4    R+       0:00 grep nfs
harald@ZE4:~$ ▮
```

Abbildung 7.11 Prozessstatusabfrage

7.2.2 Konfiguration des NFS-Clients

Beim Client-Rechner können Sie mit der Benutzerkennung `root` die NFS-Freigaben im Verzeichnisbaum einhängen. Hierzu müssen Sie das Einhängeverzeichnis anlegen und anschließend die Freigabe mounten. Hier im Beispiel wurde als Einhängeverzeichnis */usr/nfszugriff* gewählt:

▶ Anlegen Verzeichnis:

```
mkdir /usr/nfszugriff
```

▶ Einhängen der Freigabe in den Verzeichnisbaum:

```
mount ze4:/export/home /usr/nfszugriff/
```

Zur Verdeutlichung sehen Sie den Vorgang in Abbildung 7.12. Sie finden darin auch den (funktionierenden) Datenzugriff als normaler Benutzer dargestellt.

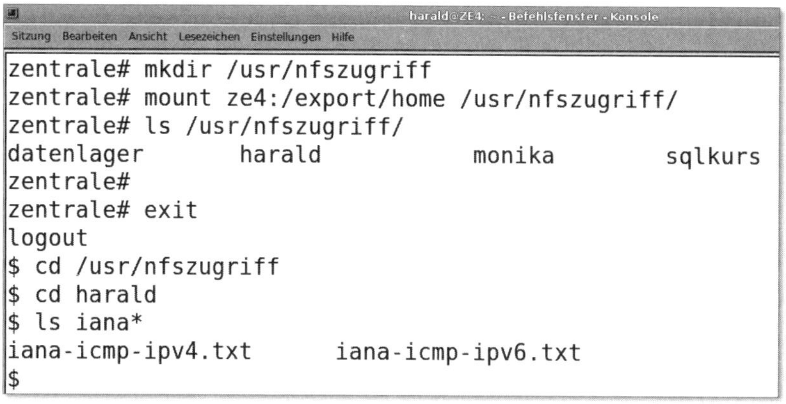
harald@ZE4: ~ - Befehlsfenster - Konsole
Sitzung Bearbeiten Ansicht Lesezeichen Einstellungen Hilfe
zentrale# mkdir /usr/nfszugriff
zentrale# mount ze4:/export/home /usr/nfszugriff/
zentrale# ls /usr/nfszugriff/
datenlager harald monika sqlkurs
zentrale#
zentrale# exit
logout
$ cd /usr/nfszugriff
$ cd harald
$ ls iana*
iana-icmp-ipv4.txt iana-icmp-ipv6.txt
$

Abbildung 7.12 Manuelles Einhängen der Freigabe und Funktionstest

Sollen die NFS-Freigaben dauerhaft nach jedem Rechnerstart in den Verzeichnisbaum automatisch eingehängt werden, müssen Sie in der Datei */etc/fstab* eine Zeile anfügen (hier auf das Beispiel bezogen):

```
192.168.0.34:/export/home    /usr/nfszugriff    nfs    rw,soft 0 0
```

Die Option `soft` verhindert ein Einfrieren von Anwendungen, welche auf die Freigaben zugreifen.

7.3 HTTP für die Informationen im Internet

Mit dem Hypertext Transfer Protocol (HTTP) übertragen Sie Texte, Bilder und andere Inhalte, welche in der Hypertext Markup Language (HTML) erstellt oder darin eingebettet sind. Die Verteilung der Datenmengen ist dabei sehr ungleich: Der anfragende Client übermittelt im Allgemeinen nur wenige Zeichen, während der Server (fast) beliebig viel als Antwort senden kann.

Die Client-Programme, die sogenannten Webbrowser, müssen von jedem Benutzer bedient werden können. Gleiches gilt aber auch für die anzuzeigenden Webseiten, welche Sie erstellen. Lassen Sie diese übersichtlich und klar im Aufbau erscheinen.

7.3.1 Grundlagen des HTTP-Protokolls

Mit dem HTTP-Protokoll transportieren Sie HTTP-Nachrichten. Diese enthalten Texte, Skripte, Bilder und andere Multimedia-Inhalte.

Übersicht HTTP-Protokolle

Allgemeine Eigenschaften: HTTP ist ein zustandsloses Protokoll und benutzt TCP. Die Zuordnung von Statusinformationen (Formulare, Bestellkörbe ...) werden mittels Cookies (Datenschnipsel, die der Zuordnung dienen) ermöglicht.

Versionen: HTTP/1.0 und HTTP/1.1

HTTP/1.0: Bei jeder Anfrage eines Clients baut der Server eine neue, eigene TCP-Verbindung auf, die nach erfolgreicher Übertragung der Antwort wieder geschlossen wird.

HTTP/1.1: Sie können eine bestehende Verbindung zum »Nachladen« benutzen (z. B. Grafiken). Damit erzielen Sie eine höhere Übertragungsgeschwindigkeit und eine verminderte Netzlast. In dieser Protokollversion können Sie Daten zum Server transportieren. Das Verfahren WebDAV ist damit möglich.

HTTP-Nachrichten sind unverschlüsselt.

HTTPS-Nachrichten sind verschlüsselt, für diese Erweiterung müssen Sie entsprechende Server- und Client-Programme nutzen.

Standard-Port: 80, alternativ: 8080, verschlüsselt (HTTPS): 443

Serverprogramme: thttp, apache, tomcat, Internet Information Services (IIS)

Client-Programme: Firefox, Opera, Iceweasel, Galeon, Internet Explorer, w3m, links, lynx

RFCs: 1945, 2295, 2518, 2616, 2774, 2817, 4918, 5689, 5785, 6266 und 6585

Die verschiedenen Anfrage-Methoden (HTTP-Requests) finden Sie in Tabelle 7.6. Sie können bei einigen dieser Requests Argumente übergeben. Argumente trennen Sie mit dem Zeichen »&« ab. Mit Werten gefüllte Parameter bauen Sie in der Form ?ARGUMENT= WERT auf.

Methode	Name
Anforderung einer Datei (Abruf einer Webseite)	get
Anforderung zur Übersendung des Headers, nicht aber des Inhaltes einer HTML-Datei. Sie überprüfen damit, ob eine Datei im Cache des Clients noch aktuell ist.	head
Senden weiterer Daten an den Server	post

Tabelle 7.6 HTTP-Requests

Methode	Name
Prüfen, ob eine Anfrage verändert wurde. Der Webserver gibt die Anfrage anstelle einer Webseite zurück.	trace
Anfrage nach vom Server angebotenen Methoden	options
Weitere Methoden von RESTful Webservices	
Senden einer Datei	put
Löschen einer Datei	delete
Zusätze von WebDAV (Dateiserver unter dem HTTP-Protokoll)	
Kopieren einer Datei oder eines Verzeichnisses	copy
Verschieben einer Datei oder eines Verzeichnisses	move
Abfragen einer Objekteigenschaft oder Anzeigen eines Verzeichnisbaumes	propfind
Ändern von Objekteigenschaften	proppatch
Setzen einer Zugriffssperre für ein Objekt, während Sie es bearbeiten	lock
Aufhebung einer Zugriffssperre	unlock

Tabelle 7.6 HTTP-Requests (Forts.)

HTTP-Server beantworten Requests mit einem Statuscode und gegebenenfalls mit weiteren Daten. Der Statuscode gibt Ihnen Auskunft darüber, wie der Request Ihres Clients abgearbeitet wurde. Sie finden die Festlegungen teilweise in den RFCs (siehe Kasten) und den Handbüchern und Manual-Seiten der Serverprogramme. Manche Server geben zusätzliche, nicht in den RFCs beschriebene Statuscodes ab.

Anhand der ersten Ziffer der Statuscodenummer erkennen Sie schon, ob die Anfrage erfolgreich war oder nicht. Die 1 zeigt Ihnen an, dass die Bearbeitung der Anfrage noch andauert. Die 2 meldet Ihnen Erfolg. Die 3 teilt Ihnen mit, dass die Anfrage umgeleitet wurde. Die 4 weist Sie auf Fehler in der Anfrage und die 5 auf Serverfehler hin.

Die wichtigsten dieser Codes finden Sie in Tabelle 7.7 zusammengefasst.

Code	Text	Bedeutung
Gruppe 1 – Informationen		
100	CONTINUE	Fortsetzung der Anfrage
101	SWITCHING PROTOCOLS	Protokollwechsel (Zustimmung Server)
102	PROCESSING	Bearbeitung dauert an. Gibt Server bei längerer Bearbeitungsdauer an, damit ein Time-out verhindert wird.
Gruppe 2 – erfolgreiche Anfragen		
200	OK	OK, Anfrage erfolgreich bearbeitet, Daten werden in dieser Antwort an den Client übermittelt.
201	CREATED	Request mit Erfolg bearbeitet. Die vom Client angefragten Daten wurden vor der Übermittlung der Antwort zusammengestellt.
202	ACCEPTED	Die Anfrage wurde vom Server angenommen, aber noch nicht ausgeführt.
204	NO CONTENT	Antwort auf erfolgreiche Anfrage, in der mit Absicht keine weiteren Daten übermittelt werden
205	RESET CONTENT	Nach dieser erfolgreichen Anfrage soll der Client die Seite neu darstellen. Eventuelle Daten in Formularfeldern werden gelöscht.
Gruppe 3 – Umleitungen, Änderungen und Rückfragen		
300	MULTIPLE CHOICE	Sie können wählen, in welcher Form die angeforderten Daten abgerufen werden.
301	MOVED PERMAMENTLY	Umleitung, der Server stellt zur Darstellung der neuen Adresse das Location-Header-Feld bereit.
303	SEE OTHER	Der Server gibt das Location-Header-Feld mit der Adresse aus, unter der die Antwort abgelegt wurde.
304	NOT MODIFIED	Gegenüber der letzten Antwort hat sich deren Inhalt nicht geändert, deshalb überträgt der Server keine Daten.
305	USE PROXY	Der Server gibt das Location-Header-Feld mit der Adresse des Proxys aus. Die Antwort ist nur hierüber erreichbar.

Tabelle 7.7 HTTP-Statuscodes

Code	Text	Bedeutung
Gruppe 4 – fehlerhafte Anfragen		
400	BAD REQUEST	syntaktischer Fehler im Request
401	UNAUTHORI-ZED	Request ohne gültige Authentifizierung (fehlerhafte oder fehlende Anmeldedaten)
403	FORBIDDEN	Request ohne gültige Authentifizierung
404	NOT FOUND	Aufruf einer nicht vorhandenen Webseite oder Webressource
Gruppe 5 – Fehler im Bereich des Servers		
500	INTERNAL SERVER ERROR	allgemeine Fehlermeldung
501	NOT IMPLEMENTED	Die Anfrage enthielt eine vom Server nicht unterstützte Methode.
503	SERVICE UNAVAILABLE	Der Server beantwortet (zeitweise) keine Requests.

Tabelle 7.7 HTTP-Statuscodes (Forts.)

Betrachten Sie nun den Auszug aus einem Mitschnitt des Netzwerkverkehrs. Dies dient als anschauliches Beispiel, wie die Protokolle der verschiedenen Schichten verschachtelt sind. Auf die Darstellung der Ethernet-Frames habe ich verzichtet.

Der Rechner ze4 mit der IP-Adresse 192.168.0.34 stellt eine Anfrage an den HTTP-Server netzbuch mit der IP-Adresse 192.168.0.67. Die Anfrage wird erfolgreich beendet. Sie können hier gut erkennen, wie zunächst auf TCP-Ebene die Verbindung aufgebaut wird (Zeilen 1, 2). Bei der Anfrage übermittelt der Client den Antwort-Port 35029. Dieser gilt, solange die Verbindung besteht.

Gut sehen Sie hier auch, dass das HTTP-Protokoll als Nutzlast des TCP transportiert wird. In Zeile 3 wird zunächst der Transport der Anfrage selbst per TCP geregelt, in Zeile 4 wird die HTTP-Anfrage angezeigt.

Zeile 5 zeigt Ihnen die Antwort des Servers mit dem HTTP-Statuscode (200, OK). In Zeile 6 bestätigt der Client-Rechner das Paket. Der Server-Rechner hat nichts mehr zu übermitteln und leitet mit dem FIN-Flag die Aufhebung der Verbindung ein (Zeile 7). Der Client bestätigt dies durch gleichzeitiges Übersenden eines FIN-Flags seinerseits (Zeile 8). Des-

sen Erhalt quittiert der Server-Rechner in Zeile 9, die Verbindung ist endgültig abgebaut.

Netzwerkverkehr bei einer HTTP-Anfrage

```
192.168.0.34   192.168.0.67   TCP    35029 > http [SYN] Seq=0
192.168.0.67   192.168.0.34   TCP    http > 35029 [SYN, ACK] Seq=0 Ack=1
192.168.0.34   192.168.0.67   TCP    35029 > http [ACK] Seq=1 Ack=1
192.168.0.34   192.168.0.67   HTTP   GET / HTTP/1.1
192.168.0.67   192.168.0.34   HTTP   HTTP/1.1 200 OK (text/html)
192.168.0.34   192.168.0.67   TCP    35029 > http [ACK] Seq=202 Ack=919
192.168.0.67   192.168.0.34   TCP    http > 35029 [FIN, ACK] Seq=919 Ack=202
192.168.0.34   192.168.0.67   TCP    35029 > http [FIN, ACK] Seq=202 Ack=920
192.168.0.67   192.168.0.34   TCP    http > 35029 [ACK] Seq=920 Ack=203
```

7.3.2   Serverprogramme

Für jeden Einsatzbereich können Sie einen dafür passenden Webserver verwenden. Die
Programme haben ihre Unterschiede hinsichtlich ihres Leistungsvermögens und ihrer
Austattungsdetails, wie der Einbindung diverser Skriptsprachen. Hier finden Sie eine
kleine Übersicht von HTTP-Serverprogrammen:

▶ **thttpd**: Für kleine Projekte, z. B. auch Embedded-Anwendungen. Informationen
erhalten Sie unter *http://www.acme.com/software/thttpd/*.

▶ **lighthttpd**: Ebenfalls für kleine Projekte geeignet, beherrscht mehrere Skriptmodule
und Verschlüsselung. Die URL der Projektseite lautet *http://redmine.lighttpd.net/
projects/lighttpd*.

▶ **Apache**: Ein weit verbreiteter Webserver mit vielen Erweiterungsmöglichkeiten, sehr
leistungsfähig. Die URL des Apache-Projektes lautet *http://www.apache.org/*.

▶ **Internet Information Services (IIS)**: Läuft im Gegensatz zu den anderen hier aufgeführten Programmen ausschließlich unter Microsoft-Windows-Betriebssystemen.
Informationen über dieses kostenpflichtige Close-Source-Produkt erhalten Sie unter
http://www.microsoft.com/de-de/default.aspx.

Sie können auch auf der Plattform *http://www.freshmeat.net* nach für Ihre Projekte
passenden Webservern suchen.

Allen Webservern gemeinsam ist, dass die Webdokumente für Server, Administrator und gegebenenfalls Anwendungen zugänglich abgelegt werden. Je mehr Module und Plugins installiert werden, desto mehr belasten die Serverprozesse das Rechnersystem. Nicht nur in der Serversoftware selbst, auch in den Modulen und Plugins können sich Sicherheitslücken verbergen. Manche Erweiterungen können auch von ihrer Art her schon ein Sicherheitsproblem beinhalten, wenn es um Prozesse und Dateizugriffe geht.

Wenn es möglich ist, installieren Sie deshalb den Webserver in eine abgesicherte Umgebung (Linux: chroot; FreeBSD: chroot, Jail; allgemein: System in virtueller Maschine).

7.3.3   Client-Programme

Mit den HTTP-Servern kommunizieren Sie normalerweise per Webbrowser. Diese Programme unterscheiden sich hinsichtlich ihrer Bedienung und ihres Leistungsumfanges. HTTP-Clients arbeiten überwiegend im grafischen Modus. Dadurch können diese Bilder, Videos und andere Multimedia-Inhalte darstellen. Hierzu gehören viele bekannte Produkte:

▶ Firefox (*http://www.mozilla.org/*)

▶ Opera *(http://www.opera.com/)*

▶ Iceweasel (*http://www.debian.org/*)

▶ Internet Explorer (*http://www.microsoft.com/de-de/default.aspx*)

▶ Safari (*http://www.apple.com/de/safari/*)

Auch für die reine Textdarstellung finden Sie HTTP-Clients (Abbildung 7.13). Diese können Sie für Verbindungen über sehr langsame Telefon- und Funkverbindungen, für reine webgestützte Wartungszugänge oder auch für Sehbehinderten-Arbeitsplätze einsetzen. In letzterem Fall führen Sie deren Ausgabe mit einer Braille-Zeile oder einer Sprachausgabe zusammen. Reine »Textbrowser« belasten zudem den PC kaum. So können Sie damit auch ältere Terminal-Arbeitsplätze oder Computer-Kassen mit einer Warenwirtschaftslösung verbinden. Aktive Inhalte kann keines dieser Programme darstellen (Flash, Video usw.).

Drei Vertreter dieses Programmtyps sind:

▶ **w3m**: mit Mausbedienung

▶ **lynx**: ohne Mausbedienung, dafür mit umfangreichem Menü

▶ **elinks**: mit Mausbedienung

Alle Programme werden mit der Syntax

```
<PROGRAMM> http://<URL>
```

aufgerufen. Navigiert wird per Tastatur (Pfeiltasten, ⇥, ↵-Taste) und teilweise (w3m, elinks) auch per Maus. Sie beenden diese Programme durch Druck auf die Taste Q (für quit).

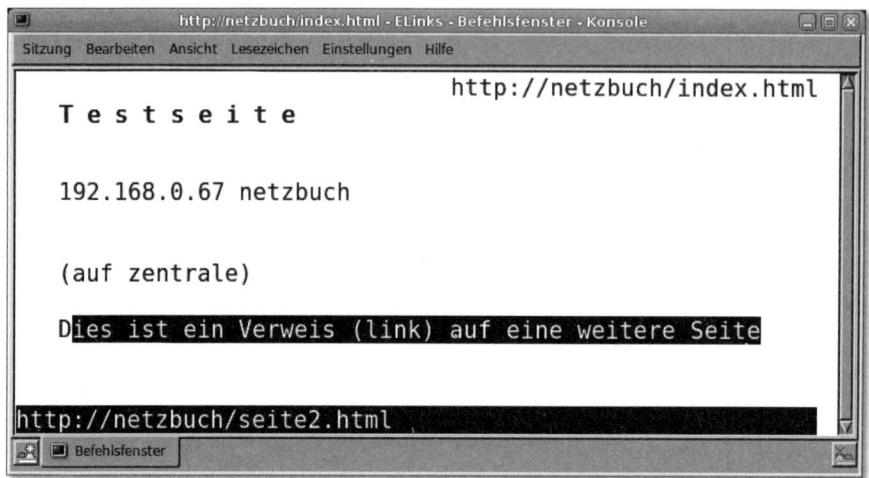

Abbildung 7.13 Darstellung einer Webseite mit elinks

Die genaue Funktionsbeschreibung der Webbrowser für den Textmodus entnehmen Sie den Manual-Seiten.

7.3.4   Webbrowser und Sicherheit

Moderne Webbrowser können durch Plugins zu Multimediazentralen aufgerüstet werden. Die Programme dienen gerade bei Privatleuten mehr der Unterhaltung als dem Abrufen von reinen Informationen.

Werbeleute, die Seitenbetreiber selbst und auch die dunkle Seite der IT interessieren sich für den »Surfer« im Internet. Ältere Browser oder Plugins mit Sicherheitslücken bilden oftmals das Einfallstor für Angriffe vom Internet her. Von solchen Sicherheitsproblemen erfahren Sie ziemlich zeitnah z. B. auf *http://www.heise.de*.

Relative Sicherheit bietet Ihnen das folgende Vorgehen:

▶ Verfolgen Sie Meldungen zu Sicherheitslücken.

▶ Halten Sie Programme und Plugins aktuell.

▸ Stellen Sie den Browser so ein, dass er keine Auskunft über die zuletzt besuchten Seiten gibt (Referrer).

▸ Deaktivieren Sie Java/JavaScript wenigstens für unbekannte Seiten. Viele Browser lassen hier Ausnahmeregelungen und Sondereinstellungen für einzelne Seiten zu. Damit unterbinden Sie die Ausführung aktiver Inhalte.

▸ Unterbinden Sie das Anlegen einer Historie und eines Caches. In der Historie lassen sich von Ihnen besuchte Seiten auslesen, im Cache lagern Daten (Bilder, Skripte usw.) davon.

▸ Lassen Sie keine Cookies von Drittanbietern zu, und löschen Sie die vorhandenen beim Verlassen des Programms. Damit verhindern Sie, dass Ihre Verbindungen nachvollzogen werden.

▸ Stellen Sie den Browser so ein, dass er keine Formulardaten speichert.

▸ Benutzen Sie kein »Masterpasswort«, und lassen Sie das Speichern von Kennwörtern nicht zu.

▸ Lassen Sie sogenannte Add-ons nicht automatisch installieren.

▸ Internet-Café: Bringen Sie Ihren Browser auf einem USB-Stick mit. Benutzen Sie nicht den vom Surf-PC.

Weitere Hinweise finden Sie in Abschnitt 10.6, »Sicherheit«.

7.4 Mail-Transport

Ihre E-Mails können Sie auf verschiedene Arten senden und empfangen. Der Transport erfolgt im Hintergrund durch den *Mail Transport Agent* (*MTA*), während Sie selbst den *Mail User Agent* (*MUA*) benutzen (Outlook, K-Mail, Evolution, Mutt, Alpine …).

7.4.1 Grundlagen des SMTP/ESMTP-Protokolls

Ihre E-Mails werden mit dem *Simple Mail Transport Protocol* (*SMTP*) bzw. dem *Extented Simple Mail Transport Protocol* (*ESMTP*) übertragen. Oft hören Sie den Begriff SMTP, gemeint ist aber die neuere Version ESMTP. Der MTA benutzt das (E)SMTP-Protokoll.

Übersicht SMTP/ESMTP-Protokoll und Mail-Transport

▸ **Funktionsschema Mail-Transport**: siehe Abbildung 7.14

▸ **Wichtige Befehle**: siehe Tabelle 7.8

▸ **Statuscodes**: siehe Tabelle 7.9

Sie können aus verschiedenen **MTAs** wählen:

- **exim**: leistungsfähig, ressourcenschonend, einfache Konfiguration (*http://www.exim.org/*)

- **postfix**: für mittlere und größere E-Mail-Aufkommen, umfangreiche Austattung (*http://www.postfix.org/*)

- **qmail**: für ISPs und sehr große E-Mail-Aufkommen (*http://cr.yp.to/qmail.html*)

- **MS EXCHANGE**: für Microsoft Windows (*http://www.microsoft.com/*)

- **Ports**: 25/TCP, 465/TCP mit Verschlüsselung, 587/TCP

- **RFCs** zum Nachlesen: **1845**, **1870**, 1985, **2034**, **2047**, 2184, 2231, 2487, **2505**, 2821, 2822, 2852, 2920, **3030**, 3207, 3461, 3463, **3464**, 3700, 3886, 4409, 4468, 4865, **4954**, **5000**, 5248, 5321, 5336, 5337, 6152

Der Absender einer E-Mail muss sich bei »seinem« SMTP-Server authentifizieren. Verlangt der Server keine Anmeldung, so fungiert er als »Open-Relais« und damit als Verbreitungswerkzeug für unerwünschte E-Mails (SPAM). Beim Einsatz des *SMTP-Auth* zur Authentifizierung können Sie folgende Verfahren einsetzen:

- **CRAM-MD5**: Challenge-Response Authentication Mechanism, Message Digest 5, relativ sicheres Anmeldeverfahren, da keine Kennwörter im Klartext übertragen werden, siehe RFCs 2104 und 2195

- **LOGIN**: Benutzername und Kennwort werden in zwei Schritten unverschlüsselt übertragen. Die verwendete Base64-Kodierung ist keine Verschlüsselung im eigentlichen Sinn.

- **NTLM**: NT-LAN-Manager, ein proprietäres Anmeldeverfahren von Microsoft.

- **PLAIN**: Benutzername und Kennwort werden in einem Schritt unverschlüsselt übertragen. Die verwendete Base64-Kodierung ist keine Verschlüsselung im eigentlichen Sinn, siehe RFC 4616.

- **SCRAM-SHA-1**: Salted Challenge Response Authentication Mechanism, relativ sichere Anmeldemethode mit Verschlüsselung, siehe RFC 5808.

Bevorzugen Sie auch im Intranet vorzugsweise verschlüsselte Anmeldeverfahren. Moderne MTAs beherrschen eine oder mehrere Formen davon.

Gegen das unerwünschte Mitlesen von E-Mails während des Transportes helfen verschiedene Verschlüsselungstechniken: einmal für die Übertragung als solche (SSL/TLS) und auch für den Inhalt. Hier gibt es mehrere Standards. Sie müssen vorher mit dem Empfänger absprechen, welche Verschlüsselungsmethode er »versteht«.

Der Mail-Transport besteht aus mehreren Phasen. Sie senden von Ihrem PC aus mit Ihrem E-Mail-Programm eine Nachricht per SMTP ab. Ihr Programm authentifiziert sich beim SMTP-Server Ihres Providers. Dieser Server verfügt über einen eigenen SMTP-Client. Dieser leitet die Nachricht ebenfalls per SMTP an den Mail-Server beim Provider des Empfängers weiter. Der empfangende Server gleicht möglicherweise die Adresse des sendenden SMTPs mit einer »Black-List« (hier werden SPAM-Server geführt) ab. Hierzu muss der DNS-Zugriff funktionieren. Der Empfänger der E-Mail kann auf die E-Mail aber nicht mittels SMTP zugreifen. Für das Abholen muss er Protokolle wie POP3 oder IMAP benutzen, wenn er sie auf seinen lokalen Rechner übertragen möchte. Alternativ bieten viele Provider Webmail-Lösungen an. Hier greifen Sie mittels Webbrowser mit HTTPS auf Ihre E-Mails am Server (Schreiben und Lesen) zu.

In Abbildung 7.14 zeige ich Ihnen schematisch den Lauf einer E-Mail. Die Webmail-Lösung habe ich dabei nicht dargestellt.

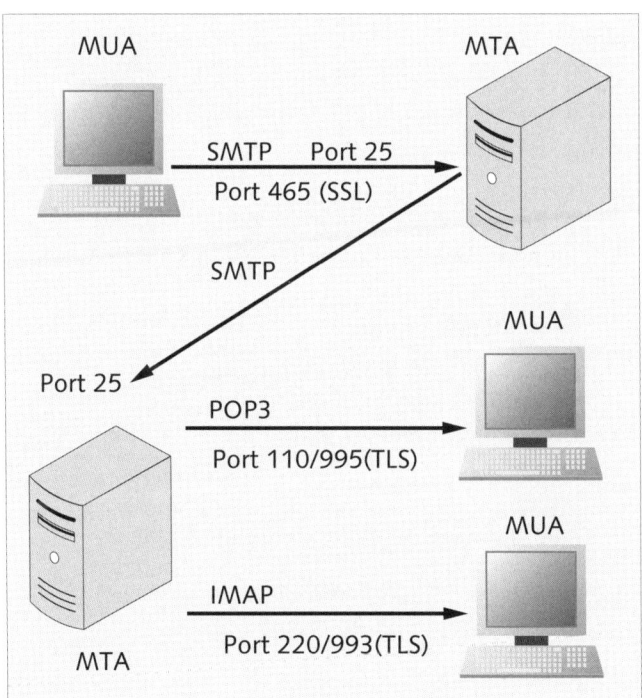

Abbildung 7.14 Schema Transportweg einer E-Mail

Der SMTP-Client sendet im Dialog mit dem Server verschiedene Kommandos. Eine Auswahl finden Sie in Tabelle 7.8.

Aktion	Kommando
Beginn SMTP-Sitzung, der Server teilt Ihnen mit, welche SMTP und ESMTP-Kommandos er anbietet.	EHLO <RECHNERNAME>
Beginn SMTP-Sitzung	HELO <RECHNERNAME>
Beginn E-Mail-Übertragung mit Angabe der Absenderadresse	MAIL FROM <ABSENDER>
Beim Leerlauf in der Sitzung bekommen Sie damit eine Antwort vom Server. Damit verhindern Sie einen Abbruch wegen Zeit-überschreitung (Time-out).	NOOP
Beenden SMTP-Sitzung	QUIT
Angabe der oder des Empfängers (mehrfach je Nachricht möglich)	RCPT TO <EMPFÄNGER>
Abbruch einer bereits eröffneten E-Mail-Übertragung, ohne die bestehende Verbindung zu beenden	RSET
Überprüfung der Empfängeradresse	VRFY

Tabelle 7.8 Auswahl SMTP-Kommandos

Der SMTP-Server sendet Ihnen bzw. Ihrem E-Mail-Client während der Verbindung Statuscodes als Antwort auf die einzelnen Aktionen. In Tabelle 7.9 finden Sie eine Auswahl.

Code	Text	Bedeutung
220	SERVICE READY	Server ist bereit, Anweisungen entgegenzunehmen.
221	CLOSING CHANNEL	Server trennt Sitzung.
250	OK	Kommando erfolgreich ausgeführt
354	START MAIL INPUT	Aufforderung zur Übermittlung der E-Mail
421	<DOMAIN> SERVICE NOT AVAILABLE. CLOSING TRANSMISSION CHANNEL	Die Domain ist nicht verfügbar, die Verbindung wird getrennt.
500	SYNTAX ERROR, COMMAND UNRECOGNISED	Fehler im Kommando
501	SYNTAX ERROR, NO PARAMETERS ALLOWED	Fehler im Kommando, keine weiteren Parameter zulässig

Tabelle 7.9 SMTP-Statuscodes

Code	Text	Bedeutung
502	COMMAND NOT IMPLEMENTED	Kommando entweder unbekannt oder nicht verfügbar
503	BAD SEQUENCE OF COMMANDOS	falsche Reihenfolge der übermittelten Kommandos
504	COMMAND PARAMETER NOT IMPLEMENTED	Parameter im Kommando nicht möglich
554	TRANSACTION FAILED	Übermittlung fehlgeschlagen oder kein SMTP-Service verfügbar

Tabelle 7.9 SMTP-Statuscodes (Forts.)

7.4.2   Konfigurationshinweise

Wenn Sie selbst einen SMTP-Server für Ihr Netz installieren, so können Sie verschiedene Einsatzbereiche festlegen:

▶ Der Server dient nur netzinternem E-Mail-Verkehr. Er verweigert E-Mails mit Adressen »von außerhalb« die Weiterleitung, er leitet keine E-Mails »nach außen«.

▶ Der Server dient dem netzinternen E-Mail-Verkehr und sendet ausgehende E-Mails in das Internet.

▶ Der Server sendet ausschließlich ausgehende E-Mails weiter.

Testen Sie vor dem Echteinsatz Ihres SMTP-Servers, ob Sie

▶ keine E-Mails mit beliebigem Absender darüber versenden können (SPAM-Relais!),

▶ abgehende E-Mails eine vollständige und richtige Absenderadresse aufweisen,

▶ die Verbindung zu einem SMTP-Relais Ihres Internet-Providers verschlüsselt funktioniert.

Die ersten Funktionsprüfungen können Sie übrigens mit dem `telnet`-Client vornehmen. Mit einem E-Mail-Client (MUA) als Testobjekt haben Sie die Gefahr falscher oder zu allgemeiner Fehlermeldungen. Dies würde die Nachkonfiguration erschweren. Allerdings können Sie mit dieser Methode nur unverschlüsselte E-Mail-Übertragungen prüfen. Sie bauen die Verbindung in der Form

```
telnet <RECHNENAME> 25
```

oder

```
telnet <IPADRESSE> 25
```

auf. Zwischen `<RECHNERNAME>` oder `<IP-ADRESSE>` und der Port-Angabe 25 steht ein Leerzeichen.

Zunächst sehen Sie in Abbildung 7.15 die Abfrage allgemeiner Einstellungen und angebotener Kommandos.

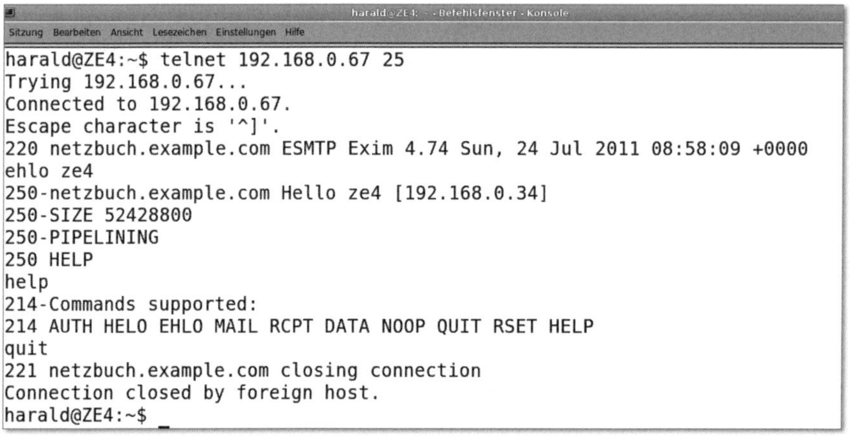

```
harald@ZE4:~$ telnet 192.168.0.67 25
Trying 192.168.0.67...
Connected to 192.168.0.67.
Escape character is '^]'.
220 netzbuch.example.com ESMTP Exim 4.74 Sun, 24 Jul 2011 08:58:09 +0000
ehlo ze4
250-netzbuch.example.com Hello ze4 [192.168.0.34]
250-SIZE 52428800
250-PIPELINING
250 HELP
help
214-Commands supported:
214 AUTH HELO EHLO MAIL RCPT DATA NOOP QUIT RSET HELP
quit
221 netzbuch.example.com closing connection
Connection closed by foreign host.
harald@ZE4:~$ _
```

Abbildung 7.15 Abfrage verfügbarer Kommandos

In Abbildung 7.16 sehen Sie den kompletten Ablauf einer E-Mail-Lieferung an den SMTP-Server.

```
harald@ZE4:~$ telnet 192.168.0.67 25
Trying 192.168.0.67...
Connected to 192.168.0.67.
Escape character is '^]'.
220 netzbuch.example.com ESMTP Exim 4.74 Sun, 24 Jul 2011 08:54:00 +0000
helo ze4
250 netzbuch.example.com Hello ze4 [192.168.0.34]
mail from: harald@example.com
250 OK
rcpt to: harald@netzbuch.example.com
250 Accepted
data
354 Enter message, ending with "." on a line by itself
Das ist eine Testmail.
.
250 OK id=1QkuSF-0000s1-Ke
quit
221 netzbuch.example.com closing connection
Connection closed by foreign host.
harald@ZE4:~$
```

Abbildung 7.16 Manueller Test einer E-Mail-Übertragung

7.4.3 Anhänge von E-Mails, MIME, S/MIME

E-Mails können nur Text transportieren. Der Text muss zudem im *ASCII-Code* (*American Standard Code für Information Interchange*) vorliegen. Damit Sie in Ihren E-Mails auch Umlaute benutzen und Dateien anhängen können, gibt es Erweiterungen (*Multipurpose Internet Mail Extensions*, *MIME*, und für die Verschlüsselung von E-Mails *Secure MIME, S/MIME*).

Die MIME-Erweiterungen kodieren Nicht-ASCII-Texte und Anhänge (Binärcode, Bilder, Multimedia-Dateien) in ASCII-Zeichenfolgen um. Nur mit diesen kann das E-Mail-System umgehen. Beim Empfänger werden diese Anhänge wieder in das Originalformat zurückverwandelt.

MIME-Erweiterung, Kodierungen

Kodierungen:

7bit: nur ASCII

8bit: ASCII und einzelne Sonderzeichen

Nicht-ASCII-Texte: *Quoted-Printable*-Verfahren. Sie kodieren alle Bytes außerhalb des ASCII-Zeichensatzes. Das umgewandelte Zeichen trägt als Kennzeichnung das »=«-Zeichen. Der Zeichenwert in hexadezimaler Form schließt sich daran an.

Binäre Anhänge und zum Teil Texte: Sie kodieren alle Nicht-Text-Anhänge (Binärdaten aller Art) mittels *Base64* in ASCII-Text.

MIME-Parts: Die MIME-Spezifikation ist in mehrere Sektionen unterteilt:
Part 1: Erweiterungen des Mail-Headers
Part 2: Typ Inhalt
Part 3: Mail-Header-Erweiterungen für Nicht-ASCII-Text
Part 4: Registrierungsprozedur von neuen Erweiterungen bei der IANA
Part 5: Mindestanforderungen an MUAs

RFCs: 1847, 2045, 2046, 2047, 2048, 2049, 2131, 2184, 2231, 2822, 3548, 4648, 4829, 5322, 5335, 5336, 6532

MIME kennt derzeit nur die Version 1.0. Sie verwenden diesen Eintrag ohne Änderung.

MIME kennt verschiedene Inhalt-Typen. Diese finden Sie als Content-Type-Eintrag im Kopfbereich der E-Mail:

▶ **application**: angehängte Datei mit Zuordnung zu einer Anwendung
▶ **audio**: Audiodatei

- ▶ **image**: Grafikdatei

- ▶ **multipart**: Daten sind mehrteilig

- ▶ **text**: Textdatei

- ▶ **video**: Videodatei

Am Content-Type-Eintrag finden Sie eine weitere Beschreibung des Inhaltes. Bei Texten finden Sie Hinweise zum Zeichensatz (Text/Plain charset= «<ZEICHENSATZ>«). In Tabelle 7.10 finden Sie eine kleine Übersicht häufig vorkommender Content-Type-Einträge.

Content-Type (MIME-Type)	Inhalt
text/plain	blanker Text
text/html	HTML-Text
multipart/mixed	mehrteilige Daten in verschiedenen Formaten (Text, Bilder ...)

Tabelle 7.10 Inhaltsbeschreibungen

Nach der Inhaltsbeschreibung enthalten E-Mails einen weiteren Eintrag auf die Art der Kodierung (siehe Kasten »MIME-Erweiterung, Kodierungen« weiter oben in diesem Abschnitt).

Betrachten Sie zunächst das Beispiel einer reinen Text-Mail, deren Inhalt im heute weit verbreiteten Zeichensatz utf8 abgefasst ist.

```
From: Harald Zisler <harald@example.com>
To: harald@example.com
Subject: Test Umlaute =?utf-8?b?w5bDhMOcw58=?=
Date: Mon, 25 Jul 2011 23:06:38 +0200
User-Agent: KMail/1.13.5 (Linux/2.6.32-5-amd64; KDE/4.4.5; x86_64; ; )
MIME-Version: 1.0
Content-Type: Text/Plain;
  charset="utf-8"
Content-Transfer-Encoding: base64
.........................
VGVzdCBVbWxhdXRlL1NvbmRlcnplaWNoZW46CgrDpMO2w7zDn8OEw5bDnED
```

Listing 7.2 E-Mail mit Umlauten

Im Folgenden zeige ich Ihnen ein weiteres Beispiel. Diesmal handelt es sich um eine E-Mail mit dem Content-Type multipart. In der E-Mail befinden sich eine Grafik- und eine

HTML-Datei, etwas Text und ein ZIP-Archiv. Die einzelnen Anhänge einer E-Mail des Typs multipart werden durch die boundary-Einträge voneinander getrennt. Sie bilden eine Art »Zwischenüberschrift«, in der unter anderem der Content-Type der folgenden Daten angegeben wird. Ein weiterer boundary-Eintrag mit zwei Strichen am Ende seiner Zeichenkette schließt die Reihe der Anhänge ab.

```
From: Harald Zisler <harald@example.com>
To: harald@example.com
Subject: Mehrere =?iso-8859-1?q?Anh=E4nge?=
Date: Tue, 26 Jul 2011 20:35:52 +0200
User-Agent: KMail/1.13.5 (Linux/2.6.32-5-amd64; KDE/4.4.5; x86_64; ; )
MIME-Version: 1.0
Content-Type: Multipart/Mixed;
  boundary="Boundary-00=_IkwLOSj9eA6z3cS"


--Boundary-00=_IkwLOSj9eA6z3cS
Content-Type: Text/Plain;
  charset="iso-8859-1"
Content-Transfer-Encoding: quoted-printable


Diese Mail hat mehrere Anh=E4nge!


--Boundary-00=_IkwLOSj9eA6z3cS
Content-Type: image/jpeg;
  name="img_0604.jpg"
Content-Transfer-Encoding: base64
Content-Disposition: attachment;
        filename="img_0604.jpg"


/9j/4TP+RXhpZgAASUkqAAgAAAAKAA4BAgAgAAAAhgAAAA8BAgAGAAAApg
...........................................
fy7eUvGo34wT61ZXxC8tmbZ1yq/dNFrk2OfMki3CurYH1pbiVpiSRk+tWg


--Boundary-00=_IkwLOSj9eA6z3cS
Content-Type: text/html;
  charset="UTF-8";
  name="index.html"
Content-Transfer-Encoding: 7bit
Content-Disposition: attachment;
        filename="index.html"
```

269

```
<html>
<head><meta http-equiv="Content-Type" content="text/html; charset=utf-8">
<style>
.Normal
.............................................
</body>
</html>
--Boundary-00=_IkwLOSj9eA6z3cS
Content-Type: application/x-compressed-tar;
  name="modem.tgz"
Content-Transfer-Encoding: base64
Content-Disposition: attachment;
         filename="modem.tgz"

H4sICKORFEwAA21vZGVtLnRhcgDsvGVsHc+/5nmOmZmZ2Y6Z7ZiZmZmZ2c
.............................................
+bCMTAGn65n/o59AN27cuHHjxoObN27cuHHjxoObN27cuHHjxoObN27cuH
--Boundary-00=_IkwLOSj9eA6z3cS--
```

Listing 7.3 E-Mail mit mehreren Anhängen

In Abbildung 7.17 sehen Sie die im Listing gezeigte E-Mail im MUA.

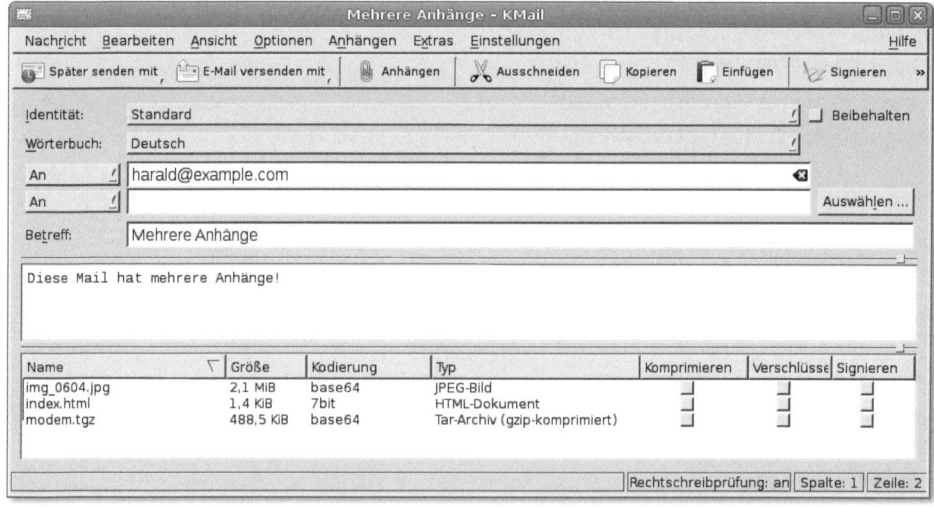

Abbildung 7.17 Multipart-E-Mail

7.5   Secure Shell (SSH) und Secure Socket Layer (SSL), Transport Layer Security (TLS)

Hier stelle ich Ihnen Verschlüsselungsmöglichkeiten für Datenübertragungen und Fernsitzungen vor.

7.5.1   Secure Shell (SSH)

Mit SSH können Sie gleichermaßen verschlüsselte Fernsitzungen als auch Datenübertragungen vornehmen. Wenn Sie zwei Rechner über das Internet kommunizieren lassen, können Sie mit SSH einen Tunnel einrichten. Dieser schützt dann auch unverschlüsselte Daten vor Mitlesern.

Allgemeines über die SSH

▸ **Ersetzt** unter anderem unverschlüsselt übertragende Anwendungen:
  rcp und rlogin sowie ftp.

▸ **Einbettungen** in weiteren Protokollen (X11, verschlüsselte grafische Fernsitzung)

▸ **Angewandte Version**: 2

▸ **Port**: 22 (Standard, beliebig anders konfigurierbar)

▸ **SSH-Key**: Sie benötigen einen privaten und öffentlichen Schlüssel. Diese erzeugen Sie mit dem OpenSSH-Programmpaket selbst.

▸ **Authentifizierung**: mit RSA-Zertifikat, siehe SSH-Key

▸ **Verschlüsselungsarten**: Standard: AES 128 Bit, möglich: 3DES, Blowfish, Twofish, CAST, IDEA, Arcfour, SEED und AES mit anderer Schlüssellänge

▸ **Implementierungen**: SSH (kommerziell), OpenSSH (Linux, FreeBSD, Unix), putty (Client-Programm) mit sftp und scp (Windows, Linux, FreeBSD), freeSSHd (Windows)

▸ **RFCs**: 4250, 4251, 4252, 4253, 4254, 4256, 4335, 4419, 4432, 4462, 4716, 4819, 5656, 6187, 6797

Sie haben für SSH-Verbindungen mehrere Möglichkeiten der Authentifizierung:

▸ **Anmeldung per Kennwort**: Sie müssen bei der Verbindungsaufnahme immer ein Kennwort eingeben.

▸ **Anmeldung per Public-Key-Authentifizierung**: Hier müssen Sie kein Kennwort eingeben. Ihr Client-Programm übermittelt einen privaten Schlüssel an das Zielsystem. Den öffentlichen Ihres Systems haben Sie zuvor auf diesem Zielsystem hinterlegt. Damit können Sie SSH auch für Skripte einsetzen, die ohne Benutzereingriff laufen.

Die praktische Anwendung der SSH finden Sie in folgenden Abschnitten des Buches:

▶ 9.1.3, »Benutzerkommandos für FTP- und SFTP-Sitzungen«

▶ 9.1.4, »Secure Copy (scp), Ersatz für Remote Copy (rcp)«

▶ 9.1.5, »SSHFS: entfernte Verzeichnisse lokal nutzen«

▶ 9.2, »SSH, SFTP und SCP: Schlüssel erzeugen zur Erhöhung der Sicherheit oder zur kennwortfreien Anmeldung«

▶ 9.3, »Aufbau eines SSH-Tunnels«

7.5.2   SSL und TLS

Mit SSL (Bezeichnung vor der Version 3.0), TLS (neue Bezeichnung ab Version 3.0) steht Ihnen ein Verschlüsselungsprotokoll für die Datenübertragung zur Verfügung. Es wird Ihnen in der Praxis hauptsächlich bei HTTP (→ HTTPS), SMTP, NNTP, IMAP und POP3 begegnen. Dieses Protokoll verfügt über einen zweischichtigen Aufbau. Direkt auf TCP setzt das SSL Record Protocol auf. Dieses nimmt die Verschlüsselung der Verbindung vor. Darüber liegen auf gleicher Ebene das SSL Handshake Protocol, das SSL Change Cipher Specification Protocol, das SSL Alert Protocol und das SSL Application Data Protocol. Diese Protokolle haben folgende Aufgaben:

▶ **SSL Handshake Protocol**: Authentifizierung und Identifikation der beteiligten Netzwerkteilnehmer

▶ **SSL Change Cipher Specification Protocol**: Annahme der beim Handshake ausgehandelten Parameter für die aktuelle Sitzung. Größe: 1 Byte, Inhalt: 1

▶ **SSL Alert Protocol**: Entdeckt einer der beteiligten Rechner einen Übertragungfehler, sendet dieser eine Fehlermeldung. Sie enthält 2 Byte. Mit dem ersten Byte kennzeichnet das Protokoll die »Wertigkeit« des Fehlers (warn (1) oder fatal (2)). Das zweite Byte enthält den Fehlercode (Tabelle 7.11). Diese Tabelle hilft Ihnen bei der Fehlerklärung, wenn besonders bei selbst geschriebenen Programmen keine Verbindung zustande kommen will.

▶ **SSL Application Data Protocol**: Über dieses Protokoll kommuniziert TLS mit der darüberliegenden Anwendung (z. B. HTTP-Server).

▶ **RFCs**: **2595**, 2712, 2817, **2818**, **3207**, 3749, 4162, 4217, 4261, 4279, 4346, 4347, 4492, 4510, 4511, 4513, 4572, 4616, 4642, 4680, 4681, 4785, 5054, 5077, **5216**, 5238, **5246**, 5281, 5288, 5289, 5311, 5425, 5430, 5469, 5487, 5489, 5539, 5705, 5746, 5763, 5764, 5785, 5878, 5929, 5932, 6012, 6042, **6066**, 6083, 6084, 6091, 6125, 6176, 6209, 6251, 6353

Fehler-Code	Nachricht	Bedeutung	Wertig-keit
0	close_notify	Schließen der aktuellen Verbindung	1
10	unexpected_message	unpassende Nachricht erhalten	2
20	bad_record_mac	Record-Protocol: Eigener MAC-Wert stimmt nicht mit empfangenem überein.	2
30	decompression_failure	Fehler beim Dekomprimieren der Daten	2
40	handshake_failure	Kein Ergebnis beim Aushandeln der Sicherheitsparameter erzielt.	2
41	no_certificate	Client besitzt kein passendes Zertifi-kat (Antwort nach certificate_request).	1
42	bad_certificate	Signatur des Zertifikates fehlerhaft	1
43	unsupported_certificate	Zertifikattyp nicht unterstützt	1
44	certificate_revoked	Zertifikat wurde vom Aussteller (CA) widerrufen.	1
45	certificate_expired	Zertifikat abgelaufen	1

Tabelle 7.11 Fehlercodes und zugeordnete Wertigkeiten des SSL Alert Protocol

7.6   Praxisübungen

Hier können Sie wieder Ihr Wissen anwenden. Die Auflösungen finden Sie in Anhang B, »Auflösungen Prüfungsfragen«.

7.6.1   Konfiguration Samba-Server

1. Welchen Namen hat die zentrale Konfigurationsdatei des Samba-Servers?
2. Mit welchem Programm können Sie diese Datei auf Ihre syntaktische Richtigkeit hin testen?

7.6.2   NFS-Server

Wie sichern Sie Ihren Server gegen unerwünschte Zugriffe von außen ab? Die Adresse Ihres Servers lautet 192.168.3.80.

7.6.3   HTTP, Sicherheit

1. Sicherheit Webbrowser: Mit welcher Einstellung verhindern Sie, dass Ihre bisher besuchten Webseiten vom aktuell besuchten Server ausgelesen werden?
2. Sicherheit Kommunikation Browser-Server: Was setzen Sie am Server ein, damit die Verbindungen nicht mitgelesen werden können?
3. Sicherheit Webbrowser: Nennen Sie wenigstens drei Einstellungen zur Erhöhung von Sicherheit und Datenschutz.

7.6.4   E-Mail

1. Was bezeichnet der Begriff MTA?
2. Mit welchem Eintrag in einer E-Mail werden verschiedene Inhalte unterteilt?
3. Mit welcher Abfrage können Sie (meist) die Kommandos eines SMTP-Servers ermitteln?

Kapitel 8
Standards für den Datenaustausch

Gemeinsame Sprache schafft gemeinsame Sache.

Beim Suchen von Fehlern, Sicherheitslücken in Computersystemen und Netzwerken werden Sie allerlei Dateiformaten begegnen. Egal, ob böswillige Kollegen oder Mitarbeiter wertvolle CAD-Daten per FTP direkt der Konkurrenz zuspielen oder ein zentraler Dienst immer beim Zusammentreffen mit bestimmten Inhalten seine Mitarbeit aufkündigt, Sie können nicht alle Dateiformate und ihre Herkunft (im Sinne des Erzeugerprogramms) kennen. Dafür finden Sie in diesem Kapitel für das schnelle Nachschlagen eine Tabelle (Tabelle 8.1). Hierin finden Sie eine große Anzahl immer wieder auftauchender Dateiendungen und die Informationen dazu.

Falls Sie ein Linux-, FreeBSD- oder Unix-System pflegen, hilft Ihnen auch das `file`-Kommando, welches Ihnen den Dateityp ermittelt. Unter diesen Systemen erkennen Sie ausführbare Dateien nicht an einer Endung, sondern nur an den Attributen (wenigstens rx).

Endung	Typ	Beschreibung
123	Tabellenkalkulation	Lotus 1-2-3
adt	Datenbank	Sybase Advantage Database Server
afm	Font	Metrics von Adobe Fonts
apt	Datenbank	Lotus Notes
arj	komprimiertes Archiv	MS-DOS: arj und weitere Archiv- und Packprogramme
asp	Dokument	dynamisch erzeugte Webseite, Microsoft Active Server Page
bak	verschiedene	Sicherungskopie einer Datei, vom Programm beim Öffnen zum Bearbeiten angelegt

Tabelle 8.1 Übersicht über häufig vorkommende Dateinamenendungen

Endung	Typ	Beschreibung
bat	Skript	MS-DOS Stapelverarbeitungsdatei
bmp	Grafik	Grafikdateien MS-Paint unter anderem
brd	CAD	CAD-Daten, EAGLE Leiterplatten-Editor
bz2	Kompression	komprimierte Datei, bzip2
c	Quellcode	Programmiersprache C
c++	Quellcode	Programmiersprache C++
cab	Softwarepaket	komprimierte Installationsarchive (Microsoft)
cmd	Skript	Microsoft-Windows Stapelverarbeitungsdatei
com	Programm	MS-DOS, Programme, die einzelne Befehle darstellen
conf	Programm	Datei mit Einstellungen für Programme (Linux, FreeBSD, Unix)
cpp	Quellcode	Programmiersprache C++
csv	Dokument	Daten im Textformat, Trennung der Felder meist durch die Zeichen »,« und »;«
db	Datenbank	SQLite
dbf	Datenbank	Datenbank dbase II-V, Clipper, FoxPro
deb	Softwarepaket	Programmpaket für Debian oder darauf basierende Linux-Distributionen
dll	Bibliothek	Programmbibliothek unter MS-Windows
doc	Dokument	Microsoft Word
dot	Dokument	Vorlage für Microsoft Word
dtp	Dokument	GST Press Works
dvi	Dokument	Device Independent, wird durch LaTeX erzeugt.
dwb	CAD	CAD-Daten, VariCAD

Tabelle 8.1 Übersicht über häufig vorkommende Dateinamenendungen (Forts.)

Endung	Typ	Beschreibung
dwg	CAD	CAD-Daten, AutoCAD
dxf	CAD	CAD-Daten, AutoCAD
eps	Grafik	PostScript-Bild, encapsulated Postskript
exe	Programm	Programm unter MS-DOS oder MS Windows
fdb	Datenbank	Firebird, Navision
fig	Grafik	Bildformat von xfig
flac	Sound	Codec-Datei des Ogg-Projektes
fm	Dokument	Adobe Frame Maker
gz	Kompression	komprimierte Datei, gzip
html	Dokument	Hyper Text Markup Language, meist Webseiten
img	Abbilddatei	Abbilddatei von Disketten im MS-DOS-Format (FAT)
indd	Dokument	Adobe InDesign
ini	Programm	Einstellungen für Programme, überwiegend im Bereich Microsoft Windows
ipg	Softwarepaket	Enthält Programmpakete mit Spielen für den iPod der Firma Apple Inc.
iso	Abbilddatei	Abbilddatei einer CD, DVD oder Blu-ray-Disc
jar	Programm	Klassendateien für Java-Anwendungen
java	Quellcode	Programmiersprache Java
jpg	Grafik	JPEG-Bildformat
js	Skript	JavaScript-Datei
lzh	komprimiertes Archiv	komprimiertes Archiv, LHA
mdb	Datenbank	Microsoft Access
mdf	Datenbank	Microsoft SQL Server

Tabelle 8.1 Übersicht über häufig vorkommende Dateinamenendungen (Forts.)

Endung	Typ	Beschreibung
mp3	Sound	komprimiertes Audioformat MPEG Layer 3
mp4	Video	Videoformat der Moving Picture Experts Group, für iPod von Apple Inc.
mpeg	Video	Videoformat der Moving Picture Experts Group
nsf	Datenbank	Lotus Notes Datenbank
odb	Datenbank	Open Document Datenbank, Libre-Office, OpenOffice
odp	Dokument	Präsentation, Open-Document-Format, Libre-Office, OpenOffice
ods	Tabellenkalkulation	Open Document Format, Libre-Office, OpenOffice
odt	Dokument	Open Document Format, Textverarbeitung, Libre-Office, OpenOffice
ora	Datenbank	Oracle Datenbank-Daten
pbm	Grafik	Portable Bitmap
pdb	Datenbank	Palm OS Datenbank
pdf	Dokument	Portable Document Format, Adobe
pfa	Font	Post-Script, Drucker-Fonts
pfb	Font	Drucker-Fonts, Adobe
pfm	Font	Metrics für Adobe Drucker-Fonts
php	Skript	PHP-Skripte, auf Webservern
pl	Skript	Perl-Skript
png	Grafik	PNG-Format
pnm	Grafik	Portable Anymap Bitmap Image
ppt	Dokument	PowerPoint-Präsentation (Microsoft)
ps	Dokument	PostScript, bei Linux, FreeBSD und Unix verbreitet

Tabelle 8.1 Übersicht über häufig vorkommende Dateinamenendungen (Forts.)

Endung	Typ	Beschreibung
py	Skript	Python-Skript
raw	Multimedia	Rohdaten eines Aufnahmegerätes (Scanner, Kamera [Bild/Video])
rpm	Programmpaket	Red Hat Paket Manager, verwenden viele Linux-Distributionen (RedHat, Fedora, SuSE ...).
rtf	Dokument	Rich Text Format, Austauschformat
sh	Skript	Shell-Skript-Code (sh, bash, zsh ...)
sql	Datenbank	Datenbankabfragen, Kommandostapel
svg	Grafik	Scalable Vector Graphic, z. B. von Inkscape
tar	Archiv	Archivdatei, tar
tar.bz2	komprimiertes Archiv	komprimiertes Archiv, mit tar erstellt und mit bzip2 komprimiert
tar.gz	komprimiertes Archiv	komprimiertes Archiv, mit tar erstellt und mit gzip komprimiert
tbz	komprimiertes Archiv	komprimiertes Archiv, in einem Lauf mit tar erstellt und mit bzip2 komprimiert (tar cfj)
tcl	Skript	TCL/TK-Skriptsprache
tcw	CAD	CAD-Daten, TurboCAD
tex	Dokument	TeX- oder LaTeX-Dokument
tfm	Font	Metrics für TeX-Fonts
tgz	komprimiertes Archiv	komprimiertes Archiv, in einem Lauf mit tar erstellt und mit gzip komprimiert (tar cfz)
tif	Grafik	Tagged Image File Format
ttf	Font	True-Type-Fonts
txt	Dokument	reiner Text (ASCII, DIN-ISO, UTF8)
vb	Quellcode	Programmiersprache Microsoft Visual Basic.NET

Tabelle 8.1 Übersicht über häufig vorkommende Dateinamenendungen (Forts.)

Endung	Typ	Beschreibung
vbs	Skript	Microsoft Visual Basic
vdi	Abbilddatei	Oracle Virtual Box, Abbild virtueller Platten
wav	Sound	Wave-Datei, Microsoft
wma	Sound	Microsoft Windows Media Audio
xcf	Grafik	Grafikformat von Gimp
xls	Tabellenkalkulation	Microsoft Excel
xml	Dokument	Extensible Markup Language
Z	komprimiertes Archiv	komprimiertes Archiv, Unix-Compress
zip	komprimiertes Archiv	komprimiertes Archiv, PKZIP, ZIP

Tabelle 8.1 Übersicht über häufig vorkommende Dateinamenendungen (Forts.)

Kapitel 9
Netzwerkanwendungen

Datenübertragung und Fernsitzung

In diesem Kapitel möchte ich Ihnen einige Möglichkeiten zeigen, wie man Daten über das Netzwerk überträgt und Fernsitzungen abhält. Manches davon habe ich in den zurückliegenden Kapiteln schon vorweggenommen. Sie finden deshalb anstelle von Wiederholungen Verweise darauf.

9.1   Datenübertragung

Fast alle Verfahren der Datenübertragung eignen sich für das lokale Netzwerk ebenso wie für das Internet. Die Netzzugänge verfügen in vielen Fällen über die notwendige Bandbreite. Unverschlüsselte Verfahren wie Samba, teilweise NFS und FTP können Sie mittels SSH-Tunnel benutzen. Beachten Sie aber, dass NFS für eine WAN-Übertragung trotzdem schlecht geeignet ist. Latenzzeiten, welche Router und Firewalls verursachen, setzen hier die effektive Übertragungsgeschwindigkeit enorm herunter.

9.1.1   File Transfer Protocol (FTP), Server

Mittels FTP können Sie unverschlüsselte Datenübertragungen vornehmen. Die meisten FTP-Server können Sie so einrichten, dass auch anonymer Zugriff möglich ist (anonymous ftp). Damit ermöglichen Sie Downloadbereiche mit Kundeninformationen, Programmen und Multimedia-Inhalten.

Bei fast allen FTP-Servern wird eine Konfigurationsdatei *ftpusers* angelegt. Der Name dieser Datei ist irreführend. In ihr werden all jene User eingetragen, welche eben *nicht* auf den FTP-Server zugreifen dürfen. Hierzu zählen in jedem Fall unter Linux, FreeBSD und Unix root und unter Windows-Derivaten der Administrator.

FTP-Server

▶ **Ports**: 20/TCP für die Daten, 21/TCP zur Verbindungssteuerung. Durch die Verwendung unterschiedlicher Ports für die Daten und die Steuerung können Sie Steuerkommandos bei laufender Übertragung übermitteln.

▶ **FTP aktiver Modus**: Hier baut der Server eine Verbindung zum Client auf.

▶ **FTP passiver Modus**: Hier baut der Client zum Server zwei Verbindungen auf. Dies ist notwendig, wenn der Client hinter einer Firewall liegt. Firewalls blocken den Verbindungsaufbau von außen ab.

▶ **Programme**: WuFTP, ProFTP, Pure FTP u. v. a. m.

▶ **RFCs**: **959, 1123**, 1349, 2181, 2228, 2640, 2773, 3659, 5321, 5797, 5966

Der SSH-Server bietet eine eigene FTP-Funktion an (SFTP). Sie kommen hier mit einem einzigen Port aus. Die Steuerung und Übertragung ist verschlüsselt.

9.1.2 File Transfer Protocol (FTP), Clients

Als Client-Programm können Sie fast jeden Webbrowser verwenden (Abbildung 9.1). Sie sehen hier Opera im Einsatz.

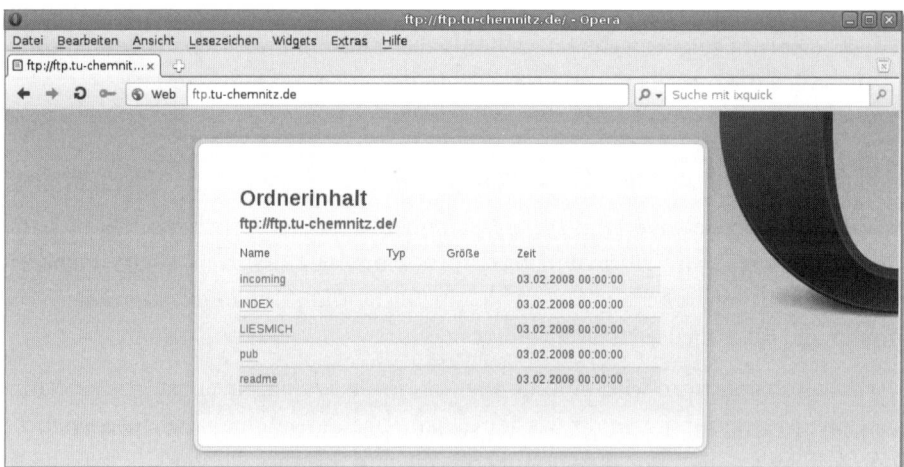

Abbildung 9.1 Opera als FTP-Client

Für gehobenere Ansprüche können Sie auf spezielle FTP-Clients zurückgreifen (FileZilla, gFTP). Auch viele Dateimanager besitzen die notwendigen Fertigkeiten. In Abbildung 9.2 sehen Sie gFTP während einer FTP-Sitzung.

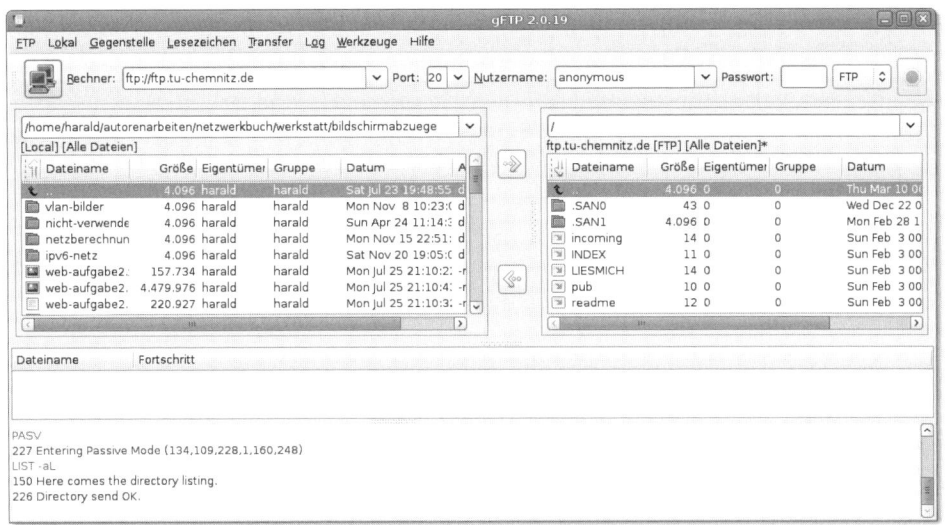

Abbildung 9.2 FTP-Sitzung mit gFTP

Natürlich finden Sie viele Clients für die MS-DOS-Befehlszeile (*PSFTP.exe* aus dem Putty-Paket) oder für die Shell. In Abbildung 9.3 wurde mit einem FTP-Client für die Shell die Sitzung aufgebaut. Die Shell-Clients eignen sich für Bereiche ohne grafische Benut-zeroberfläche, einige mobile Geräte und den Einbau in Skripte. So können Sie für Ihre Rechner eine automatische Datensicherung über das Netz einrichten.

```
harald@ze4:~$ ftp ftp.tu-chemnitz.de
Connected to ftp.tu-chemnitz.de.
220 Welcome to TU Chemnitz FTP service (bonaparte).
Name (ftp.tu-chemnitz.de:harald): anonymous
331 Please specify the password.
Password:
230 Login successful.
Remote system type is UNIX.
Using binary mode to transfer files.
ftp> ls
200 PORT command successful. Consider using PASV.
150 Here comes the directory listing.
lrwxrwxrwx    1 0        0              11 Feb 03  2008 INDEX -> .SAN0/INDEX
lrwxrwxrwx    1 0        0              14 Feb 03  2008 LIESMICH -> .SAN0/LIESMICH
lrwxrwxrwx    1 0        0              14 Feb 03  2008 incoming -> .SAN0/incoming
lrwxrwxrwx    1 0        0              10 Feb 03  2008 pub -> .SAN0/pub/
lrwxrwxrwx    1 0        0              12 Feb 03  2008 readme -> .SAN0/readme
226 Directory send OK.
ftp> █
```

Abbildung 9.3 FTP-Client für die Shell

9.1.3   Benutzerkommandos für FTP- und SFTP-Sitzungen

Mittels der FTP-Kommandos (Tabelle 9.1) können Sie sich Verzeichnisinhalte anzeigen lassen, sich in Verzeichnisbäumen bewegen, Dateien hoch- und herunterladen. Gleichzeitig können Sie auch auf das lokale Dateisystem zugreifen, z. B. um das Arbeitsverzeichnis zu wechseln.

Nicht alle Kommandos stehen bei allen Servern (und Clients) zur Verfügung. Die Optionen des ls-Kommandos können Sie miteinander kombinieren (z. B. ls -lt für die erweiterte Anzeige und Sortierung nach Zeitstempel).

Aktion	Kommando
Herunterladen einer Datei	get <DATEI>
nur FTP: Herunterladen mehrerer Dateien	mget <DATEIEN>
Hochladen einer Datei	put <DATEI>
nur FTP: Hochladen mehrerer Dateien	mput <DATEIEN>
Anzeige des aktuellen Verzeichnisses am Server	pwd
Anzeige des aktuellen lokalen Verzeichnisses	lpwd
Auflisten des Verzeichnisinhaltes am Server	ls [-<OPTION>]
Auflisten des lokalen Verzeichnisinhaltes	lls [-<OPTION>]
Option Ausgabe von Benutzer, Größe, Zeitstempel, Attributen	-l
Option Ausgabe von »verborgenen Dateien«	-a
Option Ausgabesortierung nach Zeitstempel	-t
Anzeigen der Belegung des Plattenspeichers am Server	df -h
Wechseln des Verzeichnisses am Server	cd <VERZEICHNIS>
Wechsel des lokalen Verzeichnisses	lcd <VERZEICHNIS>
Anlegen eines neuen Verzeichnisses am Server	mkdir <VERZEICHNIS-NEU>
Anlegen eines neuen lokalen Verzeichnisses	lmkdir <VERZEICHNIS-NEU>

Tabelle 9.1 FTP-Kommandos

Aktion	Kommando
Umbenennen eines Verzeichnisses oder einer Datei am Server	`rename <ALT> <NEU>`
Löschen einer Datei am Server	`rm <DATEI>`
Löschen eines Verzeichnisses am Server	`rmdir <VERZEICHNIS>`

Verbindung beenden	`bye`
	`exit`
	`quit`

Kommandoübesicht anzeigen	`help`
lokales Shell-Kommando ausführen	`!<SHELLBEFEHL>`
Versionsinfo anzeigen	`version`

Tabelle 9.1 FTP-Kommandos (Forts.)

Für den Verbindungsaufbau können, abhängig von den Erfordernissen, verschiedene Formen notwendig sein (Tabelle 9.2).

Aktion	Syntax
FTP: Standard-Ports werden benutzt.	`ftp ftp.<SERVER>`
FTP: abweichender Steuerungs-Port	`ftp ftp.<SERVER> <PORT>`
SFTP: Standard-Port wird benutzt.	`sftp <BENUTZER>@<SERVER>`
SFTP: Abweichder Port wird benutzt.	`sftp -oPort=<PORT> <BENUTZER>@<SERVER>`

Tabelle 9.2 Kommandos für den Verbindungsaufbau

Wie diese FTP-Kommandos praktisch angewendet werden, sehen Sie in Abbildung 9.4. Bei der Verbindungsaufnahme muss eine vom Standard abweichende Port-Nummer benutzt werden. Sie sehen das Herunterladen und Hochladen von Dateien, Verzeichniswechsel am Server und am lokalen Dateisystem sowie eine Abfrage über die Plattenbelegung.

```
                                       harald : bash
 Datei  Bearbeiten  Ansicht  Verlauf  Lesezeichen  Einstellungen
harald@ze4:~/bilder/bearbeiten$ sftp -oPort=7167 harald@netzbuch
Password:
Connected to netzbuch.
sftp> ls
diavolezza.jpg              hoehle-val-d-uina.jpg         index.html              infotexte
malerisches-scuol.jpg       mbox                          miralago.jpg            piz-cluenas-alm.jpg
sftp> get *.jpg
Fetching /usr/home/harald/diavolezza.jpg to diavolezza.jpg
/usr/home/harald/diavolezza.jpg                                    100%   545KB  544.8KB/s   00:00
Fetching /usr/home/harald/hoehle-val-d-uina.jpg to hoehle-val-d-uina.jpg
/usr/home/harald/hoehle-val-d-uina.jpg                             100%   442KB  441.6KB/s   00:00
Fetching /usr/home/harald/malerisches-scuol.jpg to malerisches-scuol.jpg
/usr/home/harald/malerisches-scuol.jpg                             100%   433KB  433.5KB/s   00:00
Fetching /usr/home/harald/miralago.jpg to miralago.jpg
/usr/home/harald/miralago.jpg                                      100%   812KB  812.1KB/s   00:00
Fetching /usr/home/harald/piz-cluenas-alm.jpg to piz-cluenas-alm.jpg
/usr/home/harald/piz-cluenas-alm.jpg                               100%   529KB  528.5KB/s   00:00
sftp> lcd ../infotexte
info-hp9.txt
sftp> put info-hp9.txt
Uploading info-hp9.txt to /usr/home/harald/infotexte/info-hp9.txt
info-hp9.txt                                                       100%    49     0.1KB/s   00:00
sftp> ls
info-hp9.txt  info1.txt
sftp> df -h
    Size    Used    Avail    (root)    %Capacity
    269GB   2.2GB   267GB    267GB        0%
sftp> quit
harald@ze4:~/bilder/bearbeiten$
```

Abbildung 9.4 SFTP-Sitzung

9.1.4   Secure Copy (scp), Ersatz für Remote Copy (rcp)

Sie können direkt Dateien kopieren, ohne dafür eine Sitzung zu eröffnen. Programme
für Windows finden Sie im Putty-Paket (*PSCP.exe*). Bei Linux oder FreeBSD haben Sie
das Programm scp am System, wenn Sie wenigstens den SSH-Client installieren. Mit scp
können Sie eine Datei vom Client zum Server und auch umgekehrt kopieren. Dabei können Sie für das Ziel (Server oder lokales Verzeichnis) einen anderen Namen vergeben.

In Abbildung 9.5 sehen Sie folgende Vorgänge dargestellt:

▶ Kopieren einer Datei vom lokalen Verzeichnis zum Server, Standard-Port

▶ Kopieren einer Datei vom lokalen Verzeichnis zum Server mit abweichender Port-
Nummer

▶ Kopieren einer Datei vom Server zum lokalen Verzeichnis, Angabe eines anderen
Namens für die Dateikopie, Standard-Port

▶ Kopieren einer Datei vom Server zum lokalen Verzeichnis, Angabe eines anderen
Namens für die Dateikopie und abweichende Port-Nummer

```
[harald : bash]
Datei  Bearbeiten  Ansicht  Verlauf  Lesezeichen  Einstellungen
harald@ze4:~/bilder/infotexte$ scp info-hp9.txt harald@zentrale:info-hp9.txt
Password:
info-hp9.txt                                          100%    49    0.1KB/s    00:00
harald@ze4:~/bilder/infotexte$
harald@ze4:~/bilder/infotexte$ scp -P7167 info-hp9.txt harald@netzbuch:info-hp9.txt
Password:
info-hp9.txt                                          100%    49    0.1KB/s    00:00
harald@ze4:~/bilder/infotexte$
harald@ze4:~/bilder/infotexte$ scp harald@zentrale:info-hp9.txt infoallgemein.txt
Password:
info-hp9.txt                                          100%    49    0.1KB/s    00:00
harald@ze4:~/bilder/infotexte$
harald@ze4:~/bilder/infotexte$ scp -P7167 info-hp9.txt harald@netzbuch:info-hp9.txt
Password:
info-hp9.txt                                          100%    49    0.1KB/s    00:00
harald@ze4:~/bilder/infotexte$
```

Abbildung 9.5 scp

9.1.5   SSHFS: entfernte Verzeichnisse lokal nutzen

Unter Linux und FreeBSD können Sie Ihr Heimatverzeichnis eines entfernten Rechners wie ein NFS-Laufwerk in den Verzeichnisbaum einhängen und damit wie ein lokales Laufwerk nutzen. Auch Windows-Anwender stehen nicht im Abseits: Unter *dokan-dev.net/* wird eine Lösung angeboten. Windows-Anwender haben quasi ein »Netzlaufwerk« per ssh. Die für die Verbindung notwendigen Einträge sind in allen Anwendungen gleich. Sehen Sie hier die Einbindung eines Verzeichnisses unter der *GNOME*-Oberfläche:

1. Klicken Sie im Dateimanager DATEI • MIT SERVER VERBINDEN.

2. Tragen Sie in die sich nun öffnende Maske (Abbildung 9.6) alle notwendigen Daten ein. Der untere Eintrag LESEZEICHENNAME hilft Ihnen, die Verbindung am Dateimanager leicht zu finden.

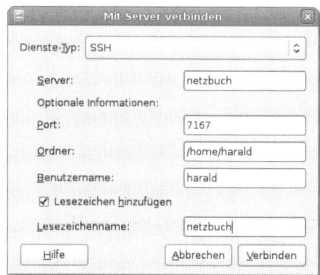

Abbildung 9.6 Anmeldedaten für SSHFS-Zugriff

3. Waren Ihre Eintragungen richtig, werden Sie zur Eingabe Ihres Kennwortes aufgefordert (außer Sie benutzen die Authentifizierung mit Schlüssel).

4. Der Dateimanager legt das Lesezeichen für das entfernte Verzeichnis an und öffnet die Ansicht darauf (Abbildung 9.7).

Abbildung 9.7 Ansicht des entfernten Verzeichnisses im Dateimanager

5. Falls Sie Zweifel haben, doch nicht per sftp verbunden zu sein, prüfen Sie dies durch Klick oder Doppelklick auf eine Datei. Sofern sie sich öffnet, was bei sftp nicht funktioniert, handelt es sich um eine lokale Datei.

9.2   SSH, SFTP und SCP: Schlüssel erzeugen zur Erhöhung der Sicherheit oder zur kennwortfreien Anmeldung

Aus Sicherheitsgründen sollten Sie stets eine Anmeldung mit Kennwort benutzen, wenn Sie über das Netz auf einen anderen Rechner zugreifen. Wie aber sollen Skripte ohne Benutzereingriff an Ihrer Stelle eine Verbindung aufbauen? Sie hinterlegen Ihren öffentlichen Schlüssel am Zielsystem. Ihren privaten müssen Sie unter allen Umständen geheim halten! Sie können für SSH aber auch einen Schlüssel zusätzlich mit einem Kennwort versehen. Damit erhöhen Sie die Sicherheit für Ihre Fernzugriffe. Sie sehen im Folgenden die Schritte auf einem Debian-Linux-System. Für den Einsatz unter Windows folgen Sie den Anweisungen der Dokumentation Ihres SSH-Serverproduktes.

1. Führen Sie ssh-keygen aus (Abbildung 9.8).

   Für die Anwendung des Schlüssels ohne zusätzliche Kennworteingabe lassen Sie den Eintrag, wie im Bild gezeigt, leer. Die beiden Schlüssel liegen in Ihrem Heimatverzeichnis unter *.ssh*. Der private Schlüssel ist in der Datei *id_rsa* untergebracht, Ihr öffentlicher unter *id_rsa.pub*.

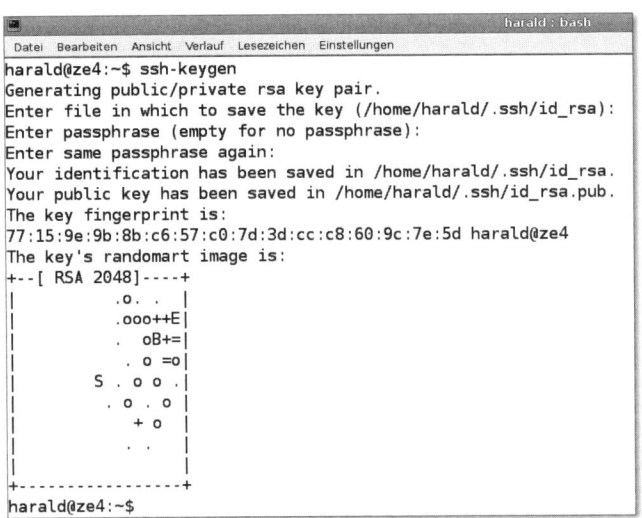

Abbildung 9.8 Ausführen von »ssh-keygen«

2. Übertragen Sie Ihren öffentlichen Schlüssel in Ihr Heimatverzeichnis am Zielsystem.

3. Melden Sie sich am Zielsystem per SSH an.

4. Ändern Sie den Dateinamen von *id_rsa.pub* auf *id_rsa.pub-<RECHNERNAME-Herkunft>* ab. Sollten Sie von mehreren Rechnern aus zugreifen, können Sie den Schlüssel zuordnen.

5. Verschieben Sie die Schlüsseldatei nach *.ssh*.

6. Prüfen Sie, ob bereits eine Datei *authorized_keys* hier existiert. Falls nein, kopieren Sie die Schlüsseldatei einfach. Geben Sie als Dateinamen für die Kopie *authorized_keys* an. Falls ja, fügen Sie den Inhalt Ihrer Schlüsseldatei mit dem cat-Befehl an:

```
cat  id_rda.pub-<RECHNENAME> >> authorized.keys
```

In Abbildung 9.9 sehen Sie diesen Vorgang auf einem FreeBSD-Server.

```
Datei  Bearbeiten  Ansicht  Verlauf  Lesezeichen  Einstellungen
$ mv id_rsa.pub .ssh/id_rsa.pub-ze4
$ cd .ssh
$ ls
id_rsa.pub-ze4  known_hosts
$ cp id_rsa.pub-ze4 authorized_keys
$ ls
authorized_keys id_rsa.pub-ze4  known_hosts
$

harald@ze4:~$
```

Abbildung 9.9 Einbinden des Schlüssels am Zielsystem

7. Testen Sie die Verbindung, z. B. mit SSH (Abbildung 9.10).

```
Datei  Bearbeiten  Ansicht  Verlauf  Lesezeichen  Einstellungen
harald@ze4:~$ ssh -p7167 harald@netzbuch
Last login: Thu Jul 28 13:24:50 2011 from 192.168.0.34
Copyright (c) 1980, 1983, 1986, 1988, 1990, 1991, 1993, 1994
         The Regents of the University of California.  All rights reserved.

Willkommen auf

 #    # #####   #####  ######  #####  #    #  ####   #    #
 ##   # #           #  #    #  #    # #    # #    #  #    #
 # #  # #####       #  #      #####  #    # #       ######
 #  # # #           #  #  ### #    # #    # #       #    #
 #   ## #           #  #    # #    # #    # #    #  #    #
 #    # #####       #  ######  #####   ####   ####  #    #

192.168.0.67
--------------------------------------------------------------
Hinweise von der Systemverwaltung: Geänderte Datensicherungs-
zeiten! Werktags jetzt ab 21:00 Komplettsicherung!
$
```

Abbildung 9.10 Testen der SSH-Verbindung mit Authentifizierung über Schlüssel

9.3 Aufbau eines SSH-Tunnels

Mit einem SSH-Tunnel erhöhen Sie die Sicherheit bei Verbindungen über unsichere Netze (Internet). Anwendungen, welche ihre Daten nicht für eine Übertragung verschlüsseln, können nicht mehr so leicht durch Unbefugte abgehört werden. Ein SSH-Tunnel behebt aber nicht grundsätzliche Sicherheitsprobleme dieser Programme.

Möchten Sie von einem Windows-Rechner aus zugreifen, so benutzen Sie Putty. Damit können Sie ebenso einen Tunnel einrichten. Im umgekehrten Fall müssen Sie einen SSH-Server für Windows einrichten und gegebenenfalls auch einen Benutzer für den SSH-Zugriff einrichten. Dann können Sie ebenso einen Tunnel benutzen und z. B. eine verschlüsselte Fernsitzung mittels VNC oder RDP nutzen.

Unter Linux oder FreeBSD bauen Sie per Hand einen SSH-Tunnel in der Form

```
ssh  -L<PORT-LOCAL>:<RECHNER><PORT> <RECHNER>
```

auf. Mit der Option -L leiten Sie den entfernten Port auf Ihren localhost um, mit -R geschieht dies umgekehrt.

Beispiel:

Die Eingabe

```
ssh -L8080:netzbuch:80 netzbuch -p7167
```

bewirkt, dass ich am lokalen Rechner ze4 die über zentrale auf localhost getunnelte Webseite von netzbuch betrachten kann (Abbildung 9.11). Achten Sie auf die Darstellung der URL im Browser.

Abbildung 9.11 Per SSH-Tunnel übertragene Webseite

9.4 Fernsitzungen

Heim-, Tele- und Satellitenarbeitsplätze, Wartungs- und Kundendienstzugriffe sowie zentrale Serverkonzepte erfordern die Möglichkeit, interaktiv Programme auf dem entfernten Rechner auszuführen. Sie dürfen dabei nicht durch mangelnde Geschwindigkeit oder auch Sicherheitsprobleme beeinträchtigt werden.

9.4.1 Telnet

Nur den telnet-Client kann ich noch als Testwerkzeug empfehlen (wie in Abschnitt 7.4.2, »Konfigurationshinweise«, gezeigt). Setzen Sie keinen telnet-Server auf. Jeder Tastenanschlag und jeder Buchstabe der Bildausgabe kann mitgelesen werden. Telnet ist unverschlüsselt und damit ein Sicherheitsrisiko.

9.4.2 Secure Shell (SSH), nur Textdarstellung

Wenn Ihnen ein Terminal zur Ausführung von Shell-Kommandos oder DOS-Befehlen ausreicht, arbeiten Sie mit SSH. Ihre Eingaben und die Bildausgabe sind verschlüsselt. Sie können sich mit einem Anmeldekennwort oder durch Schlüssel (siehe Abschnitt 9.2, »SSH, SFTP und SCP: Schlüssel erzeugen zur Erhöhung der Sicherheit oder zur kennwortfreien Anmeldung«) authentifizieren. Terminalsitzungen mit SSH kommen auch mit langsamen Leitungen (Modem, ISDN, GPRS) zurecht.

Verbindungsaufbau (siehe auch Abbildung 9.12):

```
ssh <BENUTZER>@<RECHNERNAME>
```

oder

```
ssh <BENUTZER>@<IP-ADRESSE>
```

Vom Standard abweichende Port-Nummern übergeben Sie mit einer Option

```
ssh -p<PORT> <BENUTZER>@<RECHNERNAME>
```

oder

```
ssh -p<PORT> <BENUTZER>@<IP-ADRESSE>
```

Eine ssh-Sitzung beenden Sie durch Eingabe von exit.

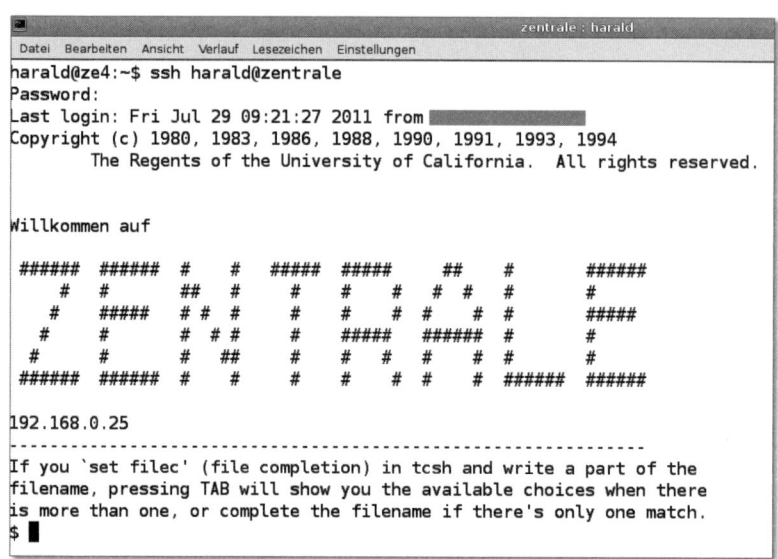

Abbildung 9.12 Fernsitzung mit SSH

9.4.3 Display-Umleitung für X11-Sitzungen

Sie können einzelne Anwendungen oder einen ganzen Desktop unter Linux oder FreeBSD auf einen anderen PC umleiten. Die Übertragung geschieht in beide Richtungen unverschlüsselt, was ein hohes Sicherheitsrisiko darstellt. Ich rate deshalb von der Verwendung ab. Die Funktionsweise allerdings sollten Sie trotzdem kennen. Sie ist für viele andere Konzepte in diesem Bereich eine wichtige Grundlage:

▸ Der X-Server läuft auf dem PC, vor dem Sie sitzen, Ihre Eingaben mit Tastatur und Maus vornehmen und die Bildausgabe verfolgen (Abbildung 9.13).

▸ Der X-Client ist der Rechner, auf dem Sie Ihre Programme ausführen. Auch wenn es sich dabei um einen gut ausgestatteten Server-Rechner handelt, in diesem Fall spielt er die Rolle des Clients.

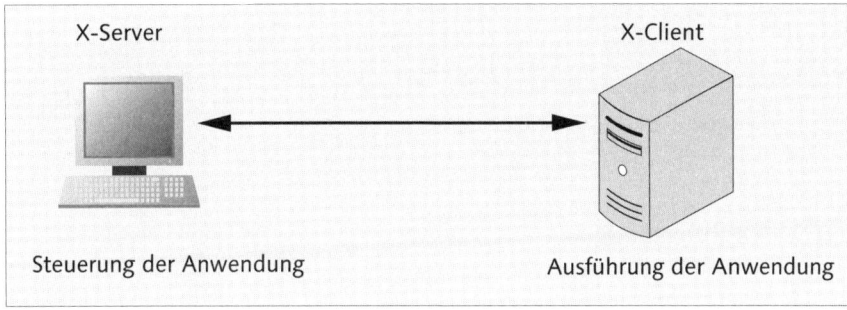

Abbildung 9.13 X11-Client-Server-Modell

9.4.4 SSH zur Displayumleitung für X11

Die Display-Umleitung der SSH können Sie für grafische Fernsitzungen auf Linux- und FreeBSD-Rechnern nutzen. Dabei müssen Sie nur einen erweiterten Aufruf tätigen. Auf Ihrem PC muss ein X-Server laufen. Für Microsoft-Windows können Sie dieses Verfahren nicht einsetzen. Die Aufrufsyntax lautet:

```
ssh -X <BENUTZER>@<RECHNERNAME>
```

Vom Standard abweichende Port-Nummern übergeben Sie mit einer Option:

```
ssh -X -p<PORT> <BENUTZER>@<RECHNERNAME>
```

Anschließend starten Sie manuell das GUI-Programm (Abbildung 9.14). Schließen Sie die Eingabe mit dem Zeichen »&« ab, damit bleibt das Terminal frei für weitere Eingaben. Eine korrekte Abmeldung ist erst möglich, wenn Sie alle GUI-Anwendungen beendet haben.

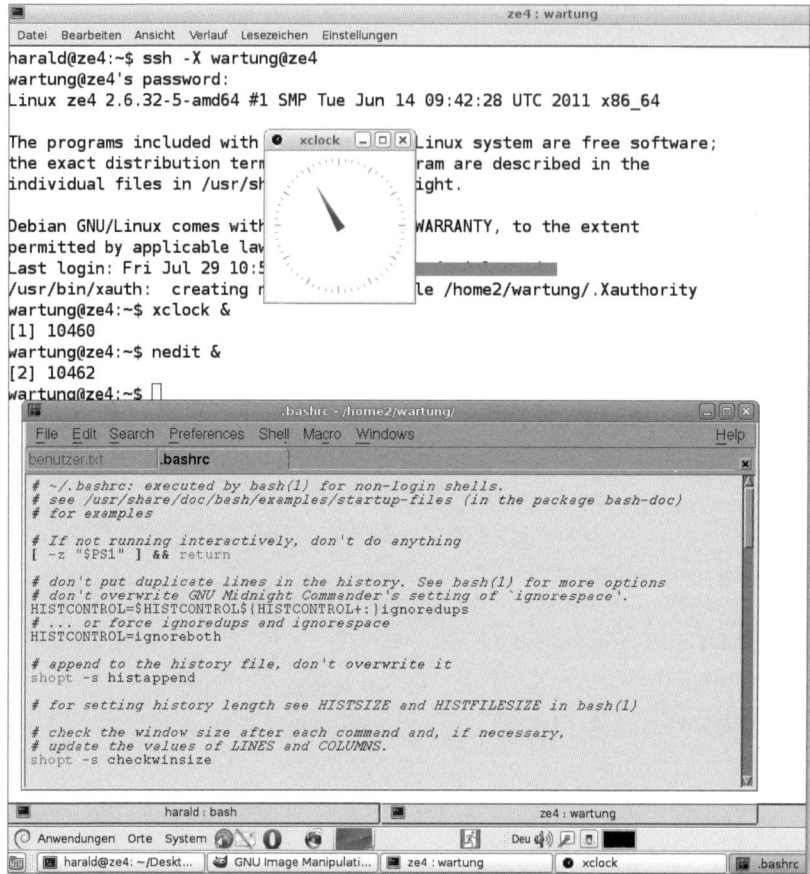

Abbildung 9.14 SSH-Sitzung mit Display-Umleitung

Alternativ können Sie, wenn Sie nur ein Programm ausführen möchten, dieses gleich mit der Anmeldung starten. Dies geschieht in der Form

```
ssh -X <BENUTZER>@<RECHNERNAME> <PROGRAMMNAME>
```

Beim Beenden des Programms werden Sie zugleich abgemeldet. Diese Handlungsweise eignet sich auch, wenn Sie unter verschiedenen Benutzerkennungen gleichzeitig auf einem Linux- oder FreeBSD-Rechner arbeiten möchten.

9.4.5   Virtual Network Computing (VNC)

VNC ist ein sehr verbreitetes Werkzeug. Es hat einen großen Leistungsumfang, aber auch Risiken beim Einsatz.

VNC in Kürze

▶ **Viele Implementierungen**: für Linux, FreeBSD, MAC-OS und Microsoft Windows, z. B. RealVNC oder tightvnc

▶ **Ports**: 5800/TCP, 5900/TCP (Windows), 58XX/TCP, 59XX/TCP Linux/FreeBSD, XX steht für die Display-Nummer (siehe Text).

▶ **Verschlüsselung**: Das VNC-Protokoll sieht keine Verschlüsselung vor. Leiten Sie die Verbindung deshalb durch einen SSH-Tunnel. Manche Implementierungen verfügen allerdings über eine Verschlüsselungsfunktion.

▶ **Microsoft Windows**: Fernsteuerung eines Desktops

▶ **Linux/FreeBSD**: Durchführung einer Fernsitzung, gleichzeitig für mehrere Benutzer

▶ **Programme**: Server und Clients (Viewer)

Der Programmstart unter Windows erfolgt per Mausklick. Damit können Sie Ihren Desktop fernsteuern lassen, z. B. durch einen Administrator. Zum Aufbau eines sicheren SSH-Tunnels muss auf dem PC ein SSH-Server installiert werden. Am fernsteuernden Rechner benötigen Sie Putty. Bauen Sie damit einen SSH-Tunnel auf, und leiten Sie die beiden VNC-Ports durch diesen.

Installieren Sie unter Linux oder FreeBSD das Paket `ssvnc`. Dieser VNC-Viewer baut selbstständig einen SSH-Tunnel auf. Unter Linux oder FreeBSD müssen Sie zunächst einige Konfigurationsdateien bearbeiten:

1. Melden Sie sich per SSH am entfernten Rechner an.

2. Führen Sie `vncserver` aus, vergeben Sie, wie verlangt, ein Kennwort für die Fernsitzung (Abbildung 9.15). Bei diesem ersten Start wird das Konfigurationsverzeichnis angelegt. Beim Serverstart wird auch jedesmal eine Desktop-Nummer ausgegeben. Diese benötigen Sie immer zur Verbindungsaufnahme und zum Beenden des VNC-Servers.

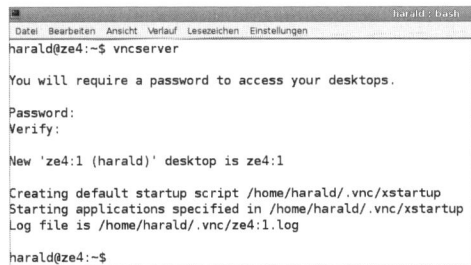

Abbildung 9.15 Erstmaliger Start von vncserver

3. Wenn Sie einen Windowmanager als Oberfläche möchten, wechseln Sie in das Verzeichnis *.vnc*, und öffnen Sie mit einem Editor die Datei *xstartup*. Hier setzen Sie das Kommentarzeichen vor den Eintrag

```
#x-window-manager &
```

und fügen eine neue Zeile mit dem gewünschten Windowmanager, hier `icewm`, ein:

```
icewm &
```

4. Beenden Sie jetzt den noch laufenden VNC-Server durch die Eingabe von

```
vncserver -kill :<Desktopnummer>
```

Diese Nummer sehen Sie beim Start des Servers.

Die Konfiguration ist damit abgeschlossen.

Starten Sie jetzt eine VNC-Sitzung, um die Einstellungen zu testen:

1. Melden Sie sich mittels `ssh` am entfernten Rechner an.

2. Starten Sie den `vncserver`. Beachten Sie die Desktop-Nummer, die er ausgibt. Sie benötigen diese für den Verbindungsaufbau und das Beenden des Servers.

3. Starten Sie am Client-Rechner das Viewer-Programm (Abbildung 9.16).

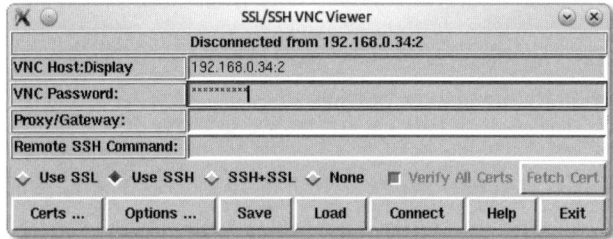

Abbildung 9.16 ssvnc

4. Nach dem Verbinden sehen Sie einen Desktop (Abbildung 9.17). Sollten Sie keine Taskleiste o. Ä. sehen, scrollen Sie im VNC-Fenster nach unten.

5. Sie können die VNC-Sitzung jederzeit durch Beenden des Client-Programms unterbrechen. Zu einem späteren Zeitpunkt können Sie sich mit der gleichen Display-Nummer wieder anmelden. In der VNC-Sitzung gestartete Programme arbeiten auch weiter, wenn Sie abgemeldet sind.

6. Möchten Sie die VNC-Sitzung (Abbildung 9.18) beenden, geben Sie am `ssh`-Terminal das Kommando

```
vncserver -kill :<Desktopnummer>
```

ein.

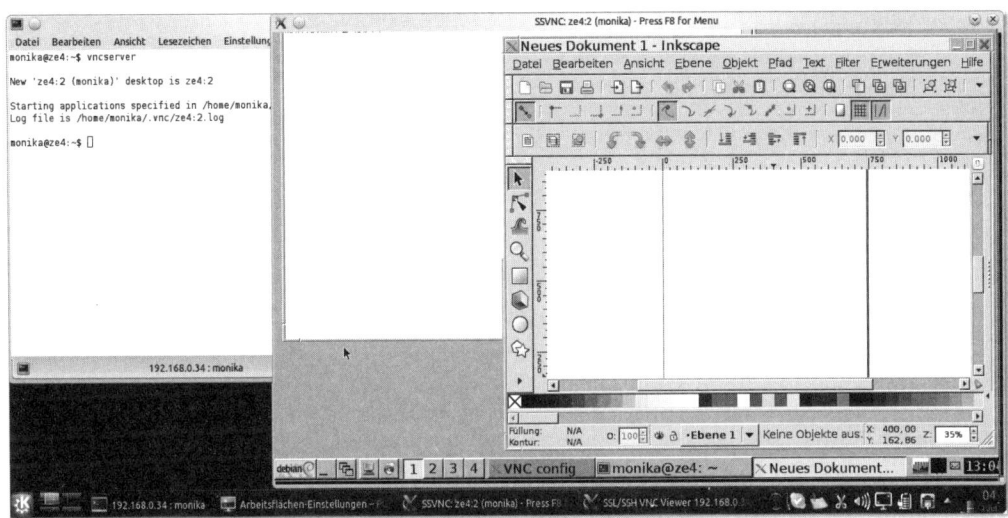

Abbildung 9.17 VNC-Desktop

Abbildung 9.18 Beenden des vncservers

9.4.6   Nomachine (NX)

Eine einfache Lösung für den Zugriff auf den Linux-Desktop erhalten Sie bei Verwendung von NX. Sie können zum Testen eine kostenfreie Version unter *http://www. nomachine.com* herunterladen. Server gibt es für Linux, Solaris und Mac-OS, Clients zusätzlich für Windows.

Die nomachine-Produkte vereinen VNC, SSH und Kompression für höheren Durchsatz. Sie können bereits mit ISDN-Geschwindigkeit halbwegs vernünftig arbeiten. Stehen Ihnen UMTS oder Kabel zur Verfügung, haben Sie bereits eine ausreichende Anbindung. Über das lokale Netzwerk verbunden, bemerken Sie keinerlei netzabhängige Latenzen. Bei der kostenfreien Version können Sie maximal zwei Benutzer zulassen. Laden Sie von der Free-Edition diese drei Pakete herunter (hier dargestellt für Debian-Linux, 64-Bit):

```
nxclient_3.5.0-7_amd64.deb
nxnode_3.5.0-3_amd64.deb
nxserver_3.5.0-4_amd64.deb
```

Installieren Sie diese als Benutzer root mit dem dpkg-Befehl:

```
dpkg -i <PAKET>
```

in der oben gezeigten Reihenfolge.

Die Programme werden unter */usr/NX/bin* abgelegt. Bei der Installation erfolgen die notwendigen Menü-Einträge im Windowmanager automatisch.

Der Server wird automatisch beim Systemstart aktiviert. Dazu wurde bei der Installation ein rc-Skript unter */etc/init.d* angelegt. Wenn Sie den Link aus dem Runlevel-Verzeichnis entfernen, unterbleibt der automatische Start.

Installieren Sie auf den Rechnern, von denen aus Sie zugreifen wollen, das NX-Client-Paket. Starten Sie dieses, und nehmen Sie die Konfiguration Ihrer Verbindung vor (Abbildung 9.19). Beachten Sie, dass Sie den Desktop auswählen können. Sie können einstellen, mit welcher Verbindungsgeschwindigkeit Sie arbeiten können. Diese Angabe legt auch den Kompressionsgrad und damit die Rechnerbelastung fest. Legen Sie die Bildgröße kleiner fest als die Bildschirmauflösung des Client-Rechners. Sie sehen dann die Arbeitsfläche komplett.

Nach dem Speichern der Konfiguration können Sie Verbindung zum Server aufnehmen.

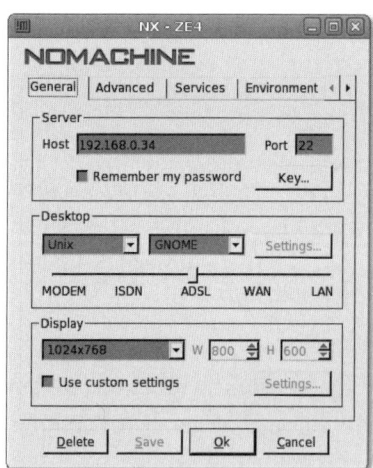

Abbildung 9.19 Konfiguration der NX-Verbindung

In Abbildung 9.20 sehen Sie eine laufende Sitzung mit dem KDE-Desktop. Sollten Sie auch auf Windows-Rechner zugreifen wollen, können Sie diesen Linux-Rechner mit einem rdp-Client ausstatten. Diesen führen Sie im entfernten Desktop aus. Zum Been-

den klicken Sie einfach auf das Schließen-Symbol des Fensters (»Kreuzchen«). Sie können anschließend wählen, ob Sie die Sitzung nur trennen (disconnect) oder beenden
(terminate) wollen.

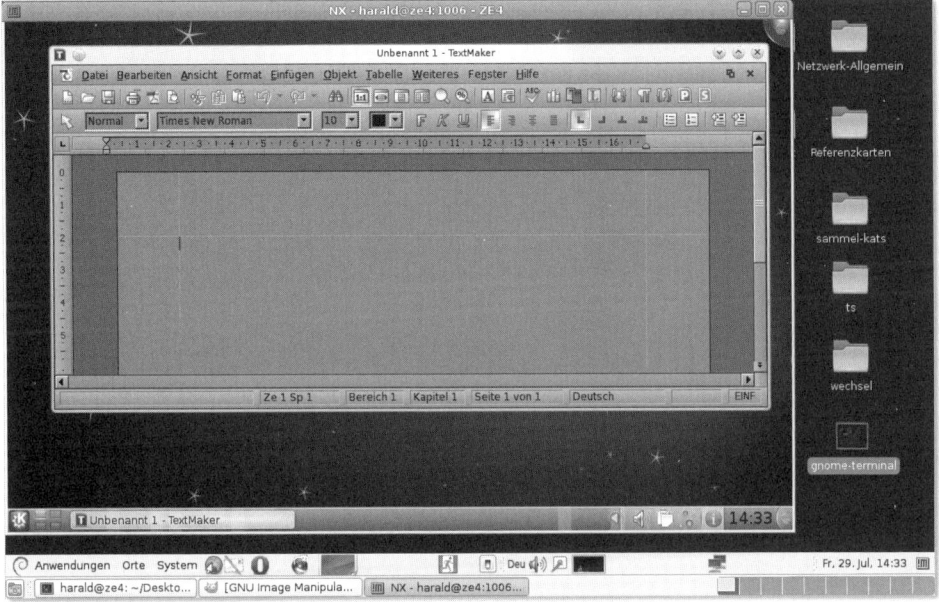

Abbildung 9.20 NX-Sitzung

9.4.7 Remote Desktop Protocol (RDP)

Mit dem RDP können Sie PCs unter Microsoft Windows fernsteuern. Client-Programme
finden Sie auch für Linux und sogar PDAs. Für Linux können Sie xrdp als Server installieren. Auf einem Windows-PC benötigen Sie keine weitere Software.

▶ Klicken Sie in folgender Reihenfolge: START • COMPUTER (rechte Maustaste) • EIGEN-
  SCHAFTEN.

▶ Links im Fenster klicken Sie REMOTEEINSTELLUNGEN an. Gegebenenfalls müssen Sie
  jetzt das Administratorkennwort eingeben. Im Dialogfeld SYSTEMEIGENSCHAFTEN
  wählen Sie eine der Optionen aus und fahren mit BENUTZER AUSWÄHLEN fort. Hier
  fügen Sie einen Remotedesktop-Benutzer hinzu.

So bauen Sie die RDP-Verbindung auf: Das Programm liegt unter PROGRAMME • ALLE
PROGRAMME • ZUBEHÖR. Hier geben Sie nach dem Start die Anmeldeinformationen
ein. Die Verbindung kann hergestellt werden.

Kapitel 10
Netzwerkpraxis

Netzwerke schaffen!

In diesem Kapitel finden Sie zusammengefasste Informationen zur Planung, zum Bau und Betrieb von Netzwerken. Sie finden hier Anregungen für die Umsetzung eigener Projekte.

10.1 Planung von Netzwerken

Die Planung eines Netzwerkes können Sie in verschiedene Phasen unterteilen. Damit erreichen Sie mehr Klarheit und schaffen mehr Entscheidungsspielraum. Bevor Sie den ersten Meter Netzwerkkabel verlegen (lassen), haben Sie bereits

▶ den Bedarf und

▶ den Ist-Zustand ermittelt,

▶ die räumlichen und baulichen Verhältnisse erkundet,

▶ sich Gedanken über die Ausfallsicherheit gemacht und

▶ auf Investititionssicherheit geachtet.

10.1.1 Bedarf ermitteln

Für Nachrüstungen und Neubauten müssen Sie die Zahl der Netzwerkanschlüsse überschlägig ermitteln.

Wie viele Netzwerkanschlüsse Sie in einem Betrieb benötigen, hängt überwiegend vom tatsächlichen Gebrauch der EDV ab. Bei Verkabelungsprojekten versuchen die Bauherren oft die Kosten dadurch zu drücken, dass sie auf Nachrüstmöglichkeiten und den Einsatz von mobilen Mini-Switches setzen. Einfache und kostengünstig vorzunehmende Nachrüstungen sehen Sie sowieso vor. Beim Einsatz von Mini-Switches sollten Sie aber bedenken:

▶ Bei zugriffsintensiven Netzwerkteilnehmern wird die Kapazität der Zuleitung zum Hauptswitch mit jedem aktiven Anschluss des Mini-Switches geteilt. Damit werden die Zugriffe für die angeschlossenen Geräte verlangsamt (Abbildung 10.1).

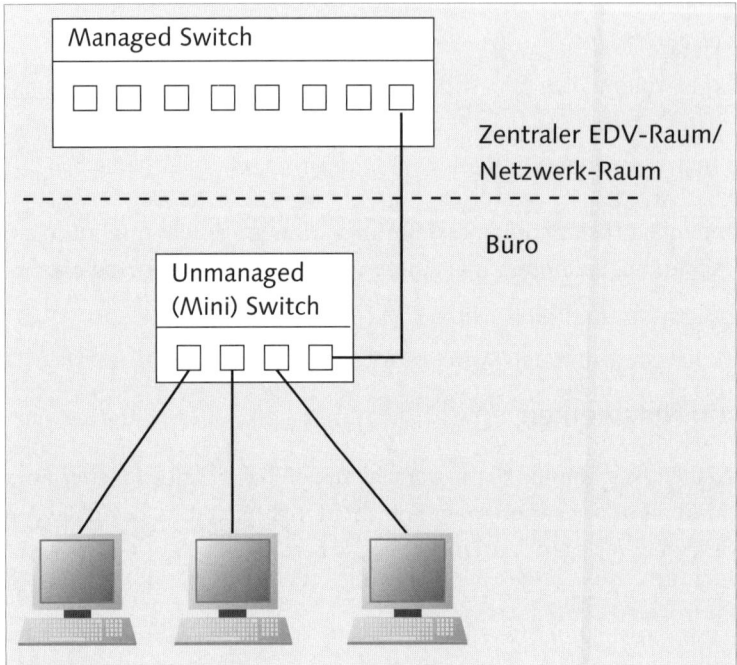

Abbildung 10.1 Weiterverteilung mit Mini-Switch

▶ Sicherheitsmaßnahmen am Hauptswitch wirken meist nur beim Mini-Switch, nicht bei daran angeschlossenen PCs und Druckern.

Sehen Sie deshalb nur 1:1-Anschlussmöglichkeiten zum zentralen Switch vor!

Wie viele Anschlüsse Sie je Arbeitsplatz vorsehen müssen, hängt natürlich von der Art des Geräteeinsatzes ab:

▶ Wie viele PCs oder Thin-Clients benutzt eine Person an einem Arbeitsplatz?

▶ Verwenden Sie Netzwerkdrucker/Printserver?

▶ Müssen mitgebrachte Außendienst-Laptops am gleichen Arbeitsplatz angeschlossen werden, oder sehen Sie für diese Personen eigene Büros vor?

▶ Haben Sie vor, Voice-over-IP als Haustelefon einzusetzen?

▶ Werden Überwachungskameras, Fernwirkeinrichtungen, Steuerungen, Besucherterminals, Werbemonitore usw. eingesetzt?

▶ Maschinen: Wie viele Anschlüsse hat eine Maschine, und wie viele kommen zum Einsatz?

▶ Administrative Arbeitsplätze: Betreiben Sie mehrere Netze (»Echtnetz« und »Schattennetz«)?

▶ Arbeiten Sie mit Reserveräumen?

▶ Liegt das Gebäude in einem Überschwemmungsgebiet (Lage des EDV-Raumes anpassen)?

▶ Sind Erweiterungen in der nahen, planbaren Zukunft für Sie schon vorhersehbar?

Nach Ihren Erhebungen richten sich:

▶ die Zahl der Anschlüsse, also Netzwerkdosen und Zuleitungen in den Räumen

▶ die Zahl der Anschlüsse am zentralen Switch

▶ die Leistungsmerkmale des zentralen Switches

▶ die Zahl der Anschlüsse am zentralen Patchfeld

▶ die Aufnahmefähigkeit der Kabeltrassen

▶ der Bau neuer Kabeltrassen

▶ Größe und zusätzliche Ausstattung zentraler Netzwerk- und Rechnerräume

▶ zusätzliche Maßnahmen wie die Berücksichtigung einer höheren Brandlast und eventuelle Erweiterung der Sicherheitstechnik

▶ rechtliche Rahmenbedingungen (Unfallverhütungsvorschriften, Baurecht etc.)

10.1.2   Ermitteln des Ist-Zustandes

Bei Erweiterungen und Erneuerungen der Netzwerkinfrastruktur müssen Sie abwägen, was Sie von der vorhandenen Technik noch über längere Zeit verwenden können.

Für Ihre Entscheidung müssen Sie feststellen:

▶ Reichen die Anschlüsse im Arbeitsplatzbereich aus?

▶ Ist die Übertragungsgeschwindigkeit für Ihre Anwendungen noch über einen längeren Zeitraum ausreichend?

▶ Sind die verbauten Kabel noch für höhere Geschwindigkeiten nutzbar?

▶ Sind die verbauten Kabel mit dem Telefonnetz kombiniert (strukturierte Verkabelung, gemeinsame Nutzung der Kabel für Telefon und 100Base-T-Netze)?

▶ In welchem Zustand befinden sich die zentralen Einrichtungen?

- ▶ Haben zentrale Komponenten wie Switches und Patchfelder noch freie Kapazitäten?

- ▶ Verfügt der zentrale Switch über zeitgemäße Austattungsmerkmale (Sicherheit, VLAN usw.)?

- ▶ Sind zentrale Komponenten nach derzeitigen und vorhersehbaren künftigen Kriterien ausreichend untergebracht, gesichert und gegebenenfalls klimatisiert?

- ▶ Mit welchem Aufwand lassen sich Erweiterungen installieren?

- ▶ Sind eventuell vorhandene Kabeltrassen aufnahmefähig?

- ▶ Stehen weitere Sanierungsmaßnahmen für das Gebäude an?

Die Antworten auf diese Fragen fließen in Ihre Planungen mit ein. Beim Neubau haben Sie natürlich keine »Altlasten« zu berücksichtigen.

10.1.3   Berücksichtigung räumlicher und baulicher Verhältnisse

Bei einem Neubau können Sie meist die Bedürfnisse der Netzwerktechnik in vollem Umfang berücksichtigen. Anders sieht es bei Bestandsbauten aus. Hier müssen Sie bei der Einbringung der neuen Netzwerktechnik auf weitere Gegebenheiten Rücksicht nehmen:

- ▶ Denkmalschutz: Wie können Sie trotzdem Kabelkanäle oder Unterputz-Leitungen in das Gebäude einbringen?

- ▶ Bausubstanz: Haben Sie Feuchtigkeit im Gebäude?

- ▶ Grundriss: Wie lässt sich das Leitungsnetz am effektivsten anordnen?

- ▶ Sicherheit: Wie kann der EDV-Raum einfach und effektiv geschützt werden?

- ▶ Telefonnetz: Ist hier eine ausreichende Infrastruktur vorhanden? Können hier Kabelarbeiten zusammengefasst werden?

- ▶ Klimatisierung: Wie können Sie die eventuell notwendige Klimatechnik im Rechnerraum unterbringen?

- ▶ Stromversorgung: Reicht die Gebäudestromversorgung aus? Wo können Sie eine USV-Anlage unterbringen?

- ▶ Brandschutz: Hat das Einbringen der Verkabelung und die damit verbundene Erhöhung der Brandlast Folgen?

- ▶ Brandmeldeanlage: Ist eine solche Anlage vorhanden oder notwendig?

- ▶ Zutrittskontrolle/Alarmanlage: Ist eine Anlage vorhanden, oder muss eine errichtet werden?

10.1.4 Investitionssicherheit

Auch bei der Planung des Netzwerkes stehen Sie zwischen kaufmännischen Zwängen und technischer Vernunft. Falsches Sparen führt aber auch hier dazu, dass Sie später mit eventuell teuren Nachrüstmaßnahmen »belohnt« werden. Schenken Sie deshalb einigen Punkten Beachtung:

▸ Sind für Sie Erweiterungen des Netzes absehbar?

▸ Können Sie bereits jetzt für solche Erweiterungen günstig die Voraussetzungen schaffen (mehr Trassenplatz, mehr Einbauplatz für Switch und Patchfelder, Auslegung von USV und Klimatechnik)?

▸ Verwenden Sie die Verkabelungstechnik mit der höchstmöglichen Übertragungsgeschwindigkeit.

▸ Raumanbindung: Setzen Sie zusätzliche Leerrohre ein, oder sehen Sie größere Kabelkanäle vor.

▸ Sehen Sie eine leichte Austauschbarkeit der Verkabelung vor. Zu solchen Maßnahmen gehören neben Leerrohren und Kabelkanälen mit mehr Platz *Zugdosen* und weiter gefasste Radien in der Kabelführung.

▸ Switch(es): Können Sie diese Geräte einfach per gesichertem Webzugang konfigurieren, oder müssen Sie auf systemabhängige, proprietäre Software zurückgreifen?

▸ Switches: Können und dürfen Sie diese selbst konfigurieren?

▸ Zentrale Komponenten (Switch, USV, Klima): Wie lange und unter welchen Kosten und Bedingungen gewähren Hersteller oder Lieferanten zentraler Komponenten eine unbedingte Schadenersatzleistung (Garantie)? Welche Zeiten werden für die Wiederherstellung der Funktionsbereitschaft angeboten? Unterscheiden Sie zwischen Reaktionszeit und Reparaturzeit. Können Sie günstig eine Garantieverlängerung abschließen?

▸ Zentrale Komponenten: Wer kommt zur Behebung einer Störung? Hat der Kundendienst eine lange Anfahrt?

▸ Zentrale Komponenten: Achten Sie auf vollständige IPv6-Kompatibilität.

10.1.5 Ausfallsicherheiten vorsehen

In Grenzen können Sie Ihre Netzwerkinfrastruktur gegen Ausfälle schützen. Hauptsächliche Gründe für einen Ausfall können sein:

▶ Stromausfall: Hiergegen setzen Sie ein USV-Konzept ein.

▶ Funktionsausfall Switch: Halten Sie entweder ein Reservegerät oder Reservebaugruppen vor, oder bilden Sie den zentralen Switch aus mehreren managebaren kleineren Einzelgeräten. Von den kostengünstigen Einzelgeräten beschaffen Sie eines oder mehrere als Ausfallreserve.

▶ Kabelschaden: Schaffen Sie die Möglichkeit des leichten Kabelwechsels, sehen Sie auch Reserveleitungen in wichtigen Bereichen des Betriebes vor.

▶ Klimatisierung: Verteilen Sie, wenn möglich, die Arbeit auf mehrere Anlagen.

▶ Abhängigkeit von Kundendiensten: Achten Sie bei Ihrer Auswahl darauf, dass Sie und gegebenenfalls Ihre Kollegen bei Ausfällen so viel wie möglich selbst beheben können.

▶ VoIP: Wenn das LAN ausfällt, ist niemand telefonisch erreichbar. Es sollte zumindest eine kleine Telefonanlage für Geschäftsleitung, EDV und Hausmeister sowie wichtige Abteilungen mit Kundenkontakt oder gefahrenorientierten Arbeiten installiert sein. Meist ist in größeren Betrieben eine Brandmeldeanlage installiert, welche einen eigenen Anschluss an das Telefonnetz besitzt. Diesen können Sie auf mehrere ISDN-Kanäle »aufweiten« lassen und dafür nutzen. Verzichten Sie aber sowohl auf DECT-Telefone (bei Stromausfall ohne Funktion) als auch auf Funktelefone für das öffentliche Netz. Bei Letzteren erwarten Sie vielerlei Probleme, vom leeren, ungepflegten Akku bis hin zur Tatsache, dass niemand die Nummern der anderen Geräte kennt.

10.1.6   Zentrales oder verteiltes Switching

Je nachdem, wie Ihr Gebäude beschaffen ist, können Sie die zentralen Komponenten entweder in einem zentralen Raum oder nach Gebäuden bzw. Stockwerken unterteilt unterbringen. Die zentrale Unterbringung (Abbildung 10.2) bietet Ihnen Vor- und Nachteile:

▶ Einen zentralen, gegebenenfalls überwachten Raum. In diesem sind auch andere Komponenten wie Router, Server und das zentrale Patchfeld untergebracht.

▶ Anschlussmöglichkeit an die USV

▶ Ein großer Switch oder mehrere kaskadierte Geräte tragen zur Erwärmung des EDV-Raumes bei.

Die verteilte Unterbringung der Switches auf dem Betriebsgrundstück oder im Haus ist sicher bei besonders umfangreichen Installationen auch eine Überlegung wert:

▶ Ein kompletter Netzausfall ist (fast) unmöglich.

▶ keine zusätzliche Erwärmung durch die Switches

▶ Ersparnis bei der Verkabelung, da zu den einzelnen Räumen hin kürzere Verbindungen genutzt werden (stockwerksweise, flurweise usw.)

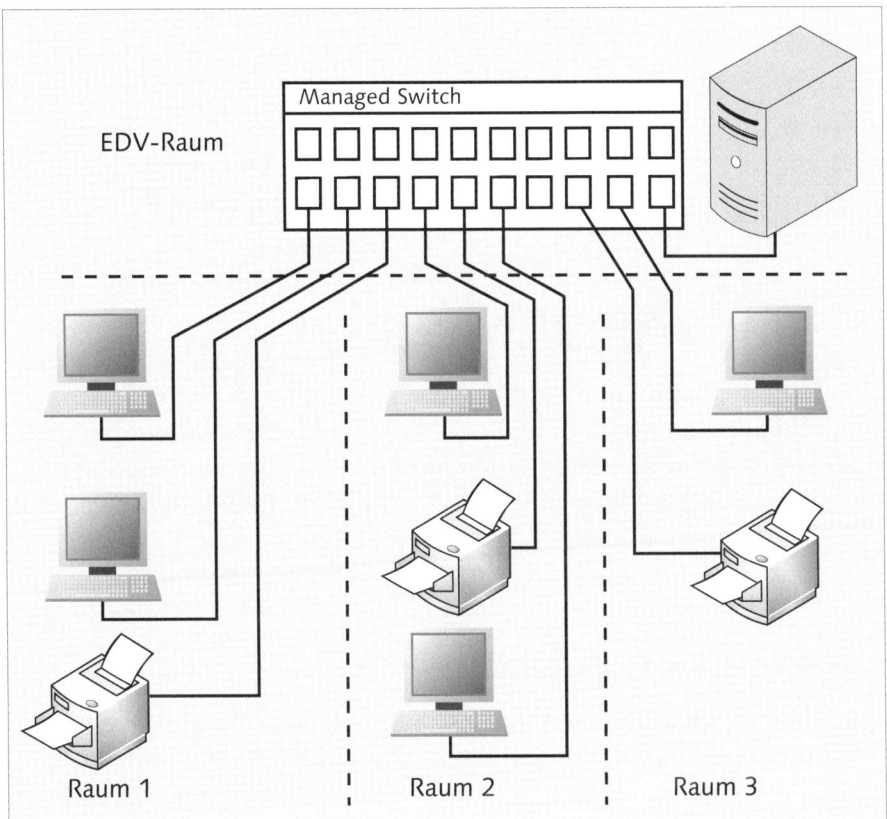

Abbildung 10.2 Zentraler Switch

▶ Aber: Sie benötigen managebare Switches, welche das Port Trunking (Link Aggregation) unterstützen. Einige Anschlüsse der Switches werden hierfür benötigt und stehen für den Anschluss von Netzwerkteilnehmern nicht zur Verfügung (siehe Abschnitt 4.6.3, »Verbindungen zwischen Switches (Link Aggregation, Port Trunking, Channel Bundling)«, und Abbildung 10.3).

▶ In bestimmten Fällen können Sie die Trunking-Verbindungen auch in Glasfasertechnik ausführen. Dies ist sogar notwendig, wenn die zulässigen Leitungslängen überschritten werden. Insgesamt ist die gemischte Ausführung (Kupfer/LWL) kostengünstiger als eine reine Glasfaserverkabelung.

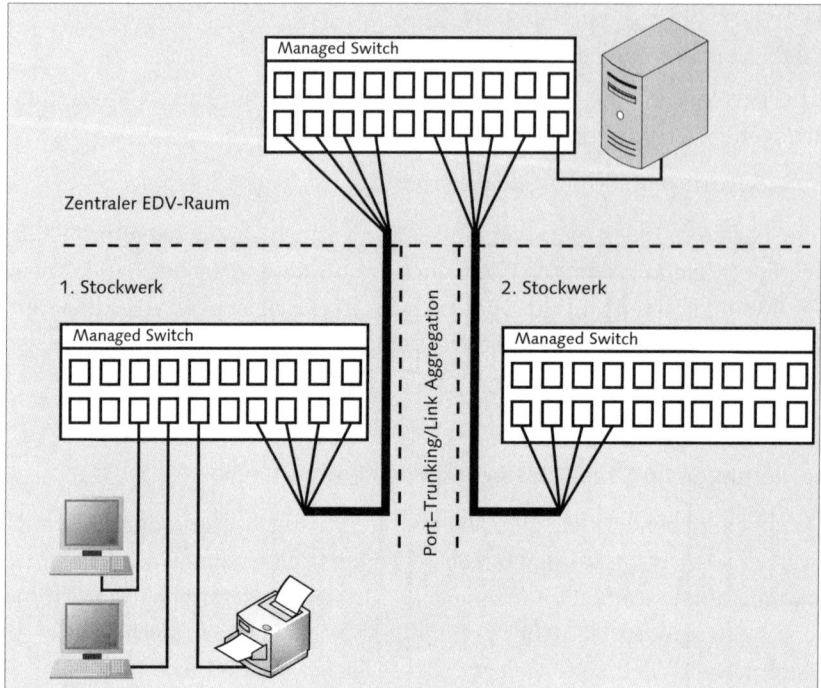

Abbildung 10.3 Verteiltes Switching

10.2 Netzwerke mit Kupferkabeln

Besonders räumlich kleinere Netze können Sie noch auf Jahre hin günstig in Kupfertechnik betreiben:

▶ Für Verkabelungsarbeiten benötigen Sie nur einfache Werkzeuge.

▶ Sie haben geringere Kosten für Router und Switches.

▶ Die Standardnetzwerkanschlüsse der Endgeräte (PCs, Thin-Clients und Printserver) reichen aus.

▶ Mögliches Problem: Potenzialunterschied zwischen zwei Gebäuden, welche Sie per Kupferkabel verbinden möchten. Diese eine Verbindung führen Sie besser in Glasfasertechnik aus.

▶ Beachten Sie: Die Schirmungen fest verbauter Netzwerkkabel müssen durch einen Fachmann mit dem Potenzialausgleich des Gebäudes verbunden werden.

Technische Erläuterungen zu Kupferkabeln finden Sie in Abschnitt 2.1.2, »Netze mit Twisted-Pair-Kabeln«.

10.2.1   Kabel (Cat. 5 und Cat. 7)

Für die Ergänzung von älteren Bestandsnetzen können Sie in Einzelfällen noch das Kabel nach Cat. 5 verbauen. Bei Neuinstallationen oder umfangreichen Ergänzungen verwenden Sie lieber Cat. 7. Es ermöglicht nicht nur schnellere Datenverbindungen, es ist auch hinsichtlich seiner Schirmung deutlich besser.

Wenn Sie Kabel nach Cat. 7 verbauen, werden Sie immer noch auf die herkömmlichen RJ45-Steckerverbindertechnik zurückgreifen, auch wenn diese nicht der Cat. 7-Norm entspricht. Bis 1 Gbit/s können Sie damit übertragen. Ob sich noch neuere Normen mit höherer Geschwindigkeit für die Datenübertragung auf Kupfernetzen durchsetzen, ist nicht klar. Bevor Sie hierauf warten, verwenden Sie besser die Glasfasertechnik.

10.2.2   Anforderungen an Kabeltrassen und Installationskanäle

Ihre Kupferverkabelung benötigt eigene Kabeltrassen und Installationskanäle. Sie dürfen die Netzwerkkabel nicht zusammen mit Stromkabeln in einem gemeinsamen Kanal führen (Abbildung 10.4). Wenn Sie am gleichen Ort einen Netzwerk- und Stromanschluss benötigen, müssen Sie daher getrennte Kabelkanäle oder solche mit zwei getrennten Kammern (Abbildung 10.5) verwenden. Gleiches gilt für Leerrohre.

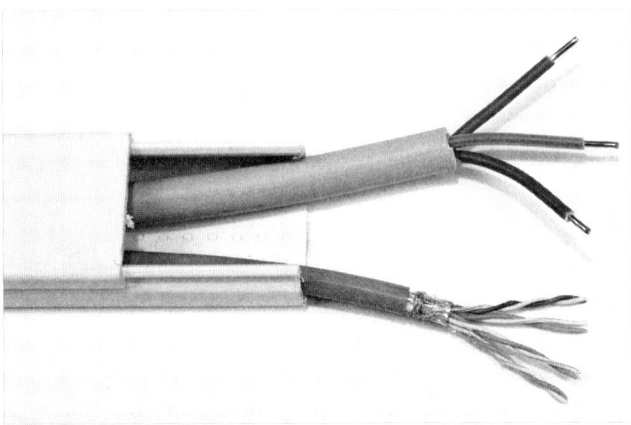

Abbildung 10.4 Verboten: gemeinsame Führung von Strom- und Netzwerkkabeln

Kabelrinnen, welche Sie entlang von Geschossdecken, aber auch Hallendächern (z. B. in Verbrauchermärkten, Werkhallen) anbringen lassen, müssen das Gewicht der Kabel sicher tragen. Denken Sie auch an mögliche Nachrüstungen, die vielleicht hierin verlegt werden.

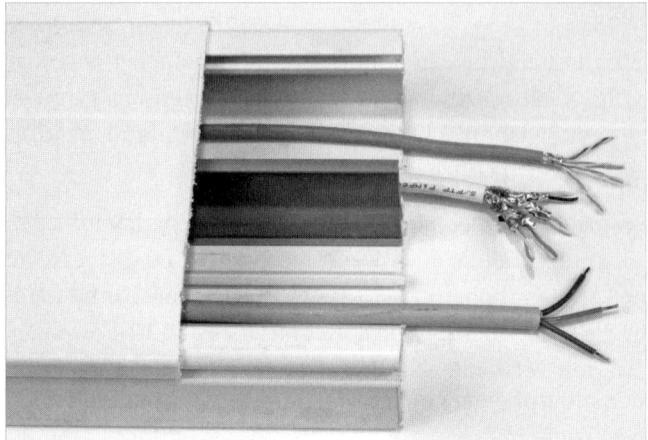

Abbildung 10.5 Richtig: Strom- und Netzwerkkabel befinden sich in getrennten Kammern des Kabelkanals.

Die Kabelrinnen sollen auch nicht überquellen, so dass Kabel beschädigt werden können. Bringen Sie nur so viele Kabel in Kabelkanäle ein, dass Sie den Deckel noch ohne Druck und Gewalt wieder anbringen können. Bei Leerrohren ziehen Sie nur so viele Kabel ein, dass Sie jederzeit defekte Kabel herausziehen können.

Achten Sie darauf, dass über Ecken und Kanten geführte Kabel nicht geknickt werden. Wenn es für Sie möglich ist, schaffen Sie größere Biegeradien.

Lassen Sie sich auch von einem Brandschutz-Experten hinsichtlich weiterer Maßnahmen in Sachen Brandlast beraten. Zwischen Brandabschnitten verlaufende Kabeltrassen benötigen unter Umständen ein Brandschott.

Ihre Netzwerkkabel sollten Sie vor Nässe, Fraßschäden (Lagerhausbetriebe!) und anderen Beschädigungen geschützt führen.

10.2.3   Dosen und Patchfelder

Bringen Sie Netzwerkdosen und Kabelkanäle so an, dass diese nicht beschädigt werden:

▶ In Werks- und Lagerhallen, aber auch in Verbrauchermärkten und an ähnlichen Orten besteht die Gefahr, dass Sie mit Flurförderzeugen Kabelkanäle und Dosen regelrecht »abrasieren«. Hier bringen Sie einmal in Palettenhöhe (ca. 10 cm über dem Boden) und nochmals je 50 cm und 100 cm über dem Boden Schutzkeile an der Wand an. Damit weisen Sie an der Mauer entlangschrammende Fahrzeuge und ihre Lasten ab (Abbildung 10.6).

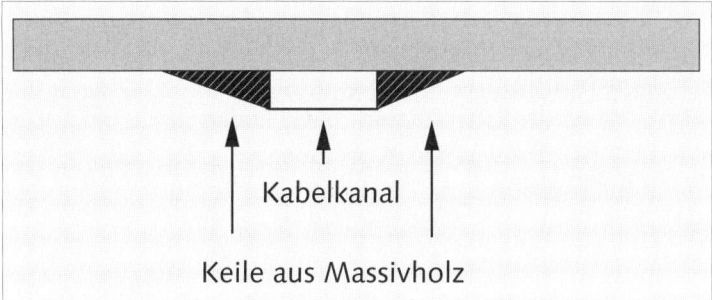

Abbildung 10.6 Schutzkeile für Aufputzkabelkanäle und Netzwerk-Anschlussdosen

▶ Im Umfeld von Kleinkindern (Arztpraxen, Kindertagesstätte, Kindergarten oder auch zuhause im Kinderzimmer) können Sie die Dose mit einem RJ-45-Blindstopfen vor kleinen »Elektrikerfingern« schützen.

▶ In Werks- und Lagerhallen mit hohem Staubanfall bewahren Sie Ihre Netzwerkdosen mit diesen Blindstopfen vor übermäßiger Verschmutzung der Kontakte.

Patchfelder verwenden Sie in der Hauptverteilung beim Switch (Abbildung 10.7) oder als Stockwerksverteiler. Sie sollten diese vor unbefugtem Zugriff schützen. Achten Sie darauf, dass sie an den Potenzialausgleich des Gebäudes vom Elektrofachmann angeschlossen werden.

Abbildung 10.7 Netzwerkschrank mit Patchfeldern und Switch

Wie Sie die Patchfelder unterbringen, hängt vor allem von deren Größe und Menge ab. Hohe Anschlusszahlen montieren Sie in eigenen Netzwerkschränken, wie die aktiven Komponenten auch. Hier ist es wichtig, dass Sie keine zu langen Patchkabel zum Verbinden benötigen. Beschriften Sie jedes Patchkabel an beiden Enden jeweils in Steckernähe mit einer laufenden Nummer. Bei vielen Verbindungen können Sie sich bei Konfigurationsarbeiten Kabelnummer und die Steckplätze an Switch und Patchfeld notieren. Im Störungfall werden Sie das schnelle Auffinden der beteiligten Komponenten sehr schätzen. Kleine Patchfelder können Sie in entsprechenden Schränken hochkant montieren, womit Sie Aufbautiefe einsparen.

Patchfelder sollten Sie ebenso vor Feuchtigkeit schützen. Nicht benutzte Anschlüsse verschließen Sie mit den vorhin erwähnten RJ-45-Blindstopfen und schützen damit die Kontakte vor Verschmutzung.

10.3 Netzwerke mit Glasfaserkabeln

Für räumlich größere Netze, aber auch bei Neubauten liegen Sie mit Glasfaserkabeln im Vorteil. Vor dem Bau oder der Erweiterung Ihres Netzes müssen Sie aber für Ihre Planung auf einige Besonderheiten Rücksicht nehmen:

▶ Sie können Glasfaserkabel zusammen mit Stromleitungen in einem Kanal, einer Kabelrinne oder einem Leerrohr gemeinsam verlegen (Abbildung 10.8).

▶ Sie brauchen auf einen möglichen elektrischen Potenzialunterschied zwischen zwei Gebäuden keine Rücksicht zu nehmen.

▶ Glasfaserkabel benötigen keinen Anschluss an den Potenzialausgleich eines Gebäudes.

▶ Für die Installationsarbeiten von Glasfasern benötigen Sie Spezialwerkzeuge.

▶ Für Messungen und die Fehlersuche an Glasfaserstrecken brauchen Sie (teure) Messgeräte.

▶ Sie können dadurch Kosten sparen, indem Sie vorkonfektionierte Kabel in räumlich kleineren Netzen verwenden. An diesen befinden sich bereits an beiden Enden die Steckverbinder. Dies können Sie nutzen, wenn Sie für die Leitungsführung vor allem Kabelrinnen und zu öffnende Kanäle verwenden. Sie müssen die Kabel dann nur über kurze Strecken durch Mauer- und Deckendurchbrüche ziehen. Wenn Sie Leerrohre verwenden, sollten diese innen eine glatte Oberfläche aufweisen. Bedenken Sie auch, dass Sie die Kabel mit einem Stecker oder Steckerpaar durch das Rohr ziehen und schieben müssen. Es darf hier also nicht zu eng werden, sonst wird das Kabel beim Einbringen beschädigt.

▶ Sie können einen gemischten Betrieb mit herkömmlicher Kupferverkabelung einrichten. Dies können Sie vor allem bei Bestandsnetzen so handhaben. Aber auch für
schnelle Backbones zwischen Etagen-Switches oder Gebäuden können Sie die Glasfasern einsetzen. Die Versorgung der Arbeitsplätze geschieht dann wiederum über die
Kupferverkabelung (Abbildung 10.3). Weitere Informationen finden Sie in Abschnitt
2.2, »Lichtwellenleiter, Kabel und Verbinder«.

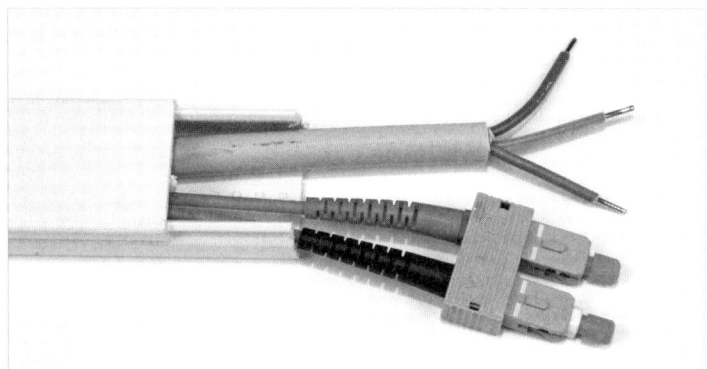

Abbildung 10.8 Gemeinsame Führung von Glasfaser- und Stromkabeln

10.3.1   Kabeltrassen für LWL-Kabel

Sie können Glasfaserkabel wie Kupferkabel auch durch Leerrohre, Kabelkanäle und
-rinnen führen:

▶ Beachten Sie bei der Verlegung unbedingt die vom Hersteller angegebenen minima-
len Biegeradien. Anders als ein Kupferkabel können Sie ein LWL-Kabel nicht »um die
Ecke« verlegen. Sie müssen Platz für »runde« Führungen vorsehen.

▶ Auch Glasfaserkabel dürfen keiner Staunässe ausgesetzt werden. Für diese Zwecke
gibt es aber speziell ummantelte Kabel.

▶ Vermeiden Sie große mechanische Beanspruchungen Ihrer LWL-Kabel. Diese können
besonders bei der gemeinsamen Führung mit Stromkabeln auftreten.

▶ Bei längeren Strecken benötigen Sie Platz für die sichere und trockene Aufbwahrung
der Spleißboxen. Dafür verwenden Sie abschließbare Unter- oder Aufputzschränke.
Im Freien auf dem Werks- oder Campusgelände benutzen Sie entsprechende Vertei-
lerkästen. Im Gegensatz zu herkömmlichen Spleißmuffen, welche Sie in Kabel-
schächten unterirdisch unterbringen, erreichen Sie hier die Kabel bei jeder
Witterung. Stellen Sie den Kasten aber so auf, dass er nicht durch Fahrzeuge, Flurför-
derzeuge oder Lastkräne beschädigt werden kann. Eventuell bauen Sie einen entspre-

chend starken mechanischen Schutz auf. Wenn Sie Ihr Gelände nicht gegen den Zutritt Unbefugter schützen können, bringen Sie die Kästen so unauffällig und stark gesichert wie nur möglich unter.

▶ Auch Glasfaserkabel erhöhen die Brandlast!

10.3.2 Dosen und Patchfelder

Dosen und Patchfelder können Sie genauso anbringen, wie Sie es von der Kupfertechnik her gewohnt sind. Sichern Sie Aufputzkanäle und Dosen, wie für die Kupferkabel in Abschnitt 10.2.3, »Dosen und Patchfelder«, gezeigt. Einige Besonderheiten müssen Sie wegen der andersartigen Betriebsgefahren beachten:

▶ Sichern Sie ungenutzte LWL-Dosen und Steckplätze an Patchfeldern und Medienkonvertern so ab, dass niemand in die Öffnungen blicken kann (Unfallverhütung, Augenschutz).

▶ Die Schutzabdeckungen verhindern auch, dass Staub, Ölfilme und Feuchtigkeit die empfindliche Optik verschmutzen.

▶ Bauen Sie das räumliche Umfeld von Patchfeldern und Medienkonverterleisten wegen nicht abzusehender Weiterentwicklungen großzügig auf.

▶ Auch bei den Patchkabeln müssen Sie Biegeradien beachten. Sparen Sie deshalb nicht mit Halterungen, an denen die Kabel zugfrei geführt werden.

10.3.3 Medienkonverter

Für gemischte Netzwerke benötigen Sie Medienkonverter zur Signalumsetzung. Diese erhalten Sie in verschiedenen Bauformen:

▶ 19-Zoll-Einbau-Leiste oder -Feld (EDV-Raum, Stockwerksverteiler)

▶ Modul für Switches (Bauformen GBIC, SFP, XFP)

▶ Einzelgerät zur Montage in einer Wanddose, auf Hutschiene oder Aufputz

▶ Mini-Switch mit einem LWL-Anschluss

▶ Tischgerät mit einem Kupferanschluss

Bei Medienkonvertern handelt es sich um aktive Komponenten. Für diese müssen Sie einen Stromanschluss vorsehen. Verwenden Sie 19-Zoll-Felder im EDV-Raum, müssen Sie die eventuell entstehende Abwärme in Ihre Klimatisierungsberechnung mit einbeziehen. Ein Beispiel für ein Tischgerät finden Sie mit dem Edimax ET-913MSC+. Er setzt von 1000Base-T nach 1000Base-SX (Multimode) um. Er verfügt über einen RJ-45- und einen SC-Duplex-Anschluss. LEDs für die Link-Kontrolle und Aktivität befinden sich an der Frontplatte. Sie können mehrere dieser Konverter im Rack ET-920MCR zusammenfassen und in Ihrem Netzwerkschrank im EDV-Raum unterbringen.

10.3.4   LWL-Multiplexer

Mittels LWL-Multiplexer verbinden Sie auch weiter auseinanderliegende Firmenstandorte. Die Glasfaserverbindung stellt Ihnen Ihr Telekommunikationsdienstleister zur Verfügung. Meist werden zwei oder vier Monomode-Fasern bereitgestellt. Sie können je Faserpaar einen herkömmlichen Medienkonverter für Monomode-Fasern anschließen. Sie schaffen damit eine Kopplung zum entfernten LAN mit 10 oder maximal 100 Mbit/s.

Wenn Sie einen LWL-Multiplexer zur Standortverbindung benutzen, erhöhen Sie die Verbindungsgeschwindigkeit enorm. Sie können dabei Übertragungsraten zwischen 1 Gbit/s und 10 Gbit/s nutzen.

Der Multiplexer teilt den Datenstrom auf mehrere Wellenlängen auf, die er gleichzeitig in eine Faser einspeist. Beim Empfänger werden die verschiedenfarbigen Signale wieder zu einem Datensignal zusammengesetzt. Eine weitere Variante filtert auf der Empfängerseite die einzelnen Farben aus und gibt diese zur weiteren Konvertierung (optisch/optisch oder optisch/elektrisch) weiter. Damit ist es Ihnen möglich, Port-Trunking zwischen zwei Switches über ein WAN zu benutzen. LWL-Multiplexer arbeiten mit verschiedenen Verfahren:

▶ **WWDM**, *Wide Wavelenght Division Multiplex*

▶ **CWDM**, *Coarse Wavelength Division Multiplex*, Übertragungsraten bis 10 Gbit/s über 70 km ohne Repeater sind möglich.

▶ **DWDM**, *Dense Wavelength Division Multiplex*, Übertragungsraten von 10 bis 100 Gbit/s über 80–200 km werden erreicht.

LWL-Multiplexer dieser Art finden Sie unter anderem auf der Webseite (*www.lambdaline.com/de*) der Firma DeltaNet AG (Dietikon, Schweiz) dargestellt.

10.4   Geräte für Netzwerkverbindungen und -dienste

Bei der Kupferverkabelung haben Sie nach wie vor die RJ-45-Steckverbindung als Standard. Hier können Sie hinsichtlich der Anschlusstechnik keine Fehler machen. Bei Glasfaserkomponenten müssen Sie immer auf die Anschlussnormen achten.

10.4.1   Netzwerkkarten

Neue PCs und Notebooks verfügen über eingebaute Netzwerkanschlüsse. Netzwerkkarten kaufen Sie im Reparaturfall und zur Aufrüstung.

Netzwerkkarten für PCs werden von allen gängigen Betriebssystemen unterstützt. Alle neueren Typen unterstützen Übertragungsraten bis 1 Gbit/s. Sie stellen sich aber auch automatisch auf 100 Mbit/s oder 10 Mbit/s ein. Weit verbreitet sind Netzwerkkarten mit dem Chipsatz der Firma Realtek (Tabelle 10.1).

Chipsatz	10Base-T	100Base-TX	1000Base-T	Steckplatz
RTL8139	X	X	–	PCI
RTL8169	X	X	X	PCI
RTL8111	X	X	X	PCI-Express

Tabelle 10.1 Chipsätze der Firma Realtek

Für Ihren Server verwenden Sie spezielle Netzwerkkarten. Diese sind für den harten Dauergebrauch ausgelegt. Einige Modelle benötigen einen PCI-EXPRESS-x8-Einbauplatz. Dafür bekommen Sie 10 Gbit/s Übertragungsrate für LWL (Ethernet Server Adapter X520-SR2 der Firma Intel, 2 × LC-Anschluss, Multimode). LWL-Netzwerkkarten für Büro-PCs sind eher selten im Einsatz (z. B. Allied Telesis AT 2916SX/SC, SC-Duplex, 1000Base-SR, Multimode, PCI-Steckplatz).

Der Handel bietet ferner sogenannte USB-Netzwerkkarten an. Technisch gesehen sind diese Adaptergeräte. Mit ihnen können Sie Rechner über den USB-Anschluss an Ihr Netzwerk verbinden.

10.4.2   WLAN-Router und -Sticks

In Privathaushalten finden Sie oft WLAN-Router vor, mit denen die Verbindung zum Internet hergestellt wird. Oftmals werden diese Geräte nicht über den Handel, sondern über den Telekommunikationsdienstleister bezogen. Einige dieser Geräte verfügen über einen zusätzlichen USB-Anschluss. Über den stecken Sie ein UMTS- oder LTE-USB-Funkmodem an. Fällt die DSL-Verbindung aus, arbeiten Sie drahtlos weiter. Auch in Gegenden mit keiner oder sehr schlechter DSL-Anbindung stellen solche Geräte den Internetanschluss her.

Allgemein finden Sie bei diesen Geräte meist eine Firewall, einen DHCP-Server, PAT/NAT und manchmal sogar einen VPN-Client vor.

Der Router WL00082 aus dem Hause LogiLink (Abbildung 10.9) eignet sich wegen seiner Größe für den Außendienst- oder Hotelzimmereinsatz. Ihr Notebook verbinden Sie dabei per LAN-Kabel mit dem Mini-Router. An diesem steckt Ihr Funkmodem. Damit bauen Sie eine eigene Internetverbindung unabhängig von der Netzinfrastruktur des Hotels auf. Sie können damit unkompliziert VPN- oder SSH-Tunnelverbindungen betreiben. Den Mini-Router können Sie auch noch als WLAN-Accesspoint einsetzen.

Die WLAN-Funktechnik finden Sie praktisch in allen mobilen Rechnern. Wenn diese defekt geworden ist, benötigen Sie einen USB-WLAN-Stick als Ersatz. Mit diesen Sticks können Sie auch PCs mit dem WLAN verbinden.

Abbildung 10.9 WL0082 von LogiLink

10.4.3   Router

Mit einem Router verbinden Sie Netze. Sie bekommen Sie in unterschiedlicher Leistungsfähigkeit und Softwareausstattung. Für den Einsatz mit hohem Datendurchsatz gibt es welche mit mehreren Netzwerkschnittstellen und einem Wartungs-Port. Hochleistungsrouter (z. B. von Cisco oder HP) können auch einen 19-Zoll-Schrank füllen. Manche Modelle können Sie über eine eigene Backbone-Leitung zu einer großen Geräteeinheit zusammenfassen. Beachten Sie bei Ihrer Klimaberechnung die anfallende Abwärme. Sie können solche Geräte oft um weitere Funktionalitäten ergänzen, z. B. Firewall, Proxyserver und VPN-Zugang. Diese Möglichkeiten finden Sie auch schon bei kleinen Modellen integriert, wie der etwas ältere Netgear FVS 318 in Abbildung 10.10. Er kann per VPN-Client die Verbindung zur Zentrale aufbauen, beherrscht NAT/PAT, verfügt über einen DHCP-Server und noch 8 RJ-45-Anschlüsse 100Base-T.

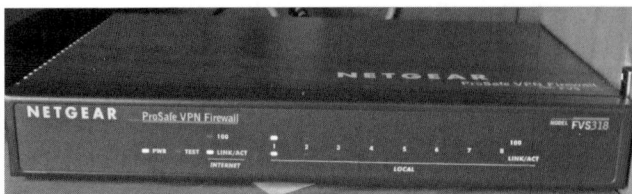

Abbildung 10.10 FVS 318 von Netgear

10.4.4   Switches

Switches erhalten Sie im Fachhandel in allen Größenordnungen. Sie können zunächst einmal grob zwischen nicht managebaren und managebaren Geräten unterscheiden. Dies ist nicht zwingend eine Frage der Größe. Auch für den Einbau in 19-Zoll-Schränke erhalten Sie nach wie vor Switches ohne Management-Modul.

Nach wie vor werden Sie noch Switches finden, welche bei der Geschwindigkeit nicht über 100 Mbit/s hinauskommen. Das reicht zwar für kleine Büros und Privathaushalte aus. Bei einem Neukauf wählen Sie aber besser ein Modell, welches 1 Gbit/s leistet und dabei aber auch die älteren Normen 100Base-T und 10Base-T unterstützt.

Sie bekommen kleine Tischgeräte (Abbildung 10.11), welche vier oder mehr Anschlüsse besitzen. Maximal 64 Anschlüsse weisen 19-Zoll-Geräte auf. Für kleine Firmen, Kanzleien und Pensionen reicht oft eines dieser Geräte aus (Abbildung 10.12).

Abbildung 10.11 Tisch-Switch S21318 der Firma Synergie 21, ohne Management-Modul

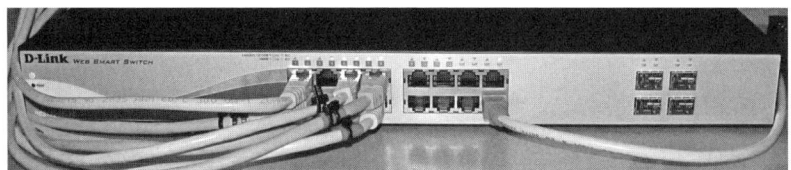

Abbildung 10.12 D-Link DGS-1210-16, managebar

Der in Abbildung 10.12 gezeigte Switch bietet 16 1000Base-T-Anschlüsse. Weiter verfügt das Gerät über vier Einsteckplätze für SFP-Transceiver. Für jeden benutzten Einsteckplatz fällt allerdings ein 1000Base-T-Anschluss weg. D-Link bietet hierfür vier verschiedene Transceiver-Modelle an:

Modell	Typ	Faser	Wellenlänge	Reichweite
DEM-311GT	1000Base-SX	Multimode	850 nm	550 m
DEM-310GT	1000Base-LX	Monomode	1310 nm	10 km
DEM-314GT	1000Base-LX	Monomode	1310 nm	50 km
DEM-315GT	1000Base-LX	Monomode	1550 nm	80 km

Tabelle 10.2 Transceiver-Modelle von D-Link

Wenn Sie mehr »Switch« benötigen, wählen Sie Modelle, welche über einen eigenen Backbone oder ein schnelles SFP-Modul miteinander koppelbar sind. Sie erhalten auch Switches mit einem schrankfüllenden Chassis, in welches Sie verschieden bestückte Einschübe geben können. Damit bekommen Sie Ihren »Wunsch-Switch«, sogar mit Kupfer- und Glasfasertechnik gleichzeitig. Großgeräte dieser Art bieten Cisco und HP.

Weitere Leistungsmerkmale von Switches sind redundante Netzteile, entsprechender Datendurchsatz, Power-over-Ethernet. Achten Sie bei einer Neubeschaffung in jedem Fall darauf, dass auch das Management-Modul IPv6-fähig ist. Vergleichen Sie die Größe der MAC-Adresstabelle und den Datendurchsatz je Port.

10.4.5   Printserver

Mit einem Printserver sorgen Sie dafür, dass ein Drucker über das Netzwerk erreichbar ist. In jedem Fall können Sie ihn unabhängig von den meist kurzen Anschlusskabeln zum PC da aufstellen, wo es Ihnen am besten erscheint. Sie können noch weitere Vorteile nutzen:

- ▶ Einsparung von Druckern, in größeren Büros teilen sich mehrere Arbeitsplätze ein Gerät.
- ▶ Drucker können abgesetzt vom Arbeitsplatz betrieben werden (Lärm, Staub).
- ▶ Wertvolle Spezialdrucker (Großformatgeräte, Foliendrucker, Plotter, Fotodrucker) bringen Sie in zentralen Räumen unter, die unter der Kontrolle der EDV-Administration liegen.
- ▶ Manchen Druckern liegt Spezialsoftware bei, mit der Sie bequem die Konfiguration und den Betrieb steuern können.
- ▶ Printserver sind vom Arbeitsplatz aus per Web konfigurierbar.

Die meisten externen Printserver (Abbildung 10.13) setzen einen Netzwerkanschluss (meist 100Base-T) auf einen einzigen USB- oder Centronix-Anschluss um. Sie bekommen besser ausgestattete Modelle, wie z. B. den Edimax PS-3103P mit drei Centronix-Anschlüssen. Am Edimax PS-3207U finden Sie zwei USB-2- und einen Centronix-Anschluss. Damit können Sie vor allem »Druckerecken« in Großraumbüros einrichten.

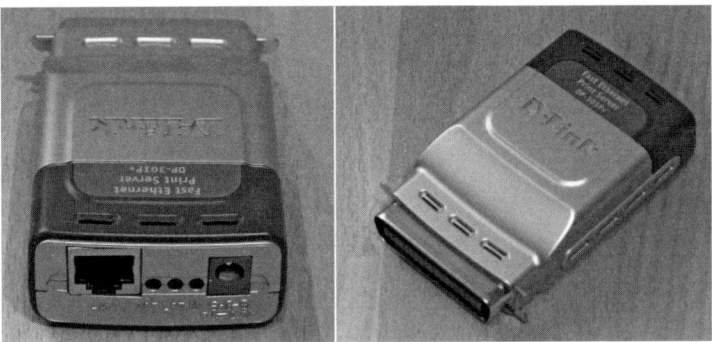

Abbildung 10.13 Externer Printserver

Sie erhalten mittlerweile viele Drucker mit eingebautem oder nachrüstbarem internen Printserver (z. B. Kyocera FS-1370DN). Hier finden Sie auch schon Modelle, welche 1000Base-T unterstützen oder sogar einen LWL-Anschluss vorweisen. In Abbildung 10.14 sehen Sie einen internen Printserver für ältere Kyocera-Drucker (FS-1900, FS1010).

Ältere Printserver bergen Sicherheitsprobleme in sich:

- ▶ Jeder Benutzer kann die Einstellungen ohne Authentifizierung manipulieren.
- ▶ Der Printserver kann als Ablageort für Schadsoftware missbraucht werden.
- ▶ Die Druckdaten können nur unverschlüsselt an den Printserver geschickt werden.

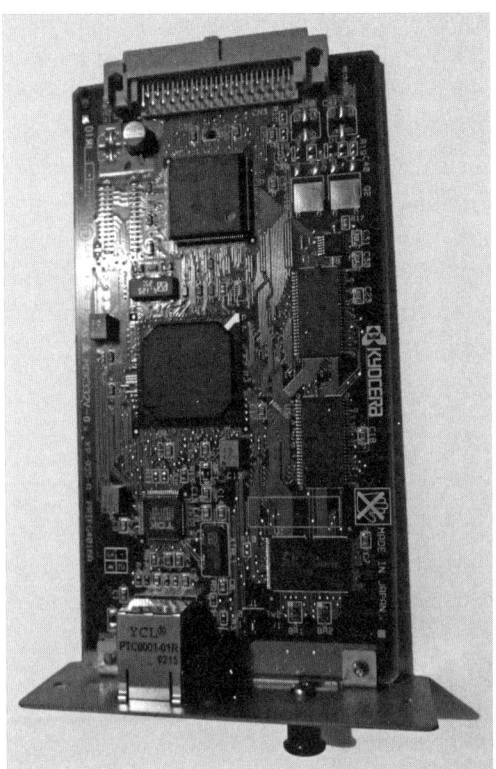

Abbildung 10.14 Interner Printserver

Bei modernen Printservern (wie der des Kyocera-FS1370DN) können Sie Ihre Druckdaten mit SSL-Verschlüsselung senden. Für die Änderung von Einstellungen müssen Sie
sich authentifizieren.

10.4.6   Netzwerkspeicher (NAS)

Mit einem *Network Attached Storage* (*NAS*) schaffen Sie eine zentrale Möglichkeit, über
Ihr lokales Netz eine zentrale Datenhaltung zu schaffen. Sie können meist per SMB und NFS,
auch oft mit FTP darauf zugreifen. Die Konfiguration nehmen Sie über eine Weboberfläche
vor. Vielfach finden Sie diese Geräte als reine Datensicherungslösung im Einsatz.

Kleine »Netzwerkfestplatten« (Bezeichnung des Fachhandels) verfügen nur über eine
Festplatte. Der Vorteil gegenüber einer reinen USB-Ansteckslösung besteht in der gefor-
derten Authentifizierung. Achten Sie beim Kauf vor allem auf die Netzwerkschnittstelle.
Oft verfügen preisgünstige Modelle nur über einen 100Base-T-Anschluss. Damit zieht
sich der Datentransfer bei größeren Volumen unnötig in die Länge.

Größere Geräte verfügen über mehrere Festplatten, zusammengefasst zu einem Raid-Verbund. Sie finden hier auch mehrere LAN-Schnittstellen vor. Für die Leistungsaufnahme und Wärmeabgabe nehmen Sie Werte wie bei größeren PCs an. Rechnen Sie sich deshalb einmal aus, ob sich für Sie die Anschaffung so eines Gerätes rentiert. Mit handelsüblichen Rechnerteilen bauen Sie sich selbst einen kostengünstigen Netzwerkspeicher auf. Illumos, OpenIndiana, eon (Dateiserver), Nexenta OS (alle OpenSolaris-Abkömmlinge) oder FreeBSD. Bei allen können Sie das Dateisystem ZFS verwenden. Sie können eine oder mehrere Platten verwenden. Mehrere Datenplatten fassen Sie mit Raidz2 (so wird das beim ZFS bezeichnet) zu einem Array zusammen. Die empfohlenen Betriebssysteme bieten Ihnen die Möglichkeit, mehrere Domains für Samba, NFS oder SSHFS einzurichten (Zonen, FreeBSD: Jails).

10.4.7 Modems für den Netzzugang

Ein Modem stellt für Sie die Verbindung von Ihrem Rechner zu einem entfernten Rechnersystem über die normale Fernmeldeinfrastruktur her. Die Geräte erhalten Sie als Baugruppe oder externe Einheit. In manchen Notebooks finden Sie Modems fest eingebaut vor.

Sie können Modems hinsichtlich der Fernmeldetechnik unterscheiden:

▶ Analoge Modems (Abbildung 10.15): Ältester Telefonstandard, Transferrate maximal 57 kbit/s. Sie benutzen meist die serielle Schnittstelle (maximal 115 kbit/s, Anschluss über SUB-D-9- oder SUB-D-25-Stecker, auch USB-Modelle im Handel).

▶ ISDN-Modems (Abbildung 10.16): ISDN-Standard, 64 kbit/s (1 Kanal) oder 128 kbit/s (Kanalbündelung), Anschluss über SUB-D-9- oder SUB-D-25-Stecker, auch USB-Modelle im Handel). In den USA und einigen anderen Ländern stehen nur 56 kbit/s je Kanal zur Verfügung.

▶ DSL-Modems: Digitaler Teilnehmeranschluss, Datenraten von 384 kbit/s bis 200 Mbit/s (VDSL2). DSL finden Sie in zwei Modi vor:
ADSL: Hier ist der Downstream schneller als der Upstream
SDSL: Down- und Upstream sind gleich schnell. Anschluss über LAN-Kabel, RJ-45.

▶ Kabel-Modems: Übertragung über das Netz der Kabelfernsehanbieter, Datenraten bis 32 Mbit/s derzeit möglich, 100 Mbit/s in Einführung. Anschluss über Lan-Kabel (RJ-45).

▶ Funkmodems für das GSM-Netz (GPRS): zwischen 9,6 kbit/s und 55 kbit/s möglich, USB-Anschluss

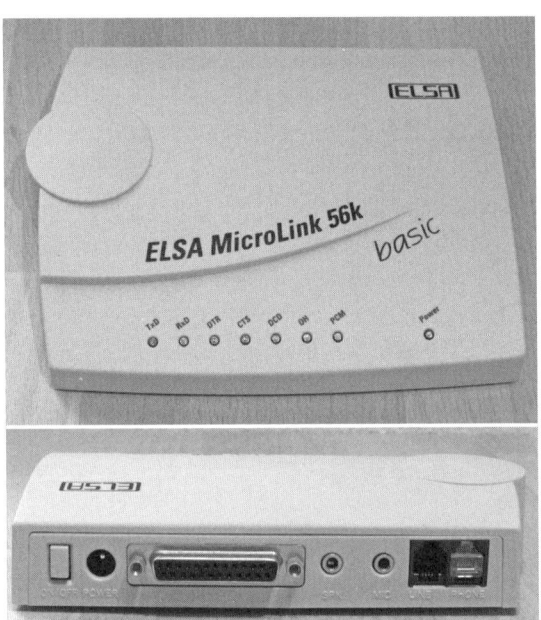

Abbildung 10.15 Analog-Modem älterer Bauart

Abbildung 10.16 ISDN-Modem

▶ Funkmodems für UMTS, HSDPA (Abbildung 10.17) oder LTE: Hier liegen die maximal erzielbaren Datenraten bei 384 kbit/s, 14,1 Mbit/s (gebräuchlich 7,2 Mbit/s) und 3–50 Mbit/s (technisch bis 100 Mbit/s möglich), USB-Anschluss.

Die Funkmodems mit USB-Anschluss können Sie an geeigneten Routern anstecken. Sie versorgen damit ein lokales Netzwerk mit Internetzugang.

Abbildung 10.17 USB-Funkmodem für HSDPA

Ein Analog- oder ISDN-Modem eignet sich kaum mehr zur Internetanbindung. Bei den heute üblichen Webseiten müssen Sie lange Wartezeiten für Übertragung und Aufbau in Kauf nehmen. Allenfalls für die Herstellung von Wartungsverbindungen können Sie diese Art der Verbindung nutzen. Für die Anbindung von Computerkassen und Warenwirtschaftsterminals eignet sich diese Anbindung ebenso.

10.5   Einbindung externer Netzwerkteilnehmer

Filialbetriebe, Heim- und Außendienstmitarbeiter und Wartungspersonal benötigen eine Zugriffsmöglichkeit auf Ihr Netzwerk. Dabei können Sie verschiedene Wege nutzen:

▶ **Langsam aber sicher:** Per Analog- oder ISDN-Modem (Abbildung 10.18) können Sie das Telefonnetz benutzen und zwischen dem externen Rechner und Ihrem Netz hierüber eine Verbindung aufbauen. Dazu benötigen Sie einen »Einwahlrechner«, welcher unter Linux oder FreeBSD arbeitet. Dort müssen Sie die Programme mgetty und ppp installiert und konfiguriert haben. Näheres hierzu entnehmen Sie den Manual-Seiten zu diesen Programmen. Gute Erklärungen findenSie auch im FreeBSD-Handbuch unter *http://www.freebsd.org/doc/de_DE.ISO8859-1/books/handbook/dialup.html*.

Diese Methode ist aber eher nur für Wartungszugänge gedacht.

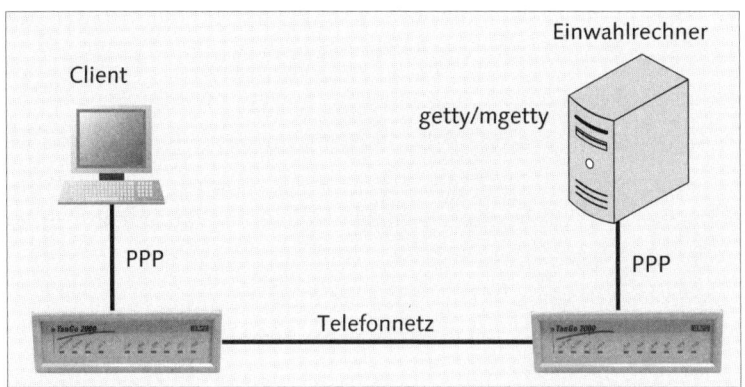

Abbildung 10.18 Rechnerverbindung über das Telefonnetz

▶ **Von jedem Punkt der Welt:** Per Modem oder DSL verbinden Sie sich als externer Teilnehmer Ihres Netzwerkes mit dem Internet über Ihren Internet-Provider. Sie gelangen über Ihr Netzwerk durch die Firewall, für die Sie eine Ausnahmeregelung aufstellen müssen. Meistens werden Sie den SSH-Port benutzen. Hierüber können Sie per Tunnel Fernsitzungen (Citrix, RDP, nomachine, Display-Umleitung à »ssh-X«) oder Datenübertragungen (SSHFS, sftp) nutzen. Über den SSH-Tunnel können Sie auch E-Mails senden und empfangen. Sie können auch eine VPN-Verbindung aufbauen.

10.6   Sicherheit

Für Ihr Netzwerk gelten Sicherheitsregeln allgemeiner Art und solche, die in der individuellen Konfiguration liegen. Ich führe hier einige häufige Sicherheitsprobleme an. Ihr Netzwerk und die damit verbundenen Systeme sind durch viele vermeidbare Umstände gefährdet:

▶ Kennwörter für Router, Firewall und Switches sind nicht nur den Systembetreuern bekannt.

▶ Ihre Benutzer wenden Programme an, die über offene Standard-Ports eigene Verbindungen zur Außenwelt schaffen.

▶ Die Systembetreuer ignorieren Firmware-Updates für Router, Firewall und Switches.

▶ Die Benutzer und Systembetreuer führen keine Sicherheits-Updates für Betriebssysteme und Anwendungen durch.

▶ Die Systembetreuer richten keine Kontrolle ein- und ausgehender E-Mails auf Schadsoftware ein.

▶ Es besteht zwar eine Kontrolle von E-Mails auf Schadsoftware, die Virensignaturen werden aber selten erneuert.

▶ Die Außendienstmitarbeiter installieren selbst Programme auf ihren Laptops.

▶ Die Innendienst-Mitarbeiter bringen eigene Rechner mit und schließen diese an das Netzwerk an.

▶ Die Innendienst-Mitarbeiter können ohne Kontrolle eigene Programme auf ihren PCs installieren.

▶ Fremdes Wartungspersonal bekommt dauerhafte Benutzerkennungen und Kennwörter zugewiesen.

▶ Ihre Mitarbeiter teilen dem betriebsfremden Wartungspersonal Benutzerkennungen und Kennwörter mit.

▶ Die Systembetreuer lassen fremdes Wartungspersonal unbeaufsichtigt arbeiten.

▶ Mitarbeiter Ihres Betriebes tauschen sich in sozialen Netzwerken aus und geben untereinander Kennwörter »für den Vertretungsfall« preis.

▶ Mitarbeiter Ihres Betriebes äußern sich in sozialen Netzwerken und auf Fachmessen über interne Datenschutzmaßnahmen und Zugangsregeln.

▶ »Feindlich« gesonnenen Mitarbeiter gelingt es, in E-Mails wichtige Firmeninterna und Daten bequem über das Netz an Konkurrenten zu übermitteln, weil die Zugriffsmöglichkeiten hierauf bestanden.

Mit einigen allgemeinen Maßnahmen und Regeln können Sie die Gefahren eindämmen:

▶ Schaffen Sie Zugriffsregelungen in Ihren Anwendungsprogrammen.

▶ Verlagern Sie die Ausführung von Programmen auf einige zentrale Rechner.

▶ Gebrauchen Sie Standard-Ports nur bei Diensten, wo dies unbedingt notwendig ist.

▶ Setzen Sie Thin-Clients ein. Ihre Mitarbeiter können keine lokalen Kopien irgendwelcher Dateien anfertigen und auch keine Daten auf USB-Sticks und CDs kopieren. Dies übernehmen im begründeten Bedarfsfall die Mitarbeiter der Systembetreuung.

▶ Verlangen Sie den regelmäßigen Wechsel der Benutzerkennwörter.

▶ Degradieren Sie Ihre Außendienst-Notebooks ebenso zu »Thin-Clients«. Per gesicherter Verbindung werden die Anwendungen im Betrieb ausgeführt. Auf den Notebooks befinden sich für einen Dieb wertlose Software und vor allem keine betrieblichen Daten.

▶ Verbieten Sie in einer Betriebsvereinbarung die private E-Mail-Nutzung.

▶ Stellen Sie Ihren Mitarbeitern zum privaten Surfen in den Pausen entsprechende Internetplätze zur Verfügung. Für diese bauen Sie ein vom Betrieb getrenntes Netz auf (gegebenenfalls sogar mit eigenem Router ins Internet).

▶ Für das Ausführen von Internetanwendungen (E-Mail, Surfen, Datentransfer) setzen
Sie zentral einen eigenen Rechner ein. Abgehende und ankommende E-Mails und
Daten lassen Sie eine eingehende Prüfung hinsichtlich Schadsoftware passieren.

10.6.1   Abschottung wichtiger Rechner

Für umfangreichere Netzwerke finden Sie vielleicht einige Details dieses Szenarios inte-
ressant (Abbildung 10.19):

Die Firewall (siehe Abschnitt 6.4, »Die Firewall«) schottet ihr Netz ab und lässt nur die notwendigen Ports offen. Der Proxyserver nimmt seine Stellvertreterrolle für http-Abfragen
wahr. Ihre Benutzer gebrauchen Thin-Clients oder die Außendienst-Notebooks. Sie sind
mittels verschlüsselter Verbindung mit dem »Terminal Server« verbunden. Auf diesem
laufen wiederum nur die Clients für Citrix XenApp, rdp, xrdp oder nomachine, ssh, https
(nur Intranet). Die Server haben einen doppelten Netzwerkanschluss: einen für das
Arbeitsnetz und einen für Datensicherung und administrativen Zugriff. Mit dem Verteilen von Anwendungen auf verschiedene Rechner gewinnt Ihr Netz an Sicherheit. Vergessen Sie aber nicht, Redundanzen für diese Geräte vorzuhalten. Die Netze »Intranet«,
»TC-Netz« und »Wartungsnetz« haben keine Verbindung miteinander.

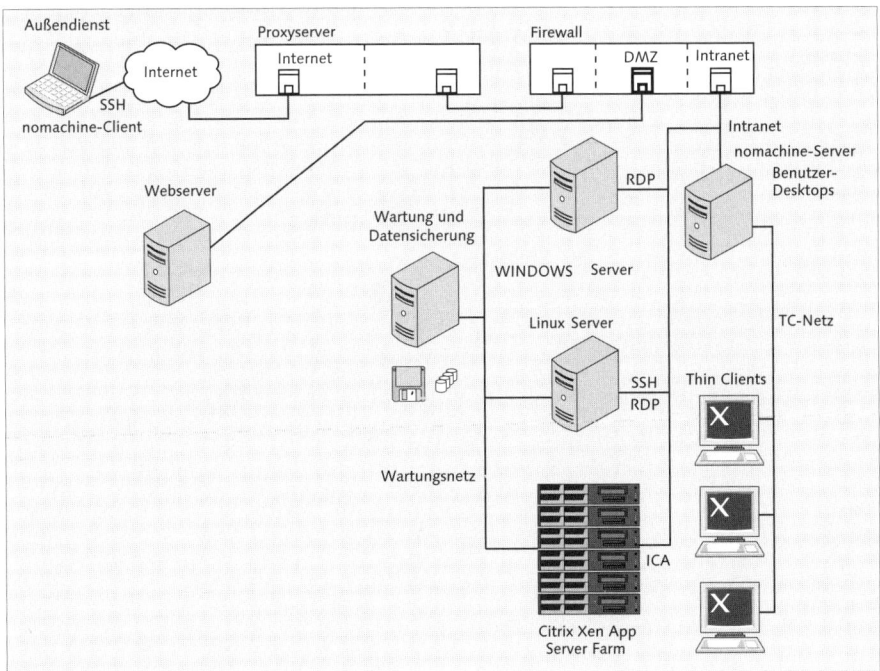

Abbildung 10.19 Abgeschottete Netze und Rechner

Hauptsächlich sehe ich Gefahren für Rechner mit Programmen wie Webbrowsern und Mail-Clients. Sehen Sie sich deshalb dieses Detail in Abbildung 10.20 an. Die Anwendungen laufen auf einem extra Rechner. Dabei helfen einige Details, System und Daten zu schützen:

▶ Beim An- und Abmelden eines Benutzers laufen Skripte. Vom Webbrowser genutzte Unterverzeichnisse lassen sich damit löschen und neu anlegen. Dabei schreiben Sie auch die Konfigurationsdateien des Browsers neu.

▶ E-Mail und Downloads: Anhänge und Downloads verschiebt der Anwender in ein Quarantäneverzeichnis. Die darin liegenden Dateien überprüft die Antivirensoftware. Geprüfte Dateien landen in einem Verzeichnis, aus dem der Benutzer die »sauberen« Dateien auf seinen Arbeitsplatz verschieben kann. Der Benutzer kann nur über diesen Weg an seine Daten kommen.

▶ Der Internetanwendungsserver routet nicht zwischen dem Internet und dem internen Netz.

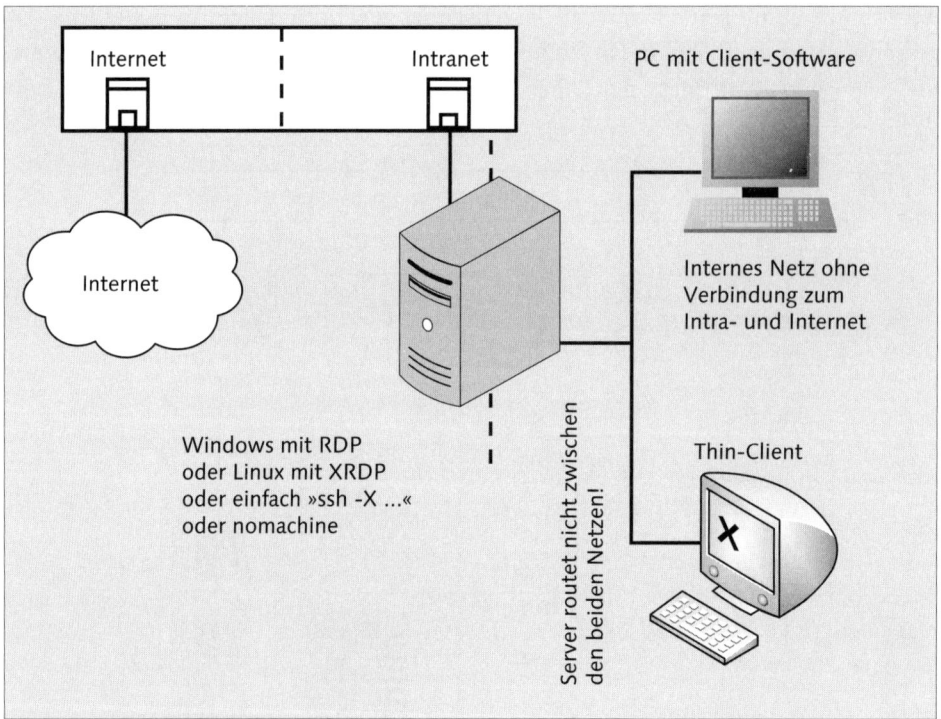

Abbildung 10.20 Internetanwendungsserver

Dieses Vorgehen hat verschiedene Vorteile für die Benutzer und die Systemsicherheit:

▶ Ihre Benutzer haben von jedem Arbeitsplatz aus einen Internetzugang.

▶ Von jedem Arbeitsplatz aus können die Benutzer auf Ihre E-Mails zugreifen.

▶ Es sammelt sich kein Datenmüll an, der nur Plattenspeicher belegt.

▶ Ihre Benutzer können nicht mehr einfach Programme aus dem Internet am Arbeits-
platzrechner installieren. Verstöße gegen Lizenzen oder die Wirkungen von Schadsoftware brauchen Sie nicht mehr zu fürchten.

10.6.2   Netzwerkverbindung mit Virtual Private Network (VPN)

Mit einem VPN verbinden Sie zwei räumlich getrennte Netze (Abbildung 10.21) über das
Internet. Sie können auch Einzelrechner mittels VPN in Ihr Stammnetz einbinden
(Abbildung 10.22).

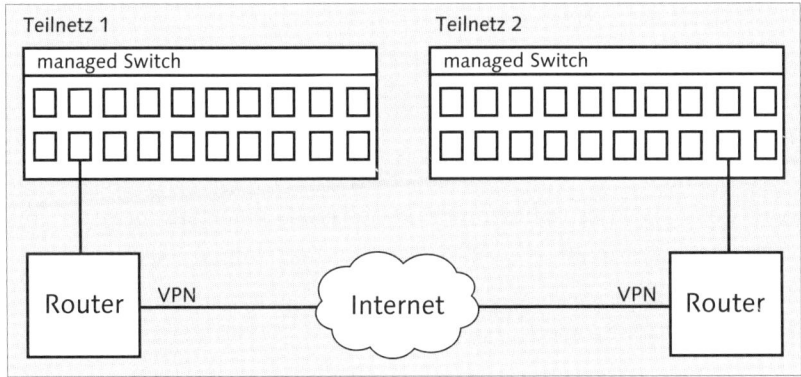

Abbildung 10.21 VPN

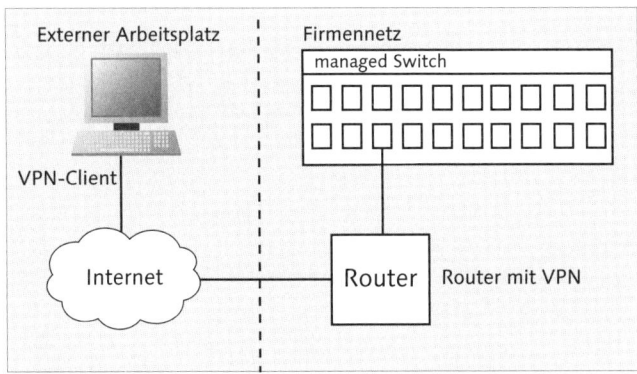

Abbildung 10.22 VPN-Einbindung eines Einzelrechners

Bei der VPN-Technik leiten Sie idealerweise den gesamten Netzwerkverkehr durch einen verschlüsselten (SSL, IPSec) Tunnel. Bei VPNs müssen Sie einige Gegebenheiten beachten:

▶ Koppeln Sie zwei oder mehrere Netze miteinander, müssen Sie die IP-Adressen aller Teilnehmer des dann »großen« Netzes aufeinander abstimmen. Sie dürfen eine IP-Adresse im gesamten Netz nur einmal vergeben.

▶ Wenn Sie einen externen Einzelrechner in Ihr VPN einbinden, kann er mit seinem örtlichen lokalen Netzwerk normalerweise nicht mehr kommunizieren.

▶ Die VPN-Router übernehmen die Aufgabe einer Bridge.

▶ Die Netzanbindung erstreckt sich nicht auf einzelne Anwendungen, sondern auf den gesamten Netzwerkverkehr.

▶ Innerhalb dieses zusammengeschalteten Netzwerkes sind alle Teilnehmer gleichsam erreichbar.

▶ OpenVPN bietet Ihnen Client-Software für externe Rechner.

▶ Es existieren mehrere Ansätze, um VPNs zu betreiben. Diese sind nicht kompatibel.

▶ Sie finden viele, nicht kompatible VPN-Implementierungen bei Routern. Die Geräteauswahl kann für Sie schwierig werden.

▶ VPN-fähige Router können nur eine vorgegebene Anzahl von VPNs verwalten. Für die Einbindung vieler externer Teilnehmer und Netze benötigen Sie entweder entsprechend leistungsfähige Geräte, oder Sie weichen auf den verschlüsselten anwendungsbezogenen Fernzugriff aus.

▶ Einige verbreitete Protokolle finden Sie in Tabelle 10.3.

Protokoll	RFCs
PPTP, Point-to-Point Tunneling Protocol	2637
L2TP, Layer 2 Tunneling Protocol	**2661**, 2809, 2888, 3070, 3145, **3193**, 3301, 3308, 3355, 3371, 3437, 3438, 3573, 3817, 3931, 4045
Kombination aus **SSH** und **PPPD**	**1661**, 1962, 2153

Tabelle 10.3 VPN-Protokolle

Im Zusammenhang mit Cisco-Hardware wird ein spezieller VPN-Client (siehe Abbildung 10.23) verwendet.

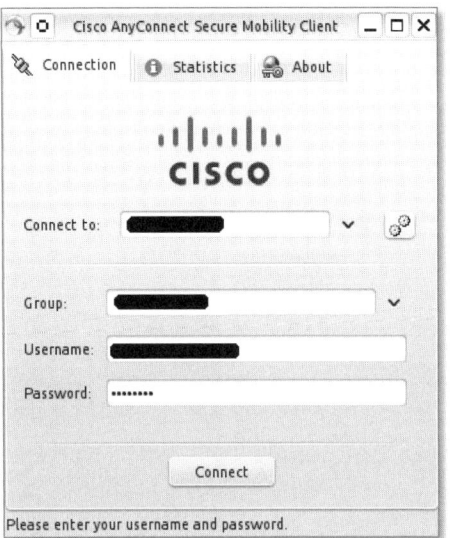

Abbildung 10.23 Der Anmeldebildschirm

Sie binden Ihren Rechner, so wie in Abbildung 10.22 dargestellt, in das entfernte Netz mit ein. Ihre Zugangsdaten bestehen aus je einem Host-, Gruppen- und Benutzernamen sowie dem Kennwort. Der Client legt ein eigenes Netzwerkgerät CSCOTUN0 an. Die Kenndaten einer laufenden Verbindung erhalten Sie unter Linux mit der ifconfig-Abfrage (Abbildung 10.24) oder im Statusmenü, das Sie in Abbildung 10.25 sehen.

```
CiscoAnyConnect : bash
Datei  Bearbeiten  Ansicht  Verlauf  Lesezeichen  Einstellungen

harald@ze9-pool:$ /sbin/ifconfig
cscotun0  Link encap:UNSPEC  Hardware Adresse 00-00-00-00-00-00-00-00-00-00-00-00-00-00-00-00
          inet Adresse:▮▮▮▮▮▮▮  P-z-P:▮▮▮▮▮▮▮  Maske:255.0.0.0
          UP PUNKTZUPUNKT RUNNING NOARP MULTICAST  MTU:1350  Metrik:1
          RX packets:2 errors:0 dropped:0 overruns:0 frame:0
          TX packets:2 errors:0 dropped:0 overruns:0 carrier:0
          Kollisionen:0 Sendewarteschlangenlänge:500
          RX-Bytes:412 (412.0 B)  TX-Bytes:124 (124.0 B)
```

Abbildung 10.24 ifconfig-Abfrage, Netzwerkgerät »cscotun0«

Für den Betrieb eines VPNs unter *OpenWRT* kommt *OpenVPN* zum Einsatz. Umfangreiche Informationen hierzu finden Sie unter *http://www.openvpn.net*.

Wenn Sie einen Server mit *OpenVPN* aufsetzen möchten, klären Sie in jedem Fall zunächst die folgenden Punkte ab.

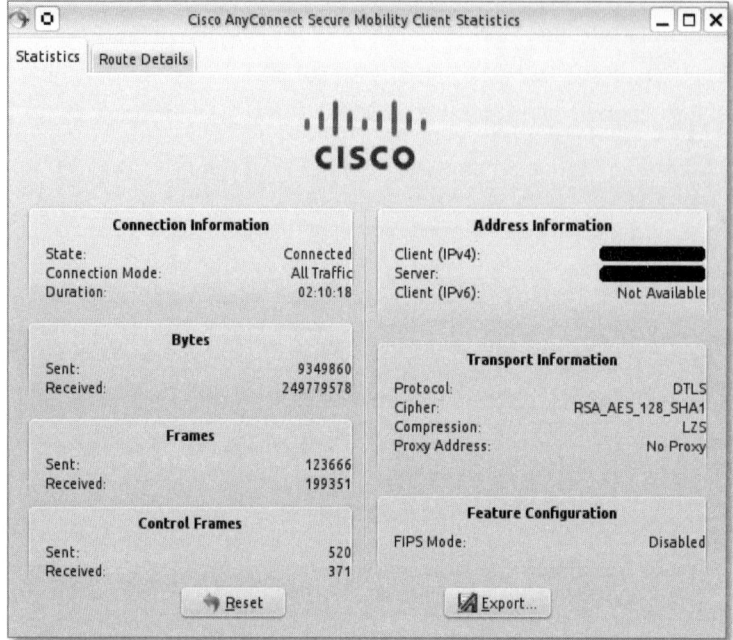

Abbildung 10.25 Statusinformationen

Die Anweisungen beziehen sich auf die Konfigurationsdatei */etc/openvpn/server.conf* bzw. unter Windows *\INSTALLVERZEICHNIS\config\server.ovpn*. Sowohl für den Server als auch für die Clients existieren viele grafische Konfigurationswerkzeuge (Beispiele siehe Abbildung 10.26 und Abbildung 10.27). Auf *http://www.openvpn.net* finden Sie die notwendige Anleitung auf dem neuesten Stand!

▶ TUN oder TAP: Möchten Sie einen Ethernet-Tunnel (*dev tap*), der auch andere Netzwerkprotokolle transportiert (NetWare, NetBEUI ...), oder reicht Ihnen ein IP-Tunnel (*dev tun*) für Ihre Zwecke? Sie müssen sich für einen Typ entscheiden.

▶ Können Ihre entfernten Netzwerkteilnehmer problemlos auf den Standard-Port 1194 (*port 1194*) zugreifen? Sitzen Ihre mobilen, entfernten Netzwerkteilnehmer in gefilterten Hotel- oder Schulnetzen, so dass Sie auf andere Ports umstellen müssen (z. B. 443, den von https)?

▶ Wollen Sie TCP (*proto tcp-server*) oder UDP (*proto udp mode server*) verwenden (siehe auch Abschnitt 6.3.3, »Ports und Sicherheit«)?

▶ Möchten Sie Zertifikate oder Schlüssel einsetzen? Zertifikate benötigen einen externen »Beglaubiger«, Schlüssel erzeugen Sie selbst und haben so die komplette Hoheit über das Verfahren.

▶ Sollen die Clients untereinander kommunzieren können (*client-to-client*)? Der OpenVPN-Server arbeitet als Router und kann damit auch zwischen den Clients vermitteln. Wenn dies aus Sicherheitsgründen unerwünscht ist, unterbinden Sie dies!

▶ Welche Authentifizierungsmethode (*auth METHODE*) kommt zum Einsatz?

Ferner müssen Sie *ICMP* (siehe dazu auch Kapitel 5, »Steuer- und Fehlercodes mit ICMP und ICMPv6 übertragen«) erlauben, damit die Verbindung zwischen dem Server und den Clients kontrolliert werden kann.

Bezüglich weitergehender Sicherheitsratschläge lesen Sie auch: *https://www.bsi.bund.de/ContentBSI/grundschutz/kataloge/m/m05/m05148.html*

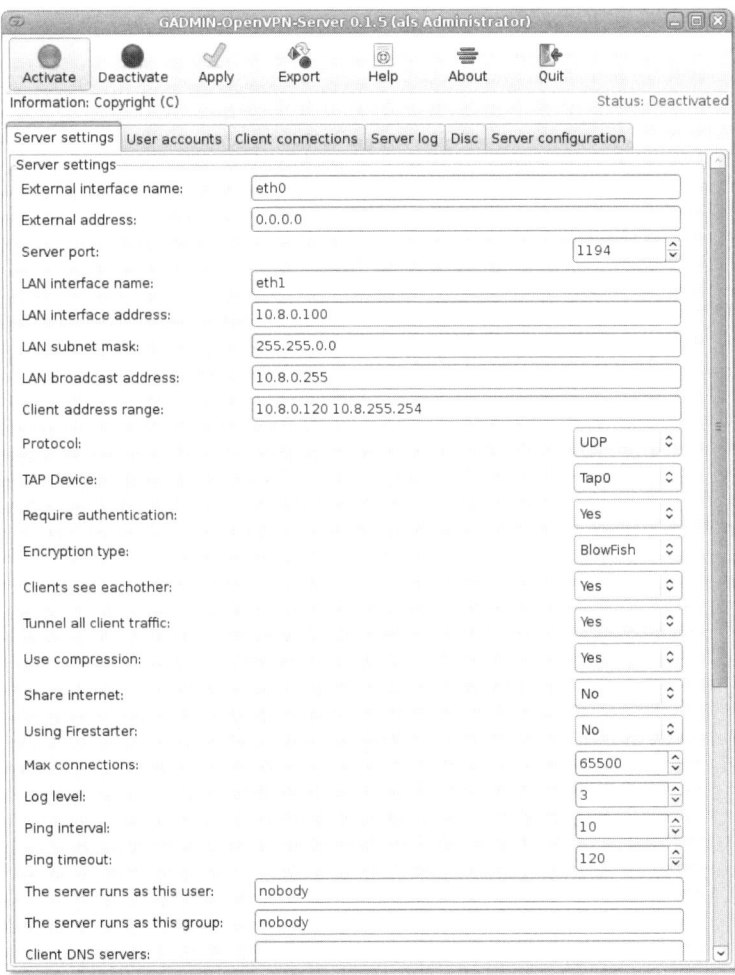

Abbildung 10.26 Server-Konfigurationsmenü

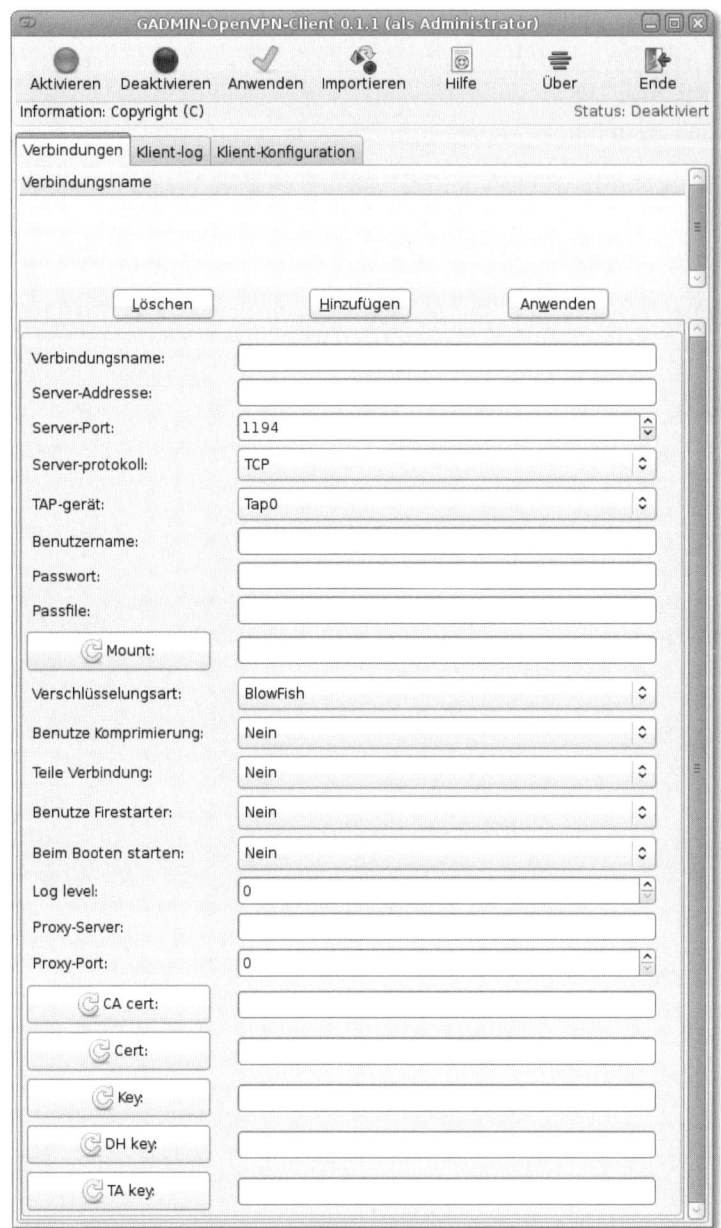

Abbildung 10.27 Client-Konfigurationsmenü

10.6.3   WLAN sicher konfigurieren

Beim WLAN fehlt Ihnen die physische Kontrolle über das Netz. Die Funkwellen machen nicht an der Grundstücksgrenze halt. Es besteht immer die Gefahr, dass Fremde Ihr Netz nutzen oder den Datenverkehr mitlesen wollen. Für die Zugangskontrolle benötigen Sie einen Radius-Server. Richten Sie sowohl eine Verschlüsselung als auch einen Zugangsschutz für Ihr Funknetz ein:

1. Der WLAN-Router muss sowohl Verschlüsselung nach aktueller Norm (derzeit WPA2, AES) als auch den Netzzugang mit einem integrierten Radius-Server beherrschen. Der integrierte Radius-Server ist für Sie deshalb von Vorteil, weil kein zusätzlicher Rechner im Dauerbetrieb notwendig ist. In Tabelle 10.4 finden Sie einige Modelle, welche die notwendigen Verfahren beherrschen. Sie finden unter *https://openwrt. org* auch ein OpenSource-Projekt, mit welchem Sie eine alternative Firmware auf WLAN-Router aufspielen, die den Radius-Server enthält. Die Liste der unterstützten Router erfahren Sie unter *http://wiki.openwrt.org/toh/start*.

Modell	Details
Zyxel N4100	WLAN Hotspot-Lösung mit integriertem Abrechnungssystem und Drucker
LANCOM WLC-4006	Sie benötigen noch einen oder mehrere Access-Points.
Lancom 1780EW-3G	UMTS-VPN-Router mit HSPA+

Tabelle 10.4 WLAN-Geräte mit Radius-Server

2. Legen Sie als Verschlüsselung WPA2 fest.
3. Falls notwendig, erzeugen Sie die notwendigen Zertifikate.
4. Wählen Sie für den Radius-Server eine verschlüsselte Anmeldemethode aus.
5. Richten Sie im Radius-Server die Benutzer ein, und geben Sie diesen ihre Zugangsdaten bekannt.
6. Speichern Sie das Stammzertifikat auf einem der Client-Rechner (Windows: geschützte Verbindung, EAP) bzw. legen Sie es im Heimatverzeichnis (Linux) ab. Konfigurieren Sie hier mit dem Netzwerkmanager Ihrer Distribution die Verbindung.
7. Testen Sie mit diesem Gerät die Verbindung.

10.6.4 SSH-Tunnel mit Putty aufbauen

Das Programm Putty erhalten Sie für Microsoft Windows, Linux, FreeBSD und diverse Unix-Derivate. Sie können damit nicht nur SSH-Sitzungen abhalten, sondern auch für eine schutzwürdige Sitzung oder Datenübertragung einen Tunnel einrichten. Voraussetzung dafür ist, dass Sie am Zielsystem über einen gültigen Benutzerzugang verfügen und ein SSH-Server (OpenSSH) läuft. Sie benötigen wenige Schritte, um mit Putty einen SSH-Tunnel aufzubauen:

▶ **Category Session** (Abbildung 10.28): Tragen Sie bei HOST NAME die IP-Adresse oder den Rechnernamen ein. Im Feld PORT ist der Standardwert 22 vorbelegt. Tragen Sie hier einen davon abweichenden Wert ein, wenn notwendig. Damit Sie Ihre Sitzungsdaten speichern können, vergeben Sie einen Namen im Feld SAVED SESSIONS, und klicken Sie auf SAVE.

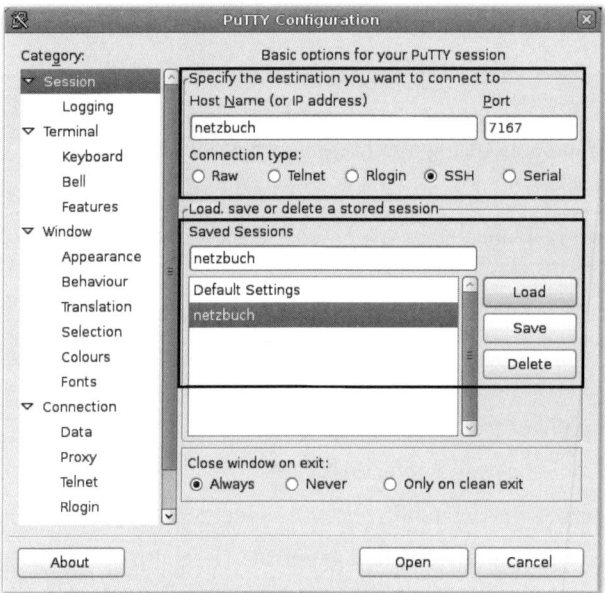

Abbildung 10.28 Putty: Menü »Session«

▶ **Category Connection/Data** (Abbildung 10.29): Belassen Sie die im Bild gezeigten Vorgaben. Sie können hier einen abweichenden Benutzernamen oder den SSH-Login-Prompt einstellen.

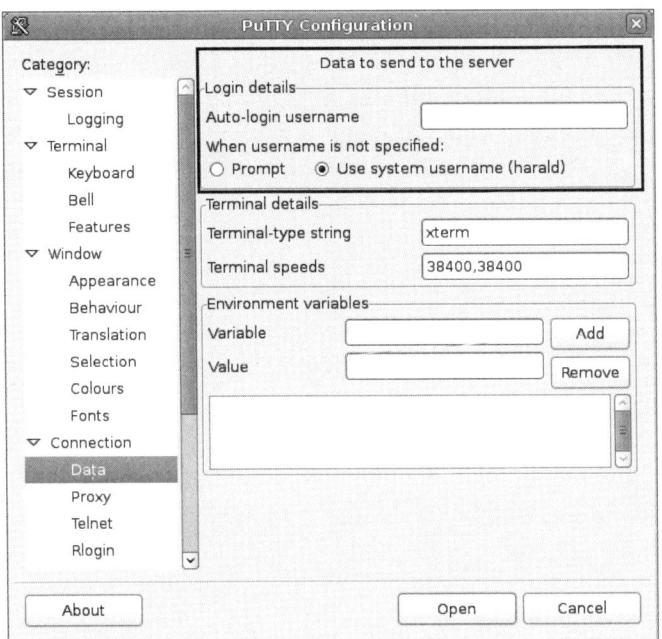

Abbildung 10.29 Putty: Menü »Connection/Data«

► **Category SSH/Tunnels** (Abbildung 10.30): Tragen Sie im Feld SOURCE PORT den Port ein, auf den Sie mit Ihrer Anwendung zugreifen möchten. In das Feld DESTINATION schreiben Sie den entfernten Rechner und dessen Port, getrennt durch den Doppelpunkt. Klicken Sie anschließend auf ADD.

► **Category Session**: Markieren Sie in der Auswahl SAVED SESSIONS die eben neu angelegte. Klicken Sie anschließend auf SAVE. Die Verbindungseinstellungen sind damit gespeichert.

► **Category Session** (Abbildung 10.31): Klicken Sie auf die Schaltfläche OPEN. Die Verbindung zum entfernten Rechner wird aufgebaut. Geben Sie im kleinen Fenster, das Putty geöffnet hat, gegebenenfalls Benutzername und Kennwort oder nur das Kennwort ein. Starten Sie Ihre Anwendung, und übergeben Sie dieser auch die abweichende Port-Nummer (z. B. *http://localhost:8080*). Sie beenden die Tunnelverbindung, indem Sie sich in dem Putty-Terminalfenster mit exit abmelden. Sie können die Verbindung bei einem Neustart von Putty wieder aufrufen, indem Sie im Menü SESSION in der Auswahl von SAVED SESSIONS Ihre Einstellungen markieren und mit LOAD aktivieren.

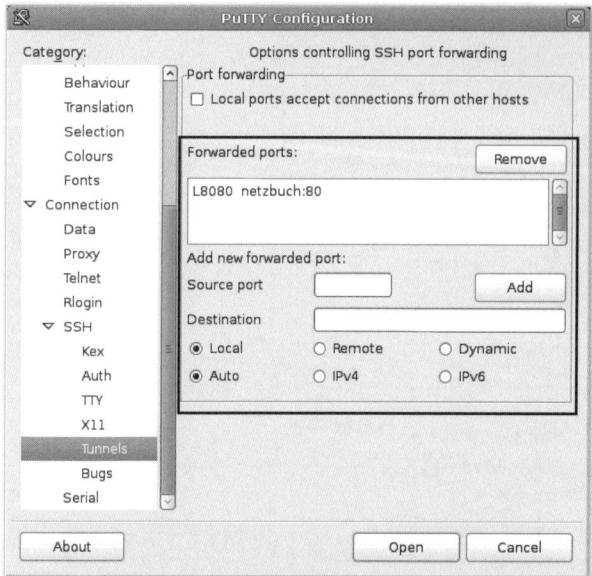

Abbildung 10.30 Putty: Menü »SSH/Tunnels«

Abbildung 10.31 Putty-Terminalfenster (oben) und durch Tunnel geleitete http-Sitzung (unten)

10.6.5   Sichere Konfiguration von Printservern

Als Beispielgerät dient der FS-1370DN von Kyocera. Dessen Printserver können Sie bequem über eine Weboberfläche konfigurieren. Sie sehen die Konfigurationsschritte für ein lokales Netz, in dem ausschließlich TCP/IP zum Einsatz kommt. Der Drucker bekommt je eine feste IP-Adresse für IPv4 und IPv6. Stellen Sie am Bedienfeld des Druckers eine für Sie erreichbare Adresse ein. Rufen Sie das Konfigurationsmenü dieses Gerätes unter dieser Adresse mit Ihrem Webbrowser auf. Vergeben Sie endgültig verwendete IP-Adressen im Menü ERWEITERT • TCP/IP • ALLGEMEIN (Abbildung 10.32). Deaktivieren Sie auch Bonjour in dieser Maske.

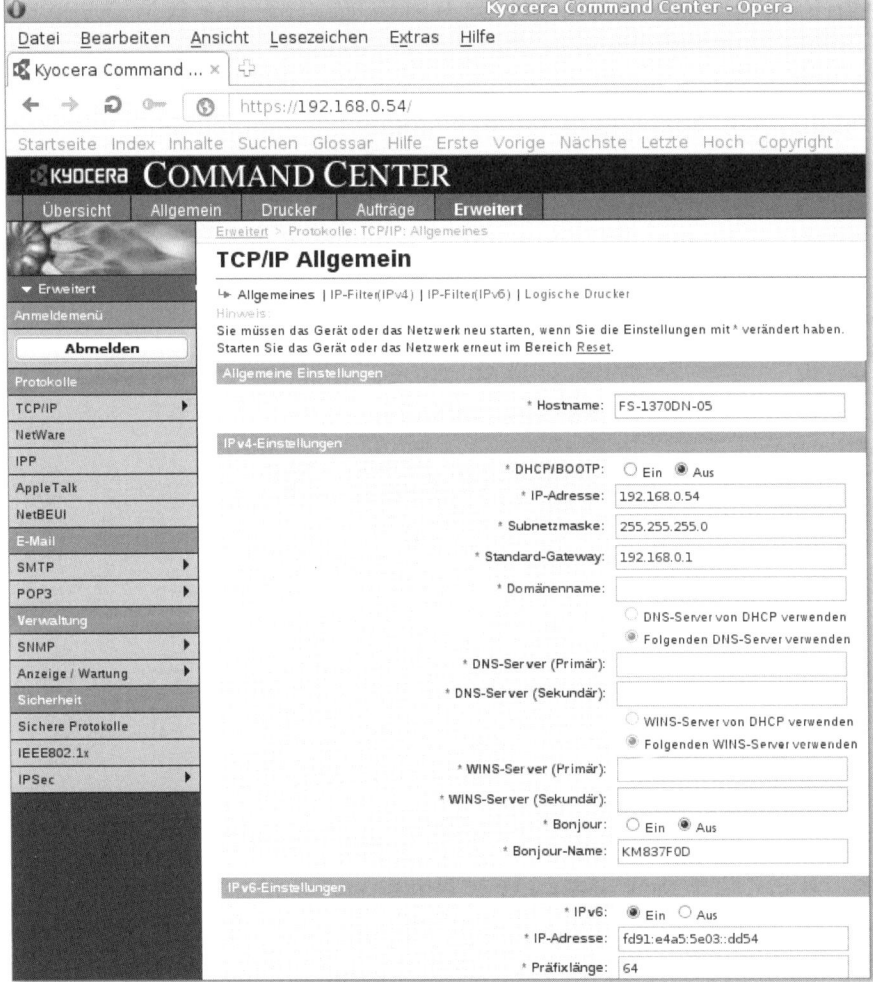

Abbildung 10.32 Vergabe der IP-Adressen

Sie können in die Untermenüs IPv4-FILTER und IPv6-FILTER wechseln und den Zugriff auf ausgewählte Rechner festlegen (Abbildung 10.33). Für die Rechner selbst bestimmen Sie, wie diese den Drucker erreichen dürfen. Lassen Sie vor allem unverschlüsselte Verfahren deaktiviert. Die Zugriffsbeschränkung hat weniger Sicherheitsgründe. Vielmehr verhindern Sie die Benutzung von Geräten mit hohen Verbrauchskosten wie Farbdrucker.

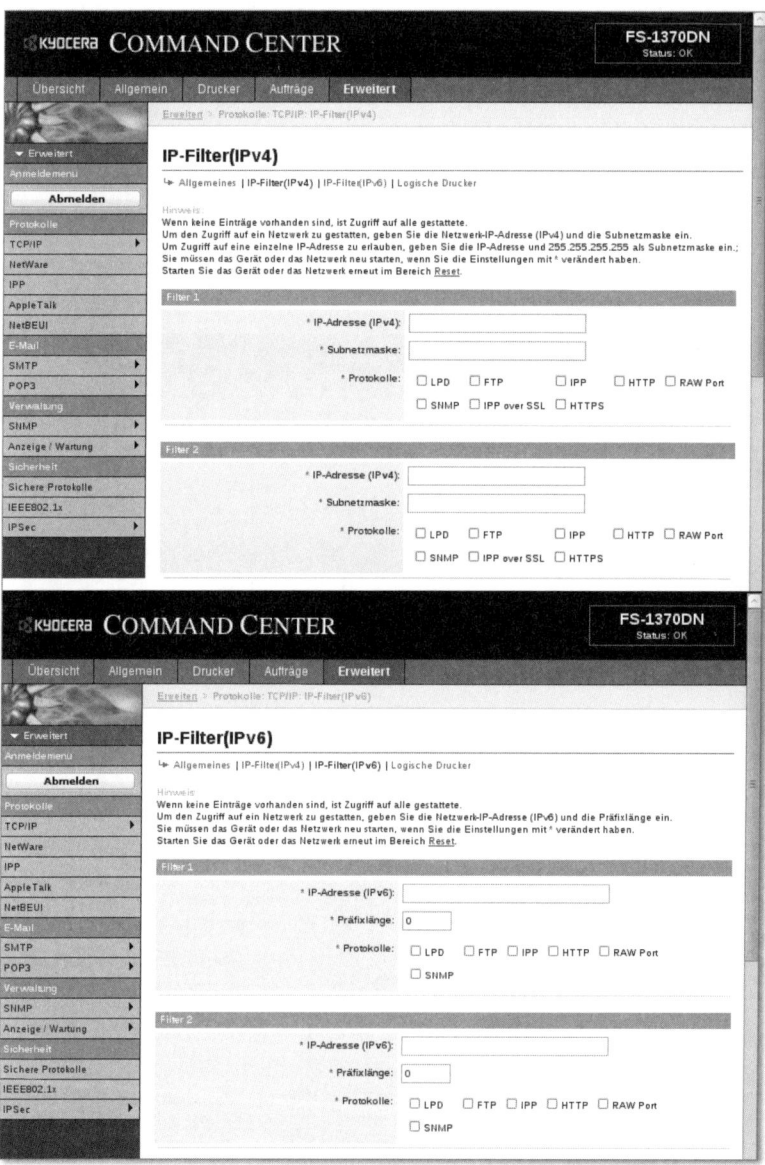

Abbildung 10.33 Einschränkung des Zugriffs

Deaktivieren Sie jetzt alle weiteren Protokolle. Dazu wechseln Sie in das Menü ALLGE-
MEIN • GERÄTESICHERHEIT • NETZWERKSICHERHEIT und setzen die Haken bei den
nicht benötigten Diensten und Protokollen auf »aus«. Insbesondere HTTP und FTP sollten Sie sperren (siehe Abbildung 10.34).

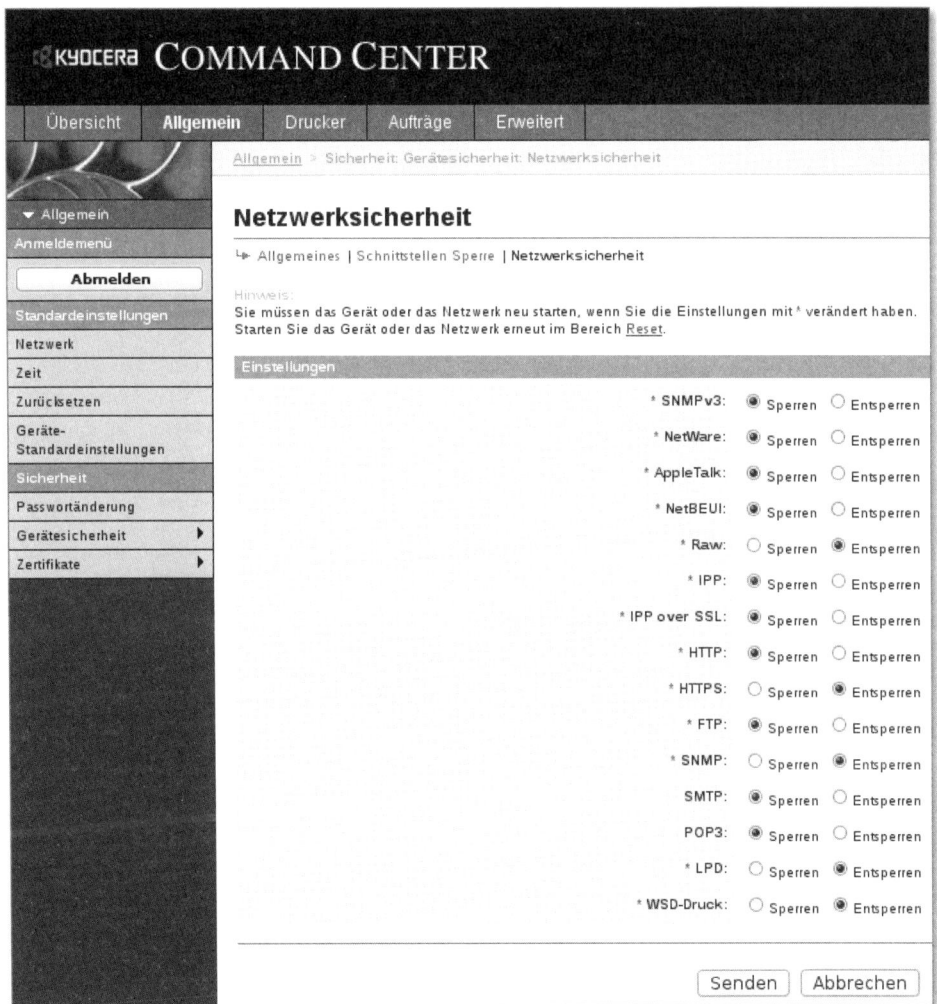

Abbildung 10.34 Netzwerksicherheit einstellen, Deaktivierung nicht benötigter Protokolle

Unter ALLGEMEIN • PASSWORTÄNDERUNG vergeben Sie ein neues, sicheres Kennwort.
Legen Sie unter ALLGEMEIN • GERÄTESICHERHEIT • ALLGEMEINES fest, ob Sie das Bedienfeld generell, teilweise oder überhaupt nicht verriegeln.

Über eine offene USB-Schnittstelle am Drucker kann ein versierter Angreifer Datenaustausch mit dem ansonsten geschützten Netz vornehmen. Verriegeln Sie deshalb USB-Gerät und -Host (ALLGEMEIN • GERÄTESICHERHEIT • SCHNITTSTELLEN SPERRE), wie in Abbildung 10.35 gezeigt.

Abbildung 10.35 Sperre der USB-Schnittstelle

10.6.6   Sicherer E-Mail-Verkehr

Üblicherweise werden E-Mails ohne Verschlüsselung versandt. Sie können auf dem Transportweg von jedem mitgelesen werden, wie eine Postkarte. Genauso sind E-Mail-Clients (MUAs) oft Ziel von Angriffen. Adressbücher werden kopiert und die darin enthaltenen E-Mail-Adressen von SPAM-Versendern benutzt. Schadsoftware findet über den unsicheren MUA Wege, ihre Wirkung zu entfalten. Und – unerwünschte E-Mails kommen nicht nur von außen! Auch von der sicheren Seite aus verlassen vertrauliche Informationen das Haus. Tabelle 10.5 zeigt Ihnen Möglichkeiten, diesen Problemen wenigstens etwas abzuhelfen. In jedem Betrieb oder Haushalt herrschen individuelle Problemstellungen und verlangen eigene Lösungen. Deshalb kann ich hier nur ganz allgemein gehaltene Anregungen geben.

Problem	Abhilfe
Mitlesen von E-Mail-Inhalten	1. E-Mail-Text verschlüsseln. Leider existieren keine einheitlichen Verfahren, weshalb Sie das Vorgehen mit der Empfängerseite absprechen müssen.
	2. Ausschließlich E-Mail per HTTPS-Webmail abwickeln. Die Verbindung der Browser zum Server ist verschlüsselt. Voraussetzung für eine hohe Sicherheit ist, dass Sie »Herr des Mail-Servers« sind.
	3. Inhalte in Anlagen verbergen, *Steganografie*. Hier verstecken Sie den Nachrichtentext in einer Bild-, Sound- oder Videodatei. Die »offizielle« Nachricht enthält belanglose Inhalte.
Adressbücher werden durch Dritte ausgelesen	von bekanntermaßen mit diesen Problemen behafteten MUA-Programmen auf »robustere« Produkte wechseln oder lokale, vom Programm unabhängige Datenbank einsetzen
Im E-Mail-Header stehen alle Empfänger einer E-Mail	Jeder Empfänger wird als BCC (Blindkopie) eingetragen.
Schadsoftware in E-Mails	1. keine HTML-Mails akzeptieren
	2. Anhänge speichern und gegebenenfalls durch Antivirenprogramme untersuchen lassen
	3. Für die E-Mail-Anwendung einen eigenen, schwach privilegierten Benutzer anlegen
Vertrauliche Inhalte können das »Haus« verlassen	1. Deep-Packet-Inspektion für E-Mails und Webzugriff
	2. zwischenlagern und freigeben durch Kontrollperson des E-Mail-Ausganges

Tabelle 10.5 Gefahren des E-Mail-Verkehrs begegnen

10.6.7 Sicherer Internetzugang mit IPv6

Datenschützer befürchten eine verstärkte Benutzerverfolgung (Tracking) mit der Einführung von IPv6. Adress- und Datensammler können damit leichter Profile über das Nutzerverhalten aufbauen und einem Anschluss zuordnen. Im Jahre 2012 gaben einige Provider hierzu Absichtserklärungen ab, dem Kunden gegebenenfalls auf Wunsch die gewohnte Anonymität aus IPv4-Zeiten zurückzugeben. Zum Zeitpunkt der Überarbeitung dieses Buches gab es leider keine konkrete Umsetzung in der Praxis zu sehen. Manche Provider äußerten die Überlegung, dass wohl eine Zeit lang eine Dualstack-Lösung (IPv4 + IPv6) angeboten werden könnte.

Neben dem Präfix können Sie auch den Interface-Identifier (»MAC-Adresse«) verschleiern. Die Adresse wird bei Einsatz der »Privacy Extension« per *Stateless Address Autoconfiguration* (SLAAC) vergeben und nicht per DHCP oder Festvergabe. Der Geräteteil der IPv6-Adresse wird dabei nicht mehr in Abhängigkeit der MAC-Adresse erzeugt. Bei einigen Betriebssystemen geschieht dies automatisch, bei manchen per manuellem Konfigurationsschritt (Tabelle 10.6).

System	Maßnahme	Aktivierung
Windows	keine notwendig, ab Windows XP vorhanden; Kontrolle: `netsh interface ipv6 show privacy`	automatisch aktiv
Linux	Eintrag in */etc/sysctl.conf*: `net.ipv6.conf.default.use_tempaddr = 2` `net.ipv6.conf.default.temp_valid_lft = 86400` `net.ipv6.conf.default.temp_prefered_lft = 86400`	manuell
MAC OS	Benutzen des Programms IPv6 Anonymizer (*http://www.heise.de/download/ipv6-anonymizer-1179954.html*)	manuell
OpenWRT (Router)	Skript installieren, siehe Artikel auf *http://www.heise.de/netze/artikel/OpenWRT-wuerfelt-IPv6-Praefixe-1445607.html*	manuell
FreeBSD	Absetzen der Kommandos `sysctl net.inet6.ip6.use_tempaddr=1` `sysctl net.inet6.ip6.prefer_tempaddr=1`	manuell

Tabelle 10.6 Maßnahmen zur Erzeugung einer MAC-unabhängigen IPv6-Adresse (Geräteteil)

10.7 Prüf- und Diagnoseprogramme für Netzwerke

Prüfen Sie Ihr Netzwerk regelmäßig. Finden Sie unerwünscht offene Ports heraus. Klären Sie Fehler mit Hilfe einer Datenanalyse.

10.7.1 Rechtliche Hinweise

Werkzeuge sind nicht »gut« oder »böse«. In falschen Händen sind sie aber gefährlich. Seien Sie sich dessen bewusst, und installieren Sie diese nicht in Standardverzeichnisse (sondern außerhalb der Path-Variable liegend). Setzen Sie diese Werkzeuge nur zum Überprüfen der eigenen Systeme ein. Lassen Sie sich von Kunden am besten einen schriftlichen Auftrag geben, wenn Sie dessen Systeme damit prüfen sollen.

10.7.2 Verbindungen anzeigen mit netstat

Mit diesem Werkzeug ermitteln Sie TCP-Sockets, Verbindungen und Routen am eigenen Rechner. Sie erkennen eventuelle aktive Schadsoftware, welche über das Netzwerk kommuniziert. Sie können sich die Gegenstellen, Prozess-IDs und Benutzer zu den Verbindungen anzeigen lassen. Eine Auflistung aller aktiven Netzwerkschnittstellen mit einer Nutzungsstatistik hilft Ihnen, Fehlfunktionen im Netzwerk zu finden. Das Programm kann von Ihnen auch mit laufend aktualisierender Anzeige aufgerufen werden. Ich zeige Ihnen einige Beispiele für Ihre Praxis (Tabelle 10.7).

Aktion	Eingabe	Beispiel
Auflistung Routen	netstat -r	1
Auflistung der Netzwerkschnittstellen	netstat -i	2
Auflistung aller TCP/UDP-Ports	netstat -lptun	3
Anzeigen statistischer Angaben	netstat -s	4
Anzeigen offener Ports	netstat -atup	5

Tabelle 10.7 Abfragen mit »netstat«

▶ **Beispiel 1:** Sie fragen mit der Option -r die Routing-Einträge ab. Genauere Informationen finden Sie in Abschnitt 4.7.3, »Routing-Tabelle abfragen (netstat)«. Dort finden Sie die Ausführungen zur Ausgabe der Routen.

▶ **Beispiel 2:** Bei der Auflistung der Netzwerkschnittstellen zeigt Ihnen netstat die gesetzten Werte für MTU und Metric an. Sie erhalten die Zahlen erfolgreich gesendeter und empfangener Pakete sowie die von fehlerhaften Vorgängen.

▶ **Beispiel 3:** Mit dieser kombinierten Anweisung erhalten Sie umfangreiche Informationen über offene TCP- und UDP-Ports:

-l: empfangsbereite Serversockets

-p: Prozess-ID und Name von Programmen werden angezeigt.

-t: TCP-Verbindungen

-u: UDP-Verbindungen

-n: Anstelle von Host-Namen erhalten Sie IP-Adressen angezeigt.

▶ **Beispiel 4:** Sie erhalten umfangreiche statistische Angaben zum Netzwerkgeschehen auf Ihrem Rechner. Sie erkennen eventuelle Probleme bei der Netzlast.

▶ **Beispiel 5:** Mit -a fordern Sie alle Ports an, nicht nur jene mit einer Verbindung (die restlichen Optionen finden Sie bei Beispiel 3). Diese Liste hilft Ihnen, nicht benötigte Netzwerkanwendungen oder auch Schadsoftware zu entdecken und zu entfernen. Die Ausgabe dieses Befehls finden Sie in Abbildung 10.36.

```
                                       harald : bash
 Datei  Bearbeiten  Ansicht  Verlauf  Lesezeichen  Einstellungen
root@ze4:~# netstat -atup
Aktive Internetverbindungen (Server und stehende Verbindungen)
Proto Recv-Q Send-Q Local Address          Foreign Address        State       PID/Program name
tcp        0      0 *:sunrpc               *:*                    LISTEN      1047/portmap
tcp        0      0 *:ssh                  *:*                    LISTEN      2155/sshd
tcp        0      0 localhost:ipp          *:*                    LISTEN      1774/cupsd
tcp        0      0 localhost:postgresql   *:*                    LISTEN      1683/postmaster
tcp        0      0 localhost:smtp         *:*                    LISTEN      2160/exim4
tcp        0      0 *:57768                *:*                    LISTEN      1066/rpc.statd
tcp6       0      0 [::]:ssh               [::]:*                 LISTEN      2155/sshd
tcp6       0      0 localhost:ipp          [::]:*                 LISTEN      1774/cupsd
tcp6       0      0 localhost:postgresql   [::]:*                 LISTEN      1683/postmaster
tcp6       0      0 localhost:smtp         [::]:*                 LISTEN      2160/exim4
udp        0      0 *:sunrpc               *:*                                1047/portmap
udp        0      0 *:ipp                  *:*                                1774/cupsd
udp        0      0 *:60452                *:*                                1471/avahi-daemon:
udp        0      0 *:36006                *:*                                1066/rpc.statd
udp        0      0 *:818                  *:*                                1066/rpc.statd
udp        0      0 *:bootpc               *:*                                2199/dhclient
udp        0      0 *:mdns                 *:*                                1471/avahi-daemon:
udp6       0      0 [::]:40329             [::]:*                             1471/avahi-daemon:
udp6       0      0 localhost:35088        localhost:35088        VERBUNDEN   1683/postmaster
udp6       0      0 [::]:mdns              [::]:*                             1471/avahi-daemon:
root@ze4:~#
```

Abbildung 10.36 Liste offener Ports

Weitere Ausführungen zu netstat finden Sie in Abschnitt 6.3.3, »Ports und Sicherheit«.

10.7.3   Hosts und Ports finden mit nmap

Mittels nmap gewinnen Sie viele Informationen über Ihr Netzwerk und die daran angeschlossenen Hosts. Sie erfahren, welche Hosts in Ihrem Netzwerk aktiv sind und welche Ports an diesen offen sind. Lesen Sie unbedingt die umfangreiche Manual-Seite dieses Programms.

Ich greife hier nur wenige Anwendungsszenarien heraus. Eines davon zeigt, wie Sie sich eine Übersicht über im LAN aktive Geräte verschaffen. Sie bekommen neben der IP- auch die MAC-Adresse. Damit können Sie unter Umständen schon ungebetene Gäste erkennen.

Das Netzwerk geben Sie in der CIDR-Notation an. Die sonst recht unübersichtliche, weil umfangreiche Ausgabe filtern Sie mit `egrep`. Damit lassen Sie sich die übereinstimmenden und die jeweils darauf folgenden Zeilen anzeigen. Sie finden im ersten Beispiel folgende Optionen von `nmap`:

- `-v`: ausführliche Ausgabe
- `-n`: Verzicht auf die Namensauflösung, zeigt nur die IP-Adresse an.
- `-sP`: Ping-Scan

In Abbildung 10.37 sehen Sie eine kleine Bestandaufnahme eines lokalen Netzes.

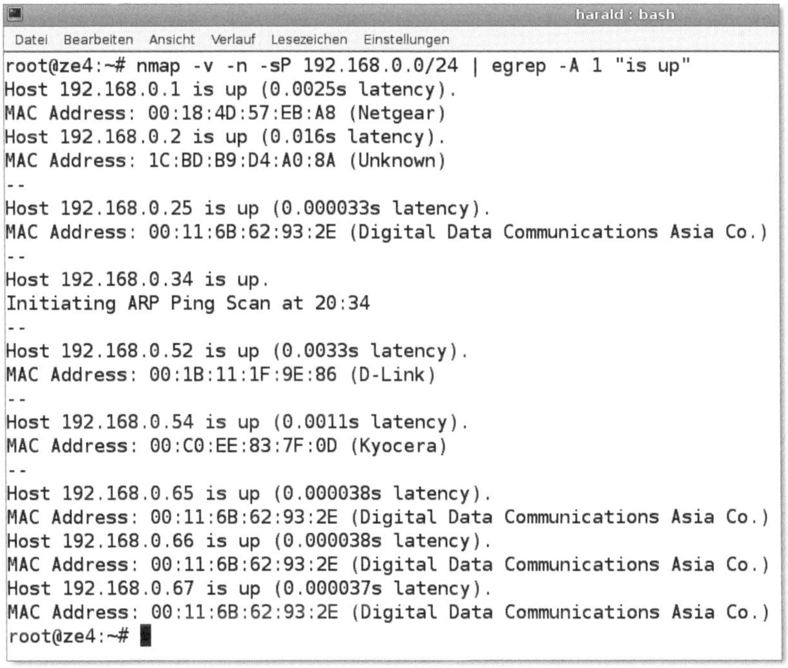


```
root@ze4:~# nmap -v -n -sP 192.168.0.0/24 | egrep -A 1 "is up"
Host 192.168.0.1 is up (0.0025s latency).
MAC Address: 00:18:4D:57:EB:A8 (Netgear)
Host 192.168.0.2 is up (0.016s latency).
MAC Address: 1C:BD:B9:D4:A0:8A (Unknown)
--
Host 192.168.0.25 is up (0.000033s latency).
MAC Address: 00:11:6B:62:93:2E (Digital Data Communications Asia Co.)
--
Host 192.168.0.34 is up.
Initiating ARP Ping Scan at 20:34
--
Host 192.168.0.52 is up (0.0033s latency).
MAC Address: 00:1B:11:1F:9E:86 (D-Link)
--
Host 192.168.0.54 is up (0.0011s latency).
MAC Address: 00:C0:EE:83:7F:0D (Kyocera)
--
Host 192.168.0.65 is up (0.000038s latency).
MAC Address: 00:11:6B:62:93:2E (Digital Data Communications Asia Co.)
Host 192.168.0.66 is up (0.000038s latency).
MAC Address: 00:11:6B:62:93:2E (Digital Data Communications Asia Co.)
Host 192.168.0.67 is up (0.000037s latency).
MAC Address: 00:11:6B:62:93:2E (Digital Data Communications Asia Co.)
root@ze4:~#
```

Abbildung 10.37 »nmap«: Inventur eines lokalen Netzwerkes

Wenn Sie nur das Vorhandensein bestimmter Hosts kontrollieren wollen, verwenden Sie eine Liste. Diese Liste besteht aus IP-Adressen oder Rechnernamen und befindet sich in einer Textdatei. Im folgenden Beispiel werden IPv6-Hosts kontrolliert. Die neu verwendeten Optionen im folgenden Beispiel:

- `-6`: Bei den Angaben handelt es sich um IPv6-Adressen.
- `-iL <DATEI>`: Lese aus Datei `<DATEI>`.

Die Ausgabe dieses abgewandelten Inventur-Scans sehen Sie in Abbildung 10.38.

```
                                                    harald : bash
  Datei  Bearbeiten  Ansicht  Verlauf  Lesezeichen  Einstellungen
root@ze4:~# # I n h a l t  liste2.txt
root@ze4:~# cat liste2.txt
fd91:e4a5:5e03::dd05
fd91:e4a5:5e03::dd54
fd91:e4a5:5e03::dd04
fd91:e4a5:5e03::dd06
root@ze4:~# #
root@ze4:~# #
root@ze4:~# #
root@ze4:~# nmap -v -6 -n -sP -iL liste2.txt

Starting Nmap 5.00 ( http://nmap.org ) at 2011-08-04 20:49 CEST
NSE: Loaded 0 scripts for scanning.
Initiating Ping Scan at 20:49
Scanning 4 hosts [2 ports/host]
Completed Ping Scan at 20:49, 1.20s elapsed (4 total hosts)
Host fd91:e4a5:5e03::dd05 is up (0.000042s latency).
Host fd91:e4a5:5e03::dd54 is up (0.00064s latency).
Host fd91:e4a5:5e03::dd04 is up (0.00019s latency).
Host fd91:e4a5:5e03::dd06 is down.
Nmap done: 4 IP addresses (3 hosts up) scanned in 1.21 seconds
root@ze4:~# █
```

Abbildung 10.38 »nmap«: Ping-Scan auf Ipv-6-Adressen aus Liste

Zur Überprüfung eines einzelnen Hosts wählen Sie aus diesen Optionen:

▶ -p<PORT-Anfang>-<PORT-Ende>: Festlegung des Port-Bereiches

▶ -O: Ermittlung des Betriebssystems

▶ -A: zusätzlich zur Ermittlung des Betriebssystems Ermittlung der Traceroute

Ohne weitere Angabe außer der des Rechnernamens oder der IP-Adresse erhalten Sie eine »kurze« Auskunft (Abbildung 10.39). In dieser Abbildung sehen Sie auch den erweiterten Scan (-A). In Abbildung 10.40 sehen Sie die Suche mit erweitertem Port-Bereich (-p). Wenn Sie die Option -A benutzen, versucht nmap auch die erreichbaren Angaben zum Port darzustellen. Im Beispiel sehen Sie die Angaben zum HTTP- und SSH-Server.

Weitere Ausführungen zu nmap finden Sie auch in Abschnitt 6.7.2, »Durchführen von Portscans zum Austesten von Sicherheitsproblemen«. In Abschnitt 6.7.3, »Schließen von Ports«, finden Sie Hinweise zum Schließen von offenen und nicht benötigten Ports.

```
                              harald : bash
Datei  Bearbeiten  Ansicht  Verlauf  Lesezeichen  Einstellungen
root@ze4:~# nmap -n 192.168.0.67

Starting Nmap 5.00 ( http://nmap.org ) at 2011-08-04 21:51 CEST
Interesting ports on 192.168.0.67:
Not shown: 999 closed ports
PORT    STATE SERVICE
80/tcp open  http
MAC Address: 00:11:6B:62:93:2E (Digital Data Communications Asia Co.)

Nmap done: 1 IP address (1 host up) scanned in 6.47 seconds
root@ze4:~#
root@ze4:~# nmap -n -A 192.168.0.67

Starting Nmap 5.00 ( http://nmap.org ) at 2011-08-04 21:51 CEST
Interesting ports on 192.168.0.67:
Not shown: 999 closed ports
PORT    STATE SERVICE VERSION
80/tcp open  http     thttpd 2.25b 29dec2003
|_ html-title: Site doesn't have a title (text/html; charset=iso-8859-1).
MAC Address: 00:11:6B:62:93:2E (Digital Data Communications Asia Co.)
Device type: general purpose
Running: FreeBSD 7.X
OS details: FreeBSD 7.0-RELEASE-p1 - 7.1-RELEASE
Network Distance: 1 hop

OS and Service detection performed. Please report any incorrect results at http://nmap.org/submit/ .
Nmap done: 1 IP address (1 host up) scanned in 14.14 seconds
root@ze4:~#
```

Abbildung 10.39 »nmap«: ohne und mit erweiterter Ausgabe

```
                              harald : bash
Datei  Bearbeiten  Ansicht  Verlauf  Lesezeichen  Einstellungen
root@ze4:~# nmap -n -p1-9000 -A 192.168.0.67

Starting Nmap 5.00 ( http://nmap.org ) at 2011-08-04 21:57 CEST
Interesting ports on 192.168.0.67:
Not shown: 8998 closed ports
PORT     STATE SERVICE VERSION
80/tcp   open  http    thttpd 2.25b 29dec2003
|_ html-title: Site doesn't have a title (text/html; charset=iso-8859-1).
7167/tcp open  ssh     OpenSSH 5.4p1 (FreeBSD 20100308; protocol 2.0)
|  ssh-hostkey: 1024 1a:24:04:6a:25:9e:1b:45:27:f7:1c:a1:39:d5:0c:b8 (DSA)
|_ 2048 5f:ba:88:37:22:28:9d:dc:21:c6:fb:01:3a:e5:21:6f (RSA)
MAC Address: 00:11:6B:62:93:2E (Digital Data Communications Asia Co.)
Device type: general purpose
Running: FreeBSD 7.X
OS details: FreeBSD 7.0-RELEASE-p1 - 7.1-RELEASE
Network Distance: 1 hop
Service Info: OS: FreeBSD

OS and Service detection performed. Please report any incorrect results at http://nmap.org/submit/ .
Nmap done: 1 IP address (1 host up) scanned in 55.73 seconds
root@ze4:~#
```

Abbildung 10.40 »nmap«: erweiterte Ausgabe mit vorgegebenem Port-Bereich

10.7.4   Datenverkehr protokollieren (wireshark, tcpdump)

Mit *Wireshark* können Sie per Mausklick den Datenverkehr protokollieren und analysieren. Beim Programmstart legen Sie die Netzwerkschnittstelle fest, auf der das Programm lauscht. Wireshark ermöglicht auch den Zugriff auf alle vorhandenen Netzwerkkarten und den localhost.

Die Benutzeroberfläche (Abbildung 10.41) gliedert sich in vier Teile. Oben finden Sie die Programmleiste. Die protokollierten Daten werden in drei Ebenen dargestellt. Die laufenden Pakete laufen zeilenweise, verschiedenfarbig gekennzeichnet, in der oberen Ebene durch. Sie können per Mausklick eine dieser Zeilen markieren. Im mittleren Feld klicken Sie links auf einen der Protokollpfeile. Die Daten werden im Klartext dargestellt. Das untere Feld gibt die Daten hexadezimal aus.

Sie können Scanläufe speichern und später auswerten. Das Wirken von Schadprogrammmen über Netzwerke können Sie damit erkennen und Gegenmaßnahmen ergreifen.

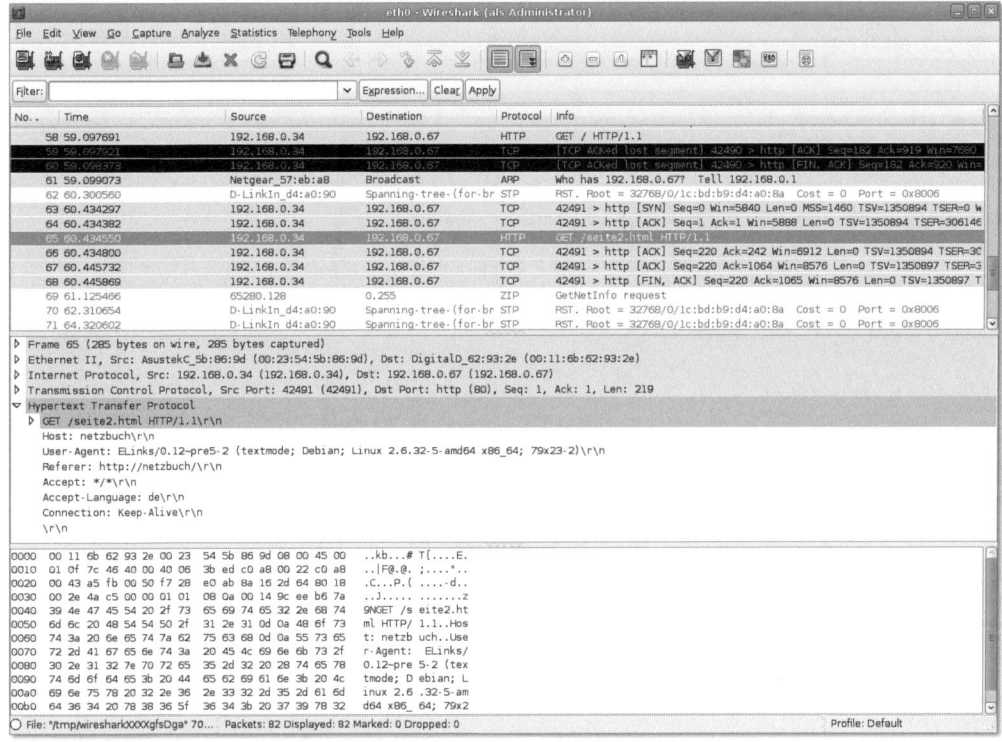

Abbildung 10.41 Wireshark

Mit tcpdump nehmen Sie die gleichen Tests wie mit Wireshark vor. Die Log-Dateien von tcpdump können Sie bequem per Mausklick mit Wireshark auswerten. Ich zeige Ihnen in Tabelle 10.8 einige wichtige Optionen.

Aktion	Option
Auflisten von Netzwerkgeräten (Abbildung 10.42)	-D
Festlegen des Netzwerkgerätes	-i <GERÄT>
nur IP-Adressen anzeigen	-n
Mitschneiden von Ethernet-Header	-e
Ausgabe eines Paketinhaltes im ASCII-Format	-A
Angabe des Informationsgrades	-v -vv, -vvv
Port festlegen	port <PORT>
Port-Bereich festlegen	portrange <von-bis>
Log-Datei, in die tcpdump schreibt	-w <DATEI>

Tabelle 10.8 Wichtige Optionen von »tcpdump«

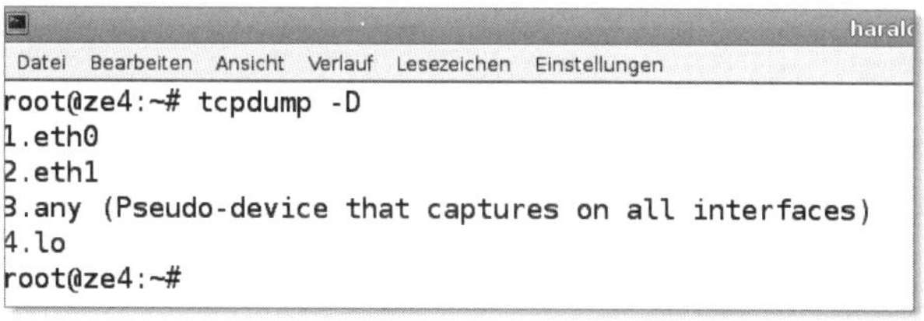

```
Datei  Bearbeiten  Ansicht  Verlauf  Lesezeichen  Einstellungen
root@ze4:~# tcpdump -D
1.eth0
2.eth1
3.any (Pseudo-device that captures on all interfaces)
4.lo
root@ze4:~#
```

Abbildung 10.42 »tcpdump«: Auflistung der Netzwerkgeräte

Das Beispiel in Abbildung 10.43 zeigt Ihnen die Abfrage eines Browsers beim HTTP-Server. Damit können Sie eventuelle Angriffe entdecken.

Die von tcpdump erzeugten Daten können Sie im Shell-Skript oder auch später mit Wireshark auswerten. Das nächste Beispiel zeigt die Kommunikation zwischen einem Browser und dem HTTP-Server. Die Abfrage wird dabei auf den Port 80 begrenzt. Das Mitschnittprotokoll wird in einer Datei abgelegt. Das vollständige Kommando lautet:

```
tcpdump -n -vvv -A -i eth0 port 80 and dst 192.168.0.67 or dst 192.168.0.34
-w ausgabe.dmp
```

Sie können die Ausgabedatei von tcpdump formatiert ausgeben lassen. Dazu geben Sie einfach tcpdump -r <DATEI> ein.

Lesen Sie weitere Informationen in der Manual-Seite von tcpdump.

```
harald : bash
Datei  Bearbeiten  Ansicht  Verlauf  Lesezeichen  Einstellungen                Hilfe
root@ze4:~# tcpdump -n -A -i eth0 port 80 and dst 192.168.0.67
tcpdump: verbose output suppressed, use -v or -vv for full protocol decode
listening on eth0, link-type EN10MB (Ethernet), capture size 65535 bytes
16:21:14.848856 IP 192.168.0.34.56072 > 192.168.0.67.80: Flags [S], seq 157415257, win 5840, options [mss 1460,sac
kOK,TS val 2431993 ecr 0,nop,wscale 7], length 0
E..<..@.@..e..."...C...P        a.Y.........H.........
.%.........
16:21:14.848952 IP 192.168.0.34.56072 > 192.168.0.67.80: Flags [.], ack 856201840, win 46, options [nop,nop,TS val
 2431993 ecr 2876755713], length 0
E..4..@.@..l..."...C...P        a.Z3..p...........
.%...w..
16:21:14.849071 IP 192.168.0.34.56072 > 192.168.0.67.80: Flags [P.], seq 0:181, ack 1, win 46, options [nop,nop,TS
 val 2431993 ecr 2876755713], length 181
E.....@.@......"...C...P        a.Z3..p....`......
.%...w..GET / HTTP/1.1
Host: netzbuch
User-Agent: ELinks/0.12~pre5-2 (textmode; Debian; Linux 2.6.32-5-amd64 x86_64; 79x23-2)
Accept: */*
Accept-Language: de
Connection: Keep-Alive


16:21:14.849269 IP 192.168.0.34.56072 > 192.168.0.67.80: Flags [.], ack 919, win 60, options [nop,nop,TS val 24319
93 ecr 2876755713], length 0
E..4..@.@..j..."...C...P        a..3......<.[.....
.%...w..
16:21:14.849842 IP 192.168.0.34.56072 > 192.168.0.67.80: Flags [F.], seq 181, ack 920, win 60, options [nop,nop,TS
 val 2431993 ecr 2876755713], length 0
E..4..@.@..i..."...C...P        a..3......<.Y.....
.%...w..
^C
5 packets captured
5 packets received by filter
0 packets dropped by kernel
root@ze4:~#
```

Abbildung 10.43 »tcpdump«: Protokollierung von Webbrowser-Anfragen

10.7.5 Netzaktivitäten messen mit darkstat

Sie erhalten mit darkstat relativ schnell einen guten Überblick über die Auslastung Ihres Netzes. Das Programm selbst starten Sie in der Shell, die Anzeige erhalten Sie per Webbrowser. Um sämtlichen Verkehr Ihrer Rechner zu erfassen, starten Sie das Programm nur mit diesen Angaben:

```
darkstat -i eth0 -p 8080
```

Mit der Option `-i` geben Sie die Netzwerkschnittstelle an, mit `-p` den Port, auf den Sie mittels Browser zugreifen. Wenn Sie eine Netzwerkadresse angeben möchten, verwenden Sie `-l`. Das Netzwerk geben Sie zusammen mit der ausgeschriebenen Subnetzmaske an. Möchten Sie nur ein bestimmtes Netz sehen, geben Sie z. B.

```
darkstat -i eth0 -l 192.168.0.0/255.255.255.0 -p 8080
```

ein.

In der Webanzeige erhalten Sie einen Graphen (Abbildung 10.44) und eine Liste der Hosts (Abbildung 10.45).

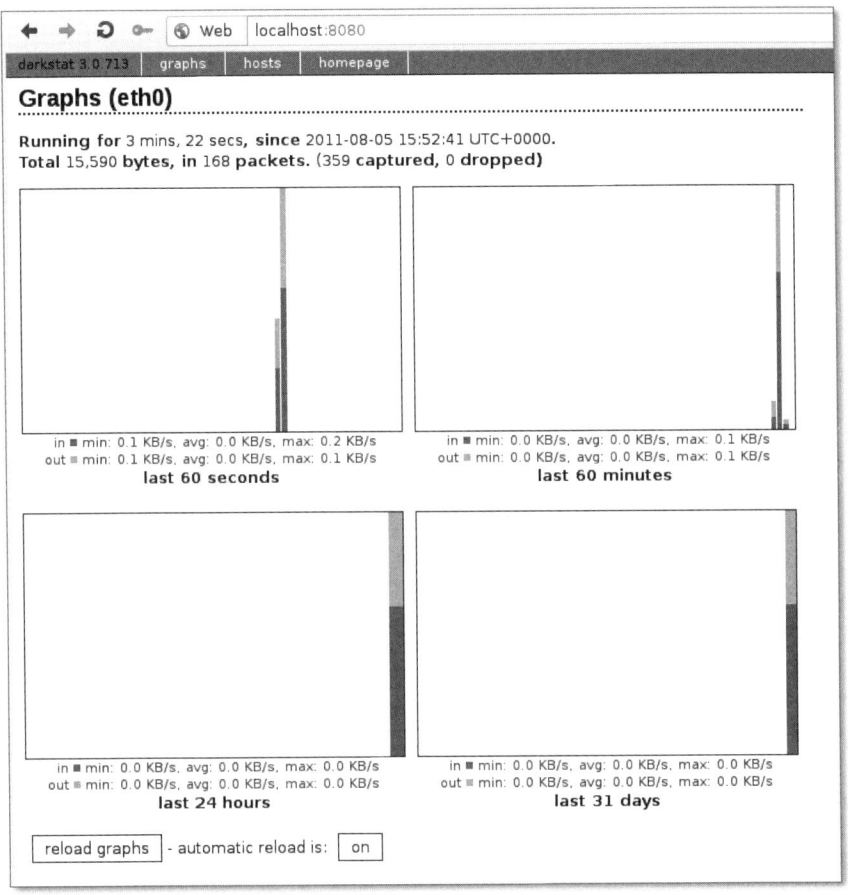

Abbildung 10.44 darkstat: Aktivitätsanzeige

IP	Hostname	MAC Address	In	Out	Total	Last seen
192.168.0.34	ze4█████	00:23:54:5b:86:9d	8,934	5,551	14,485	1 min, 34 secs
192.168.0.25	zentrale.█████	00:11:6b:62:93:2e	3,960	7,828	11,788	2 mins, 32 secs
224.0.0.251	(Unknown host)	01:00:5e:00:00:fb	1,937	0	1,937	2 mins, 19 secs
192.168.0.1	(Unknown host)	00:18:4d:57:eb:a8	667	1,106	1,773	1 min, 34 secs
192.168.0.103	ze4.local	00:18:e7:16:71:30	0	1,013	1,013	2 mins, 19 secs
192.168.0.2	(Unknown host)	1c:bd:b9:d4:a0:8a	0	184	184	1 min, 1 sec
239.255.255.100	(Unknown host)	01:00:5e:7f:ff:64	184	0	184	1 min, 1 sec

Abbildung 10.45 darkstat: Liste der Hosts

10.7.6   Netzlast erzeugen mit fping

Wenn Sie z. B. mit darkstat eine Netzübersicht erzeugen wollen, müssen Sie so lange warten, bis jeder der angeschlossenen Hosts im selben Netz einmal aktiv war. Ohne Aktivität werden diese Geräte sonst nicht erfasst und tauchen damit nicht in der Host-Übersicht auf. Mit `fping` haben Sie das Werkzeug dafür. Sie können damit bei jedem Gerät »anklopfen«, so dass die gewünschte Aktivität entsteht. Der Aufruf hierfür lautet

```
fping -r 0 -aA -g 192.168.0.0/24
```

für das Netz 192.168.0.0. Anstelle der Subnetzmaske müssen Sie hier die CIDR-Schreibweise anwenden. Die einzelnen Optionen von `fping` bedeuten:

- `-r 0`: Anzahl der Wiederholungen je Host. Im Beispiel versucht es `fping` einmal (ohne Wiederholungen).
- `-a`: nur Hosts anzeigen, die geantwortet haben
- `-u`: nur Hosts anzeigen, die unerreichbar sind
- `-A`: Keine Namensauflösung, nur IP-Adressen werden angezeigt.
- `-e`: Anzeige der Round-Trip-Zeit
- `-s`: Bildet am Schluss eine zusammenfassende Statistik.
- `-g <NETZADRESSE/CIDR>`: Angabe des zu prüfenden Netzes

10.7.7   Weitere Einsatzmöglichkeiten von fping

Mit `fping` können Sie ohne großen Aufwand weitere Aufgaben erledigen. Das Programm dient als Datenquelle in Shell-Skripten. Es ermittelt Hosts, die entweder erreichbar oder nicht erreichbar sind. Ich zeige Ihnen hier ein Shell-Skript und einige Skriptfragmente als Anregung für Ihre tägliche Arbeit.

Das Shell-Skript zeigt Ihnen alle erreichbaren Hosts innerhalb des angegebenen Netzwerkes an. Im Ergebnis stehen auch die Zeitangaben. Am Schluss der Ausgabe finden Sie eine zusammenfassende Statistik. Die Anzeige lasse ich mit dem Programm `less` puffern. Sie können mit den Cursor-Tasten und zeilenweise blättern. Mit den Tasten [Bild↑] und [Bild↓] bewegen Sie sich seitenweise. Möchten Sie das angezeigte Ergebnis speichern, drücken Sie die Taste [S] und geben einen Dateinamen an. Mit [Q] beenden Sie die Anzeige.

```
#! /bin/sh
# Eingabe der Netzwerkadresse
echo -n "Netzwerkadresse: ";read netz
```

```
echo "Ermittle Netzwerkteilnehmer......"

# Durchführen fping und Umleitung der gesamten Ausgabe
# in Log-Datei
fping -r 0 -aA -e -s -g $netz/24 > fping.log 2>&1

# Anzeigen der Log-Datei ohne die nicht erreichten Hosts
cat fping.log | grep -v "ICMP Host" | less
```

Listing 10.1 Shell-Skript »netz4.sh«

Die Ausgabe sehen Sie in Abbildung 10.46.

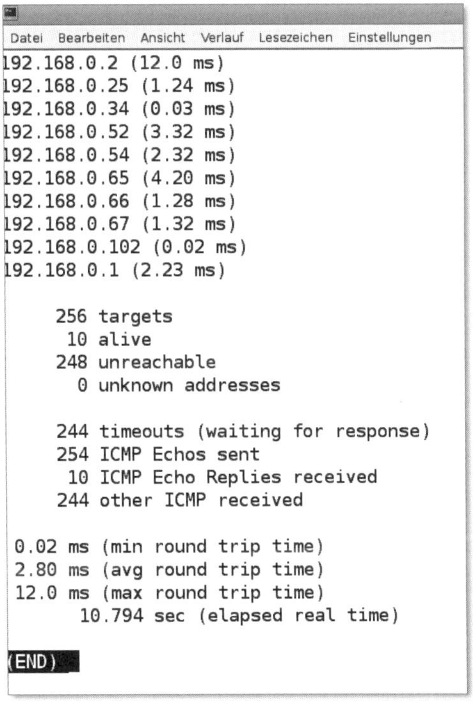

```
Datei  Bearbeiten  Ansicht  Verlauf  Lesezeichen  Einstellungen
192.168.0.2 (12.0 ms)
192.168.0.25 (1.24 ms)
192.168.0.34 (0.03 ms)
192.168.0.52 (3.32 ms)
192.168.0.54 (2.32 ms)
192.168.0.65 (4.20 ms)
192.168.0.66 (1.28 ms)
192.168.0.67 (1.32 ms)
192.168.0.102 (0.02 ms)
192.168.0.1 (2.23 ms)

    256 targets
     10 alive
    248 unreachable
      0 unknown addresses

    244 timeouts (waiting for response)
    254 ICMP Echos sent
     10 ICMP Echo Replies received
    244 other ICMP received

 0.02 ms (min round trip time)
 2.80 ms (avg round trip time)
 12.0 ms (max round trip time)
      10.794 sec (elapsed real time)

(END)
```

Abbildung 10.46 Ergebnisanzeige von »netz4.sh«

Das folgende Skriptfragment dient Ihnen als Anregung für eigene Anwendungen:

```
#! /bin/sh
# Eingabe Netzadresse
echo -n "Netzadresse eingeben: "; read netz
# fping als Datenquelle für for-Schleife
```

```
# Ausführen fping, Umleitung der Fehlerausgabe nach /dev/null,
echo "Erreichbare Hosts"
for i in `fping -r 0 -aA -g $netz/24 2>/dev/null`
do
# Anzeige IP.Adresse
echo $i
# Auswertung für weitere Aktion
if [ "$i" = "192.168.0.1" ];
then
echo "Standard-Gateway"
fi
done
echo "-----------------------------------------"
echo "Nicht erreichbare Hosts"
# fping als Datenquelle für for-Schleife
# Ausführen fping,
for i in `fping -r 0 -uA -g $netz/24 2> /dev/null`
do
echo $i
if [ "$i" = "192.168.0.0" ];
then
echo "Netzadresse, kein Host"
fi
done
```

Listing 10.2 Skriptfragment für eigene Entwicklungen

In dem Skriptfragment finden Sie zunächst eine for-Schleife, welche die aktiven Hosts auflistet. Anstelle der Abfrage nach der Netzadresse können Sie die Variable $netz mit einem festen Wert belegen (netz=«192.168.0.0«). Diese Zuweisung ersetzt dann die Abfragezeile.

Mit dem if-Konstrukt werten Sie die mit dem Schleifendurchgang wechselnden Inhalte der Variable i aus. Als »Aktion« habe ich hier nur eine echo-Anweisung gewählt, die den angegebenen Text ausgibt. An dieser Stelle können Sie hier Ihre eigenen Anweisungen setzen: Wake-on-LAN, Softwareverteilung, Datensicherung, Rechner herunterfahren, da am Abend vom Benutzer vergessen ...).

Übrigens können Sie auch auf Windows-Rechnern solche Shell-Skripte laufen lassen. Den Shell-Interpreter bash finden Sie unter *http://win-bash.sourceforge.net.* Für die anderen Befehle wie less suchen Sie unter *http://www.freshmeat.net.*

10.7.8 Erreichbarkeit von Hosts prüfen mit ping/ping6

Mit ping verwenden Sie ein Standardwerkzeug, welches Sie auf allen Betriebssystemen vorfinden. Für Ihren Arbeitsalltag werden Sie vor allem die Optionen -c <ZAHL der Pings> und -f (»Dauerfeuer«) verwenden. Je nach Ausführung erhalten Sie als Antwort entweder ein schlichtes alive oder not alive. Andere Versionen zeigen Ihnen die Laufzeit, Größe der Testpakete und eine statistische Zusammenfassung an:

```
harald@ze4:~$ ping -c 3 192.168.0.25
PING 192.168.0.25 (192.168.0.25) 56(84) bytes of data.
64 bytes from 192.168.0.25: icmp_req=1 ttl=64 time=0.056 ms
64 bytes from 192.168.0.25: icmp_req=2 ttl=64 time=0.049 ms
64 bytes from 192.168.0.25: icmp_req=3 ttl=64 time=0.052 ms

--- 192.168.0.25 ping statistics ---
3 packets transmitted, 3 received, 0% packet loss, time 1999ms
rtt min/avg/max/mdev = 0.049/0.052/0.056/0.006 ms
```

Konnten Sie den Host nicht erreichen, sieht Ihre ping-Ausgabe so aus:

```
harald@ze4:~$ ping -c 1 192.168.0.26
PING 192.168.0.26 (192.168.0.26) 56(84) bytes of data.
From 192.168.0.34 icmp_seq=1 Destination Host Unreachable

--- 192.168.0.26 ping statistics ---
1 packets transmitted, 0 received, +1 errors, 100% packet loss, time 0ms
```

Weitere Informationen liefert Ihnen die Manual-Seite (Linux, FreeBSD) oder die help-Option. Beachten Sie auch die Ausführungen zur Namensauflösung (Abschnitt 4.4.1, »Prüfung der Erreichbarkeit und Namensauflösung mit ping/ping6«) und ICMP (Kapitel 5, »Steuer- und Fehlercodes mit ICMP und ICMPv6 übertragen«).

Sie können auf ein weiteres Programm mit ähnlicher Funktionalität zurückgreifen. Mit oping testen Sie wahlfrei IPv4- und IPv6-Adressen.

Anhang

A Fehlertafeln

Bei der Fehlersuche helfen Ihnen oftmals Schemata (Tabelle A.1). Sie kommen dabei nicht in Versuchung, auf die Funktion von Netzwerkkomponenten zu vertrauen. Schritt für Schritt prüfen Sie, bis Sie den Fehler gefunden haben. Als Testgerät bei technischen Problemen verwenden Sie einen kleinen Mini-Switch. Bei LWL-Anlagen benutzen Sie einen mit Glasfaseranschluss. Bei funktionierender Netzverbindung leuchtet die Link-Anzeige des verbundenen Ports.

Fehler	Fehlertafel-Abbildung
Kupfernetz: Host ohne Verbindung	Abbildung A.1
LWL-Netz: Host ohne Verbindung	Abbildung A.2
DHCP: Host bekommt keine Adresse zugewiesen.	Abbildung A.3
1000Base-T: keine schnelle Verbindung möglich	Abbildung A.4

Tabelle A.1 Fehlertafeln

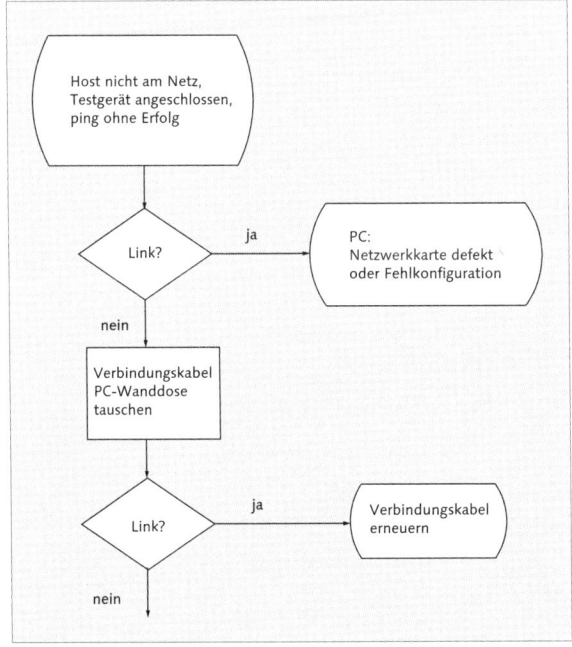

Abbildung A.1 Kupfernetz: Host ohne Verbindung

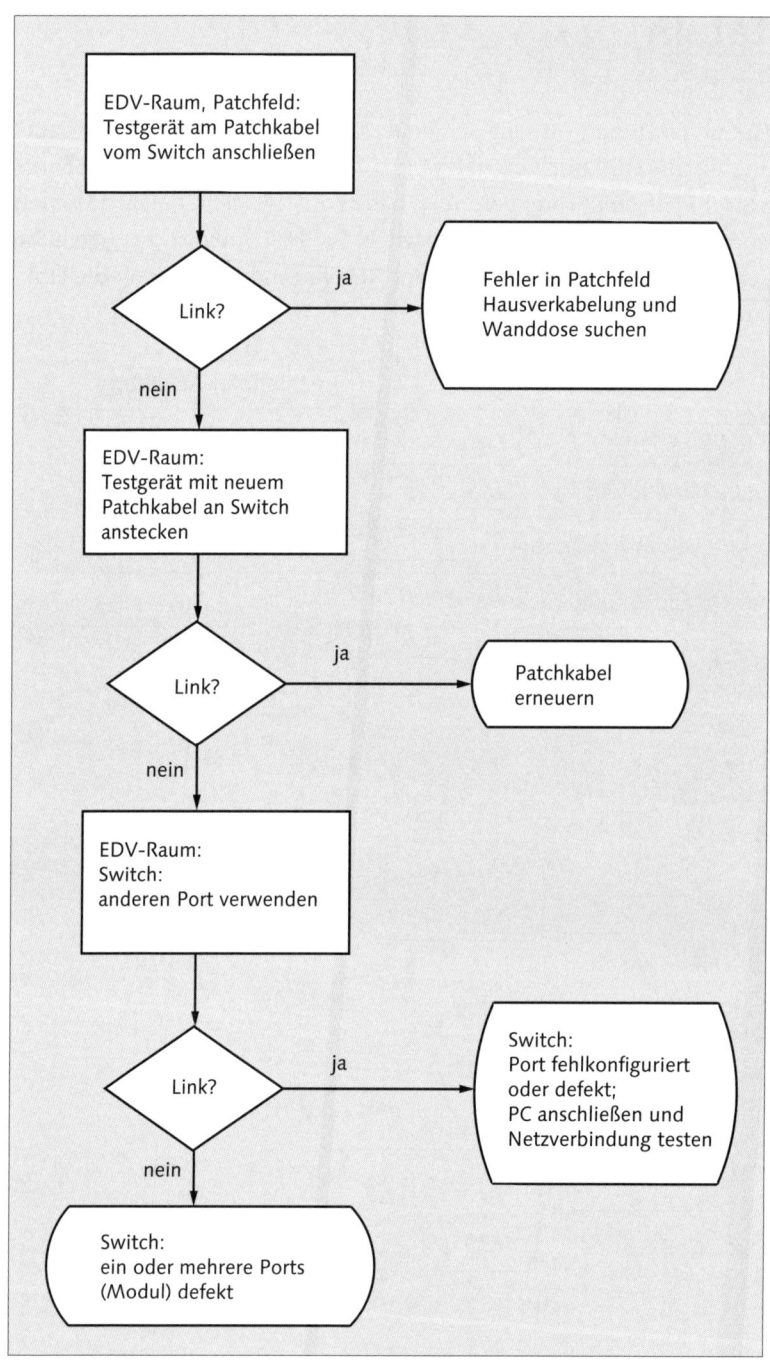

Abbildung A.2 Kupfernetz: Host ohne Verbindung (Forts.)

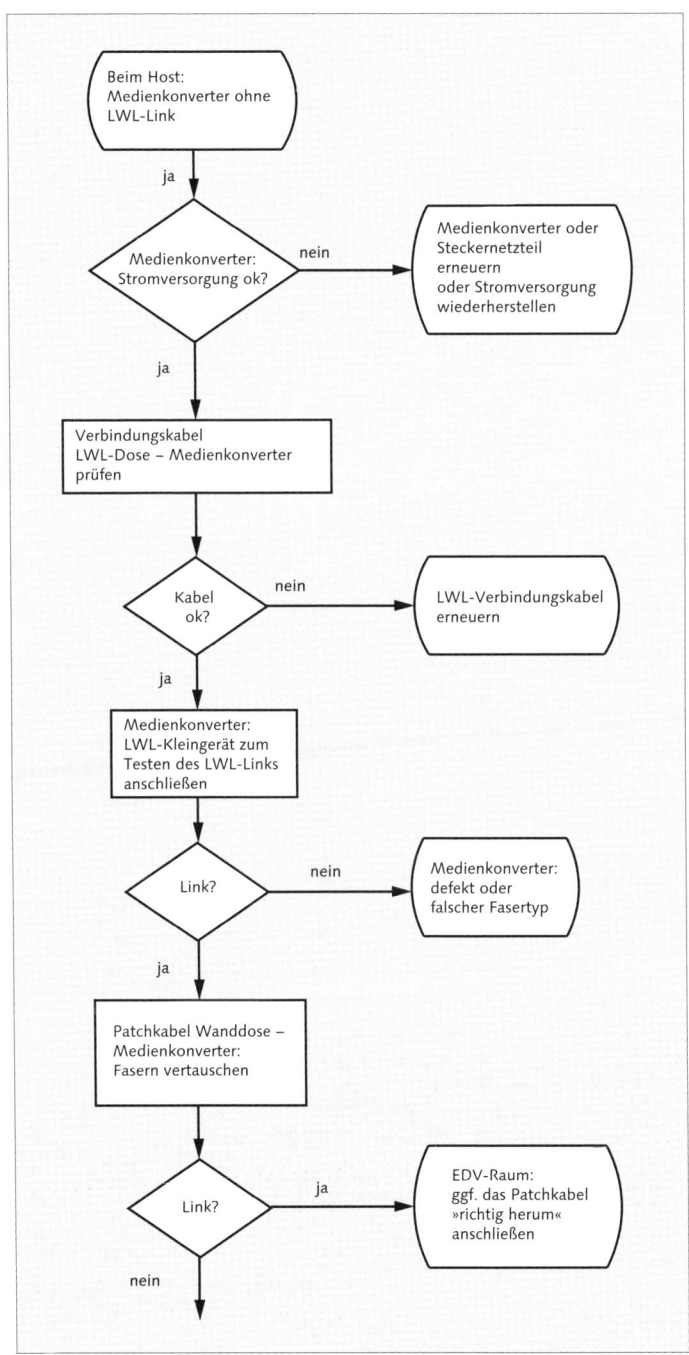

Abbildung A.3 LWL: Host ohne Verbindung

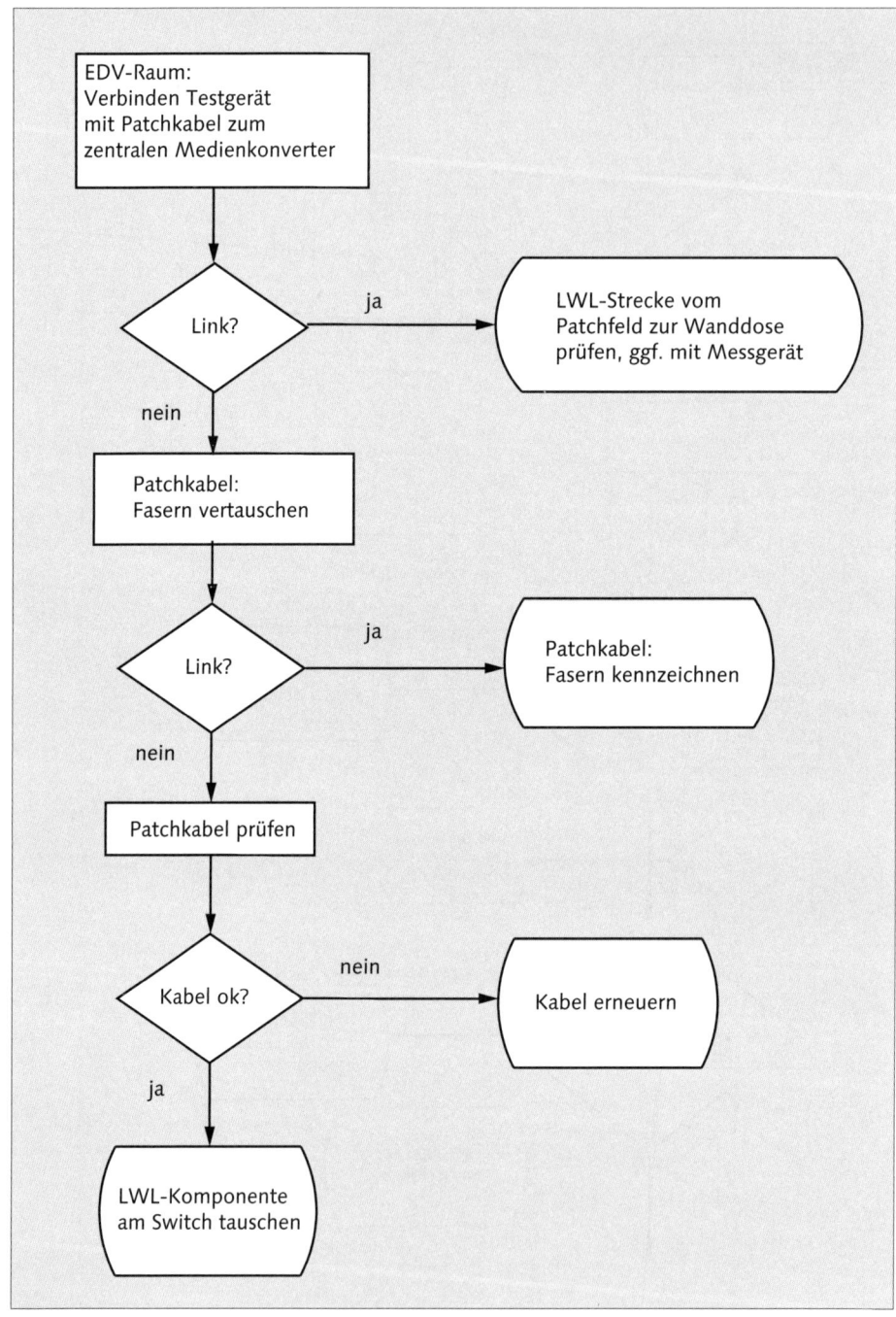

Abbildung A.4 LWL: Host ohne Verbindung (Forts.)

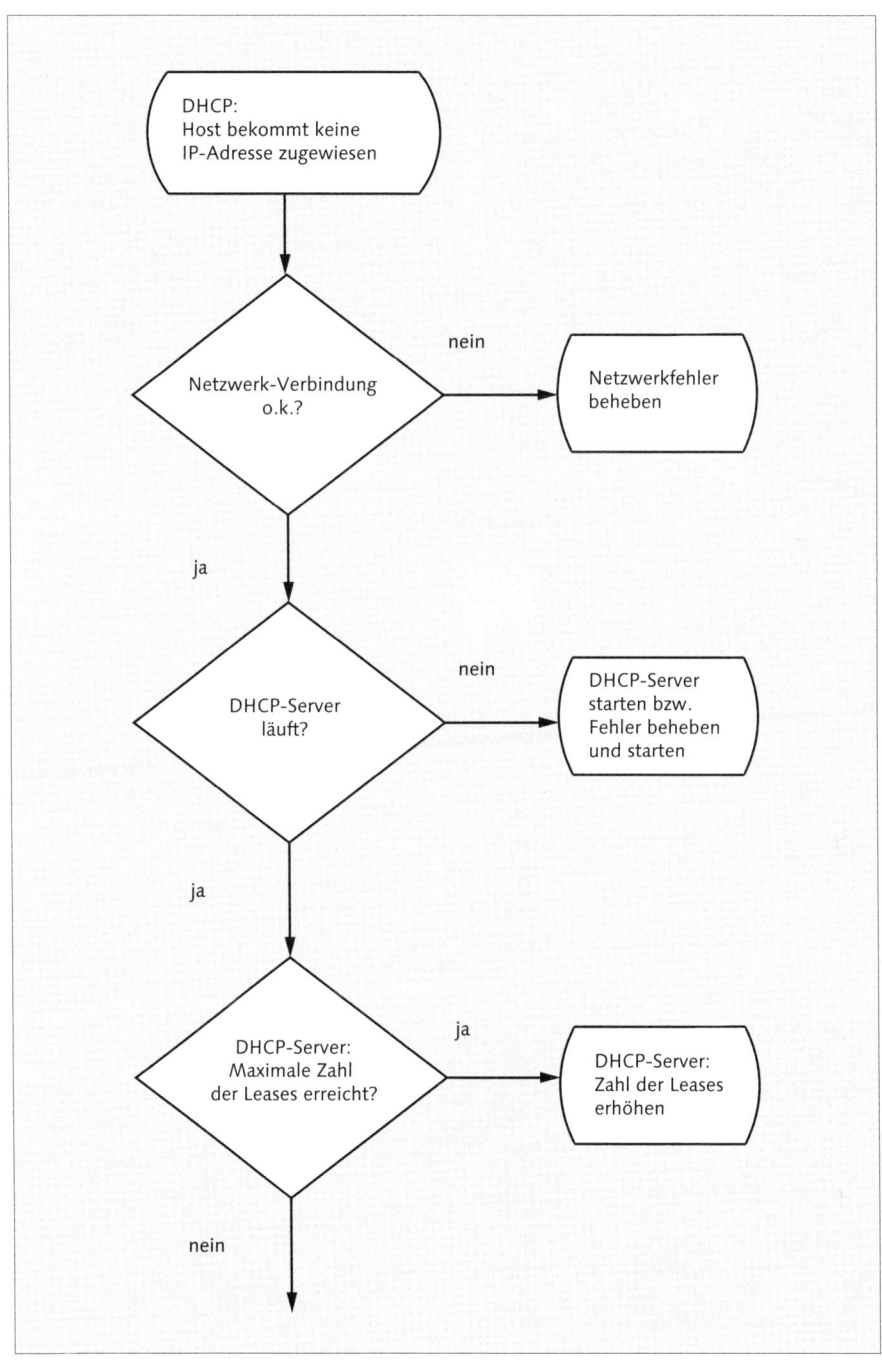

Abbildung A.5 DHCP: Host bekommt keine Adresse zugewiesen.

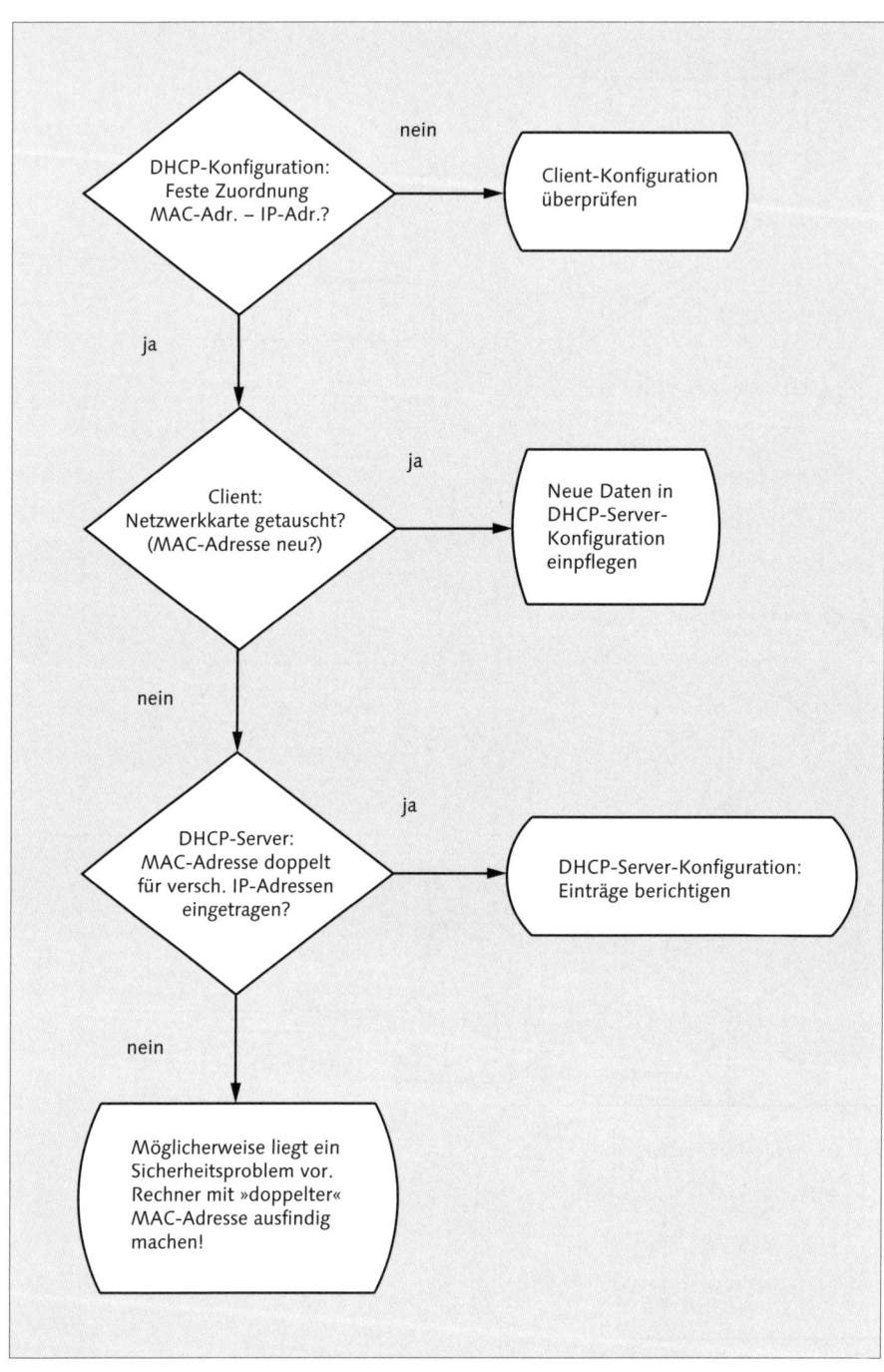

Abbildung A.6 DHCP: Host bekommt keine Adresse zugewiesen. (Forts.)

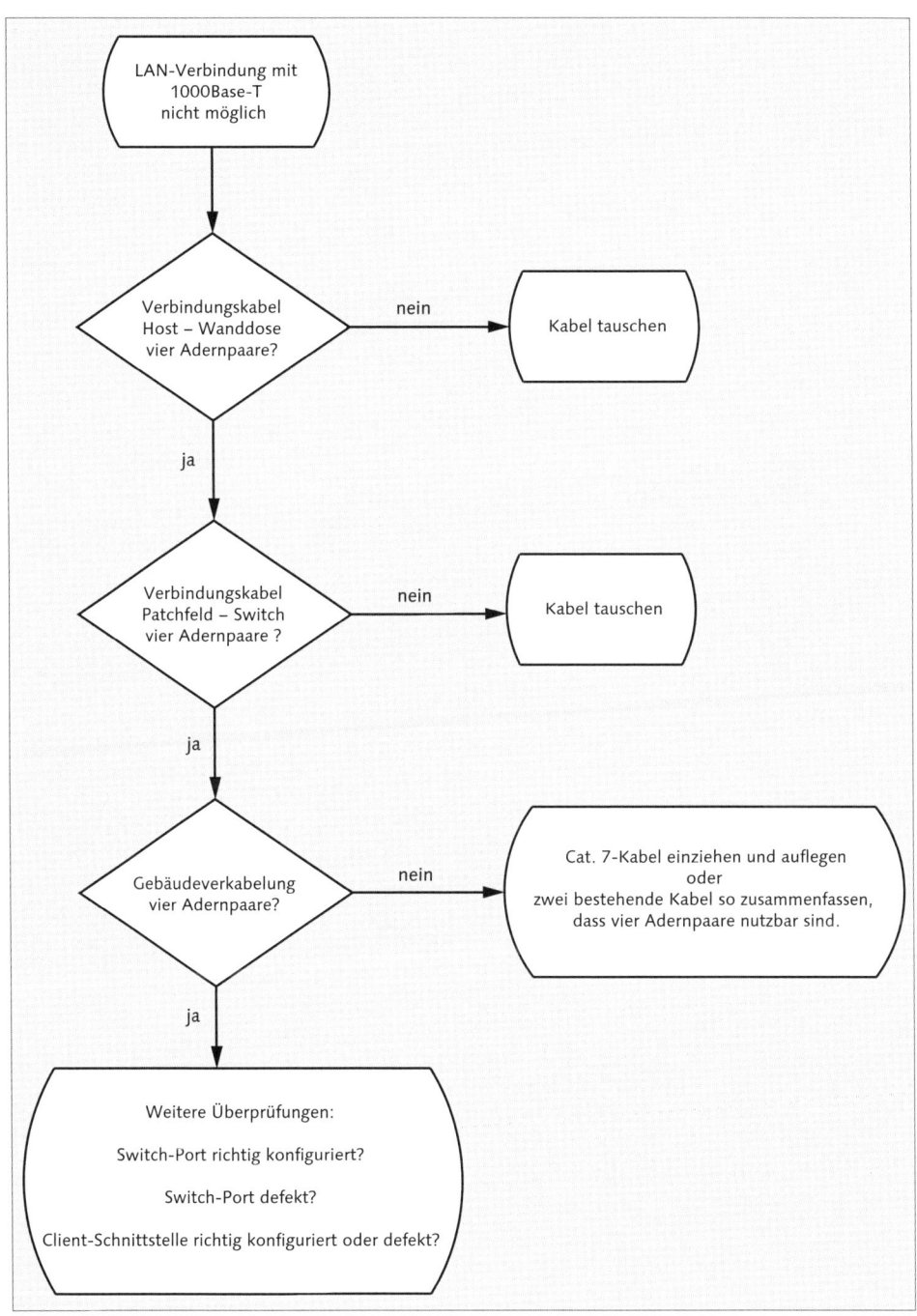

Abbildung A.7 1000Base-T: Fehlersuche

B Auflösungen Prüfungsfragen

Fragen aus Kapitel 1, »Grundlagen moderner Netzwerktechnik«

(Abschnitt 1.6, »Prüfungsfragen«)

1. RFC-Dokumente sind verbindlich anzuwenden, wenn Sie als required gekennzeichnet sind.
2. Ein Netzwerk, das mehrere Gebäude auf einem Gelände verbindet, nennt man MAN (Metropolitan Area Networt).

Fragen aus Kapitel 2, »Netzwerktechnik«

(Abschnitt 2.7, »Prüfungsfragen«)

1. Betriebsgefahren LWL: Austritt von Laserstrahl, welcher die Augen schädigt
2. Ungeschirmte Netzwerkkabel: Ihre Verwendung kann den Radio-, Funk- und Fernsehempfang stören. Funkanlagen in der Nähe können den Betrieb des Netzwerkes stören.
3. WLAN: Durch das Senden des Request-to-send-Signales reserviert eine Station den Funkkanal. Erhält sie keine Antwort, beginnt sie mit der Datenübermittlung. Mit dem Clear-to-send-Signal gibt die Station den Kanal wieder frei.
4. Netzwerk, vertrauliche Daten: Sie verzichten auf den Einsatz von Power-Line-Communication und WLAN.

Fragen aus Kapitel 3, »Adressierung im Netzwerk – Theorie«

(Abschnitt 3.8.1, »Berechnungen«)

1. Maximale Hosts: 510
2. Netzwerkadresse: 192.168.4.0/23
3. 192.168.4.1 – 192.168.5.254

(Abschnitt 3.8.2, »IP-Adressen«)

Es handelt sich um eine Link-lokale Unicast-Adresse, welche nicht in das Internet durchgeroutet wird.

Übungen aus Kapitel 4, »MAC- und IP-Adressen in der Praxis«

(Abschnitt 4.9.1, »Glasfasern«)

1. 9 μm Monomode
2. Das Licht wird nicht mehr vom Übergang vom Kern zum Glasmantel reflektiert und tritt zum Primärcoating hin aus.
3. Vorteile:
   - Führung auch zusammen mit Stromkabeln möglich
   - größere Reichweite
   - hohe Investitionssicherheit, da bisher keine technischen Grenzen hinsichtlich der Übertragungsgeschwindigkeit erreicht wurden
   - relativ hohe Abhörsicherheit
   - keine störenden Beeinflussungen von außen möglich
4. Bei einem der SC-Duplex-Verbinder lösen Sie die Steckerklammer und stecken die nun einzelnen Stecker vertauscht am Medienkonverter wieder an. Vorher waren die LWL-Ausgänge TX mit TX und RX mit RX verbunden, nun jeweils »über Kreuz«.

(Abschnitt 4.9.2, »TP-Verkabelung«)

1. Kabelkategorie: Nach Möglichkeit Cat. 7
2. Kabelkanäle: Nein. Kabelkanäle mit mehreren Kammern sind zulässig, wenn dabei die Stromkabel vom Netzwerkkabel getrennt geführt werden.
3. Längenüberschreitung: Selbst wenn die Signalspannung am anderen Ende der Verbindung ausreicht, werden die Signalflanken zu schwach. Der damit zu langsame Flankenanstieg macht die Informationen für die Endgeräte unlesbar. Sie können die Reichweite mit einem Repeater erhöhen (siehe Abschnitt 2.5, »Weitere Netzwerkkomponenten«).

(Abschnitt 4.9.3, »Switches«)

1. STP gegen Schleifen
2. Sie können hier sowohl normale Patchkabel als auch Crosskabel verwenden bzw. die Verkabelung sowohl nach EIA/TIA-568A als auch nach EIA/TIA-568B verwenden.
3. Vorteile von VLANs:
   - Eindämmung von Broadcasts und damit Verringerung der Netzlast
   - Abbildung betrieblicher oder organisatorischer Strukturen
   - Einteilung nach Anwendung (Daten/IP-Telefonie, Multimedia)

(Abschnitt 4.9.4, »MAC- und IP-Adressen«)

1. einen DHCP-Server

2. Leasetime: Gültigkeitsdauer der Adresszuweisung

(Abschnitt 4.9.5, »Namensauflösung«)

1. Die Namen unerwünschter Hosts werden in die hosts-Datei eingetragen und zeigen darin auf `127.0.0.1` bzw. `::1`.

2. IPv-6-Hosts: AAAA

3. Die Datei */etc/host.conf* wie folgt konfigurieren:

```
order hosts, bind
multi on
```

(Abschnitt 4.9.6, »Routing«)

1. Der Default-Router leitet alle Datenpakete an Hosts außerhalb des eigenen Netzes nach außen weiter.

2. Abbildung: Für die Netzwerkkarte `eth0` gilt `192.168.0.1` als Default-Gateway, die andere Route gilt dem Netz `192.168.0.0`.

   Die Netzwerkkarte `eth1` hat zusätzlich eine feste Route auf den Host `lp`, was man am Flag `H` erkennt.

3. Löschen der Route zu `lp`: `route del -host 192.168.0.54`

(Abschnitt 4.9.7, »Sicherheit im lokalen Netz«)

1. Nein, denn diese lässt sich leicht bei fast allen Betriebssystemen verändern.

2. Wenn Sie keinen ARP-Proxy in Ihrem Netzwerk einsetzen, liegt ARP-Spoofing vor. Es besteht die große Gefahr einer Man-in-the-Middle-Attacke. Sie müssen sämtlichen Netzwerkverkehr sofort unterbrechen.

3. Physikalische Sicherung: Entweder ziehen Sie das Kabel zwischen Patchfeld und Switch im Rechnerraum ab und/oder deaktivieren den entsprechenden Port am Switch.

4. Sicherheit erhöhen: siehe Abschnitt 3.6.6, »Kryptografisch erzeugte Adressen (CGA)«

5. Ausfall DNS: Ergänzen Sie die hosts-Datei um die Ihnen wichtigen Hosts und deren IP-Adressen.

Fragen aus Kapitel 6, »Datentransport mit TCP und UDP«

(Abschnitt 6.8.1, »TCP-Protokoll«)

1. Flag zum Abweisen von Verbindungswünschen: RST
2. Sequenznummern dienen der richtigen Reihung der Datenpakete am Ziel und deren Kontrolle hinsichtlich ihrer Vollständigkeit.

(Abschnitt 6.8.2, »Ports und Sockets«)

1. Webserver mit abweichender Port-Nummer: *http://192.168.7.100:8182*
2. Sockets: nur TCP
3. Programmausgabe Portscan: Auf dem Rechner netzbuch läuft ein Webserver, welcher über den Port 80 Anfragen entgegennimmt. Er benutzt hierfür TCP.
4. Portscanner: Mit einem TCP SYN-Scan sendet der Portscanner ein Paket mit SYN-Flag zur vermeintlichen Verbindungsaufnahme.
5. Keine Antwort: Ein Paket-Filter lässt weder Anfrage noch Antwort passieren.

   SYN/ACK-Flag-Paket: Port ist offen.

   RST-Flag-Paket: Port ist geschlossen.

(Abschnitt 6.8.3, »Firewall«)

Allgemeines Sicherheitsproblem: Gewöhnliche Firewalls überprüfen nicht, ob freigegebene Ports auch gemäß ihrer Bestimmung genutzt werden. Hier können Sicherheitsregeln umgangen werden.

Übungen aus Kapitel 7, »Kommunikation und Sitzung«

(Abschnitt 7.6.1, »Konfiguration Samba-Server«)

1. Konfigurationsdatei: *smb.conf*
2. Prüfprogramm: testparm

(Abschnitt 7.6.2, »NFS-Server«)

Ergänzen Sie */etc/hosts.deny* um folgende Einträge:

```
portmap: ALL
mountd: ALL
statd: ALL
```

Ergänzen Sie *hosts.allow* um diese Einträge:

```
portmap: 192.168.3.0/24
mountd: 192.168.3.0./24
statd: 192.168.3.0/24
```

(Abschnitt 7.6.3, »HTTP, Sicherheit«)

1. Referrer (Herkunft) übermitteln: aus/deaktivieren
2. HTTPS (Verschlüsselung mittels TLS)
3. Maßnahmen:
   - keine Passwörter speichern
   - kein Setzen von Masterpasswörtern
   - keine Cookies von nicht selbst besuchten Seiten speichern lassen
   - Historie, Cache, Formulardaten und Cookies beim Programmende löschen
   - Ausführen von JavaScript nur für von Ihnen als vertrauenswürdig erkannte Seiten zulassen

(Abschnitt 7.6.4, »E-Mail«)

1. MTA: Mail Transport Agent, SMTP-Server
2. Unterteilung E-Mail-Inhalte: Die einzelnen Anhänge einer E-Mail des Typs multipart werden durch die boundary-Einträge voneinander getrennt.
3. Abfrage Mail-Server mittels Telnet: help gibt verfügbare Kommandos aus.

C Netzwerkbegriffe kurz erklärt

Damit es keine Geheimsprache bleibt ...

Hier finden Sie kurz und knapp Begriffe aus dem Netzwerkbereich erklärt.

ACK Flag des TCP-Datagramms, bestätigt die Gültigkeit der ACK-Nummer des (vollständig und korrekt) empfangenen Datenpaketes.

Active Directory Verzeichnisdienst der Microsoft Windows Server. Dient der zentralen Verwaltung eines Netzwerkes.

Address Resolution Protocol Ermittelt in IPv4-Netzen die zugehörige MAC-Adresse einer IP-Adresse.

All-Zero-Adresse Absenderadresse eines Rechners beim Laden des Betriebssystems

Anwendungsschicht Höchste Ebene in Schichtenmodellen, Interaktion mit Anwendungen, die Netzwerkzugriff benötigen

Anycast-Adresse IPv6: Eine Anycast-Adresse liegt vor, wenn Sie eine Unicast-Adresse mehreren Netzwerkschnittstellen zuweisen.

Apache Um viele Module erweiterbares Webserverprogramm. Sie können es unter allen gebräuchlichen Betriebssystemen einsetzen.

APIPA Automatic Private IP Addressing, konfigurationsfreie Vernetzung von Rechnern. Ihr PC berechnet anhand seiner MAC-Adresse die IP-Adresse und prüft, ob diese nicht schon im Netz existiert.

Application Layer → *Anwendungsschicht*

Arbeitsgruppen-Konfiguration Der Samba-Server wird für den Zugriff in einer Arbeitsgruppe (nicht NT-Domäne) eingerichtet.

arp Befehl zur Ausgabe der zu einer IP-Adresse gehörenden MAC-Adresse

ARP-Cache Hält temporär den Inhalt erfolgreicher ARP-Abfragen.

ARP-Spoofing Angriffstechnik, zu einer MAC-Adresse werden mehrere IP-Adressen im Cache gehalten.

authorized_keys Darin speichert SSH die öffentlichen Schlüssel zugriffsberechtigter Rechner.

Auto-MDI(X) Austattungsmerkmal eines Switches. Diese erkennen an so gekennzeichneten Anschlüssen die Belegung eines Netzwerkkabels und können sich automatisch daran anpassen.

Autonomes System Von einem Internet-Provider betreuter Bereich des Internets

avahi Zeroconf-Daemon für Linux und FreeBSD. Zeroconf → *APIPA*

BGP → *Border Gateway Protocol*

Biegeradius Wichtige Größe bei der Verwendung von Glasfaserkabeln. Ein zu enger Biegeradius dämpft bzw. unterbricht Ihre LWL-Verbindung (beschädigt nicht das Kabel, sondern sorgt für Lichtaustritt).

BNC Steckernorm für Koaxialkabel, wird bei Verkabelungen nach 10Base-2 verwendet.

Border Gateway Protocol Routing-Protokoll, beherrscht den gleichzeitigen Umgang mit mehreren Verbindungen (Interdomain-Routing).

Brandabschnitt Größere Gebäude werden in Brandabschnitte eingeteilt. Deren Grenzen verfügen über Brandschutztüren, Brandmauern und -schotte für installierte Leitungen.

Brandschott Durchbrüche von Brandmauern, in denen Sie Leitungen führen, müssen mit einer feuerfesten Masse abgedichtet werden.

Bridge Gerät zum Verbinden von Segmenten eines Netzwerkes. Bridges sind in Switches, Dual-Speed-Hubs, nichttransparenten Medienkonvertern und WLAN-Zugangsgeräten integriert.

Bündelader Eine Bauform von Glasfaserkabeln

Caching-only-Name-Server Name-Server, welcher Abfragen an übergeordneten DNS weiterreicht und selbst keine Zonen verwaltet. Wird unter anderem in Internetzugangsgeräten (DSL- und WLAN-Routern) eingesetzt.

Canonical Format Indicator Bestandteil des VLAN-Tags

Carrier Sense Multiple Access/Collision Avoidance Zugriffsverfahren für WLAN-Netze mit Kollisionsvermeidung

Carrier Sense Multiple Access/Collision Detection Zugriffsverfahren für Netzwerke in Koaxialkabeltechnik. Es regelt den Sende- und Empfangsbetrieb der einzelnen teilnehmenden Geräte und verfügt über eine Kollisionserkennung.

Cat. 1 (bis Cat. 7), Standards für Netzwerkkabel mit verdrillten Adernpaaren (Twisted Pair)

CFI → *Canonical Format Indicator*

CGA Verfahren zur Generierung kryptografisch erzeugter IPv6-Adressen

Cheapernet Bezeichnung für Netze mit Koaxialkabelverkabelung des Standards 10Base-2

CIDR → *Classless Inter-Domain Routing*

CIFS → *Common Internet File System*

Classless Inter-Domain Routing Verfahren zur Nutzung des Ipv4-Adressraumes mit Wegfall von Netzwerkklassen

CNAME Verweise auf einen weiteren Rechnernamen mit gleicher IP-Adresse in einer Name-Server-Zonendatei

Coarse Wavelength Division Multiplex LWL-Multiplexverfahren, welches Übertragungsraten bis 10 Gbit/s und einer Streckenlänge von über 70 km ohne Repeater ermöglicht

Coating Ummantelung einer Glasfaser

Common Internet File System Kombination von Server Message Block und Netbios über TCP, dient in erster Linie der Vernetzung von Windows-PCs, damit diese gemeinsame Ressourcen (Verzeichnisse und Drucker) nutzen können.

Content-Type Technische Angabe zum Inhalt von E-Mails

Cookie Kleine Datei, welche der Wiedererkennung eines Webbrowsers durch den Server dient. Sie können damit Sitzungen aufbauen.

CRAM-MD5 Authentifizierungsverfahren für SMTP-Clients am Server

Crimpzange Werkzeug zum dauerhaften Anbringen von RJ-45-Steckern am Netzwerkkabel

Crosskabel → *Cross-over-Kabel*

Cross-over-Kabel Netzwerkkabel mit zum Teil vertauschten Adern (RX-TX und umgekehrt). Sie verbinden damit zwei Rechner direkt ohne weitere Netzwerkinfrastruktur wie einen Switch.

CSMA/CA → *Carrier Sense Multiple Access/ Collision Avoidance*

CSMA/CD → *Carrier Sense Multiple Access/ Collision Detection*

CWDM → *Coarse Wavelength Division Multiplex*

darkstat   Programm zur Überwachung der Netzaktivität

Darstellungsschicht   Ebene des OSI-Schichtenmodells, in der Daten für den Austausch kodiert werden

Data Link Layer   Andere Bezeichnung für die Sicherungsebene des OSI-Schichtenmodells

Dedicated Proxyserver   stellt seine Dienste für ein einziges Protokoll (HTTP, FTP ...) zur Verfügung.

Default Router List   IPv6, NDP, enthält die für jeden Netzwerkanschluss erreichbaren Router.

Demilitarisierte Zone   Dient der Abschottung eines Rechners gegen zwei oder mehr Netze.

Dense Wavelength Division Multiplex
Dichtes Wellenlängen-Multiplex. Die Frequenzen der Laserlichtfarben liegen sehr nah nebeneinander.

Destination Cache   IPv6, NDP, Liste erfolgreich erreichter Adressen und die Anzahl der Sprünge (Hops) über Router hierzu

DHCP → *Dynamic Host Configuration Protocol*

dhcpd.conf   Konfigurationsdatei des DHCP-Servers

dhcpdump   Analyseprogramm für Datenpakete des DHCP-Protokolls

DHCP-Server   Rechner, welcher anfragende Systeme mit IP-Adressen versorgt

dig   Programm für Name-Server-Abfragen

Display-Umleitung   Bei Linux und FreeBSD können Sie die Ausgaben von Programmen in der grafischen Benutzerfläche auf andere Rechner umleiten. Gleiches gilt umgekehrt für Ihre Tastatureingaben und Mausbewegungen.

DMZ → *Demilitarisierte Zone*

DNS → *Domain Name System*

Domain-Name   Teil einer Internetadresse (nicht IP-Adresse)

Domain Name Server   Server, der Rechnernamen und IP-Adressen zusammenführt

Domain Name System   Zusammenführung von Rechnernamen und IP-Adressen, auch über Netzwerkgrenzen hinweg

Domänen-Prinzip   Ermöglicht ab Microsoft Windows NT neben der Ressourcenfreigabe auch die zentrale Benutzerverwaltung und -anmeldung.

Draft Standard   Bildet die Vorstufe für einen RFC-Standard, es müssen hierfür mindestens zwei voneinander unabhängige Implementierungen und eine vollständige Protokollprüfung erfolgt sein.

drop   Firewall-Regel, Verwerfen von Paketen

DSL   Digital Subscriber Line, digitale Zugangstechnik für das Internet, nutzt Mehrfrequenztechnik über Zweidrahtleitungen.

DWDM   LWL-Multiplexverfahren, welches Übertragungsraten bis 100 Gbit/s bei Streckenlängen bis 200 km ermöglicht

Dynamic Host Configuration Protocol
Ermöglicht die zentrale IP-Adresszuweisung innerhalb eines Netzes.

Dynamisches Routing   Typische Eigenschaft der IP-Protokollfamilie. Router tauschen ihre Informationen dabei über Routing-Protokolle aus und können von selbst auf Änderungen reagieren.

Dynamisches VLAN   Switches lesen die Frames aus und weisen diese aufgrund ihres Inhaltes (MAC- oder IP-Adressen, Ports, Protokolle) einem definierten VLAN zu.

EDGE   Standard für den Internetzugang von mobilen Geräten aus

EHLO   Einleitung einer SMTP-Sitzung, gibt verfügbare Kommandos und Einstellungen aus.

EIA/TIA T568 A   Belegungsvorschrift für Netzwerkkabel

EIA/TIA T568 B   Belegungsvorschrift für Netzwerkkabel

Einwahlrechner   Bietet für Service-Personal oder Heimarbeiter direkten Netzwerkzugang, ohne das »Internet« hierfür zu benutzen. Stattdessen wird das Telefonnetz benutzt.

elective   Bei RFC-Regeln mit diesem Status ist Ihnen deren Anwendung freigestellt.

elinks   Webbrowser für den »Textmodus«

ESMTP   → Extented Simple Mail Transport Protocol

/etc/defaults/nfs-common   Konfigurationsdatei für den NFS-Server

/etc/defaults/nfs-kernel-server   Konfigurationsdatei für den NFS-Server

/etc/exports   Konfiguration der NFS-exports

/etc/fstab   Zuordnung von Geräten und Dateisystemen mit dem Verzeichnisbaum (Linux, FreeBSD, Unix allgemein)

/etc/host.conf   (Namensauflösung) Bestimmung der Reihenfolge, in der /etc/hosts und der Name-Server abgefragt werden

/etc/hosts   (Namensauflösung), lokale Datei am Rechner, welche Rechnernamen IP-Adressen zuordnet

/etc/hosts.allow   Konfigurationsdatei für Linux und FreeBSD, hier legen Sie fest, welche anderen Rechner gegebenenfalls welche Netzwerkdienste nutzen dürfen.

/etc/hosts.deny   Konfigurationsdatei für Linux und FreeBSD, hier legen Sie fest, welche anderen Rechner gegebenenfalls welche Netzwerkdienste nicht nutzen dürfen.

/etc/namedb/named.conf   Konfigurationsdatei des Name-Servers unter Linux

/etc/network   Verzeichnis mit den Netzwerk-Konfigurationsdateien unter Linux

/etc/nsswitch.conf   (Namensauflösung), Festlegen der abzufragenden Ressourcen (Name-Server, hosts-Datei)

/etc/rc.conf   Zentrale Konfigurationsdatei von FreeBSD-Rechnern

/etc/resolv.conf   (Namensauflösung), Festlegung, für welche Domains welcher Name-Server abgefragt wird, bzw. allgemeine Angabe des Name-Servers

/etc/services   Auflistung von Port-Nummern und den dazugehörenden Netzwerkdiensten

Ethernet   Allgemein gebräuchlicher Begriff für elektrische Netzwerke mit Koaxial- und Twisted-Pair-Kabeln

Ethernet-Frames   »Transportbehälter« für Daten und Anweisungen höherer Netzwerkprotokolle

Ethernet-Paket   → Ethernet-Frames

exim   MTA, SMTP-Serverprogramm

Experimental   Diese RFC-Regel sollte nicht in einer Produktivumgebung verwendet werden.

Extented Simple Mail Transport Protocol Erweitertes SMTP-Protokoll (heute gebräuchlich), unterstützt verschlüsselte Datenübertragung und Anmeldung der Clients.

Faserkategorie   Glasfasern werden in Kategorien von OM1 bis OM4 und OS1 eingeteilt. Die Kategorien unterscheiden sich durch verschiedene Nutzbandbreiten und Signalreichweiten.

Fast Ethernet   Bezeichnet den Netzwerkstandard 100Base-TX.

FCS   → *Frame Check Sequence*

Fehlertafel   Schematisierte Anweisung zum Finden und Beheben von Störungen

Fernsitzungen   Arbeiten von einem Ein-/Ausgabegerät (Terminal) oder einem PC mit entsprechendem Programm aus an einem meist leistungsstarken Rechnersystem. Bekannte Fernsitzungsprotokolle und -programme sind SSH, NoMachine, RDP, Citrix und VNC.

Ferrule   Keramisches Röhrchen eines LWL-Steckers, in dem die Glasfaser geführt wird. Im offenen Ende der Ferrule endet auch die Glasfaser.

file   Kommando unter Linux und FreeBSD zum einfachen Ermitteln des Dateityps

File Transfer Protocol   Dient der Übertragung von Dateien aller Art. Für die verschlüsselte Datenübertragung verwenden Sie besser sftp.

FIN   Flag des TCP-Datagramms, Schlusszeichen einer Übermittlung

findsmb   Programm für Linux oder FreeBSD zur Anzeige der Netzwerkumgebung (CIFS, Windows-PCs)

Firefox   Beliebter Webbrowser für verschiedene Betriebssysteme mit vielen Erweiterungen

Firewall   Verbindet ein lokales Netz mit dem Internet. Dabei verbirgt sie die Hosts des lokalen Netzes und lässt nur Datenpakete nach vorgegebenen Regeln passieren.

fping   Programm zum Testen der Erreichbarkeit von Hosts

FQDN   → *Fully Qualified Domain Name*

Frame Check Sequence   Bestandteil eines Ethernet-Frames mit VLAN-Tag. Mittels 32-Bit-

CRC-Prüfsumme wird die Übertragung auf Fehler hin überprüft.

FreeBSD   Unix-artiges Betriebssystem

freeSSHd   SSH-Server für Microsoft-Windows-Betriebssysteme

Freigabe   (CIFS), bezeichnet Verzeichnisse oder Drucker, welche für andere im Netzwerk nutzbar sind.

FTP   → *File Transfer Protocol*

FTP-Client   Programm für den Zugriff auf einen FTP-Server

FTP-Server   Programm zum Anbieten von FTP-Diensten

Fully Qualified Domain Name   Vollständiger, absoluter Domain-Name, wird von rechts nach links gelesen. Er beginnt mit dem Zeichen ».« (Punkt). Es folgen die Top-Level-Domain, anschließend die Subdomains.

GBIC   Gigabit-Interface-Connector, zum Aufrüsten und Ergänzen von Switches, Hochleistungsroutern und Servern

Generischer Proxyserver   Paketfilter einer Firewall

get   (FTP), Kommando zum Herunterladen einer Datei

get   (HTTP), Kommando zum Abruf einer Webseite

Gigabit Media Independend Interface   Schnittstelle zwischen dem Transceiver und »dem Rest« einer Netzwerkkarte, hier für 1 Gbit/s Datenübertragungsrate

Glaskern   Die innerste Faser eines LWL-Kabels

Glasmantel   Umschließt den Glaskern und reflektiert am Übergang zu diesem die Lichtwellen.

global   allgemeine Sektion der Datei *smb.conf*

Globale Unicast-Adressen   Werden weltweit geroutet und dienen der eindeutigen Identifizierung einer Netzwerkschnittstelle unter IPv6.

GMII   → *Gigabit Media Independend Interface*

GPRS   Standard für den Internetzugang von mobilen Geräten aus

head   (HTTP), Anforderung des Headers, nicht des Inhaltes einer HTML-Seite

HELO   Einleitung einer SMTP-Sitzung

Herstellercode   Die ersten drei Bytes einer MAC-Adresse. Damit ermitteln Sie den Hersteller der Netzwerkkarte oder Ihres Chipsatzes.

homes   Sektion betreffend die Benutzerverzeichnisse in der Datei *smb.conf*

Hop Limit   Anzahl der maximal zugelassenen Router-Sprünge eines Datenpaketes bei IPv6

host   (DHCP), Eintrag für einen Rechner, z. B. für die feste Zuweisung einer IP-Adresse in der Konfigurationsdatei des DHCP-Servers

host   Programm zum Abfragen von Name-Servern

Host-Anteil   Teil der Netzmaske (Ipv4)

HSCD   Standard für den Internetzugang von mobilen Geräten aus

HSDPA   Standard für den Internetzugang von mobilen Geräten aus

HTML   → *Hypertext Markup Language*

HTTP/1.0   Ältere Version des HTTP-Protokolls

HTTP/1.1   Erweiterte, neuere Version des HTTP-Protokolls

HTTP-Clients   Programme zum Abrufen von Webseiten

HTTP-Protokoll   → *Hypertext Markup Language*

HTTP-Requests   Anforderungen vom Client an den HTTP-Server

HTTPS   Server bietet verschlüsselte Webseiten an.

HTTP-Serverprogramme   dienen dem Anbieten von Webseiten.

HTTP-Statuscodes   Werden vom HTTP-Server dem Client übermittelt. Sie dienen der Kommunikation zwischen den Partnern.

Hub   Knoten einer 10Base-T oder (selten) eines 100Base-T-Netzwerkes

Hypertext Markup Language   Seitenbeschreibungssprache für Webseiten

Hypertext Transfer Protocol   Dient der Kommunikation zwischen Webbrowsern und -servern, zum Abrufen und Anzeigen von Webseiten.

Iceweasel   Webbrowser, ähnlich Firefox, vom Debian-Projekt

ICMP   → *Internet Control Message Protocol*

id_rsa.pub   Öffentlicher Schlüssel, für zusätzliche Sicherheit oder kennwortfreie Identifikation

IEEE-Standard   Vom Institute of Electrical and Electronics Engineers festgelegte Norm, welche meist auch als ISO-, EN- und DIN-Norm übernommen wird

IETF   → *Internet Engineering Task Force*

ifconfig   Kommando unter Linux und FreeBSD zum Anzeigen und Konfigurieren von Netzwerkeinstellungen

IGMP   → *Internet Group Management Protocol*

IIS   → *Internet Information Services*

Informational   Dieses RFC-Dokument beinhaltet lesenswerte Informationen.

Interface-ID   Bestandteil einer IPv6-Adresse, kennzeichnet die Netzwerkschnittstelle.

interfaces   Konfigurationsdatei unter /etc/network bei Linux-Rechnern. Hier finden Sie die Eintragungen zu den einzelnen Netzwerkkarten, WLAN-Geräten und dem Localhost.

Intermediate System to Intermediate System Protocol   Routing-Protokoll

Internet Control Message Protocol   Protokoll zum Austausch von Steuerungsinformationen und Fehlermeldungen

Internet Engineering Task Force   Organisation zur Weiterentwicklung des Internets. Diese verfasst unter anderem die RFCs. Ihre Arbeit beschreibt die IETF in RFC 4677.

Internet Explorer   HTTP-Client für Microsoft-Windows-Betriebssysteme

Internet Group Management Protocol
Dient der Verteilung von Datenpaketen an mehrere Teilnehmer gleichzeitig (Multimedia-Anwendungen).

Internet Information Services   Webserver für Microsoft-Windows-Betriebssysteme

Internet Layer   Ebene des TCP/IP-Referenzmodells

Internetprotokoll   Stellt grundlegende Mechanismen zum Senden von Datagrammen über Netzwerkgrenzen hinweg bereit.

Internetschicht   → Internet Layer

Intranet   vom Internet getrenntes oder abgeschottetes, privates Netzwerk

Intra-Site Automatic Tunnel Addressing Protocol   Zum Verbinden zweier IPv6-Rechner über ein Ipv4-Netzwerk ohne Hilfe von Routern

ip   Linux-Kommando zum Konfigurieren von Netzwerkschnittstellen

IP-Adresse   Logische Adresse eines Hosts für die netzwerkübergreifende Kommunikation

ipcalc   Kleines Programm zur Berechnung von Netzmasken

ipconfig   Windows-Kommando für die Konfiguration von Netzwerkschnittstellen

iptable   Kommando zum Steuern und Konfigurieren von Firewalls auf Linux- oder FreeBSD-Basis

ISATAP   → Intra-Site Automatic Tunnel Addressing Protocol

IS-IS   → Intermediate System to Intermediate System Protocol

JAM-Signal   (CSMA/CD), wird im Kollisionsfall von einem der beteiligten Rechner gegeben, worauf sämtlicher Sendeverkehr eingestellt wird.

Kabelkategorien   → Cat. 1

Kabelrinne   Nach oben offene Rinne, in die Kabel gelegt werden. Kabelrinnen finden Sie unter Hallendächern und unter Geschossdecken von Gewerbebauten.

Kabeltrasse   Installationszone für Kabelführungen

Klebetechnik   Verbindung von Glasfaser und LWL-Stecker

Knoten   IPv6, Netzwerkteilnehmer allgemein

Knoten   (Netzwerk), zentrales Gerät, z. B. Hub

Koaxialkabel   Besteht aus einem isolierten Innenleiter, welcher mit einer Schirmung (Metallgewebe und/oder Folie) umgeben ist. Koaxialkabel sind im Netzwerkbereich kaum mehr gebräuchlich.

Kollisionsbereich   Netzwerksegment, auf das Geräte gemeinsamen Zugriff ausüben. Beispiel: WLAN, Netzwerke mit Koaxialkabeln, Netzwerke mit einem Hub als zentralem Gerät. Weiterer Begriff: Kollisionsdomäne

Kommunikationsschicht Ebene des OSI-Schichtenmodells, in der Sitzungen und Datenströme gesteuert werden

Kompaktader Bauform von Glasfaserkabeln

Kryptografisch erzeugte Adressen → *CGA*

L2TP → *Layer 2 Tunneling Protocol*

LACL → *Link Aggregation Control Layer*

LACP → *Link Aggregation Control Protocol*

LAN Local Area Network, lokales Netzwerk

Layer 2 Tunneling Protocol Eines der Protokolle für VPN

LC LWL-Steckertyp

Leerrohre Nehmen Kabel auf. Leerrohre werden oft vorsorglich für spätere Netzwerkerweiterungen in Gebäuden eingebaut.

less Anzeigeprogramm für Textdateien und Programmausgaben in der Shell (Linux, FreeBSD, Unix allgemein)

lighthttpd HTTP-Serverprogramm

Limited Use Eine so gekennzeichnete RFC-Regel wird nur eingeschränkt zur Anwendung empfohlen.

Link Aggregation Aufbau einer logischen Verbindung zwischen zwei Switches. Dabei werden jeweils mehrere Ports der Switches miteinander verbunden.

Link Aggregation Control Layer Ermöglicht die *Link Aggregation*.

Link Aggregation Control Protocol Benötigen Switches, um eine Link Aggregation zu betreiben.

Link Layer → *Netzzugangsschicht*

Link-local Unicast-Adressen IPv6-Adressen, werden automatisch erzeugt und nur im LAN eingesetzt. Diese Adressen werden daher nicht von Routern weitergeleitet.

Localhost Bezeichnung und Rechnername für Netzwerkzugriffe auf das eigene System. Datenpakete verlassen hierbei den Rechner nicht.

Local Internet Registry Internet-Service-Provider, welcher auch IP-Adressen zuteilen kann

LOGIN Anmeldeverfahren an einem SMTP-Server, Benutzername und Kennwort werden hierbei unverschlüsselt in zwei Schritten übertragen.

Logische Adresse Ist hardwareunabhängig und wird von einem Netzwerkprotokoll genutzt (hier IP-Adresse).

Lokale Adresse Dient dem Datentransport im lokalen Netz und wird nicht in das Internet weitergeroutet.

Lokaler Proxyserver Programm, welches am zu schützenden PC läuft

Loopback-Adresse Die IP-Adresse des Localhosts. Meist verwendet: `127.0.0.1` (IPv4) bzw. `::1/128` (IPv6)

ls Listet Verzeichnisinhalte unter Linux und FreeBSD auf.

LSA Verbindungs- und Anschlusstechnik ohne Löten, *Schrauben, Abisolieren*

LSA-Anlegewerkzeug Gerät zum Herstellen von LSA-Verbindungen

LTE Standard für den Internetzugang von mobilen Geräten aus

LTE-Advanced Standard für den Internetzugang von mobilen Geräten aus

LWL-Multiplexer Ermöglicht Datenübertragung mit hoher Übertragungsrate meist über sehr lange Distanzen. Oftmals kommen Mehrfrequenzverfahren (gleichzeitige Verwendung verschiedenfarbiger Laser) zum Einsatz. Andere Verfahren nutzen mehrere Faserpaare.

lynx   Webbrowser-Programm für den Einsatz im »Textmodus«

MAC-Adresse   Individuelle Hardware-Adresse eines Netzwerkgerätes

MAIL FROM   Angabe der Absenderadresse bei einer SMTP-Sitzung

Mail Transport Agent   Programm für SMTP-Server, »Mail-Server«

Mail User Agent   E-Mail-Programm

MAN   → *Metropolitan Area Network*

man   Anzeigeprogramm für Manual-Seiten (Linux, FreeBSD, weitere Unix-Derivate)

Masterpasswort   Sicherheitsrisiko, wird meist von Programmen für Endbenutzer angeboten. Hierbei werden verschiedene Kennwörter zusammen mit einer Zuordnung hinterlegt. Beim Aufruf z. B. der E-Mail-Abholung übergibt die Anwendung die einzelnen Kennwörter für die verschiedenen E-Mail-Konten.

MDI   → *Media Dependend Interface*

MDI-X   Wie MDI, aber mit gekreuzten Adernpaaren zur Verbindung mit MDI-Anschlüssen (bei älteren Switches vorhanden)

Media Access Control   Ebene des physikalischen Netzwerkzugriffes bei Schichtenmodellen. Hierzu gehört die MAC-Adresse.

Media Dependend Interface   Stellt den Zugang zum Übertragungsmedium bei TP-verkabelten Netzen her.

Media Independend Interface   Schnittstelle zwischen Transceiver und »dem Rest« der Netzwerkkarte bei 100Base-**-Netzen

Medienkonverter   Verbindet verschiedene Netzwerkmedien, z. B. Kupferkabel und Glasfasern, WLAN-Zugangsgeräte.

Metrik   Angabe über den Aufwand für eine Verbindung (Hops, Geschwindigkeit)

Metropolitan Area Network   Netzwerk verbindet Gebäude auf einem Grundstück, einem Campus oder in einer Stadt.

mget   FTP-Kommando zum Herunterladen mehrerer Dateien mit einem Aufruf

mgetty   Daemon zum Überwachen von seriellen Schnittstellen unter Linux, FreeBSD und anderen Unix-Derivaten. Dieses Programm beherrscht nicht nur den Anschluss serieller Terminals, sondern auch von Modems.

MII   → *Media Independend Interface*

MIME   → *Multipurpose Internet Mail Extensions*

Minimaler Biegeradius   → *Biegeradius*

Monomode-Faser   In ihr breitet sich der Lichtstrahl in einer einzigen Wellenführung aus. Gebräuchlicher Durchmesser: 9µm

mput   FTP-Kommando zum Hochladen mehrerer Dateien mit einem Aufruf

MS EXCHANGE   MTA für Microsoft-Windows-Betriebssysteme

MSTP   → *Multiple Spanning Tree Protocol*

MTA   → *Mail Transport Agent*

MTRJ   LWL-Steckernorm

MUA   → *Mail User Agent*

Multicast-Adresse   Sie sprechen damit viele Adressen von einer einzigen aus an (Webradio, Zeitserver).

Multimode-Faser   In ihr breitet sich der Lichtstrahl mit mehreren Wellenführungen aus. Gebräuchlicher Durchmesser: 50 µm

multipart/mixed   MIME-Type, für E-Mail-Versand, gibt an, dass E-Mail-Daten in verschiedenen Formaten vorhanden sind.

Multiple Spanning Tree Protocol   Bei einem Switch, der dieses Protokoll nutzt, bildet jedes VLAN einen eigene Instanz des Spanning Trees.

Multipurpose Internet Mail Extensions Erweiterungen des Datei-Formats für E-Mails

Namensauflösung   Umwandlung eines Rechnernamens in die zugehörige IP-Adresse

NAPT   → *Network Address Port Translation*

NAT   → *Network Address Translation*

NDP   → *Neighbor Discovery Protocol*

Neighbor Advertisement   IPv6, NDP, Antwort auf die Frage nach der MAC-Adresse

Neighbor Cache   IPV6, Liste mit Knoten, mit denen erfolgreich kommuniziert wurde

Neighbor Discovery Protocol   IPv6, dient der Zusammenführung von MAC- und IPv6-Adressen.

Neighbor Solicitation   IPv6, NDP, Anfrage nach der MAC-Adresse

Neighbor Unreachability Detection IPv6, NDP, automatische Feststellung nicht erreichbarer Knoten

net   Befehle für die Batch-Programmierung unter MS-DOS und MS-Windows für Netzwerkverbindungen

Netbios   Programmierschnittstelle mit eigener Namensauflösung (ohne DNS)

netbios name   Rechnername, der in der Microsoft-Windows-Netzwerkumgebung erscheint.

netstat   Netzwerkdiagnoseprogramm

Network Address Port Translation   Ein Router mit dieser Funktion setzt Internetadressen zu privaten Adressen und Ports um (IPv4).

Network Address Translation   Ein Router mit dieser Funktion setzt Internetadressen zu privaten Adressen um (IPv4).

Network File System   Hier stellen Unix-, Linux- und FreeBSD-Rechner anderen Rechnern Verzeichnisse bereit.

Netzmaske   Gibt die Länge des Netzpräfixes (Netzwerkanteil) an.

Netzwerkklasse   Mittlerweile historische Einteilung nach der Anzahl möglicher Hosts

Netzwerksegment   → *Kollisionsbereich*

Netzwerkstandards   Sind technische Grundlagen für die Signalübermittlung in Netzwerken. In Tabelle C.1 finden Sie die wichtigsten Standards.

Standard	Bezeichnung	Medium
10Base-2	Cheapernet, Thinnet	Koaxial-kabel
10Base-5	Yellow Cable, Thicknet	Koaxial-kabel
10Base-FL	–	LWL
10Base-T	Ethernet	TP
100Base-FX		LWL
100Base-SX		LWL
100Base-TX	Fast Ethernet	TP
1000Base-LX		LWL
1000Base-SX		LWL
1000Base-T	Gigabit Ethernet	TP
10GBase-ER		LWL
10GBase-LR		LWL
10GBase-SX		LWL

Tabelle C.1 Netzwerkstandards

Standard	Bezeichnung	Medium
10GBase-T	10-Gigabit-Ethernet	TP

Tabelle C.1 Netzwerkstandards (Forts.)

Netzzugangsschicht   Beim TCP/IP-Referenzmodell stellt dies die untere Ebene dar.

NFS   → *Network File System*

NFS-Client   Bindet vom NFS-Server exportierte Verzeichnisse ein.

NFS-Server   Exportiert freigegebene Verzeichnisse.

nmap   Netzwerkdiagnoseprogramm

nmbd   Daemon aus dem Samba-Paket, stellt die Netzwerkumgebung zur Verfügung.

Nomachine   Software für Fernsitzungen

Not recommended   Bei RFC-Regeln mit diesem Status wird von deren Anwendung abgeraten.

nslookup   Programm zur Abfrage von Name-Servern

NTLM   Anmeldeverfahren am SMTP-Server, NT-LAN-Manger, bei Microsoft-Windows-Betriebssystemen ab Windows-NT

Open Shortest Path First   Routing-Protokoll

OpenSSH   SSH-Software für Linux und FreeBSD

OpenVPN   Dient der Verbindung mit einem VPN von einem PC aus.

Opera   HTTP-Client für viele Betriebssysteme, auch für Mobilgeräte

oping   `ping`-Programm, welches sowohl IPv4- als auch IPv6-Adressen beherrscht

OSPF   → *Open Shortest Path First*

Padding   Füllbits, mit welchen die Mindestgröße eines Datenpaketes erreicht wird (TCP-Header)

Paketbasiertes VLAN   Hier kann ein Switch-Port mehreren VLANs angehören.

PAT   → *Port and Address Translation*

Patchfeld   Sammelpunkt aller zu den Netzwerk-Anschlussdosen abgehenden Leitungen. Für jede Leitung finden Sie eine Buchse.

Patchkabel   Mit diesem Kabel stellen Sie die Verbindung zwischen einem Switch oder Router mit einem Patchfeld her. Mit einem Patchkabel schließen Sie auch einen PC oder Printserver an die Netzwerk-Anschlussdose an.

Personal-Firewall   Firewall als Softwarelösung auf einem PC

Physical Layer   → *Physikalische Schicht*

Physikalische Adresse   → *Media Access Control*

Physikalische Schicht   Unterste Ebene im OSI-Schichtenmodell

ping   Mit diesem Programm prüfen Sie die Erreichbarkeit eines Hosts mit einer IPv4-Adresse.

ping6   Mit diesem Programm prüfen Sie die Erreichbarkeit eines Hosts mit einer IPv6-Adresse.

PLAIN   Anmeldung am SMTP-Server in einem Schritt, unverschlüsselt

PLC   → *Power-Line-Communication*

POE   → *Power over Ethernet*

Point-to-Point Tunneling Protocol   für VPN-Routerverbindungen

Port   Anschluss an einem Netzwerkgerät (Switch, Router, PC ...)

Port   Erweiterung der IP-Adresse. Mit dem Port wird die sendende oder empfangende Netzwerkanwendung adressiert.

Port and Address Translation   → *NAPT*

Portbasiertes VLAN   Hier weisen Sie einzelne Anschlüsse Ihres Switches fest einem VLAN zu.

Portscanner   Netzwerkdiagnoseprogramm, findet offene Ports. Dies benötigen Sie bei Sicherheitsüberprüfungen Ihrer Systeme.

Port Trunking   → *Link Aggregation*

post   HTTP-Protokoll, Senden weiterer Daten an den HTTP-Server

postfix   MTA, Programm für SMTP-Server, »Mail-Server«

Power-Line-Communication   Datenübertragung über das Stromnetz

Power over Ethernet   Stromversorgung von Kleinverbrauchern über das LAN (in Kupfertechnik)

ppp   Point-to-Point-Protokoll, für Einwählverbindungen in Netzwerke

PPTP   → *Point-to-Point Tunneling Protocol*

Präambel   Bestandteil des Ethernet-Frames

Präfix   Kennzeichnung des Adresstyps im IPv6

Presentation Layer   → *Darstellungsschicht*

Primärcoating   Bestandteil von Glasfaserkabeln. Das Primärcoating umschließt die Glasfaser.

Primary Name-Server   Autoritativer Name-Server einer Zone. Dieser hat die »Verwaltungshoheit« über die ihm anvertrauten Zonendaten.

printers   Sektion mit freigegebenen Druckern in der Datei *smb.conf*

Printserver   Ermöglicht den direkten Anschluss eines Druckers an das Netzwerk.

Private IP-Adressen   Werden nur im lokalen Netz eingesetzt und nicht in das Internet geroutet.

profiles   Sektion über den Ablageort der Benutzerprofile in der Datei *smb.conf*

Proposed Standard   RFC-Regeln mit diesem Status werden in Zukunft als Standard deklariert.

Proxyserver   Nimmt Ihre Anfragen entgegen und führt diese in seinem Namen aus.

PSH   Flag des TCP-Datagramms. So gekennzeichnete Pakete gelangen ohne Pufferung an die Netzwerkanwendung.

put   FTP-Kommando zum Hochladen einer Datei

putty   Programm für SSH-Sitzungen und -Tunnels für verschiedene Betriebssysteme

pwd   FTP-Kommando, Anzeige des Arbeitsverzeichnisses am Server

qmail   MTA, Programm für SMTP-Server, »Mail-Server«

QUIT   Beenden einer SMTP-Sitzung

quit   Beenden einer FTP-Sitzung

Radius-Server   Dient der Zugangskontrolle zu einem Netzwerk.

Rapid Spanning Tree Protocol   Erweiterung des Spanning Tree Protocol

RCPT TO   SMTP-Protokoll, Angabe des Empfängers einer E-Mail

RDP   → *Remote Desktop Protocol*

Rechnernamen   Erleichtern die Arbeit im Netzwerk. Voraussetzung für deren Verwendung ist die Namensauflösung zu IP-Adressen.

Recommended/suggested Eine so gekennzeichnete RFC-Regel wird zur Anwendung
empfohlen.

Registered Ports Bei der IANA registrierte
Port-Nummern für Anwendungen

Remote Desktop Protocol Ermöglicht Fernsitzungen mit Microsoft-Windows-Betriebssystemen.

Repeater Vergrößern die Ausdehnung eines
Netzwerkes, indem Signale verstärkt und aufgefrischt werden.

Request for Comment Regel für den Netz-
werk- und Internetbereich, verwaltet von der
IETF

Required Eine so gekennzeichnete RFC-Regel
muss zwingend angewendet werden.

**Réseaux IP Européens Network Coordination
Centre** Regionale Vergabestelle für IP-Adressen für Europa, den Nahen Osten und Zentral-
asien

RFC → *Request for Comment*

RG-58 Typenbezeichnung eines dünnen
Koaxialkabels

RIP → *Routing Information Protocol*

RIPE NCC → *Réseaux IP Européens Network
Coordination Centre*

RJ45 Steckernorm für TP-Netzwerkkabel

route Kommando zum Setzen und Löschen
von Routing-Einträgen

Router Gerät zur Verbindung eines Netzes
mit einem anderen oder dem Internet

Routing Information Protocol Älteres Routing-Protokoll

RSET SMTP-Kommando, Abbrechen einer
E-Mail-Übertragung. Die SMTP-Sitzung wird
weitergeführt.

RST Flag des TCP-Datagramms, leitet den
Abbruch einer bestehenden Verbindung ein
oder weist einen Verbindungswunsch ab.

RSTP → *Rapid Spanning Tree Protocol*

Safari HTTP-Client für MAC-OS

Samba Programmpaket, welches die Einbindung eines Linux- oder FreeBSD-Rechners in
ein Windows-Netz ermöglicht. Sie können
damit Ressourcen wie unter Windows freigeben.

SC LWL-Steckertyp

Schneid-Klemmtechnik Der Draht wird mit
einem Spezialwerkzeug in eine mit Schneiden
ausgestattete Klemme gedrückt und dabei
auch passend zugeschnitten, → *LSA*.

scp Kommando zur verschlüsselten Übertragung von Dateien

Secondary Name-Server Ausfallsicherheit in
größeren Netzen, bezieht seine Informationen
vom *Primary Name-Server.*

Secure Shell Ermöglicht verschlüsselte Fernsitzungen, ersetzt das unsichere Telnet.

Secure Socket Layer Verschlüsselungsprotokoll für den Datentransport, siehe auch unter
Transport Security Layer

Session Layer → *Kommunikationsschicht*

SFP Anschluss für eine Erweiterung am
Switch

SFTP Verschlüsselte Übertragung von
Dateien, mit Steuerung durch ftp-
Kommandos

Sicherungsschicht → *Data Link Layer*

Simple Mail Transport Protocol Protokoll für
den Versand von E-Mails

Singlemode-Faser → *Monomode-Faser*

SMB → *Common Internet File System*

smbclient   Programm für Linux und FreeBSD für den Zugriff auf Samba-Freigaben

smb.conf   Konfigurationsdatei für *Samba*

smbd   Daemon aus dem Samba-Paket, sorgt für die Datenübertragung.

smbpasswd   Programm für die Benutzerverwaltung auf einem Samba-Server

smbstatus   Programm zur Kontrolle der Funktion der beiden Samba-Daemons nmbd und smbd

S/MIME   Protokollerweiterung zum Versenden verschüsselter E-Mails

SMTP   → *Simple Mail Transport Protocol*

SMTP-Client   »E-Mail-Programm«, mit dem der Benutzer seine elektronische Post sendet und empfängt

SMTP-Protokoll   → *Simple Mail Transport Protocol*

SMTP-Relais   SMTP-Server, welcher E-Mails der Benutzer empfängt und in das Internet weiterleitet

Socket   Verbindung aus der IP-Adresse und der Port-Nummer (TCP)

Spanning Tree Protocol (STP)   Verhindert bei Switches den Ausfall durch Schleifen. Diese bewirken, dass der Switch immer wieder die gleichen Pakete an sich selbst verschickt.

Squid   Proxyserver-Programm

SSH   → *Secure Shell*

SSHFS   Dient der Einbindung von Verzeichnissen anderer Rechner per SSH.

ssh-keygen   Programm zu Erzeugen der SSH-Schlüsselpaare

SSL   → *Secure Socket Layer* und *Transport Security Layer*

ST   LWL-Steckerbauform

Standard   Eine damit gekennzeichnete RFC-Regel gilt als allgemeinverbindlich.

Standard-Gateway   Leitet alle Anfragen eines Subnetzes an ein anderes (Sub-)Netz weiter.

Standard-Route   → *Standard-Gateway*

Statisches Routing   Für das Routing werden feste Vorgaben gemacht. In diesem Fall kann der Router nicht auf Störungen usw. reagieren, und die Verbindung wird unterbrochen.

Statisches VLAN   → *Portbasiertes VLAN*

STP   → *Spanning Tree Protocol*

Subnetzmaske   → *Netzmaske*

Switch   Zentrales Gerät in einem Netzwerk, jeder Anschluss stellt eine eigene Kollisionsdomäne dar. Switches ermöglichen dadurch einen deutlich höheren Datendurchsatz als Hubs.

SYN   Flag des TCP-Datagramms, Anzeige des Verbindungsaufbaues

Tagged VLAN   → *Paketbasiertes VLAN*

TCP   → *Transmission Control Protocol*

tcpdump   Netzwerkdiagnoseprogramm

testparm   Prüfprogramm für die Samba-Konfigurationsdatei *smb.conf*

thttpd   HTTP-Server mit wenigen Anforderungen an die Systemleistung

TLS   → *Transport Security Layer*

Top-Level-Domain   Oberste Ebene im DNS-Namensraum. Sie finden hier entweder verwendungsabhängige (*.com*, *.org*, *.net*) oder nationale Kennzeichnungen.

traceroute   Netzwerkdiagnoseprogramm, gibt die zurückgelegte Route eines Datenpaketes zurück.

Transceiver   Setzt den digitalen Datenstrom in das elektrische oder optische Signal für die Übertragung um.

Transmission Control Protocol   Verbindungsorientiertes Netzwerkprotokoll des IPs

Transport Layer   → *Transportschicht*

Transportschicht   Ebene des OSI-Schichtenmodells und des TCP/IP-Referenzmodells, hier findet die Kommunikations- und Flusskontrolle statt.

Transport Security Layer   Verschlüsselungsprotokoll für den Datentransport

Twisted Pair   Kabel mit paarweise verdrillten Adern

UDP   → *User Datagram Protocol*

UMTS   Standard für den Internetzugang von mobilen Geräten aus

Unicast-Adresse   Dient der eindeutigen Identifizierung einer Netzwerkschnittstelle eines Netzwerkteilnehmers beim IPv6.

Unique-local Unicast-Adressen   Private IPv6-Adressen, für lokale Netze

User Datagram Protocol   Arbeitet ohne das Einleiten, Überwachen und Beenden einer Verbindung. Die beteiligten Anwendungen kontrollieren selbst die Vollständigkeit und Plausibilität der Daten.

Vermittlungsschicht   Ebene des OSI-Schichtenmodells, hier finden Sie die IP-Adressen und das Routing angesiedelt.

Virtual Local Area Network   Logisches Teilnetz, welches eine eigene Broadcast-Domäne darstellt. Mit VLANs erhöhen Sie den Datendurchsatz im Netzwerk und können organisatorische Gegebenheiten auf das LAN abbilden.

Virtual Private Network   Verbindet zwei räumlich getrennte Netze über das Internet.

VLAN   → *Virtual Local Area Network*

VLAN-Tag   Eweiterung des Ethernet-Frames um eine Kennzeichnung für virtuelle Netze

vncserver   Programm für Fernsitzungen in der grafischen Benutzeroberfläche

Vollader   Bauform eines Glasfaserkabels

VPN   → *Virtual Private Network*

w3m   HTTP-Client für die »Textoberfläche«

WAN   → *Wide Area Network*

Well-known Ports   Bei der IANA eindeutig festgelegte Port-Nummern (bis 1023)

Western-Stecker   Besser bekannt als RJ45-Stecker, für TP-Netze

Wide Area Network   Verbindet weit voneinander entfernte Standorte per Netzwerk.

Wireless LAN   Lokales Netzwerk in Funktechnik

Wireshark   Netzwerkdiagnoseprogramm

WLAN   → *Wireless LAN*

WPA2-Verschlüsselung   für WLANs, derzeit sicherster Standard

WWDM   LWL-Multiplexverfahren, verwendet mehrere Laserfarben (Wellenlängen) gleichzeitig.

Zeroconf   Protokoll zur konfigurationsfreien Vernetzung von Rechnern

Index

■ EDV-Grundlagen, Programmierung, Mediengestaltung

■ Praxisorientiertes Lehr- und
Nachschlagewerk

■ Für Fachinformatiker der
Bereiche Anwendungsentwicklung
und Systemintegration

Sascha Kersken

IT-Handbuch für Fachinformatiker

Der Ausbildungsbegleiter

Das Buch vermittelt alle Grundlagen der Informationstechnik, wie sie
Fachinformatiker in ihrer Ausbildung benötigen: Computerhardware,
Betriebssysteme, Netzwerktechnik, -protokolle und -anwendungen sowie
Grundlagen der Programmierung, Datenbanken und Multimedia.

1.172 S., 5. Auflage 2011, 34,90 Euro
ISBN 978-3-8362-1744-6
www.galileocomputing.de/2839

»Ein wahres Kompendium für angehende Fachinformatiker, das möglichst
erschöpfende Antworten bieten will. Alles in allem ist der Titel ohne
Zweifel ein nützliches Nachschlagewerk, das speziell Auszubildende gut
unterstützt.« ADMIN Magazin

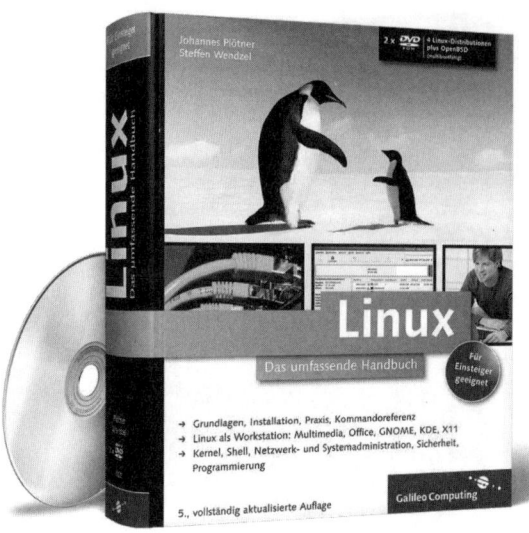

■ Grundlagen, Praxis,
Kommandoreferenz

■ Linux als Workstation:
Multimedia, Office, GNOME,
KDE, X11

■ Kernel, Shell, Netzwerk- und
Systemadministration, Sicherheit,
Programmierung

Johannes Plötner, Steffen Wendzel

Linux

Das umfassende Handbuch

Dieses umfassende Handbuch bietet Ihnen nahezu vollständiges Linux-Wissen.
Es erklärt, wie man Linux als leistungsstarke Workstation nutzen kann und
widmet sich ausführlich professionelleren Themen wie Administration des
Systems, Shell, Netzwerkkonfiguration und Sicherheit. Das Buch ist geeignet für
Nutzer aller gängigen Linux-Distributionen. Die beiliegenden Multiboot-DVDs
enthalten eine große Auswahl an Linux-Systemen.
Das Buch ist konsequent praxisnah geschrieben, immer verständlich und sehr
gründlich in der Behandlung aller Themen. Diese 5. Auflage wurde umfassend
aktualisiert und verbessert. Sowohl Einsteiger als auch Profis werden von diesem
kompetenten Handbuch profitieren.

1.282 S., 5. Auflage 2012, mit 2 DVDs, 49,90 Euro
ISBN 978-3-8362-1822-1
www.galileocomputing.de/2963

- Einführung, Praxis, Referenz

- Von Klassen und Objekten zu
Datenstrukturen und Algorithmen

- Das Standardwerk für
Programmierer

Christian Ullenboom

Java ist auch eine Insel

Das umfassende Handbuch

Die Insel ist erste Wahl, wenn es um aktuelles und praktisches Java-Wissen geht. Besonders Java-Einsteiger, Studenten und Umsteiger profitieren von diesem umfassenden Handbuch. Neben der Behandlung der Sprachgrundlagen von Java gibt es kompakte Einführungen in Spezialthemen. So erfahren Sie einiges über Threads, Swing, Netzwerkprogrammierung, NetBeans, RMI, XML und Java, Servlets und Java Server Pages. Dieses Buch gehört in das Regal eines jeden Java-Programmierers! Dieses Standardwerk ist bereits in 10. Auflage erschienen und aktuell zu Java 7.

1.308 S., 10. Auflage 2012, mit DVD, 49,90 Euro
ISBN 978-3-8362-1802-3
www.galileocomputing.de/2672

- PCs vernetzen, zu Hause und im Büro

- LAN und WLAN planen und einrichten, inkl. VoIP

- Netzwerke mit Windows, Linux und Mac

Martin Linten, Axel Schemberg, Kai Surendorf

PC-Netzwerke

Das umfassende Handbuch

Bewährt, praxisnah und randvoll mit wertvollen Informationen – dabei erhalten Sie nicht nur umfassende Grundlagen der Vernetzung, sondern auch Praxis-Anleitungen, mit denen Sie Ihre Computer zu Hause oder im Büro professionell vernetzen. Aktuell auch zu Windows 8 und OS X Mountain Lion, inkl. Virtualisierung, Cloud Computing, iPV6.

704 S., 6. Auflage 2013, mit DVD, 29,90 Euro
ISBN 978-3-8362-1899-3
www.galileocomputing.de/3075